ACRO
POLIS

衛城
出版

ACRO
POLIS
衛城
出版

許久以前一個沒沒無聞的蘇格蘭哲學家寫了一本書，討論國家成功的原因以及國家失敗的原因。《國富論》直到今天還是受到廣泛閱讀。以同等的洞察力及同等的廣闊歷史視野，艾塞默魯與羅賓森為我們這個時代重新處理同一個問題。兩個世紀之後，我們的曾曾……曾子孫同樣也會閱讀《國家為什麼會失敗》。

——艾克羅夫（George Akerlof），二〇〇一年諾貝爾經濟學獎得主

為什麼外表相似的國家，在經濟和政治上的發展卻有如此大的差異？艾塞默魯與羅賓森對這個論辯主題做了重大貢獻。透過廣泛多樣的歷史例證，他們說明制度發展有時候基於偶然的因素，卻造成影響巨大的結果。社會的開放性及其允許創造性破壞的意願，以及法治，似乎對經濟發展有著決定性的影響。

——亞羅（Kenneth J. Arrow），一九七二年諾貝爾經濟學獎得主

作者以說服力十足的方式闡明，國家只有在具備適當的經濟制度時才能擺脫貧窮，尤其重要的是私有財產制與競爭。更具獨創性的是，他們認為當國家擁有開放的多元政治體系，可競爭政治公職、選舉權普及，同時新政治領袖有機會崛起時，才比較可能發展出適宜的制度。他們重大貢獻的核心就是政治制度與經濟制度的緊密關聯性，這種關聯性顯現在他們對經濟學與政治經濟學的一項重大問題極為有力的研究中。

——貝克（Gary S. Becker），一九九二年諾貝爾經濟學獎得主

有三個理由讓你愛上這本書：它是關於現代世界各國的所得差異，這或許是當前世界面臨的最大問題。它充滿許多迷人的故事，可以讓你在雞尾酒會上滔滔不絕，例如為什麼非洲的波札那發展迅速而獅子山共和國卻完全沒有。而且它非常好看。就像我一樣，你可能會拚著一次把它讀完，然後回頭一讀再讀。

——賈德．戴蒙（Jared Diamond），《槍炮、病菌與鋼鐵》作者

這是一本重要而有獨到見解的書，以眾多歷史例證說明廣納的政治制度能支援廣納的經濟制度，而這是國家持續繁榮的關鍵。本書檢視一些良性的政權如何創建並經歷良性循環，而惡性政權則經歷惡性循環。這是世人不應忽略的重要分析。

——戴蒙德（Peter Diamond），二〇一〇年諾貝爾經濟學獎得主

對一些認為國家的經濟命途取決於地理或文化的人來說，艾塞默魯和羅賓森帶來的是壞消息。決定國家會變成富國或窮國的主要因素是人所創建的制度，而非取決於地理或我們祖先的信仰。艾塞默魯和羅賓森綜合了從亞當斯密、諾斯（Douglass North）到更晚近的經濟史學者的實證研究，寫出這本引人入勝又順暢好讀的書。

——弗格森（Niall Ferguson），《貨幣崛起》作者

艾塞默魯和羅賓森這兩位世界首屈一指的經濟發展專家，揭露了導致國家富裕或貧窮的主要原因不是地理、疾病或文化，而是制度與政治。這本深入淺出的書充滿深刻的洞見，適合專家和一般讀者閱讀。

——法蘭西斯．福山（Francis Fukuyama），《歷史之終結與最後一人》、《政治秩序的起源》作者

一本充滿睿智而且振奮人心的書——同時也敲響了令人深感不安的警鐘。艾塞默魯和羅賓森建立了一套極有說服力的理論，涵蓋幾乎一切與經濟發展有關的事務。當國家設置對成長有利的政治制度時就會興起，當這些體系僵化或無能調整時，國家就會衰敗，而且往往差距極大。所有國家的有權有勢者，永遠會追求完全掌控政府，出於貪婪而阻礙整體社會進步。因此必須以有效的民主節制這些人，否則只能眼睜睜看著自己的國家走向衰敗。

——江森（Simon Johnson），《十三個銀行家》作者、麻省理工學院史隆管理學院教授

兩位全世界最傑出、最博學的經濟學家，挑戰一個最難解的問題：為什麼有些國家貧窮、有些則富裕？本書對經濟學與政治史有著極深刻的認識，很可能是迄今對「制度很重要」的觀點最強而有力的論述。這是一本發人深省、充滿教育性，同時又令人著迷的書。

——莫基爾（Joel Mokyr），西北大學經濟史教授、羅伯史卓茲人文社會與科學教授

兩位當代社會科學的巨人在這本深入淺出的著作中，引領我們輕鬆瀏覽四百年歷史，並帶給我們一個令人鼓舞而重要的訊息：自由讓世界富有。世界各地的暴君要顫抖了！

——莫里斯（Ian Morris），史丹佛大學歷史學及古典學教授，《為什麼西方統治世界至今》作者

想像圍坐在桌邊聽賈德戴蒙（Jared Diamond）、熊彼得（Joseph Schumpeter）和麥迪遜（James Madison）探討兩千多年的政治史與經濟史。想像他們把自己的思想融入一個前後一致的理論架構，這個架構建立在限制榨取、鼓勵創造性破壞，和建立權力均享的強大政治制度上，然後你將開始明白這本睿智而引人入勝著作的貢獻。

——佩吉（Scott E. Page），密西根大學及聖塔菲研究所

在這本內容驚人豐富的書中，艾塞默魯和羅賓森問了一個簡單而重要的問題：為什麼有些國家變富裕，有些國家則依舊貧窮？他們的答案也很簡單——因為政治體發展出更具廣納性的政治制度。本書最了不起的是它的文字爽快而明瞭，論述優雅並充滿歷史細節。此刻正當西方各國政府必須喚起政治意志以因應史無前例的債務危機，這是一本非讀不可的書。

——平卡斯（Steven Pincus），耶魯大學歷史與國際及區域研究杜菲教授

「笨蛋，問題在政治！」這就是艾塞默魯和羅賓森簡單但說服力十足的解釋，說明了為什麼許多

國家未能繁榮發展的原因。從斯圖亞特王朝到內戰前的美國南方、從獅子山到哥倫比亞，這本權威的著作說明菁英如何制訂圖利自己的規則，犧牲多數人的利益。作者審慎地尋求悲觀者與樂觀者間的平衡，說明歷史和地理未必決定國家的命途。他們也記述了明智的經濟思想和政策若沒有根本的政治改革輔助，往往成效不大。

——羅德里克（Dani Rodrik），哈佛大學甘迺迪政府學院

這不只是一本迷人而有趣的書，而且是真正重要的書。艾塞默魯和羅賓森高度原創的研究，闡明了經濟力量、政治和政策選擇如何共同演進並互相影響，以及制度如何影響此等演進，而這對瞭解社會與國家的成功與失敗極其重要。這些洞識在本書中以深入淺出、極吸引人的形式呈現。買這本書並開始閱讀的人會發現自己捨不得放下它。

——史賓塞（Michael Spence），二〇〇一年諾貝爾經濟學獎得主

這是一本迷人而且容易閱讀的書，專注於討論政治與經濟制度複雜的共同演進，包括往良性和惡性的方向發展。它巧妙地掌握政治與經濟行為的邏輯，以及或大或小的偶發歷史事件（在關鍵時期）造成的方向轉變之間的平衡。艾塞默魯和羅賓森提供了極其廣泛的歷史例證，說明此等轉變如何促成有利的制度、進步的創新，以及經濟成功，或者惡化成榨取性的制度並終至崩潰或停滯。這些例子能讓人感到刺激，同時也勾起反思。

——梭羅（Robert Solow），一九八七年諾貝爾經濟學獎得主

國家為什麼會失敗

權力、富裕與貧困的根源

Why Nations Fail

THE ORIGINS of POWER, PROSPERITY, and POVERTY

DARON ACEMOGLU

JAMES A. ROBINSON

戴倫・艾塞默魯
詹姆斯・羅賓森
著

吳國卿／鄧伯宸
譯

目次

推薦序

大哉問，大哉答

林明仁／臺灣大學經濟學系教授、麻省理工學院經濟系交換學者

在戴蒙（Jared Diamond）教授親自主持、依其暢銷書《槍炮、病菌與鋼鐵》製播的影片中，一開頭戴蒙的新幾內亞朋友就問他：「為什麼白人有這麼多好物，而我們新幾內亞人這麼少？」

這個問題乍聽之下平淡無奇，但卻很可能是人類社會最重要的問題：長期經濟成長與發展的來源到底是什麼？一千年前，世界各地人的生活水準並未有太大的差異，為什麼一千年後，美國人的所得是阿富汗人的五十倍？而非洲大部分國家每人平均國民所得都不超過一千美元？是因為工業革命嗎？那為什麼它發生在英國而不是中國或非洲？國家要如何才能持續的發展？怎樣的國家會走向衰敗？難怪諾貝爾經濟獎得主盧卡斯（Robert Lucas）曾說：「一旦開始思考經濟成長的起源，你就很難再想別的問題了！」

地理環境決定一切？

戴蒙在他的書中，提供了一個簡潔有力的答案：「地理環境（Geography）決定了一切。」（翻成白話就是：一切都是命！）九千年前，幸運住在肥沃新月的人們，從採集進入了農耕，並且學會了種植與馴化如馬、豬等野生動物，農業生產力增加的結果，讓人類有更多精力發展更複雜的文化、技術與社會結構；而歐亞大陸的橫向連結，有別於美洲或非洲大陸的縱向連結，因不需橫跨不同緯度（因此沒有氣候適應的問題），也讓整個交流（不論是貿易、戰爭、技術或疾病及其抵抗力）與發展相對容易。這個一開始的起點優勢（head start）經過長時期的正向循環（positive feedback loop）不斷累積後，到十五世紀，已經足以支持歐亞以槍炮與病菌殖民美洲與非洲，開展五百年的霸權，而這一切都是一開始的地理環境所造成！

這個理論看來非常吸引人，一些學者如哥倫比亞大學的沙克斯（Sachs）也持相同的看法，但是有人或許會問：「那為什麼過去五百年來歐洲的發展領先亞洲？而許多地理文化環境幾乎完全相同的地方如南北韓、甚至是美墨邊境上僅一牆之隔的兩個小城鎮，在今天的發展卻如此不同？」

笨蛋！問題在制度！

艾塞默魯和羅賓森以兩人十五年來共同研究的成果，回答了這個問題：不是地理環境，而是制度——是我們如何組織社會來生產並分配資源的制度過程，決定了我們今天是否繁榮昌盛！制度是經濟發展的前提，也是決定國家走向興盛或衰敗的最大原因。若能在經濟上致力於保護財產權、制訂不因人而異的遊戲規則、鼓勵資源往新科技方向投資；並且在政治上廣泛分配權力、建立制衡並鼓勵多元思想，國家就能持續發展。反之，國家若被只想攫取資源的少數政治菁英把持，則必然走向衰敗。兩人在書中將此二者定義為廣納型（inclusive，或也可譯為涵納）和榨取型（extractive）制度。作者即以這兩個概念貫穿全書，討論社會科學中最重要也困難的問題之一：什麼原因決定了國家的制度選擇？這個選擇的長期後果又是什麼？

書中列舉出許多歷史實例來反覆闡述這組核心概念。兩人論證「廣納型的經濟制度」會與「民主且重視多元價值的廣納型政治制度」形成良性循環、相互支持。書中以英國光榮革命為例，從以議會為主要政治權力運作場域開始，經過代表社會各個勢力相互制衡的動態政治過程（雖然其中或有你死我活，試圖為自己團體設立掠奪型制度的鬥爭）之後，形成了廣納性政治與經濟制度的良性循環，也對日後工業革命的誕生及英國的發展，奠下了良好的基礎；反之，「榨取型的政治制度」則會與「榨取型的經濟制度」相互唱和，形成惡性循環，即使短期之內會有經濟成長，但必然無法持續。

另外，這些制度的影響，也往往比我們所想像的還要影響深遠。書中也引用兩位皆於哈佛大學經濟系任教的新秀努恩（Nathan Nunn）與戴爾（Melissa Dell）的研究來支持此一論點。努恩整理四百年前非洲黑奴買賣運送的資料發現，「當年」輸出愈多奴隸的地區，「現在」的經濟發展愈差。或許有人會問：「說不定此一相關是因為愈貧窮地區輸出愈多奴隸的緣故。」但是其實正好相反——奴隸輸出是與該地區跟港口的距離有關（以經濟學的術語來說，即是以港口距離做為工具變數）。依照他的估計，如果當年沒有奴隸貿易，非洲現在與世界其他地區的差距會縮小百分之七十！另外，由於當時黑奴大部分是被親友或他族拐騙強擄，因此時至今日，對他人的信任程度也受到當年奴隸貿易的影響！戴爾則是以西班牙殖民祕魯境內時所實行的原住民強迫奴役制度（稱之為米塔〔mita〕）為研究對象，發現即使到了今天，在米塔邊界線（此即經濟學家所謂的回歸不連續法〔regression discontinuity〕）兩邊的經濟發展與生活水準，都仍然有不小的差異！

另外，他們在書中也從許多面向來討論制度是如何形成。其中包括：在國家面臨十字路口時，些微的差異（如十七世紀的英國與西班牙）可能就會導致不同的抉擇。透過蝴蝶效應，數百年後兩國樣貌就會大不相同。而有豐沛自然資源的國家，有時也會受到此一恩賜的詛咒。更重要的是，政治菁英在發展過程中，經常扮演的是阻力而非助力的角色！這些推論過程與歷史事實的連結，在書中俯拾皆是，展現了兩位作者博覽群書、旁徵博引的功力！我想我就不要再爆雷，把這些閱讀的樂趣留給讀者吧！

而這些論點，其實也對發展經濟學的研究，與聯合國和其他非營利組織該如何協助貧窮國家產生了很大的影響。有些學者如伊斯特利（William Easterly）就抱怨：現在有太多的研究能量花在西方能提供協助的小事上——要發放多少蚊帳來防治瘧疾？發放多少保險套來防範愛滋病？發多少免費課本來增加教育程度？但是對於更重要的大問題研究卻相對稀少。我們或許該問：是什麼樣的制度，讓這個國家走到現在這個地步？哪一些制度改革，可以改變該地的經濟及社會發展？如果我們不能從根本改變資源分配的方式，那再多的援助（這也是聯合國目前的標準做法——邀請安潔莉娜裘莉和U2樂團主唱BONO送愛心到非洲）不但無濟於事，也有可能帶來反效果！事實上努恩和耶魯大學的錢楠筠（Nancy Qian）就發現，「糧食援助」反而會使非洲發生內戰的機率增加！

嚴謹學術研究結果支撐的論點

不過，有挑剔習慣或社會科學背景的讀者或許會抱怨，許多例子雖然有趣且引用得宜，但是不免讓人有事後合理化（ex post rationalization）之感：既然廣納是好的，那現在發展好的地方，其制度結構一定就是廣納型的，也一定可以找到一個開始廣納型制度的歷史起始點，反之亦然。會讓人有此感覺是因為這本書主要設定的是一般讀者群，因此將枯燥且複雜的統計結果或數學模型推論直接跳過，但是書中的結論，都是經同儕激烈爭辯、審查後出版的嚴謹學術成果，而這些過程的最重要目的，就是盡可能將作者的循環論證減到最低。我在此就舉兩個例子加以仔細說明。

首先讓我們來細讀兩人在二〇〇一年發表在《美國經濟評論》（*American Economics Review*）的重要文章——〈比較發展的殖民緣起：一個實證研究〉（The Colonial Origins of Comparative Development: An Empirical Investigation），這是他們兩人一開始合作的重要里程碑，也是這一整支文獻的重要起點。在這篇文章中，他們首先問道：

許多學者都已有共識，重視財產權保護、實施較少效率扭曲的政策，以及有較佳政治制度設計的國家，會藉由將資源更有效率地投注在人力資源、實體資本和基礎建設的改善上，持續地推動經濟發展；而直接觀察世界各國的資料，也的確可以發現「財產權保護指標」與「每人平均國民所得」之間的確是有正相關的。看起來理論與資料相互契合，結論也是我們所樂見的，那到底有什麼好擔心的？

然而任何一個訓練有素的社會學家都會告訴你「相關不等於因果」，財產權保護與國民所得的正相關「不代表」改善財產權就會增加經濟成長。《蘋果橘子經濟學》中提到「警察愈多的地方犯罪率愈高」現象的討論，就是一個很好的例子。建立並維繫一個好的財產權制度，是需要投入許多資源的（想像法院、警察以及各種典章制度所需的成本），因此制度與國民所得之間的正向關係，有可能只是富裕國家較有資源負擔較佳的制度而已。另外，也有可能是這些國家在其他條件上的不同（比如說人民較為勤奮正直，或天然資源豐富），同時讓制度變好以及所得增加所致。此即是所謂的反向因果關係（reversed causality）與遺漏變數（omitted variable），這兩個問題如果不解決，那麼上述的觀察就只是虛假相關而已。

這就是經濟學家所謂的「內生性問題」，而解決之道即是找到一個只會透過改變制度來影響國民所得的「工具變數」。讀者可以想像，上帝站在地球儀前面替每個國家擲銅板，正面就給好制度，反面則反之，這樣的隨機實驗就可以保證觀察到的制度與所得的相關，一定是「因果」！現實世界中的確存在這類似上帝之手的工具變數，但是並不好找。兩位作者最大貢獻在於：他們以「歐洲移民在殖民地的死亡率」做為工具變數，成功的解決了內生性的問題。他們發現，在瘧疾與黃熱病越猖獗之處，由於歐洲人愈難在該地移民扎根，因此愈容易設計一個榨取式的殖民體系，將重心放在如何將殖民地資源提取為母國所用；反之若死亡率低，較易落地生根，因此也就較容易將母國較好的財產保護、分立制衡的制度移植過來。即使是在殖民地獨立後，新興起的本地政治菁英也會因為改變制度成本太大，或者是本來在殖民政權下就已經與原來制度發展出一套共生共利的關係，而直接接收原本制度，這種路徑相依的特性，使得當時設立的制度持續存在，對今天的經濟發展產生影響。而這裡所謂的「殖民地死亡率」就是一個絕佳的工具變數！這篇文章十年來已經被引用超過六千次，其影響力可見一般。

同時，另一篇〈西方為何讓更多民眾可以投票〉(Why Did the West Extend the Franchise)，則是從政治菁英和民眾間的策略性互動，來研究投票權（民主）如何產生，以及其後果為何。這雖然是一篇相對複雜的數學模型論文，但是結論卻是相對直覺：政治菁英之所以願意開啟政治改革釋放權力的原因，並不是因為愛護人民，而是因為害怕社會不滿情緒蔓延，造成動盪甚至革命，進而損及他們利益的緣故。那為什麼結果不是在不改變現有制度的前提下進行重分配？比如說，不釋出投票權，但是答應每人每年加發十公斤豬肉？原因很簡單，因為這個承諾是不可信的（not credible）：一旦示威群眾從廣場散去，要再集結起來就幾乎不可能，掌權者當然就也不必信守承諾了。倒推回來，群眾就必須堅持下去，直至合理可信的安排出現為止。而當政治制度將更多人納進資源分配的過程中時，此一廣納式的安排，也就增加重分配政策出現的機率，並減少社會的不平等。閱讀至此，對臺灣一九八〇年代開始的民主化過程，與接著下來的社會福利擴張相對照，是否有似曾相識之感？這兩篇文章其實就是兩位作者一起研究的起點，書中所使用的廣納與榨取二詞，也是由此演化而來。

除了計量分析的嚴謹外，大量的歷史資料與旁徵博引的史實，更讓人佩服兩位作者的寫作功力！當討論到殖民地死亡率的問題時，他們就舉了兩個有趣的例子：第一個是十七世紀的一批宗教移民，在最後關頭只剩兩地的決選名單中放棄了圭亞那（Guyana），選擇了另一個死亡率較低之處；第二個則是一七八五年英國的博尚（Beauchamp）委員會，本來考慮要將罪犯運至西非岡比亞（Gambia），最後也是因該地死亡率「連對罪犯來說都太高」而作罷。讀者或許會好奇：接下來歷史如何發展呢？那一批清教徒最後落腳在麻州東岸的普利茅斯，而英國罪犯，則被送到澳大利亞！而當討論到投票權如何擴張，作者也以英國、法國、德國、瑞典的政治史加以佐證，能夠同時將理論（數學模型的推導）、實證（資料的統計分析）以及歷史事實加以結合論證結果，不僅是在經濟學界，甚至在整個社會科學界都是非常少見的！

對中國未來發展的看法

使用這個概念，兩位作者也對目前流行的中國崛起論提出了他們的觀點。他們認為，中國目前的政治經濟制度，本質上仍是一個榨取型制度。改革初期的高速經濟成長，有一部分是由於將誘因結構引進原來完全無效率的生產制度，因此將整個中國原來完全錯置的資源「歸位」所產生的。另一部份則是因短期內快速引進了最有效率的生產技術取代原有低生產力技術而來（即經濟學家所謂的

technology catch-up）。因此一開始的高經濟成長率，是在基期很低的情況下計算出來的，即使以購買力評價計算，中國每人平均國民所得在二〇一二年也只有八千八百美元，比泰國、哥倫比亞、土耳其都還要低。而近期的經濟成長，也有部分是由於共產黨獨占大量的經濟資本，因此可以藉由在短時間之內移動大規模的資源到某個部門而來的。而在這個過程當中，擁有審批權與選擇性執法權力的政治菁英，才是趁機攫取了大部分的經濟租的最大受益者。最近有關中國是由幾百個菁英家族透過綿密的政商關係加以統治的報導，以及前陣子《紐約時報》的獨立調查所揭露的總理綿密投資網絡，似乎證實此言不虛。而在這樣榨取型的政經制度之下，權力輪替的後果不是人民福祉的改善，而只是換了一批不同的政治菁英獲取利益而已。雖然在過去幾年，我們的確見到中國出現了一些零星的政治改革，但是這似乎仍不足以將中國推向一個廣納型政治與經濟制度之間的良性循環。

另一個他們對中國發展不表樂觀的理由，則是來自於熊彼得「創造性的破壞」（creative destruction）的概念。此概念認為，經濟發展的過程，經常是不連續的——每隔一段時間，總會有人冒險成功，導致一個翻天覆地的大改變，這個新生產技術會將舊技術徹底淘汰，而這比起在原有的技術上做小規模的改良，是更能夠增進生產力的。但是創造性的破壞只能在廣納型制度下才有辦法被孕育——想像依靠舊技術獲利的政治菁英，怎麼可能不運用各種力量去打壓此一威脅他們既得利益的點子。因此中國只能山寨既有的技術，無法在自己的制度下透過創造性破壞的過程，發展出取代舊做法的新技術，這樣很容易就會達到經濟學上所謂邊際產值遞減的狀態，無法再繼續支持經濟成長。

這也就是為什麼他們對中國宣稱已經找到結合「政治控制與經濟成長」的神奇處方這個說法不買

帳的緣故。以下這個稍帶嘲諷的說法，準確地傳達了他們的訊息：「你可以想像一個二十歲的大學輟學生，向國有銀行貸款，準備開一家可以挑戰國營企業的公司嗎？在中國？（除非他是政治菁英的一員）」

這些看法對正站在十字路口上的臺灣有很大的啟示：對於正朝廣納型制度的良性循環邁進的我們，要如何避免被吸入榨取型制度的惡性循環中？

兩人個性背景迴異互補恰到好處

艾塞默魯與羅賓森兩人所代表的，其實是汲取歷史分析與政治經濟學理論模型的養分、以統計方法結合歷史資料、使用國家層級資料為分析對象、並藉由歷史的自然實驗為切入點的歷史與經濟發展或政治經濟學的研究方向。記得十二年前第一次在芝加哥大學貝克（Gary Becker）教授的應用個體研討會見到艾塞默魯教授時，大家還對這種角度有許多疑慮，但是經過這些年來兩人的努力，這樣的手法已經被許多人所接受了。我本年度正好在麻省理工學院擔任頂尖大學聯盟交換學者，也因此與兩位學者熟識，最後就讓我對兩人的背景與風格做更進一步的介紹。

艾塞默魯成長於伊斯坦堡，一九九二年以二十五歲的年紀就拿到倫敦政經學院博士並留校任教，隔年即被麻省理工挖角至今，在經濟成長、政治經濟學、勞動經濟學等領域皆著作等身，是公認的多產且跨領域的天才型學者。二〇〇五年獲得克拉克獎時，哈佛的曼昆（Greg Mankiw）還開玩笑的說：「戴倫！是時候介紹你的祕密雙胞胎出場了！」同行對他的評價，可見一般。

他曾提到，其實在高中修習經濟學時，他就已經對世界各國為什麼發展如此不同產生極大興趣。再加上成長過程中經歷過土耳其的軍事統治，更是讓他選擇以政治制度角度切入的重要理由。而不論是上課或在會議上報告，他總是聲如洪鐘、自信滿滿，再加上身材高大，看起來就有雖千萬人吾往矣的氣勢！去年十月在美國國民經濟局（NBER）一場以「中國經濟何處去」為題的演講中，一開始他就以一九六〇年代美國經濟學者錯誤預測蘇聯經濟會在一九八〇年超越美國的往事做為開場白（也可以說是結論？），把大家對中國經濟成長的迷思，即大家對所謂中國式的「競爭」領導機制、隔代指派與共產黨正確經濟政策是造成中國經濟成長的說法，以本書的論點加以一一反駁。這樣不和稀泥、據理力爭、捍衛自己的論點，也是成就一位好學者的重要特質。

羅賓森的父親則是英國派駐殖民地的官員，從小跟父親住過迦納、奈及利亞，以及千里達多巴等地，這個特殊的童年經驗，顯然在他幼小的心靈中埋下了「為什麼這裡人的生活與我如此不同」的疑問。而二〇一二年秋季我旁聽了他與艾塞默魯合開的比較歷史的經濟發展課程，也更親炙其教學魅力。他不但上起課來博學多聞，隨手拈來的史實與所要論證的觀點環環相扣，而且經濟、政治、社會學家的觀點，在他手上玩弄起來也是那麼輕鬆自然。更重要的是他一點也沒有架子，總是耐心聽完學生們的想法，再一一與其討論。對於他不喜歡的論點，也僅會以詼諧帶點嘲諷的方式加以評論；而對於尖酸批評他們的觀點，他也不會如某些沒有安全感的學者，以侵略性的言語加以反駁，頂多只是淡淡地說：「嗯，但這發表在《經濟學季刊》上。（ya, but it has been published in QJE.）」展現出一派輕鬆寫意的英國紳士魅力與氣度。

針對一般讀者而寫的科普書籍，市面上並不少見，但是能夠將背後有紮實推論基礎的學術研究成果，轉換成一般大眾可以閱讀作品的學者並不多見。本書與《蘋果橘子經濟學》大概是過去幾年來，在可讀性與嚴謹度上最好的兩本書。（該書作者李維特，也盛讚此書是「簡潔有力」的精采！）而這本書的出版，也讓他們在非學術圈的名聲愈來愈大，不但世界各地演講與邀約不斷，據說連中國的領導階層也都在閱讀這本書：有人把書名翻成「國敗論」（與國富論相對應），其影響力可見一般。不過令人感到欣慰的是，正值學術能量高峰的兩人，仍然堅守在學術的崗位上持續創作。他們這兩年也共同發表了如〈法國大革命的長期制度影響〉、〈納粹大屠殺對蘇聯長期經濟發展的影響〉以及〈國家選擇何種經濟制度較為有利〉等多篇論文。羅賓森甚至還到哥倫比亞研究當地軍閥如何形成治理制度，並與其他軍閥和政府之間相互競爭的過程！其實，政治經濟學的研究，特別是制度的起源，長期影響以及演變、及與其他經濟社會狀況間的互動，仍有許多未解的難題。以兩人的研究能量，在不久的將來，肯定能夠再看到下一本類似的作品！

序言

本書討論的主題是世界上的富裕國家如美國、英國和德國，以及貧窮國家如下撒哈拉非洲、中美洲和南亞的國家，在所得和生活水準上的懸殊差距。

在我們寫這篇序言時，北非和中東正經歷「阿拉伯之春」（Arab Spring）的震撼，這場運動始於二〇一〇年十二月十七日，一名叫博阿齊齊（Mohamed Bouazizi）的街頭小販自焚激起大眾的憤怒，進而點燃所謂的茉莉革命（Jasmine Revolution）。到了二〇一一年一月十四日，從一九八七年以來就統治突尼西亞的總統阿里（Zine El Abidine Ben Ali）已經下臺，但反對突尼西亞統治菁英的革命浪潮不但未曾平息，反而益發強烈，並蔓延到中東其他國家。嚴密掌控埃及近三十年的穆巴拉克（Hosni Mubarak）在二〇一一年二月十一日遭罷黜。當我們寫完序言後，巴林、利比亞、敘利亞和葉門政權的命途已岌岌不保。

這些國家內部不滿的根源在於貧窮。埃及人平均所得水準只有美國人的十二%左右，預期壽命則少十年；二〇%的埃及人口生活在赤貧中。雖然這些差異很顯著，但比起美國與世界上最貧窮的國家如北韓、獅子山和辛巴威還算小，因為後面這些國家生活在貧窮中的人口遠超過半數。

為什麼埃及比美國貧窮這麼多？有哪些限制因素使埃及人無法變富裕？埃及的貧窮是無法改變的呢，或者它的貧窮可以根除？開始思考這個問題有一個順理成章的方法是，聽埃及人自己談論他們面對的問題，以及為什麼他們挺身反對穆巴拉克政權。二十四歲的哈梅德是開羅一家廣告代理商的員工，她在開羅的解放廣場（Tahrir Square）示威時清楚地表達她的觀點：「我們受到貪腐、壓迫和劣質教育的荼毒。我們生活在一個必須改變的腐化體系中。」廣場另一位示威者、二十歲的夏米是一名藥學系學生，他表達相同的看法說：「我希望到今年底時我們能有一個民選政府，公民自由獲得保障，而且我們能終結掌控這個國家的貪瀆。」解放廣場的抗議者異口同聲譴責政府的腐化、無能提供公共服務，以及國內缺乏機會平等。他們尤其控訴壓迫和缺乏政治權利。正如國際原子能總署前署長艾爾巴拉岱（Mohamed ElBaradei）二〇一一年一月十三日在推特（Twitter）上寫的：「突尼西亞：壓迫＋缺乏社會正義＋封殺和平改革管道＝定時炸彈。」埃及人和突尼西亞人都認為他們的經濟問題根源是缺乏政治權利。當抗議者開始更有系統地表述他們的要求時，埃及抗議運動領袖之一、軟體工程師兼部落客哈利勒（Wael Khalil）張貼了第一份十二項立即要求，全部集中在政治改革上。提高最低薪資之類的議題只出現在中程要求當中，留待稍後實施。

對埃及人來說，導致他們落後的原因包括一個無能且貪腐的政府，一個讓他們無法發揮才能、雄心和原創性的社會，以及他們所得到的教育。但是他們也知道，這些問題的根源是政治。所有他們面對的經濟阻礙，來自於政治權力在埃及由少數菁英行使與壟斷的方式。他們瞭解，這是他們首先要改變的事。

然而，解放廣場上的抗議者對這個議題的看法，卻與主流思想明顯背離。當辯論為什麼像埃及這樣的國家如此貧窮時，大多數學者與評論家都強調完全不同的因素。有些人強調埃及的貧窮主要由地理條件所決定，因為這個國家大部分是沙漠，且缺乏足夠的降雨，土壤和氣候不適於高生產力的農業。其他人則指出，埃及人的文化特質不利於經濟發展和繁榮富裕。他們說，埃及人缺乏讓其他國家繁榮興盛的工作倫理和文化特質，而且還接受與經濟成功相衝突的伊斯蘭信仰。第三種看法在經濟學家和政策專家當中是主流意見，這種看法認為埃及統治者根本不知道該做什麼來促使他們國家繁榮起來，並且在過去一直採用不正確的政策和策略。這種看法也認為，如果這些統治者能接受正確的顧問提供的正確諮詢，富裕興盛將隨之而來。對這些學者專家來說，統治埃及的少數菁英只顧自己利益、犧牲社會福祉的事實，似乎與瞭解這個國家的經濟問題毫不相干。

在本書，我們將論述解放廣場上的埃及人看法才是正確的，而不是大多數學者和評論家的看法。事實上，埃及之所以貧窮就是因為它被一小群菁英統治，他們以圖利自己的方式組織社會，犧牲了大多數人的利益。政治權力集中在少數人手中，用來為掌權者製造龐大的財富，例如前總統穆巴拉克顯然累積了七百億美元財富。輸家是埃及人民，而且他們有切身之痛。

我們將闡明，對埃及貧窮的這種詮釋（也就是人民的看法），也對「為什麼窮國會貧窮」提供了一種普遍的解釋。不管是在北韓、獅子山或辛巴威，我們將說明窮國為什麼貧窮的原因就和埃及一樣。英國和美國之類的國家變富裕，是因為它們的人民推翻掌控權力的菁英，創造了一個政治權利更廣泛分配的社會，在這樣的社會中，政府需要回應人民並對人民負責，而且廣大民眾都能夠利用經濟機會。我們將說明，要瞭解今日世界何以有這種不平等，就必須深入過去，研究各個社會的歷史演進。我們將發現，英國之所以比埃及富裕，是因為英國（精確地說是英格蘭）在一六八八年發生一場革命，促成了該國的政治轉型以及伴隨的經濟轉型。人民爭取並贏得更多政治權利，而且利用這些權利來擴大自身的經濟機會。其結果是一個完全不同的政治與經濟演進軌跡，並在工業革命達到高潮。

工業革命及其解放的科技發展並未擴散到埃及，因為該國當時在鄂圖曼帝國（Ottoman Empire）掌控下，受到的待遇和後世穆巴拉克家族的對待相去不遠。鄂圖曼在埃及的統治於一七九八年被拿破崙推翻，但該國隨後又落入英國殖民主義者的掌控，他們對促進埃及的富裕繁榮和鄂圖曼人一樣興趣缺缺。雖然埃及人終於擺脫鄂圖曼帝國和大英帝國、並在一九五二年推翻君主政體，但這種改變與一六八八年英國的革命不同；埃及政治並未從根本上轉型，只是把權力交給另一批菁英，而他們對於為埃及人民創造富裕的漠不關心也與鄂圖曼和英國如出一轍。結果是，社會的基本結構並未改變，埃及也依然貧窮如故。

本書將探究長期下來這些模式如何自我複製，以及為什麼有時候它們會改變，就像一六八八年英國發生的事件，和一七八九年的法國大革命。這將協助我們瞭解今日埃及的情況是否已經改變，以及推翻穆巴拉克的革命會不會帶來一套能夠帶給一般埃及人民富裕的新制度。埃及過去曾發生過未帶來改變的革命，因為發動革命的人只是接管被罷黜者的統治，重新建立類似的體系。一般人民確實難以獲得真正的政治權力，並改變社會運作的方式。但真正的改變仍然可能發生，而我們將看到它在英國、法國和美國，以及日本、波札那（Botswana）和巴西等國家如何發生。基本上貧窮的社會想變富裕，需要的就是政治轉型。有證據顯示埃及可能正在發生這種轉型。另一位解放廣場的抗議者邁特瓦利說：「現在你看到穆斯林和基督徒站在一起，你也看到老年人和年輕人同心協力，他們都想要相同的東西。」我們將看到社會中這種廣泛的運動就是這類政治轉型發生的關鍵。如果我們瞭解這類轉型發生的時機和原因，我們將更有能力評估哪些運動就像過去那樣將以失敗收場，以及哪些運動我們可以期待將獲得成功，並改善數百萬人的生活。

1 很靠近卻很不一樣

格蘭德河經濟學

諾加雷斯市（Nogales）被一道圍牆分成兩半。如果你站在圍牆旁邊往北看，你會看到亞利桑納州諾加雷斯，位於聖塔克魯茲郡（Santa Cruz）境內。這裡的家庭年平均所得約三萬美元。大多數十幾歲的少年男女都在學校唸書，大多數成人都有高中學歷。儘管有許多人批評美國醫療體系多麼不足夠，此地居民相對來說算是頗為健康，預期壽命以全球標準來看都算高。許多居民年齡超過六十五歲，享有聯邦醫療保險計畫（Medicare）的保障。這只是由政府提供、被許多人視為理所當然的服務之一，還有例如電力、電話、汙水處理系統、公共衛生、與該區其他城市和美國其他地方連結的道路網，以及同樣不可或缺的治安等等。亞利桑納州諾加雷斯市民可以從事每天的活動，毋須害怕生命危險和其他安全威脅，也不必隨時擔心遭盜竊、被徵用，或其他危及他們在事業上和住家上的投資。同樣重要的，亞利桑納州諾加雷斯的居民視為理所當然的是，他們的政府雖然效率低落且偶爾發生貪瀆，卻是他們的代理人。他們可以投票更換市長、眾議員和參議員；他們可以在總統選舉中投票決定誰來領導國家。民主是他們的第二天性。

幾英尺外的圍牆南方情況卻大不相同。墨西哥索諾拉省諾加雷斯市的居民雖然生活在該國相對富裕的部分，但此地家庭的年平均所得只有亞利桑納州諾加雷斯的三分之一。大部分索諾拉省諾加雷斯市的成年人沒有高中學歷，許多青少年不在學校就讀。母親必須擔心很高的嬰兒死亡率。落後的公共衛生條件意味索諾拉省諾加雷斯的居民壽命不及北方的鄰居。他們也無緣利用許多公共設施。圍牆南方的道路狀況極差，治安更是低落。犯罪率很高，在此地創立事業是高風險的活動。不只是可能遭匪徒劫掠，還要取得各種許可和賄賂許多人，光是開業就已經不容易。索諾拉省諾加雷斯的居民，每天得與政治人物的貪瀆和無能共同生活。

相較於北方的鄰居，民主是此地居民晚近才有的體驗。在二〇〇〇年的政治改革前，索諾拉省諾加雷斯市就和墨西哥其他地方一樣，是由貪腐的憲政革命黨（Institutional Revolutionary Party）所掌控。

一個城市的兩邊為什麼會有如此大的差異？就地理和氣候來看，兩邊沒有差別，該地區流行的疾病種類也一致，因為細菌在穿越美國與墨西哥邊境上不受任何規定局限。當然，居民的健康狀況大不相同，但這與疾病環境沒有關係，而是因為邊境南方的人民生活的衛生條件較差，且缺乏足夠的醫療。

然而也許兩邊的居民就有很大的差異。有沒有可能亞利桑納州諾加雷斯市的居民是歐洲移民的後裔，而南方的居民則是阿茲特克人（Aztec）的後代？並非如此。邊境兩邊人民的背景相當類似。墨西哥在一八二一年脫離西班牙獨立後，諾加雷斯附近地區就成為墨西哥舊加利福尼亞（Vieja California）省的一部分，甚至到一八四六—四八年的美墨戰爭後仍保持如此。直到一八五三年的哥斯登購買計畫（Gadsden Purchase）後，美國邊界才延伸到此一地區。當時勘查邊界的密契勒中尉（Lieutenant N. Michler）曾提到這個「諾加雷斯的漂亮小山谷」。亞利桑納州諾加雷斯和索諾拉省諾加雷斯的居民有相同的祖先，享用相同的食物，聽相同的音樂，還有我們可以大膽說，有著相同的「文化」。

當然，有一個簡單而明顯的理由可以解釋諾加雷斯兩半的差異，而且你可能早就猜到了：那道隔開兩半的牆。亞利桑納州諾加雷斯是在美國境內，它的居民可以利用美國的經濟制度，使他們能夠自由選擇職業、入學接受教育和學習技術，雇主被鼓勵投資在最好的科技設備，因而可以支付員工較高的薪資。他們也能利用政治制度，參與民主的過程，選舉自己的代表，並在他們行為不當時將他們換掉。其結果是，政治人物會提供市民要求的基本服務（從公共衛生、道路、到法治等內容）。索諾拉省諾加雷斯的居民則沒有這麼幸運，他們生活在一個由不同制度所塑造的不同世界。這些不同的制度為諾加雷斯兩半的居民和願意投資的創業家與企業，製造出不同的誘因。這些由兩個諾加雷斯及兩個國家不同的制度製造的誘因，就是邊界兩邊經濟繁榮差異的主要原因。

為什麼美國的制度比墨西哥制度更加有利於經濟成功，甚至比拉丁美洲其他國家都是如此？這個問題的答案存在於早期殖民時代不同社會形成的方式。制度性的分歧在當時就發生，其影響一直持續至今。要瞭解這種差異，我們必須從北美洲與拉丁美洲設立殖民地之時開始探究。

建立布宜諾斯艾利斯

一五一六年初，西班牙航海家迪索利斯（Juan Díaz de Solís）航行到南美洲東岸一片寬廣的河口。他登上岸邊，宣告該地為西班牙領土，並把那條河命名為拉普拉塔河（Río de la Plata），意即「銀之河」，因為當地人擁有白銀。河口兩邊的原住民——住在今日烏拉圭的查魯爾人（Charrúa），和住在今日阿根廷彭巴草原（Pampas）上的奎蘭地人（Querandí）——敵視這些新來者，他們是小聚落形式生活的狩獵採集者，沒有強大的集中式政治組織。當迪索利斯探勘這片他企圖為西班牙占領的新土地時，一群查魯爾人用棍棒把他打死。

一五三四年，仍然抱著希望的西班牙派遣第一批殖民者，在迪門多薩（Pedro de Mendoza）的率領下從西班牙出發，同年他們在布宜諾斯艾利斯（Buenos Aires）的所在位置興建一座城鎮。那裡應該是歐洲人理想的地方，字義是「好空氣」的布宜諾斯艾利斯氣候溫和宜人，但第一批到達那裡的西班牙人卻沒有住太久，他們要的並非好空氣，而是想榨取資源和可脅迫的勞工。不過，查魯爾人與奎蘭地人並未乖乖就範，他們拒絕提供食物給西班牙人，被抓到時拒絕工作。他們以弓箭攻擊新來的移民。西班牙人陷於饑餓，因為他們沒有料到必須自己供應食物。布宜諾斯艾利斯並非他們原本夢想的樣子，他們無法脅迫當地人提供勞力。那個地區沒有白銀或黃金可供開採，迪索利斯發現的白銀實際上來自西邊遠方安地斯山的印加帝國。

掙扎求生存的西班牙人開始派出探險隊，尋找能提供更多財富和更容易脅迫的勞力的新地方。一五三七年，其中一支探險隊在迪阿育拉斯（Juan de Ayolas）率領下溯巴拉納河（Paraná River）而上，尋找一條通往印加的路線。這支探險隊在路上與一個稱作瓜拉尼（Guaraní）的原住民族群接觸，這些人過著以玉蜀黍和樹薯為主食的農業經濟。迪阿育拉斯立刻發現瓜拉尼人是與查魯爾人和奎蘭地人完全不同的族群，經過短暫的衝突後，西班牙人克服瓜拉尼人的抵抗，並建立一座城鎮亞松森（Nuestra Senora de Santa Maria de la Asuncion），那裡直到今日仍是巴拉圭的首都。這些西班牙征服者娶了瓜拉尼公主，並且很快封自己為新貴族。他們採用瓜拉尼人既有的強徵勞工和進貢制度，只是改由他們掌握大權。這種做法類似他們想建立的殖民地，於是在四年內布宜諾斯艾利斯已被放棄，在該地殖民的西班牙人全都遷到這個新城鎮。

有「南美洲巴黎」之稱的布宜諾斯艾利斯，是一個有歐洲式林蔭大道的城市，建立在彭巴草原富饒的農業財富基礎上；但那裡直到一五八〇年才再度有西班牙人進駐。放棄布宜諾斯艾利斯和征服瓜拉尼人凸顯了歐洲人在美洲殖民的邏輯。我們將看到，早期的西班牙人和英國殖民者對自己耕種土地不感興趣，他們要別人為他們耕種，他們要的是劫掠金銀財寶。

從卡哈馬卡……

早在迪索利斯、迪門多薩和迪阿育拉斯的探險之前，已有更著名的哥倫布（Christopher Columbus）

在一四九二年十月十二日看到巴哈馬群島中的一個島嶼，以及其他人的許多探險行動。西班牙在美洲的擴張和殖民從一五一九年柯爾特斯（Hernán Cortés）入侵墨西哥後開始積極進行，十五年後皮薩羅（Francisco Pizarro）的探險隊進入祕魯，兩年後迪門多薩的探險隊進入拉普拉塔河。接下來一個世紀，西班牙征服並殖民南美洲的中部、西部和南部，而葡萄牙則占據東部的巴西。

西班牙人的殖民策略極為有效。這套策略最早由柯爾特斯在墨西哥發展成形，其基礎是西班牙人發現，壓制反抗最有效的方法是俘虜原住民的首領。該策略讓西班牙人得以占有首領蓄積的財富，並且脅迫原住民進貢和提供食物。下一步是封自己為原住民社會的新菁英，和控制既有的徵稅、納貢、特別是強制勞動的方法。

當柯爾特斯和他的部下在一五一九年十一月八日抵達宏偉的阿茲特克首都特諾奇提特蘭（Tenochtitlan）時，他們受到阿茲特克皇帝蒙特祖瑪（Moctezuma）的歡迎，因為他接受身邊策士的建議，決定以和平方式迎接西班牙人。接下來發生的事在一五四五年後由聖方濟會教士德薩哈岡（Bernardino de Sahagún），詳細記載在他著名的佛羅倫丁抄本（Florentine Codices）裡。

他們（西班牙人）立刻緊緊抓住蒙特祖瑪……接著所有槍枝齊發……恐懼壓倒一切。就像每個人吞下了自己的心。即使尚未天黑，人們感到恐怖、驚訝和憂慮，人們陷於驚嚇中。

天一亮，（西班牙人）就宣布所有要求的東西：白玉米餅、烤火雞、蛋、淡水、木頭、木柴、木炭……蒙特祖瑪只能乖乖就範。

當西班牙人安頓好後，他們隨即詢問蒙特祖瑪城裡所有的財寶……他們熱烈地搜尋黃金。蒙特祖瑪帶領西班牙人時，他們圍繞著他……每個人握著他，每個人緊抓住他。

當他們來到提歐卡庫（Teocalco）的藏寶所，他們拿出所有燦爛華麗的東西，鳳尾綠咬鵑羽毛頭冠、玩物、盾牌、金盤子……金鼻環、金腿環、金臂環、金額環。

黃金被剝下……他們很快點起火，焚燒……所有實物。它們全都燒毀，而西班牙人把黃金另外鑄成條塊……然後西班牙人到處行走……他們拿走所有東西，一切他們認為的好東西。

然後他們來到蒙特祖瑪自己的藏寶所……在稱作托托卡庫（Totocalco）的地方……他們取出（蒙特祖瑪的）財產……所有的寶物；有垂飾的項鍊、有鳳尾綠咬鵑羽簇的臂環、黃金臂環、手鐲、有貝殼的金環……象徵統治者的綠寶石皇冠。他們全都拿走。

對阿茲特克人的軍事征服在一五二一年完成。已當上新西班牙省總督的柯爾特斯開始透過「賜封」（encomienda）制度瓜分最有價值的資源，即原住民。賜封最早在十五世紀出現在西班牙，是再征服摩爾人（八世紀後移民到該國南部的阿拉伯人）的產物。在新世界，它採用一種遠為有害的形式：把原住民賞賜給稱作賜封主（encomendero）的西班牙人。原住民必須進貢和提供勞役，以交換賜封主讓他們皈依成基督教徒。

一項對賜封主角色的鮮活紀錄由道明會教士拉斯卡薩斯（Bartolomé de las Casas）流傳到今日，他是最早也最強烈批評西班牙殖民制度的人士之一。拉斯卡薩斯在一五〇二年搭乘新總督德奧萬多

（Nicolás De Ovando）的船隊抵達西班牙人占領的伊斯帕尼奧拉島（Hispaniola）。他對每天目睹的殘酷對待和剝削原住民愈來愈感到幻滅和不安。一五一三年，他擔任西班牙征服古巴軍隊的隨行教士，甚至因為他的服務而獲得賜封。不過，他放棄賜封，並展開呼籲改革西班牙殖民制度的長期運動。他的努力以一五四二年寫成的著作《印地毀滅簡述》（*A Short Account of the Destruction of the Indies*）達到最高點。他記述在尼加拉瓜看到的賜封如下：

每個殖民者接受分派（或者如法律上的用語叫「賜封」）給他的鎮上居民，安排這些居民為他工作，竊占他們已經匱乏的食物為已有，並接管本地人向來擁有和耕種作物的土地。殖民者對待所有本地人——貴族、老人、女人和小孩——有如他自己家庭的成員，並因此要他們為他的個人利益日夜操勞，不給任何休息。

對新格拉納達（New Granada，今日的哥倫比亞）的征服者，拉斯卡薩斯敘述西班牙採取的策略：

為了達成搜括所有黃金的長期目的，西班牙人運用他們慣常採用的分配（或他們所說的賜封）城鎮及其居民的策略……然後一如以往，對待他們有如奴隸。探險隊的總指揮官自己抓住整個國土的國王，囚禁他六或七個月，以非法手段向他要求愈來愈多的黃金和寶石。這位波哥大（Bogotá）的國王非常害怕，為了從施酷刑者的夾具獲得解脫，他答應交出裝滿整個房子的黃金；為了履行承諾，他派他的子民出去尋找黃金，然後一點一點連同許多寶石一起帶回來。但是黃金還沒裝滿，西班牙人宣稱將以違背承諾處死他。那位指揮官建議應該由他來裁奪，因為他代表法律，當他們依照指示正式指控國王時，他宣判如果國王繼續不履行交易，將遭受酷刑。他們以吊刑折磨他，在他肚子上澆滾燙的牛脂，用鐵箍將他的雙腿吊在木竿上，脖子吊在另一根木竿，兩個人抓住他的手，開始燒他的腳底。指揮官偶爾會來巡視，並重複說除非他拿出更多黃金，否則他們會慢慢折磨他至死。他們說到做到，國王最後屈服於他們加諸在他身上的痛楚而死去。

在墨西哥操演到完美的征服策略與慣例，很快就被西班牙帝國的其他地方所採用。沒有一個地方比皮薩羅征服祕魯更有效果。拉斯卡薩斯在他的記述中說：

在一五三一年，另一名大惡徒帶著一群人旅行至祕魯王國。他決心模仿他的同夥探險家在新世界其他地方使用的策略和技巧。

皮薩羅從靠近祕魯城鎮通貝斯（Tumbes）附近的海岸出發，開始往南前進。到一五三二年十一月十五日，他來到山城卡哈馬卡（Cajamarca），印加皇帝阿塔華巴（Atahualpa）和他的軍隊駐紮在該地。第二天，不久前才在父王卡帕克（Huayna Capac）駕崩後的繼承競爭中打敗兄弟的阿塔華巴，與他的隨從來到西班牙人紮營的地方。阿塔華巴很生氣，因為他已聽到西班牙人犯下暴行的消息，例如侵犯太陽神印蒂（Inti）的神廟。接下來發生的事已廣為人知，西班牙人設下陷阱，殺了阿塔華巴的護衛和隨從，可能多達兩千人，並且捕獲國王。為了獲得自由，阿塔華巴不得不承諾裝滿一個房間的黃金，和兩倍多的銀子。他照做了，但西班牙人違背承諾，在一五三三年將他勒死。那年十一月，西班牙占領印加首都庫斯科（Cusco），那裡的印加貴族受到跟阿塔華巴一樣的待遇，被囚禁直到他們拿出黃金和白銀。當他們無法滿足西班牙人的要求時，就被活活燒死。庫斯科偉大的藝術寶藏如太陽廟，裡面的黃金盡遭劫掠，並融鑄成金塊。

這時候西班牙人把注意力轉向印加帝國的人民。和在墨西哥一樣，人民被分派到賜封地，由跟隨皮薩羅的每一個征服者各分得一塊。賜封是殖民時代早期用來控制和組織勞動力的制度，但它很快就面對一個強力的競爭者。一五四五年，一個叫瓜爾巴（Diego Gualpa）的本地人在今日玻利維亞境內的安地斯山高地尋找一座原住民神殿，他被一陣突然颳起的強風吹倒在地上，然後看到眼前有一塊被掩蓋住的銀礦石。這是一座大銀山的一部分，西班牙人將這座銀山取名為「富山」（El Cerro Rico）。不久後在它四周興起一座叫波托西（Potosí）的城市，到一六五〇年最顛峰時的人口高達十六萬人，比當時的里斯本或威尼斯還多。

為了開採這些銀子，西班牙人需要礦工，許許多多礦工。他們派遣迪托雷多（Francisco de Toledo）擔任新總督，即西班牙殖民地的最高首長，他的主要任務是解決勞工問題。迪托雷多在一五六九年抵達祕魯，先花五年時間巡視各地，並調查他的新領地。為了找到他需要的勞工，迪托雷多遷移幾乎所有原住民，把他們集中在稱作「控制營」（reducciones）的新城鎮，以方便假西班牙國王之名剝削勞力。

地圖1：印加帝國、印加道路網，和採礦米塔管轄區

然後他重新啟用和修改一種稱作米塔（mita）的印加勞動制度；米塔在印加語言克丘亞語（Quechua）的意思即「輪流」。根據米塔制度，印加人曾利用強迫勞動的方式經營專門提供食物給神廟、貴族和軍隊的農場。印加菁英則反過來提供饑荒時的賑濟與安全。但在迪托雷多統治下的米塔制，尤其是在波托西，變成了西班牙殖民時期規模最大、也最繁重的勞力剝削制度。迪托雷多劃出一片廣大的管轄區，從今日祕魯中部一路涵蓋到大部分現代玻利維亞的國土，面積廣達約二十萬平方英里。在這個地區裡剛抵達控制營的男性住民，有七分之一必須在波托西的礦場工作。波托西的米塔制在整個殖民期持續運作，直到一八二五年才廢除。地圖1顯示西班牙征服時期米塔管轄區疊放在印加帝國上的樣子。它顯示米塔與帝國心臟地區重疊的程度，也涵蓋了首都庫斯科。

奇特的是，今日仍可在祕魯看到米塔制度的殘留。舉卡爾卡省（Calca）和鄰近的雅科馬育省（Acomayo）的差異為例，這兩個省分看起來似乎沒有什麼不同，兩省都在山地高處，分別居住操克丘亞語的印加後代，然而雅科馬育省遠為貧窮，居民的消費比卡爾卡省居民少三分之一。這些居民也瞭解這種情況。在雅科馬育，他們問難得來到該地的外國人：「你們不知道這裡人比卡爾卡的人窮嗎？你們怎麼會想來這種地方？」難得是因為從地區首府庫斯科（也是古代印加帝國首都）到雅科馬育，比到卡爾卡困難得多。往卡爾卡的道路很平坦，往雅科馬育的道路卻崎嶇不平。要到偏遠的雅科馬育需要騎馬或騾子。卡爾卡和雅科馬育的居民都種同樣的作物，但在卡爾卡民眾會拿到市場上出售換錢，在雅科馬育，居民種植作物只供自己食用。這些對外人和本地人都明顯可見的不平等，可以從制度的差異來理解——一些可追溯到迪托雷多和他有效剝削原住民勞力的計畫等歷史根源的制度性差異。雅科馬育和卡爾卡主要的歷史差異是，雅科馬育位於波托西的米塔管轄區內，而卡爾卡不在其中。

除了集中勞力和利用米塔制外，迪托雷多把賜封制整合成人頭稅，每個成年男性每年要以白銀繳納一筆固定額度的稅。這是另一項設計來強迫人們進入勞動市場並壓低西班牙地主支付薪資的計畫。另一項制度叫「產品配銷」(repartimiento de mercancias)，也在迪托雷多任內逐漸普及。這項制度是以西班牙人決定的價格，強迫出售產品給當地人。最後，迪托雷多擬訂並實施「達拉欣」制（trajin）——字意即「負擔」——以利用原住民為西班牙菁英的事業背負沉重的產品，例如葡萄酒、古柯葉或紡織品，取代役用的牲畜。

在西班牙人的美洲殖民地各處，類似的制度和社會架構紛紛興起。在初期的掠奪和搜括金銀後，西班牙人建立了一套為剝削原住民而設計的制度。賜封制、米塔制、產品配銷制和達拉欣制的設計，都是為了把原住民的生活壓到勉強維生的水準，並為西班牙人榨取所有超過此一水準的剩餘所得。徵收他們的土地、強迫他們工作、對勞動服務提供低薪資、課重稅，甚至對非自願購買的產品收取高價，都是為了達成這個目的。雖然這些制度為西班牙皇室創造許多財富，並讓征服者和他們的後代變得十分富裕，但他們也把拉丁美洲變成世界上最不平等的大陸，並大幅削弱它的經濟潛力。

來到詹姆士鎮

當西班牙人在一四九〇年代開始征服美洲時，英格蘭還是歐洲較小的國家，剛從一場內戰的破壞逐漸復原，即玫瑰戰爭（Wars of the Roses），因此英格蘭無法在各國爭奪美洲的戰利品和黃金以及剝削原住民中取得優勢。幾乎一百年後的一五八八年，西班牙國王腓力二世（Philip II）率領西班牙無敵艦隊侵略英格蘭意外潰敗，引發整個歐洲政治的大震撼。英格蘭的勝利雖然來得幸運，但這也象徵英格蘭終於獲得自主的制海權，能夠參與殖民帝國擴張的大勢。

因此英格蘭人在同一時期開始在北美殖民並非巧合。但他們已經是後來者，選擇北美不是因為那裡吸引人，而是因為那裡是僅有的選擇。美洲「較好的」部分，有許多原住民可以利用、有黃金和白銀礦可供開採的地方都已被占領。英格蘭人只得到剩餘的東西。十八世紀英國作家兼農業學家楊格（Arthur Young）討論到有利潤的「主要食用產品」（指的是可供出口的農業產品）在哪裡生產時說：

> 整體看來，我們殖民地的主要食用產品價值離太陽愈遠就愈降低。在西印度群島，也就是最熱的地方，每個人可以生產八英鎊十二先令一便士。在南方大陸，只有五英鎊十先令。在中部大陸，金額是九先令六又二分之一便士。在北方的殖民地，數值只有二先令六便士。這些數值暗示一個最重要的教訓——避免在北方緯度高的地方殖民。

英格蘭人最先嘗試在北卡羅萊納的洛亞諾克（Roanoke）建立殖民地，時間是一五八五年到一五八七年間，但以徹底失敗收場。一六〇七年他們再度嘗試。將近一六〇六年年底，忠實蘇珊號（Susan Constant）、神速號（Godspeed）和發現號（Discovery）三艘船在紐波特船長（Christopher Newport）

指揮下駛向維吉尼亞。這些殖民者在維吉尼亞公司（Virginia Company）資助下，開進切薩皮克灣（Chesapeake Bay），沿著一條他們以英王詹姆士一世（James I）命名的河流而上。一六〇七年五月十四日，他們建立了殖民地詹姆士鎮（Jamestown）。

雖然維吉尼亞公司擁有的船所載的殖民者是英格蘭人，但他們的殖民模式深受柯爾特斯、皮薩羅和迪托雷多建立的樣板影響。他們最初的計畫是抓住當地的酋長，利用他來取得補給品，並脅迫原住民為他們生產食物和財富。

英格蘭殖民者第一次踏上詹姆士鎮時，他們不知道自己是進入一片由波瓦坦聯盟（Powhatan Confederacy）擁有主權的領土，這個聯盟由約三十個政治體組成，效忠於瓦罕蘇納柯克（Wahunsunacock）國王。瓦罕蘇納柯克的首都位在韋洛伍柯摩克鎮（Werowocomoco），距離詹姆士鎮只有二十英里。殖民者的計畫是先研究清楚整個情勢。如果無法勸誘當地人提供食物和勞力，殖民者至少有可能和他們交易。殖民者似乎從未想過他們可能得工作和種植自己的食物。這不是新世界征服者的做法。

瓦罕蘇納柯克很快察覺殖民者的出現，並以極度懷疑看待他們的意圖。他統治的領土對北美洲來說是一個相當大的帝國，但他有許多敵人，而且缺乏像印加帝國那樣的高度集權政治掌控。瓦罕蘇納柯克決定弄清楚英格蘭人的意圖，先是派遣使者說他願意與他們保持友好關係。

隨著一六〇七年冬季接近，詹姆士鎮的殖民者食物儲備漸少，殖民地的統治委員會指定的領導人溫菲爾德（Edward Marie Wingfield）變得猶豫不決。這種情況最後靠史密斯上校解救才化險為夷。史密斯是個傳奇人物，他的記述是我們有關早期殖民地發展的主要資訊來源之一。他出生於英格蘭林肯郡

（Lincolnshire）的鄉下，後來違抗父親要他從商的願望而成為一名傭兵。他先在荷蘭與英格蘭軍隊一起打仗，之後加入奧地利部隊在匈牙利服役，對抗鄂圖曼帝國的軍隊。史密斯在羅馬尼亞遭到俘虜，被當作奴隸出售到農場工作。有一天他打倒主人，偷走主人的衣服和馬匹，逃回奧地利領土。他在往維吉尼亞的航行途中惹出麻煩，因為違抗溫菲爾德的命令而被囚禁在老實蘇珊號上。當船抵達新世界後，原本的計畫是要審判他。然而大出溫菲爾德、紐波特和其他殖民地領導層意料的是，當他們打開密封的命令時，發現維吉尼亞公司早已任命史密斯擔任治理詹姆士鎮的統治委員會成員之一。

由於紐波特已航行回英格蘭載運補給品和更多殖民者，溫菲爾德不確定該怎麼做，所以全靠史密斯救了殖民地。他進行一連串的交易任務，取得重要的食物補給。在其中一次任務中，他被瓦罕蘇納柯克的弟弟歐佩參卡諾格（Opechancanough）俘虜，並被帶至國王所在的韋洛伍柯摩克。他是第一個會見瓦罕蘇納柯克的英格蘭人，而根據一些記述，史密斯能夠保住性命全賴瓦罕蘇納柯克小女兒寶嘉康蒂（Pocahontas）的干預。史密斯在一六〇八年元月二日獲釋，他回到詹姆士鎮，那裡的食物仍然極度匱乏，幸好紐波特在同一天稍晚從英格蘭及時返回。

詹姆士鎮的殖民者沒有從這段初期經驗學到多少東西。隨著時間進入一六〇八年，他們繼續尋找黃金和貴金屬。他們似乎還不明白，若要生存，他們無法靠當地人供養，不論是透過脅迫或交易。史密斯最先瞭解到，柯爾特斯和皮薩羅用起來得心應手的殖民模式，在北美洲就是不管用，原因是基本環境差異太大。史密斯寫到，和阿茲特克與印加不同，維吉尼亞沒有黃金。他在日記中說：「你得知道，糧食就是他們所有的財富。」留下大量日記的早期移民之一托德基爾（Anas Todkill），生動地描述史密斯和其他人發現這一點時的沮喪：

沒有交談、沒有希望，沒有工作，只有挖黃金，提煉黃金，搬運黃金。

當紐波特一六〇八年四月航行回英格蘭時，他帶著一批俗稱愚人金的黃鐵礦。他在九月底返回，帶著維吉尼亞公司的命令，要他們加強控制當地人。他們的計畫是為瓦罕蘇納柯克加冕，希望如此能讓他臣服於英王詹姆士一世。他們邀請他到詹姆士鎮，但瓦罕蘇納柯克對殖民者仍深具戒心，不想冒被俘虜的危險。史密斯記錄瓦罕蘇納柯克的回答：「即使你們的國王送我禮物，我也是國王，而這是我的國土……你的國王來見我，不是我去見他，更不是到你的要塞，我不會咬這種誘餌。」

如果瓦罕蘇納柯克不肯「咬這種誘餌」，紐波特和史密斯就必須到韋洛伍柯摩克來進行這項加冕禮。這整件事似乎以徹底失敗收場，唯一的結果是瓦罕蘇納柯克決定該是除去殖民地的時候了。他實施貿易制裁，詹姆士鎮再也不能交易補給品。瓦罕蘇納柯克決心以饑餓打敗他們。

紐波特在一六〇八年十二月再度揚帆回英格蘭，帶著一封史密斯寫的信，懇求維吉尼亞公司的主管改變他們對殖民地的想法。在維吉尼亞不可能採用像墨西哥和祕魯一樣的快速致富剝削方法，這裡沒有黃金或貴金屬，而且無法強迫原住民工作或提供食物。史密斯發現，如果想建立能夠存活的殖民地，殖民者就必須工作。因此他懇求主管派遣合適的人來：「你們再派人來時，我懇求你們派三十名木匠、農夫、園丁、漁夫、鐵匠、泥瓦匠，以及砍樹和挖根者，各帶充足的補給品，那麼我們就有一千名這種人。」

史密斯不想再有更多無用的金匠。詹姆士鎮再一次因為他的臨機應變而存活下來。他設法哄騙和威嚇當地原住民與他交易，當他們不願意交易時，他只好另覓他途。回到殖民地，史密斯完全掌控大局，他實施「不工作便沒食物吃」的規定。詹姆士鎮活過了第二個冬天。

維吉尼亞公司原本是一家營利企業，但兩個多災多難的年頭沒有賺進分文。公司主管決定他們需要新的管理模式，於是以單一的總督取代統治委員會。第一個被任命擔任這個職務的人是蓋茲爵士（Sir Thomas Gates）。公司當局聽從史密斯的部分警告，並且發現他們必須嘗試一些新方法，特別是因為一六〇九至一〇年冬季（即所謂的「饑餓期」）發生的事件而加強了這層體認。新的管理模式讓史密斯沒有發揮的空間，他懊惱地在一六〇九年秋季返回英格蘭。少了他的足智多謀，加上瓦罕蘇納柯克緊緊控制食物供應，詹姆士鎮的殖民者慢慢餓死。在進入冬季的五百人中，只有六十人捱到三月。情勢惡劣到他們被迫吃人肉。

蓋茲和他的助手岱爾爵士（Sir Thomas Dale）在殖民地實施的「新方法」，是一套對英格蘭殖民者極其嚴厲的工作制——當然不包括管理殖民地的菁英們。岱爾推行的「神聖、道德與軍事法」（Lawes Divine, Morall and Martiall）包括如下的條款：

- 男人或女人都不得從殖民地逃跑投靠印地安人，違者應處以死刑。
- 任何人若搶奪公共或私人園圃，或葡萄園，或偷盜玉米穗，應處以死刑。

●殖民地成員不得出售或給予任何本殖民地的商品給船長、船員或水手，以運送出本殖民地，供他私人的用途，違者處以死刑。

維吉尼亞公司認為，如果無法剝削原住民，也許可以剝削殖民者。在新的殖民開發模式下，維吉尼亞公司擁有所有土地，居民都住在營房裡，由公司發給規定的配給品。工作隊也由公司編排，各隊由一名公司代理人負責監督。那很接近戒嚴狀態，死刑是最先採用的懲罰。前述第一項條款在建立殖民地的新制度上十分重要；公司威脅要處死逃跑的人，因為在新工作制下，對必須工作的殖民者來說，逃跑並投靠當地人變成愈來愈吸引人的選項。此外，由於當時在維吉尼亞即使是原住民的人口密度也很低，獨自在荒野生活以逃避維吉尼亞公司控制也非不可能。公司的力量在面對這些選項時十分有限，無法脅迫靠著僅能維生的配給品生活的英國殖民者賣力工作。

地圖2顯示在西班牙征服時期美洲不同地區的人口密度估計。美國的人口密度除了幾個地點外，每平方英里最多只有四分之三個人。在中墨西哥或安地斯山祕魯，人口密度高達每平方英里四百人，是美國的五百多倍。在墨西哥或祕魯可能辦到的事，在維吉尼亞卻不可能。

維吉尼亞公司花了很長的時間才承認，他們初期的殖民模式在維吉尼亞不管用，而且也經過很久才明白「神聖、道德與軍事法」的失敗。從一六一八年起，該公司才開始採用一套大不相同的新策略。由於無法脅迫當地人或殖民者，唯一的變通方法是給殖民者誘因。該公司在一六一八年開始實施「人

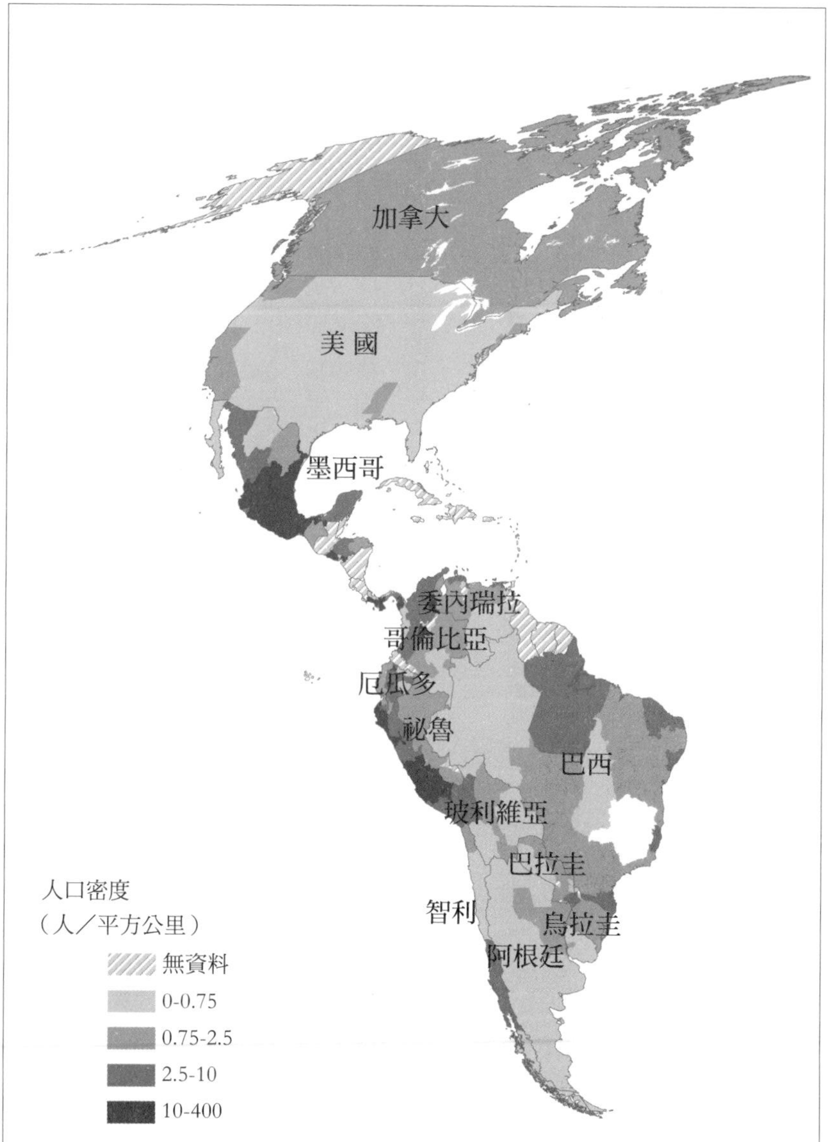

地圖2：一五〇〇年美洲人口密度

頭權制」(headright system),給每名男性殖民者五十英畝土地,每多一名家庭成員則再給五十英畝,他們帶至維吉尼亞的僕人也併入計算。殖民者可以獲得房屋,並且解除合約的束縛;而在一六一九年,大議會(General Assembly)成立,實際上賦予所有成年男性制訂治理殖民地的法律與制度的權力。這是美國民主制度的起源。

維吉尼亞公司花了十二年的時間才學到,西班牙人在墨西哥和中南美洲管用的方法,在北方卻行不通。十七世紀剩下的時間則是學習第二個教訓的漫長奮鬥:殖民地想在經濟上能夠生存唯一的方法是,創造能提供誘因的制度,讓殖民者願意投資和努力工作。

隨著北美洲逐漸開發,英格蘭菁英不斷嘗試設立嚴格限制經濟與政治權利的制度,只賦予特權給殖民地居民中的少數,就像西班牙人的做法。然而每一次這種模式都以失敗收場,正如在維吉尼亞的經驗。

其中一次最具野心的嘗試始於維吉尼亞公司改變策略後不久。在一六三二年,切薩皮克灣北邊數千萬英畝的土地,由英王查理一世(Charles I)授與巴爾的摩男爵卡爾弗特(Cecilius Calvert)。馬里蘭憲章(The Charter of Maryland)給巴爾的摩男爵完全的自由,可以根據他的意願建立政府,其中第七條規定,巴爾的摩有「完全、充分且絕對的權力,為上述政府的利益與福祉,根據本法的要旨,而規定、制訂和執行任何法律的權力」。

巴爾的摩草擬了一份建立一個莊園社會的詳細計畫,是十七世紀理想農業英格蘭在北美洲的翻版。內容是把土地分割成數千英畝的小塊,由地主來管理。地主將召募佃農,而佃農將耕種土地,並交租給控制土地的特權階級菁英。另一個類似的企圖發生在一六六三年，當時有八個業主創建卡羅萊納，其中包括艾胥黎古柏（Anthony Ashley-Cooper）。艾胥黎古柏和他的祕書、偉大的英國哲學家洛克（John Locke），創制了卡羅萊納基本憲法（Fundamental Constitutions of Carolina）。這份文件和之前的馬里蘭憲章一樣，擘畫了一個由地主菁英控制的階級社會。憲法序文說：「這片領土的政府之建立完全符合君主政體，我們就生活在君主政體中，這片領土也從屬於君主政體；我們可以避免建立紛雜的民主政體。」

基本憲法的條文制訂出一個僵化的社會結構，最底層是「農奴」（leet-men），第二十三條規定：「所有農奴的子女生來都是農奴，且世世代代如此。」農奴沒有政治權力，上面一層是領主（landgrave）和酋長（cazique），兩類人組成貴族。領主各可獲分配四萬八千英畝土地，酋長可獲得二萬四千英畝。這份藍圖也包括成立議會，領主和酋長擁有代表席次，但只允許辯論八位業主事先同意的法案。

正如嘗試在維吉尼亞實施嚴苛的規定歸於失敗，在馬里蘭和卡羅萊納建立類似制度的計畫也無疾而終，理由大同小異。每個例子都證明，無法強迫殖民者接受僵化的階層社會，因為他們在新世界有太多選擇了。相反的，必須提供他們誘因才能讓他們工作。而且很快地他們就要求更多經濟自由，和更大的政治權利。在馬里蘭也一樣，殖民者堅持獲得自己的土地，他們迫使巴爾的摩男爵建立議會。一六九一年，議會促成英王宣布馬里蘭成為直轄殖民地（Crown colony），因而撤除巴爾的摩和所屬貴族的政治特權。類似的長期抗爭也發生在南、北卡羅萊納，同樣的，業主都遭挫敗。南卡羅萊納在一七二九年變成直轄殖民地。

到一七二〇年代，所有後來組成合眾國的十三個殖民地都有類似的政府結構。每個州各有一名總督，和一個以男性財產擁有者特許權為基礎的議會。它們並非民主政治；女性、奴隸和無財產者不得投票。但比起同一時代的其他地方，政治權利已相當普及。這些議會和它們的領袖在一七七四年聯合起來召開第一次大陸會議（First Continental Congress），揭開美國獨立的序幕。議會相信他們有權選出自己的成員，也有權徵稅。而我們知道，這為英國殖民政府帶來了問題。

兩部憲法的故事

現在應該已經很清楚的是，美國（而非墨西哥）採用並實施支持民主原則的憲法、節制政治權力的使用，並把權力廣泛分配給社會並非偶然。一七八七年各殖民地代表在費城開會撰寫的文件，是一段始於一六一九年詹姆士鎮成立大議會的漫長過程的結果。

美國獨立時期發生的憲政過程，以及不久後墨西哥發生的情況，兩者間有著極鮮明的對比。一八〇八年二月，拿破崙（Napoleon Bonaparte）的法國軍隊入侵西班牙。到五月，他們已攻下西班牙首都馬德里。九月時，西班牙國王斐迪南（Ferdinand）被俘虜並退位，全國性的中央軍政府（Junta Central）取代他的角色，高舉對抗法國的火炬。軍政府先在阿蘭惠斯（Aranjuez）集結，但在面對法國軍隊時往南方撤退。最後部隊退到加的斯（Cádiz），在那裡雖然遭到拿破崙的軍隊圍城但仍堅守陣地。軍政府在這裡組織稱作柯爾蒂司（Cortes）的國會。到一八一二年，這個國會制訂了後世所知的加的斯憲法（Cádiz Constitution），根據人民主權的概念要求創建立憲君主制度。該憲法也要求結束特權，並採用法律平等對待的制度。這些要求都深受南美洲的菁英厭惡，他們所統治的制度環境仍然由賜封、強迫勞動，以及由這些菁英與殖民國家掌控的絕對權力所構成。

拿破崙入侵導致的西班牙國家崩潰，在拉丁美洲各殖民地造成一場憲政危機。當時有許多要不要承認中央軍政府權威的爭議，許多拉丁美洲人的反應是開始組織自己的軍政府。他們遲早會意識到真正脫離西班牙獨立的可能性。最早宣告獨立的地方是一八〇九年玻利維亞的拉巴斯（La Paz），雖然很快就被從祕魯派出的西班牙軍隊鎮壓。在墨西哥，菁英階層的政治態度受到一八一〇年希達爾哥神父（Father Miguel Hidalgo）領導的起義運動影響。希達爾哥的軍隊九月二十三日劫掠瓜納華多（Guanajuato），並殺死高階殖民官員，然後開始不加區別地濫殺白人。情況變得更像階級戰爭甚至種族戰爭，而不像獨立運動，它使得所有菁英團結成反對力量。如果獨立運動容許群眾參與政治，那麼地方菁英也持反對態度，不只是西班牙人反對而已。結果是，墨西哥菁英以極度懷疑的態度，看待通往群眾參政的加的斯憲法；他們絕不承認它合法。

一八一五年，拿破崙的歐洲帝國崩垮，西班牙國王斐迪南七世重掌大權，加的斯憲法遭廢除。當西班牙王權開始嘗試收復它的美洲殖民地時，它在反獨立的墨西哥並未碰上麻煩。但在一八二〇年，一支在加的斯集結準備搭船到美洲恢復西班牙權威的西班牙軍隊，反叛了斐迪南七世。全國各地的軍隊紛紛加入他們，斐迪南被迫恢復加的斯憲法，並重新召開柯爾蒂司。新柯爾蒂司甚至比制訂加的斯憲法的舊國會還激進，它提議廢止所有形式的脅迫勞動，此外也攻擊一些特權——例如，軍方在自己的法庭接受審判的權利。當墨西哥最後受迫接受這份文件時，地方菁英決定分道揚鑣，宣告獨立。

這場獨立運動由曾在西班牙軍隊服役的伊圖爾比德（Augustín de Iturbide）領導，一八二一年二月二十四日，他公布自己的墨西哥獨立藍圖伊瓜拉計畫（Plan de Iguala）。該計畫採用立憲君主制，搭配一位墨西哥皇帝，並廢除墨西哥菁英認為會危及他們地位和特權的加的斯憲法。計畫立即獲得支持，西班牙很快發現無法阻止大勢。但伊圖爾比德不只策劃了墨西哥的分離，他很快發現這個權力真空，並利用軍方的支持自立為皇帝。偉大的南美洲獨立革命領袖玻利瓦爾（Simón Bolívar）形容伊圖爾比德「蒙上帝和刺刀的恩典」而登上皇帝寶座。伊圖爾比德並未受到像美國總統受到的政治制度束縛；他很快變成獨裁者，到一八二二年十月，他解散憲法認可的國會，以他自己挑選的軍人集團取代。雖然伊圖爾比德在位不久，這種模式的事件在十九世紀的墨西哥卻不斷反復發生。

美國憲法並未創造一個現代標準的民主政體。誰能在選舉中投票留給各州自己決定。雖然北方的州很快把投票權交給所有白人男性，不管他們賺多少錢或擁有多少財產，南方各州卻是逐步賦予這項權利。沒有一州給女性或奴隸投票權，而且雖然解除了白人男性的財產和財富限制，限縮黑人男性的明文規定卻反而更加嚴苛。當然，美國憲法在費城制訂的當時，奴隸被視為合乎憲法，而最卑劣的協商是有關眾議院在各州的席次分配。席次原本是要按照各州的人口來分配，但南方州的國會代表要求奴隸人口應計算在內，北方反對。眾議院席次分配的妥協結果是，一個奴隸被算成五分之三個自由人。美國北方與南方的衝突在憲政過程中受到抑制，就是因為達成五分之三的規則和其他妥協。後來陸續增添一些修正——例如，密蘇里妥協（Missouri Compromise）規定，一個支持奴隸的州和一個反奴隸的州必須同時加入聯邦，以便保持支持與反對奴隸制的勢力在參議院的平衡。這些偽飾讓美國政治制度得以和平運作，直到內戰終於以有利於北方的方式解決這個衝突。

美國內戰既血腥又極具破壞力，但在內戰之前和之後都有充足的經濟機會提供給一大部分人口，尤其是在美國北部和西部。墨西哥的情況則大不相同。如果美國在一八六〇年到一八六五年間經歷了五年的政治不穩定，墨西哥則是在獨立的頭五十年經歷了持續不斷的不穩定。山塔安那（Antonio Lopez de Santa Ana）的生涯就是最好的寫照。

山塔安那是韋拉克魯斯（Veracruz）一名殖民官員的兒子，在獨立戰爭中以為西班牙而戰聞名。一八二一年他投效伊圖爾比德，從此未再回頭。一八三三年五月他首度擔任墨西哥總統，但只行使權力不到一個月就讓位給法里亞斯（Valentín Gómez Farías）。法里亞斯的任期只持續十五天，山塔安那再度復位重掌權力。不過，這次復位和第一次上任一樣短暫，到七月初又被法里亞斯取代。山塔安那和法里亞斯的雙人舞蹈持續到一八三五年山塔安那被巴拉干（Miguel Barragán）取代。但山塔安那不是輕易放棄的人，他在一八三九年、一八四一年、一八四四年、一八四七年都回來再當總統，最後一次是從一八五三年到一八五五年間。總共算起來，他十一度擔任總統，在任期間墨西哥打輸了阿拉莫（Alamo）戰役和德克薩斯獨立戰爭，以及慘烈的美墨戰爭，後者導致喪失後來變成新墨西哥州和亞利桑納州的土地。從一八二四年到一八六七年，墨西哥共有五十二位總統，其中只有很少人按照憲法規定的程序取得權力。

空前不穩定的政治對經濟制度和誘因的影響十分明顯，這種不穩定導致財產權的高度不安全，並且嚴重削弱墨西哥的政府，使其缺乏徵稅和提供公共服務的權威及能力。即使山塔安那是墨西哥的總統，一大部分國土也不在他的控制下，使美國得以趁機併吞德克薩斯。此外，正如前面提到，墨西哥宣告獨立背後的動機是為了保護殖民時期發展出來的那套經濟制度，用偉大的德意志探險家兼拉丁美洲地理學家洪堡（Alexander von Humbolt）的話來說，那導致墨西哥變成「不平等的國度」。這些制度把社會建立在剝削原住民和創立壟斷事業的基礎上，因此而阻礙廣大人口的經濟誘因和創造力。當美國在十九世紀上半葉開始經歷工業革命時，墨西哥正變得更窮困。

創意、創立企業、取得貸款

工業革命始於英國，最早的成功是使用新機器帶來棉布生產的巨大變革，新機器原本由水車推動，而後改由蒸氣引擎推動。棉布生產機械化先是造成紡織業工人生產力大增，後來擴大到其他產業。創新是經濟各領域的科技突破的動力，帶頭的人是渴望採用新創意的創業家和企業人士。初期的革命很快就跨越北大西洋，散播到美國。人們看到採用在英國發展的新科技可以創造極大的經濟機會，他們也受到激勵而努力開發自己的發明。

我們可以透過哪些人取得專利權來瞭解這些發明的性質。保護創意財產權的專利制度，最早是在一六二三年英格蘭國會通過的獨占法（Statute of Monopolies）當中被制度化，部分原因是要阻止國王隨意授與「專利書」給他欽定的人選，亦即授與從事特定活動或事業的獨家權利。美國的專利紀錄令人驚訝的是，獲准取得專利的人來自各行各業和各種背景，不限於富人和菁英階層。許多人藉由專利致富。以愛迪生(Thomas Edison)為例，他發明留聲唱片與燈泡、並創立了至今仍是全球大企業的奇異公司(General Electric)。他是家中七個孩子的老么，父親塞繆爾・愛迪生(Samuel Edison)從事過許多職業，從拆除屋頂木瓦蓋、裁縫到經營旅店。愛迪生沒受過多少正式教育，而是由母親在家教育長大。

從一八二〇年到一八四五年，美國的專利所有權人中只有十九％其父母是專業人士，或來自知名的地主家族。在同一期間，獲得專利權的人有四〇％只受過初級或更低的教育，就像愛迪生。此外，他們通常創立公司來利用他們的專利，這也像愛迪生那樣。正如美國在十九世紀比當時絕大多數其他國家在政治上更民主，美國在創新方面也比其他國家民主。這對美國在經濟上邁向全世界最創新國家的道路極其重要。

如果你是有創意的窮人，要取得專利並不難，因為申請專利不必花太多錢，但要利用專利賺錢卻是另一回事。當然，其中一個方法是把專利賣給別人。這是愛迪生初期的做法，為了籌措資本，他把他的四路多工電報(Quadruplex telegraph)專利以一萬美元賣給西方聯盟公司(Western Union)。但銷售專利只有對像愛迪生這樣的人才划算，因為他想創意的速度比他實際應用它們還快。(他在美國擁有一〇九三項專利，在全世界有一五〇〇項專利，都打破世界紀錄。)從專利通往賺錢最好的道路是自己創立企業。但創立企業需要資金，需要銀行借錢給你。

美國的發明家再一次地相當幸運。在十九世紀期間，金融仲介和銀行業迅速擴張，提供了經濟快速成長和工業化的重要助力。在一八一八年，美國營運中的銀行有三百三十八家，總資產為一億六千萬美元；到了一九一四年，銀行家數達到二萬七千八百六十四家，總資產二百七十三億美元。美國的潛在發明家有現成的資金管道可以開創自己的事業。此外，美國銀行和金融機構的激烈競爭，意味可獲得相當低利率的資本。

墨西哥的情況卻大不相同。事實上，在墨西哥革命開始的一九一〇年，墨西哥只有四十二家銀行，其中兩家控制著所有銀行資產的六〇%。和美國競爭激烈的環境不同，墨西哥銀行業幾乎沒有競爭可言。缺乏競爭意味銀行可以向顧客收取很高的利率，並且通常只借錢給有權勢和已經很富有的人，使他們得以利用這些信用管道強化自己對許多經濟部門的掌控。

墨西哥銀行業在十九世紀和二十世紀的營運形式，是獨立後墨西哥政治制度的直接結果。經歷山塔安那時代的混亂後，接著是法國皇帝拿破崙三世政府徒勞無功地嘗試在墨西哥建立殖民政權，從一八六四年到一八六七年間扶植麥克西米連皇帝（Emperor Maximilian）。法國人被驅逐後，墨西哥制訂了一部新憲法。但由胡亞雷斯（Benito Juárez）和他死後的特哈達（Sebastián Lerdo de Tejada）建立的政府，很快遭到年輕的軍頭迪亞斯（Porfirio Díaz）的挑戰。迪亞斯將軍在對抗法國的戰爭中戰功彪炳，並開始對權力存有野心。他組織一支反抗軍，並在一八七六年十一月的特柯亞克戰役（Battle of Tecoac）中打敗政府軍。次年五月，他設法讓自己當選總統，並以大體上未中斷、且愈來愈獨裁的方式統治墨西哥，直三十四年後在爆發的革命中被推翻。

和伊圖爾比德與山塔安那一樣，迪亞斯從擔任軍事指揮官發跡。從軍人跨入政壇在美國也可見到，美國第一任總統華盛頓在獨立戰爭中也是戰功輝煌的將領。南北戰爭聯邦軍的常勝將領之一葛蘭特（Ulysses S. Grant），在一八六九年當上總統；二次世界大戰歐洲盟軍的最高統帥艾森豪（Dwight D.

Eisenhower），從一九五三年到一九六一年擔任美國總統。不過和伊圖爾比德、山塔安那與迪亞斯不同的是，美國的軍事將領都未以武力取得權力，也未仗恃武力逃避交出權力。他們的行事都遵守憲法。雖然墨西哥在十九世紀也有憲法，但對限制伊圖爾比德、山塔安那和迪亞斯的行為卻少有作用。只有以這些人取得權力的相同方法，才能讓他們交出權力：也就是使用武力。

迪亞斯侵犯人民的財產權，擅自徵用廣大的土地，並授與各種商業經營獨占權和優惠權給他的支持者，包括銀行業。這種行為並非新鮮事，這與過去西班牙征服者的做法如出一轍，山塔安那只是追隨他們的腳步。

美國銀行業對促進國家經濟富裕的幫助遠比墨西哥銀行業大，原因與銀行業業主動機的差異無關。支撐墨西哥銀行業獨占特性的獲利動機，在美國也存在，但這種獲利動機卻以不同方式被導引，原因是美國的制度與墨西哥大不相同。美國的銀行家面對的是不同的經濟制度，而這些制度讓他們處在遠為激烈的競爭中。這主要是因為制訂銀行業法規的政治人物本身也面對大不相同的誘因，而這些誘因則由不同的政治制度所形成。沒錯，在十八世紀末美國憲法開始運作後不久，一種類似後來支配墨西哥的銀行體系也開始崛起。政治人物嘗試建立州層次的銀行獨占，以便授予他們的朋友和夥伴，交換部分獨占獲利。這些銀行也很快開始放款給制訂法規的政治人物，就像墨西哥一樣。但這種情況在美國無法長久持續，因為嘗試建立這種銀行壟斷的政治人物必須面對選舉和改選，不像墨西哥的政治人物不必接受選舉考驗。對政治人物來說，建立銀行獨占，然後放款給政治人物是很划算的生意，然而這對人民不是什麼好事。和墨西哥不同，美國人民可以節制政治人物，並淘汰那些利用職權圖利自己或為親信製造獨占的政客。其結果是，銀行獨占跟著崩垮。美國的政治權利較普及，尤其是與墨西哥相比較，因此保證了獲得融資和貸款的平等權利。這也反過來確保有創意和發明的人，能從創意與發明獲益。

路徑依賴式的改變

世界在一八七〇年代和一八八〇年代發生了改變，拉丁美洲也不例外。迪亞斯建立的制度，與山塔安那或西班牙殖民國家的制度沒有兩樣。世界經濟在十九世紀下半葉蓬勃發展，蒸汽船和鐵路等運輸上的創新促使世界貿易大幅擴張。這一波全球化意味資源豐富的國家如墨西哥——或更貼切地說是這類國家裡的菁英階層——可以出口原料和自然資源給工業化中的北美和西歐，並從中牟取利益。迪亞斯和他的親信因此發現自己處在一個不同且快速演變的世界。他們意識到墨西哥也必須改變，但這不表示必須革除殖民式的制度，並以類似美國的制度取代。他們選擇的「路徑依賴」(path-dependent)式改變，只導致已造成拉丁美洲既貧窮又不平等的制度演進至下一個階段。

全球化使美洲的大片曠野，即所謂的開放邊疆（open frontiers）變得價值非凡。這些邊疆的開放通常只是虛構的，因為有被殘暴剝削的原住民居住在那裡。但爭奪這種突然變得有價值的資源是十九世紀下半葉美洲最具重要性的過程之一。這些有價值的邊疆突然開放並沒有讓美國和拉丁美洲走上類似的路徑，反而帶來由既有制度的差異所形成的更大分歧，尤其是有關誰有權取得土地這個議題。

在美國，一連串的立法行動，從一七八五年的土地法（Land Ordinance）到一八六二年的公地放領法案（Homestead Act），都大開取得邊疆土地的門。雖然原住民一直被排擠在外，但這些發展創造了平等且經濟上充滿活力的邊疆。然而，在大多數拉丁美洲國家，政治制度製造出極為不同的結果，邊疆土地被分配給有政治權勢者、有錢人和有關係者，讓這些人變得更有權勢。

迪亞斯也開始廢除許多阻礙國際貿易的殖民制度殘留，因為他預期國際貿易能讓他和他的支持者獲得許多利益。不過，他的模式仍然與格蘭德河（Rio Grande）北邊鄰國的經濟發展模式不同，而是和柯爾特斯、皮薩羅及德托雷多等人相同，即菁英可獲得龐大利益，其餘所有人則被排除在外。當菁英投資時，經濟會稍微成長，但這種經濟成長注定會令人失望，同時在這種新秩序下，缺乏權利的人也被犧牲了，就像諾加雷斯內地索諾拉省的雅基人（Yaqui）。從一九〇〇年到一九一〇年，大約有三萬名雅基人遭到驅逐，他們基本上是淪為奴工，被送往尤加敦（Yucatán）的黃條龍舌蘭農場工作。（黃條龍舌蘭的纖維是一種有價值的出口產品，可以用來製造繩子和麻線。）

阻礙墨西哥和拉丁美洲成長的特定制度模式一直持續到二十世紀，這一點由以下事實清楚展現：就像在十九世紀，這個模式導致各方爭奪權力的利益，製造出經濟遲滯、政治不穩定、內戰和政變。迪亞斯終於在一九一〇年被革命軍推翻。墨西哥革命之後，其他國家也相繼革命，包括一九五二年的玻利維亞、一九五九年的古巴，和一九七九年的尼加拉瓜。另一方面，哥倫比亞、薩爾瓦多、瓜地馬拉和祕魯陷於長期內戰。徵收或威脅徵收資產仍然經常發生，玻利維亞、巴西、智利、哥倫比亞、瓜地馬拉、祕魯和委內瑞拉，都推行大規模的農地改革（或企圖改革）。革命、徵收和政治不穩定伴隨著軍事政府，以及各種類型的獨裁統治。雖然拉丁美洲也逐步邁向更開放的政治權利，但一直到一九九〇年代大部分拉丁美洲國家才變成民主政體，而且即使如此也還經常陷於不穩定。

這種不穩定常伴隨大規模鎮壓與謀殺。智利一九九一年的真相與和解國家委員會報告證實，在一九七三年到一九九〇年的皮諾契（Pinochet）獨裁統治期間，有二千二百七十九人因為政治原因被殺害，另外有五萬人可能遭囚禁和酷刑，還有數十萬人被革職。一九九九年瓜地馬拉的歷史澄清委員會報告確認，總共有四萬二千二百七十五名受害者，雖然有其他人宣稱從一九六二年到一九九六年，有二十萬人在瓜地馬拉遭謀殺，其中有七萬人在里奧斯（Efrain Ríos Montt）將軍統治期間遭殺害，但里奧斯非但未因犯行受到懲罰，還可以在二〇〇三年出馬競選總統；所幸他並未當選。阿根廷的失蹤者國家調查委員會估算從一九七六年到一九八三年，被軍方謀殺的人數約九千人，但該報告聲明實際人數可能更高。（人權組織估計的人數通常約三萬人。）

賺一、二十億

殖民社會的組織和這些社會的制度殘留，造成了深遠的影響，形成今日美國和墨西哥的差異，因此而有兩邊截然不同的諾加雷斯。比爾蓋茲（Bill Gates）和施林（Carlos Slim）兩人如何變成全球首富的對照——巴菲特（Warren Buffett）是另一個例子——說明了背後運作的力量。蓋茲與微軟公司（Microsoft）崛起的故事家喻戶曉，但蓋茲是全球首富和全球頂尖創新科技公司創辦人的身分，並未阻止美國司法部在一九九八年五月八日向微軟公司提出民事控告，聲稱微軟濫用獨占勢力。爭議的焦點是微軟將其探險家（Internet Explorer）網路瀏覽軟體與視窗（Windows）作業系統綁在一起。政府注意蓋茲已經很久，最早在一九九一年美國聯邦貿易委員會（FTC）就已啟動調查，想確定微軟是否濫用它在個人電腦作業系統上的壟斷地位。二〇〇一年十一月，微軟與司法部達成和解協議；即使懲罰比許多人要求的輕微，但微軟的氣燄已受到壓制。

在墨西哥，施林並不是靠創新賺得他的財富。早期他在股市交易獲利豐碩，收購並改造困頓企業也頗為成功。他一鳴驚人的出擊是收購墨西哥電信公司（Telmex），也就是一九九〇年被薩林納斯（Carlos Salinas）總統民營化的獨占電信事業。政府在一九八九年九月宣布有意出售墨西哥電信五一％的投票股權（所有股票的二〇．四％），並在一九九〇年十一月接受投標。雖然施林所投並非最高標，但以他的卡索集團（Grupo Carso）為首的集團卻贏得這次標售。施林沒有立即支付價款買下股票，而是設法延遲付款，利用墨西哥電信本身的股利來償付股票。過去是國營獨占事業的公司，現在成了施林的獨占事業，而且獲利高得驚人。

造就施林的經濟制度和美國的經濟制度大不相同。如果你是墨西哥創業家，跨入障礙會在你事業的每個階段扮演重要角色。這些障礙包括必須取得昂貴的執照、必須穿越繁瑣的程序、政治人物和既有業者會橫阻你的路途，以及因為金融業與你的競爭對手同夥而使你難以取得融資。這些障礙可能無法克服，使你難以跨入高獲利的領域，或者成為你最好的助力，讓你的競爭者無法靠近。兩種情況的差別當然是你認識誰、你可以影響誰——以及，沒錯，你可以賄賂誰。施林是一位有才幹且野心勃勃的人，來自相對平凡的黎巴嫩移民背景，但他是取得獨家合約的大師；他設法壟斷了墨西哥獲利豐厚的電信市場，然後把觸角延伸到拉丁美洲各處。

施林墨西哥電信的壟斷不斷遭到挑戰，但這些挑戰一直沒有成功。一九九六年，長途電話服務商阿凡電信（Avantel）向墨西哥競爭委員會訴請調查墨西哥電信是否壟斷電信市場；一九九七年該委員會宣布墨西哥電信在地方電話業務、全國長途電話和國際長途電話等領域，都有強大的壟斷勢力。但墨西哥監管當局嘗試限制這種壟斷的努力卻毫無結果，原因之一是施林和墨西哥電信利用所謂的「保護訴願」（recurso de amparo）程序，亦即向當局提出訴願，宣稱特定法律不適用於當事人。保護訴願的概念可以回溯到一八五七年的墨西哥憲法，原本是為了保護個人的權利和自由。然而在墨西哥電信和其他墨西哥獨占企業手中，它成了鞏固壟斷地位的可怕工具。保護訴願非但沒有保護人民的權利，反而提供法律公平性的漏洞。

施林靠墨西哥經濟致富主要歸功於他的政治關係。他嘗試在美國創業就沒有那麼成功了。一九九九年，他的卡索集團買下電腦零售商美國電腦公司（CompUSA），而美國電腦先前已授權一家叫ＣＯＣ服務的公司在墨西哥銷售產品。施林立刻就違背合約在墨西哥成立自己的連鎖商店，排除ＣＯＣ的競爭，但ＣＯＣ在達拉斯（Dallas）法院控告美國電腦公司。達拉斯沒有保護訴願程序，所以施林敗訴，並被罰款四億五千四百萬美元。代表ＣＯＣ的律師韋納（Mark Werner）事後說：「這項判決的訊息是，在全球經濟版圖中，想來美國市場的企業必須遵守美國的規則。」當施林面對美國的制度，他慣用的賺錢技倆就不管用了。

解釋世界不平等的理論嘗試

我們生活在不平等的世界，各國之間的差異類似於諾加雷斯兩邊的不同，只是規模更大。在富裕國家，民眾的身體更健康、更長壽，而且受的教育高得多。他們生活中也有管道利用各種設施和選擇，從度假到就業機會等等，而這些都是貧窮國家難以企及的。富國的人民也能在沒有坑洞的公路上開車、使用抽水馬桶和電力，家裡也有自來水。他們通常也有不會隨便逮捕或騷擾人民的政府，反而政府會提供各種服務，包括教育、衛生醫療、道路，以及治安。另外值得一提的是，公民可以在選舉中投票，對國家的政治方向有發言權。

世界不平等的懸殊差異清楚呈現在所有人眼前，即使是生活在許多沒有電視和網際網路的窮國人民也都知道。這種對差異的認知促使許多人非法越過格蘭德河或地中海，以便體驗富國的生活水準和機會。這種不平等不只是影響窮國個人的生活，也導致不滿和憎恨，對美國和其他國家產生嚴重的政治後果。瞭解這些差異為什麼存在和造成它們的原因，就是本書探討的焦點。發展這種瞭解的目的不只在於瞭解這件事本身，同時也是為了構思更好的點子以跨出第一步去改善數十億貧困者的生活。

諾加雷斯圍牆兩邊的不一致只是冰山的一角。正如整個墨西哥北部都受惠於與美國的貿易往來（雖然並非所有貿易都屬合法），諾加雷斯的居民比其他墨西哥人更富裕，一般墨西哥人的平均年家庭所得只有五千美元。索諾拉省諾加雷斯的相對富裕，主要歸功於集中在工業園區的加工出口工廠；

而第一個工業園區是由加州一名籃子製造商坎貝爾（Richard Campbell, Jr.）所興建。第一家進駐的工廠則是亞利桑納州諾加雷斯的笛子與薩克斯風製造商業主博斯（Richard Bosse）擁有的樂器公司柯因亞特（Coin-Art）。柯因亞特之後緊接著有美瑞思（Memorex，電腦纜線）、亞凡特（Avent，醫院制服）、葛蘭特（Grant，太陽眼鏡）、千柏林（Chamberlain，為席爾斯生產車庫門開關裝置的製造商），以及新秀麗（Samsonite，旅行箱）。重要的是，這些全都是美國企業和企業人士，使用美國資本和技術。因此，索諾拉省諾加雷斯相對於墨西哥其他地方較富裕，其來源是外國。

不過，美國和墨西哥的差異相較於世界其他國家還算很小。美國人民平均的財富是墨西哥人平均的七倍，是祕魯或中美洲人民平均的十倍以上。美國人比下撒哈拉非洲人民平均富裕約二十倍，而且是住在馬利、衣索比亞和獅子山等非洲最窮國家人民的近四十倍。不只是美國如此，有一小群富裕國家——主要在歐洲和北美，加上澳洲、日本、紐西蘭、新加坡、南韓和臺灣——它們的人民都享有與世界其他國家人民大不相同的生活。

亞利桑納州諾加雷斯遠比索諾拉省諾加雷斯富裕的原因很簡單：因為邊界兩邊有著大不相同的制度，為諾加雷斯兩邊的居民創造了極為不同的誘因。今日的美國遠比墨西哥或祕魯富裕，也是因為它的經濟和政治制度為企業、個人和政治人物塑造了誘因。每一個社會都依照一套經濟和政治規範在運作，這套規範由國家和公民集體創造並執行。經濟制度塑造經濟誘因：接受教育、儲蓄和投資、創新和採用新科技的誘因等等。是政治程序決定了人民生活在何種經濟制度下，而政治制度決定了這個程序如何運作。例如，一個國家的政治制度決定公民有沒有能力控制政治人物並影響他們如何行為。這又反過來決定政治人物是否為人民的代理人（儘管並非完美），或者能濫用委託他們行使的權力，或他們會不會篡奪權位以聚斂財富、追求自己的目標而危害人民的利益。政治制度包括、但不限於形諸文字的憲法，也不限於該社會是否為民主政體，政治制度包括國家規範和管理社會的權力和能力。我們也必須更廣泛地考量決定政治權力在社會裡如何分配的因素，尤其是不同群體以集體行動追求自己的目標、或阻止其他人追求目標的能力。

正如制度會在現實生活影響行為和動機，它們也能決定國家的成功或失敗。個人才能在社會每個層面都很重要，但仍然需要一個制度架構來將它轉換成有用的力量。蓋茲和其他資訊科技的傳奇人物（例如艾倫〔Paul Allen〕、鮑默爾〔Steve Ballmer〕、賈伯斯〔Steve Jobs〕、佩吉〔Larry Page〕、布林〔Sergey Brin〕和貝佐斯〔Jeff Bezos〕*）一樣，有極高的才能和野心，但他的所作所為終究是回應誘因。美國的教育體系讓蓋茲和類似他的人，能獲得獨特的技術來搭配他們的天分。美國的經濟制度讓這些人能輕易開創企業，不必面對無法攀越的障礙。美國勞動市場讓他們能僱用合格的員工，而相對開放競爭的市場環境則讓他們能擴展公司和行銷產品。這些創業家從一開始就有信心能夠執行他們夢想的計畫：他們信任制度和法治，而且不擔心他們財產權的安全問題。最後，這套政治制度確保穩定性和持續性。一來，這些創業家可以確定沒有獨裁者能掌控權力並改變遊戲規則、徵收他們的財富、囚禁他

* 編注：艾倫（Paul Allen）是微軟的共同創辦人，鮑默爾（Steve Ballmer）是接替蓋茲的微軟執行長，佩吉（Larry Page）與布林（Sergey Brin）是Google創辦人，貝佐斯（Jeff Bezos）是亞馬遜網路商店創辦人。

們，或威脅他們的生命和生計。他們也可以確定社會沒有特定的利益團體能操縱政府往經濟上極度不利的方向走，因為政治權力受到節制且分散夠廣泛，因此一套能為繁榮創造誘因的經濟制度得以出現。

本書將說明，雖然經濟制度對決定國家的貧窮或富裕極其重要，但決定國家經濟制度的是政治和政治制度。歸根究柢，美國良好的經濟制度來自於一六一九年起逐步發展而來的政治制度。我們解釋世界不平等的理論說明，政治與經濟制度如何交互影響而造成了貧窮或富裕，以及世界不同的部分如何產生不同的制度。我們對美洲歷史的簡短回顧，提示了塑造政治和經濟制度的幾股力量。今日不同模式的制度都有深植的歷史根源，因為一旦社會以特定的方式架構後，就傾向會長久延續。我們將說明這個事實源自政治和經濟制度交互影響的方式。

這種長久延續以及造成這種情形的力量，也解釋了何以想消除世界的不平等和讓窮國變富裕如此困難。雖然制度是造成兩個諾加雷斯的差異以及墨西哥與美國不同的關鍵，但這不表示墨西哥人能達成改變制度的共識。一個社會沒有必要發展或採用最能增進經濟成長或人民福祉的制度，因為其他制度對控制政治和政治制度的人可能更有利。社會中掌握權勢的人和無權勢者往往對應該保留何種制度、應該改變何種制度看法分歧。施林不會樂於看到他的政治關係消失，或保護他事業的跨入障礙被撤除——儘管新企業跨入市場能讓數百萬墨西哥人賺錢。因為沒有這種共識，社會最後的規則就取決於政治：誰有權力和這種權力可以如何運作。施林有權力得到他想要的東西，相較之下蓋茲的權力則受到許多限制。這是為什麼我們的理論不只牽涉經濟、也牽涉政治的原因。我們談的是制度對國家成功或失敗的影響——亦即貧困與富裕的經濟學；我們談的也是制度如何形成又如何隨著時間演變，以及即使它們為數百萬人帶來貧窮和不幸卻為何無法改變——亦即貧困與富裕的政治學。

2 無效的理論

世界情勢

本書的焦點是解釋世界的不平等，以及其中一些明顯可見的普遍模式。第一個經歷持續經濟成長的國家是英國——或稱大不列顛（Great Britain），指的是一七〇七年以後英格蘭、威爾斯和蘇格蘭的聯盟。十八世紀下半葉，出自重大科技突破並將之應用在工業上的工業革命逐漸發揮影響，經濟成長也隨著緩慢浮現。英國的工業化很快散播到大多數西歐國家和美國。英國的富裕也快速擴散到英國的移民殖民地（settler colonies）如加拿大、澳大利亞和紐西蘭。我們可以列出今日三十個富裕國家的清單，除了上述國家外，也包括日本、新加坡和南韓。後面三國的富裕屬於一種更廣泛的模式，許多東亞國家經歷快速成長都是這種模式，包括臺灣和後來的中國。

世界所得排名殿後國家呈現的圖像，也和排名頂端的國家一樣鮮明。如果你列出今日全世界最貧窮的三十個國家，你會發現它們幾乎全都在下撒哈拉非洲，加上不在非洲的阿富汗、海地和尼泊爾，後面這幾個國家都有某些與非洲國家相同的關鍵性質，我們稍後將解說。如果你回到五十年前，頂端的三十國和底部的三十國跟現在沒有太大差異。當時的新加坡和南韓不在富國之列，底部三十國會有一些和今日不同的國家，但整體圖像會與今日所見的相當一致。如果回溯到一百年前或一百五十年前，你會發現兩個類別幾乎都是相同的國家。

地圖3顯示二〇〇八年的情況。顏色最深的國家代表世界上最貧窮的國家，每年平均個人所得（經濟學家稱為國內生產毛額〔GDP〕）不到兩千美元。大多數非洲國家屬這種顏色，阿富汗、海地和部分東南亞國家（如柬埔寨和寮國）也是。北韓也在這一組國家裡。白色代表最富裕的國家，每年人均所得兩萬美元以上。我們在這一組看到常見的國家：北美、西歐國家、澳洲和日本。

我們可以在美洲發覺另一個有趣的模式。列一張從最富有到最貧窮的美洲國家清單，你將發現最上面是美國和加拿大，其次是智利、阿根廷、巴西、墨西哥和烏拉圭，或許還有委內瑞拉，看原油價格而定。再下來有哥倫比亞、多明尼加共和國、厄瓜多和祕魯。殿底的是另一些明顯貧窮很多的國家，包括玻利維亞、瓜地馬拉和巴拉圭。回到五十年前，你會發現完全一致的排名。一百年前：一樣。一百五十年前：也一樣。因此不只是美國和加拿大比拉丁美洲富裕；拉丁美洲之內的富國和窮國也有一個明確和持續的差距。

最後一個有趣的模式是在中東。我們在中東發現蘊藏豐富石油的國家如沙烏地阿拉伯和科威特，

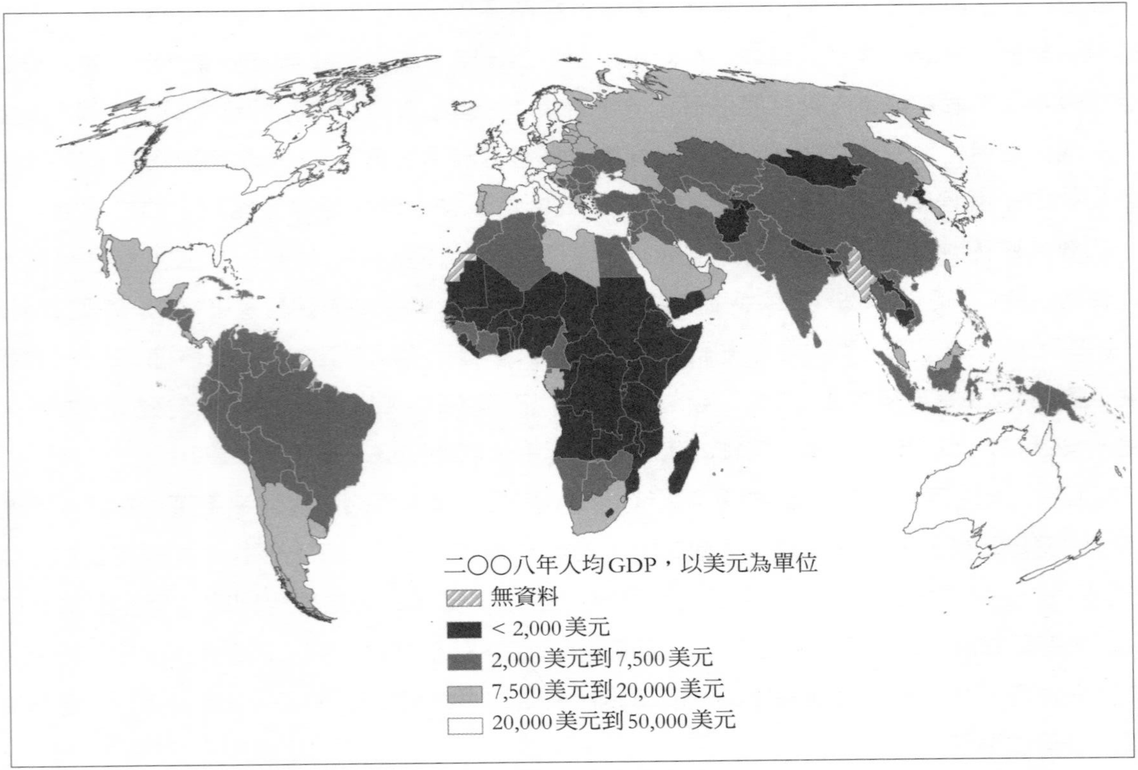

地圖3：二〇〇八年全球國家富裕程度

它們的人均所得水準接近我們列的三十個富國。但如果油價下跌，它們會很快從排名滑落。只有很少石油或沒有石油的中東國家如埃及、約旦和敘利亞，所得水準全都類似瓜地馬拉或祕魯。沒有石油的中東國家也都很窮，儘管它們跟中美洲與安地斯山國家一樣，還不像下撒哈拉非洲國家那麼窮。

雖然今日我們看到這些富裕模式有相當高的延續性，但這些模式並非沒有改變或不會改變。第一，正如我們已經強調過，大多數目前世界的不平等始於十八世紀末，是工業革命以後發生的。截至十八世紀中葉，貧富國的差距不只小得多，而且當時貧富的排名也與後來一直保持穩定的排名不一樣。例如在美洲，過去一百五十年我們看到的排名與五百年前完全不同。第二，許多國家經歷了數十年的快速成長，像二次世界大戰後的多個東亞國家，和晚近的中國。也有許多國家在成長之後轉而變成衰退，例如阿根廷快速成長直到一九二〇年，變成世界最富裕的國家之一，但之後便開始長期滑落。蘇聯是更值得注意的例子，它在一九三〇年到一九七〇年間成長迅速，但隨後急速崩跌。

什麼原因造成貧窮與富裕以及成長模式的重大差異？為什麼西歐國家和西歐移民進駐的殖民地在十九世紀開始成長，此後一直維持好景？什麼原因讓美洲國家的不平等排名持久不變？為什麼下撒哈拉非洲和中東國家未能創造出西歐那樣的經濟成長，而許多東亞國家則出現飛躍的經濟成長？

有人可能認為，世界的不平等差距如此大、模式如此截然不同，表示一定有一個眾人都能接受的解釋，但實際上並非如此。大多數社會科學家對貧窮與富裕根源的假設完全說不通，無法讓人信服地解釋這樣的情勢。

地理假說

世界不平等的原因有一個廣被接受的理論，即地理假說，該假說宣稱富國與窮國的巨大分野是由地理差異造成的。許多窮國如非洲、中美洲和南亞國家，都位於南北回歸線間的熱帶。對照之下，富國往往位於溫帶緯度區。窮國與富國的地理集中性賦予地理假說一種膚淺的吸引力，許多社會科學家和學者就以這種假設來做為理論和觀點的基礎。可惜這無法使錯誤變正確。

早在十八世紀偉大的法國政治哲學家孟德斯鳩就已發現，富裕與貧窮呈現出地理的集中，並為這種現象提出一種解釋。他宣稱熱帶氣候下的人民傾向較懶惰，缺乏探究的精神，因此不努力工作，不知創新，這是他們貧窮的原因。孟德斯鳩也推論，懶惰的人傾向被專制君主統治，暗示熱帶地理位置不僅可解釋貧窮，也能說明一些與經濟失敗有關的政治現象，例如獨裁政治。

熱帶國家原本就容易貧窮的理論，雖然與近來經濟快速成長的國家如新加坡、馬來西亞和波札那相矛盾，仍舊被一些人強力提倡，例如經濟學家沙克斯（Jeffery Sachs）。這個觀點的現代版不強調氣候對工作努力或思考過程的直接影響，而是強調兩項額外的論點：第一，特別是瘧疾等熱帶疾病對健康有極不利的影響，因此也影響勞工生產力；第二，熱帶土壤不容許高生產力的農耕。不過，結論是相同的：溫帶的氣候比熱帶和亞熱帶地區有相對優勢。

然而，世界的不平等無法以氣候或疾病、或任何版本的地理假說來解釋。只要想想諾加雷斯就知道，造成這個城市兩邊差異的不是氣候、地理或疾病的環境，而是美國與墨西哥的邊界。

如果地理假說無法解釋諾加雷斯北邊和南邊、或北韓與南韓、或柏林圍牆倒塌前的東德與西德的差異，這套理論還能用來解釋北美洲和南美洲的不同嗎？或歐洲與非洲的差異？當然不能。

歷史顯示，氣候或地理與經濟成功沒有單純或持久的關聯。例如，熱帶並非總是比溫帶貧窮。我們在上一章提到，在哥倫布征服美洲時，北回歸線以南和南回歸線以北的地區，也就是今日涵蓋墨西哥、中美洲、祕魯和玻利維亞的地區，是偉大的阿茲特克與印加文明的所在地。這些帝國在政治上集權而複雜，他們興建道路，提供饑饉的賑濟。阿茲特克人使用錢幣和文字，印加人雖然缺少這兩種技術，卻以稱作奇普（Quipus）的繩結記載大量資訊。呈現鮮明對比的是，在阿茲特克和印加帝國的時代，阿茲特克人和印加人居住的地區以北和以南，即今日包括美國、加拿大、阿根廷和智利的地方，大多居住著缺乏這些技術的石器時代文明。美洲熱帶地區當時比溫帶富裕得多，這意味熱帶貧窮這個「明顯的事實」既不明顯、也非事實。而今日美國和加拿大遠為富裕，與歐洲人初到美洲時的情況完全逆轉。

這種逆轉顯然與地理毫無關係，而且正如我們已經談到，是與這些地區遭到殖民的方式有關。這種逆轉也不局限於美洲。南亞尤其是印度次大陸，以及中國的人民，曾經比亞洲其他地方的人更富裕，比澳洲和紐西蘭的原住民更是如此。但那種情況也已大幅逆轉，南韓、新加坡和日本興起成為亞洲的富國，澳洲和紐西蘭的富裕更超越幾乎所有亞洲國家。即使在下撒哈拉非洲也有類似的逆轉發生。在歐洲開始與非洲頻繁接觸之前，非洲南部地區都是一些人口最稀疏、開發程度最低的國家，對它們的領土只有最鬆散的控制。但南非現在是下撒哈拉非洲最富裕的國家之一。再回溯更早些的歷史，我們又看到熱帶曾經繁華一時，部分前現代文明如今日柬埔寨的吳哥窟、印度南部的毘迦耶那迦羅王朝（Vijayanagara），和衣索比亞的阿克蘇姆（Aksum），都在熱帶繁榮興盛；偉大的印度河谷文明摩亨佐達羅（Mohenjo Daro）和今日巴基斯坦的哈拉帕（Harappa）也是。歷史因此證明，毫無疑問的，熱帶地理位置與經濟成功之間沒有單純的關聯。

熱帶疾病顯然造成許多非洲人飽受病痛之苦，嬰兒死亡率也較高，但它們不是非洲貧窮的原因。疾病大體上是貧窮的結果，也因為政府沒有能力或不願採取必要的公共衛生措施來消滅疾病。十九世紀的英國也是很不健康的地方，但政府逐步投資在乾淨的水源、妥善處理汙水和廢水，最後還提供有效的公共衛生服務。健康和預期壽命提升不是英國經濟成功的原因，而是英國先前的政治與經濟變革的成果之一。亞利桑納州諾加雷斯的情況也是如此。

地理假說的其他部分是，熱帶較貧窮是因為熱帶農業原本就不具生產力。熱帶土壤較薄，無法保持養分；這個假說還強調，這種土壤有多容易被暴雨侵蝕。這種說法當然有一些道理，但我們將闡明，許多貧窮國家（尤其是在下撒哈拉非洲）的農業生產力——每英畝土地的農業產出——如此低的主要原因，與土壤品質無關，而是土地所有權結構的結果，以及政府和制度為農民創造的誘因所造成。我們也將闡明，世界的不平等無法以農業生產力的差異來解釋。現代世界從十九世紀發生的不平等擴大，是由工業科技與製造業生產的散播不平均所造成，而非源自農業生產表現的分歧。

另一個有影響力的地理假說版本，是由生態學家兼演化生物學家戴蒙（Jared Diamond）所提倡。他宣稱在五百年前的現代初期跨越各大陸的不平等，根源於動植物物種具備的不同歷史特性，並因而影響了農業生產力。在某些地方如今日中東的肥沃月彎地區，有許多物種可被人類馴化。而在其他地方如美洲，卻缺少這類物種。有許多物種可供馴化對社會從狩獵採集生活轉型成農業生活幫助很大。其結果是，肥沃月彎發展農耕比美洲早。人口密度增加，有助於促進勞動的專門化、貿易、都市化和政治發展。很重要的是，在農業為主的地方，科技創新發展比世界其他地方更快。因此，根據戴蒙的說法，動物和植物物種可得性的差異製造了農業發展程度的差異，導致不同大陸間的技術發展與富裕程度的不同。

雖然戴蒙的理論可以解開他所專注的謎題，但它無法用來解釋現代世界的不平等。例如，戴蒙宣稱西班牙之所以能支配美洲的文明，是因為他們有更悠久的農耕歷史和由此而來的較優越技術。但我們現在必須解釋，為什麼住在以前阿茲特克和印加土地的墨西哥人和祕魯人現在很貧窮。雖然擁有小麥、大麥和馬匹可能讓西班牙人比印加人更富有，但兩者的所得差距並不是很大。西班牙人的平均所得可能是印加帝國人民的不到兩倍。戴蒙的理論暗示，一旦印加人有機會接近所有物種，以及他們過去無法自己發展的技術後，應該就能很快達到和西班牙人一樣的生活水準。然而這種情況並未發生。相反的，在十九世紀和二十世紀，西班牙和祕魯的所得差距變得更大。今日的西班牙人平均比祕魯人富有六倍以上。這種所得差距與現代工業技術的散播不平均息息相關，但是與動植物馴化的潛力、或與西班牙和祕魯土地本身的農業生產力差異無關。

當西班牙（有點落後地）採用蒸汽動力、鐵路、電力、機械化和工廠生產的技術時，祕魯並未跟著採用，或至少採用的速度很遲緩和不完全。這種技術差距持續到今日，並隨著新科技出現而自動造成更大幅度的差距，特別是與資訊有關的科技誕生後，更進一步助長許多已開發國家和部分快速發展國家的領先情勢。戴蒙的理論並未告訴我們為什麼這些重要的科技並沒有四處散播以及縮短世界各地的所得差距，也未解釋北半邊的諾加雷斯為什麼遠比圍牆的南半邊富裕，即使兩邊在五百年前都屬於同一個文明。

諾加雷斯的故事凸顯戴蒙理論的另一個重大問題：正如我們已經討論到，不管印加和阿茲特克帝國在一五三二年時有什麼弱點，當時祕魯和墨西哥無疑比後來變成美國和加拿大的那部分美洲繁榮得多。北美洲變富裕的原因就是它積極採用工業革命的技術與進展。那裡的人口教育程度提升，鐵路擴散到大平原各地，與南美洲的情況成鮮明對比。這無法從北美洲與南美洲的地理條件差異來解釋，因為南美洲的地理條件顯然比北美洲具有優勢。

現代世界的不平等大體上源自科技應用與散布的不平均，而戴蒙的理論的確包含有關這一點的重要論述。例如他跟隨在歷史學家麥克尼爾（William NcNeill）之後主張，東西向的歐亞大陸讓許多作物、動物和創新，從肥沃月彎傳播到西歐，而南北向的美洲則使在墨西哥發明的文字系統，無法散播到安地斯山或北美洲。然而大陸的方向無法提供今日世界不平等的解釋。想想非洲，雖然撒哈拉沙漠確實構成貨物和思想從北傳到下撒哈拉非洲的重大阻礙，這卻並非完全無法克服。葡萄牙人和當時其他的歐洲人沿著海岸航行，並在一個所得差距比今日小很多的時代消弭了知識上的鴻溝。但後來非洲並未趕上歐洲，反而現在大多數非洲國家和歐洲國家之間的所得差距變得更大。

我們也必須說明，戴蒙有關各大陸不平等的理論無法解釋大陸內部的差異，而這是現代世界不平等的基本部分。例如，雖然歐亞大陸的方向可能解釋英國如何從中東的創新獲益、而毋須自己從頭創新，但它未解釋為什麼工業革命發生在英國而非像摩爾多瓦（Moldova）這類地方。此外，正如戴蒙自己指出，中國和印度從極豐富的動物和植物物種、以及歐亞大陸的方向獲益良多，但今日世界大部分的貧窮人口卻在這兩個國家。

事實上，瞭解戴蒙理論的界限最好的方法，是從他自己的解釋變數著手。地圖4顯示現代豬的祖先野豬（*Sus scrofa*）和現代牛的祖先原牛（auroch）的分布。兩種物種都遍布歐亞大陸甚至非洲北部。地圖5顯示某些現代馴化作物如亞洲種植稻米的原種水稻（*Oryza sativa*），以及現代小麥和大麥的原種分布。它顯示稻米的野生原種廣泛分布在南亞和東南亞，而大麥和小麥原種的分布則呈一個長拱形，從地中海東部穿過伊朗，到阿富汗和數個「斯坦」（stans）國家（土庫曼〔Turkmenistan〕、塔吉克〔Tajikistan〕和吉爾吉斯〔Kyrgyzstan〕）。這些原種遍布歐亞大陸的許多地方，但它們的廣泛分布意味歐亞大陸內部的不平等無法以物種發生率為基礎的理論來解釋。

地理假說不但無助於解釋有歷史以來的富裕根源，它的主要論點大體上也不正確，而且無法解釋我們在本章開頭提出的世界貧富情勢問題。有人可能會說，任何持續的模式（例如美洲各國的所得等級，和歐洲與中東呈現鮮明而懸殊的差距）都可以用不變的地理因素來解釋，但實際情況卻非如此。我們已談過美洲內的模式不太可能由地理因素所造成。在一四九二年之前，墨西哥中部谷地、中美洲和安地斯山的文明，都擁有比北美或阿根廷與智利等地更高的技術和生活水準。雖然地理條件沒有改變，歐洲殖民者實施的制度卻製造出「命運逆轉」的發展。出於同樣的理由，地理也不太可能解釋中東的貧

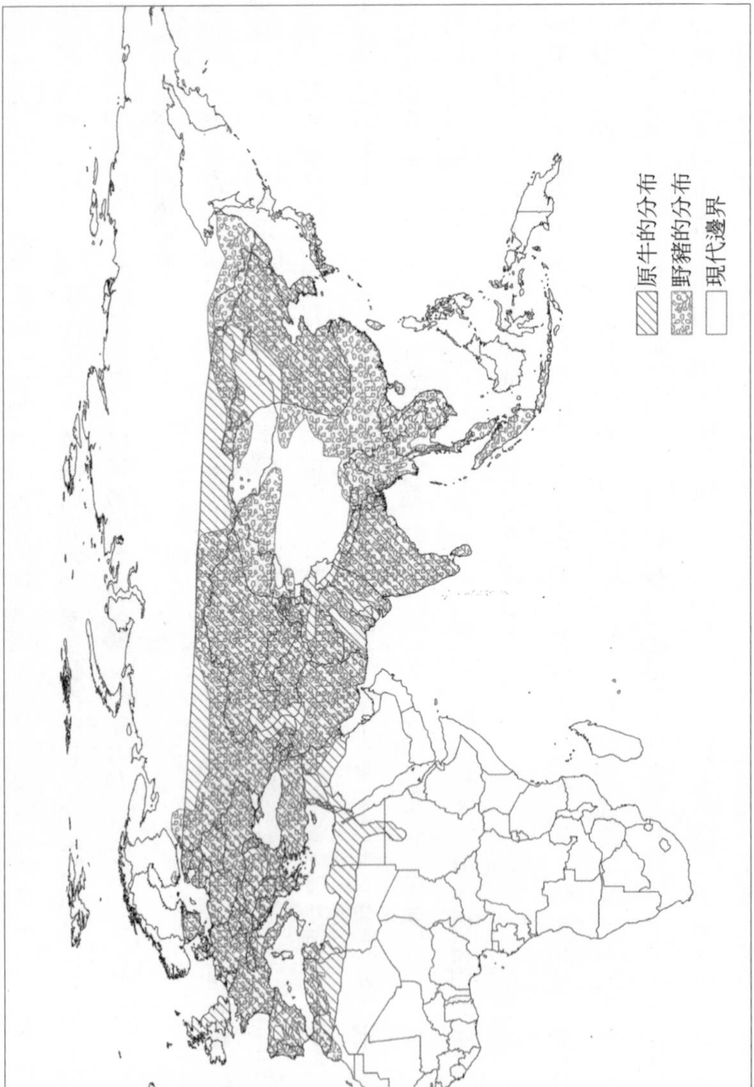

地圖4：原牛和野豬的歷史分布

窮。畢竟中東曾在新石器革命帶領世界，並在今日伊拉克的地區發展出第一批城鎮。鐵最早在土耳其被人冶煉，而直到中古世紀，中東的技術都十分發達。我們將在第五章看到，不是中東的地理條件造成新石器革命在世界的那個部分蓬勃展開，也不是地理因素導致中東貧窮。事實上，鄂圖曼帝國的擴張和統一，以及帝國留下的制度才是讓中東持續貧窮至今的原因。

最後，地理因素不但無助於解釋今日世界各部分的差異，也無法說明為什麼像日本或中國等許多國家先歷經長期停滯、然後展開快速成長的過程。我們需要另一個更好的理論。

文化假說

第二個廣為接受的理論是文化假說，認為富裕與文化有關。文化假說就像地理假說一樣有著顯赫的淵源，至少可以追溯到偉大的德國社會學家韋伯（Max Weber），他宣稱宗教改革和它激發的新教倫理，在西歐現代工業社會的崛起中扮演關鍵角色。文化假說不再只以宗教為基礎，而是也強調其他種類的信仰、價值和倫理。

雖然公開說出口是政治不正確的，但許多人心裡仍認為非洲人貧窮是因為他們缺乏良好的工作倫理，還迷信巫術和魔法，或抗拒新西方技術。許多人也相信拉丁美洲永遠不會富裕，因為那裡的人民天生就是又窮又愛揮霍，同時因為他們受到「伊比利亞」（Iberia）文化或「明天再說」（mañana）文化的毒害。當然，許多人曾認為，中國文化和儒家價值不利於經濟成長，然而現在中國人的工作倫理卻被

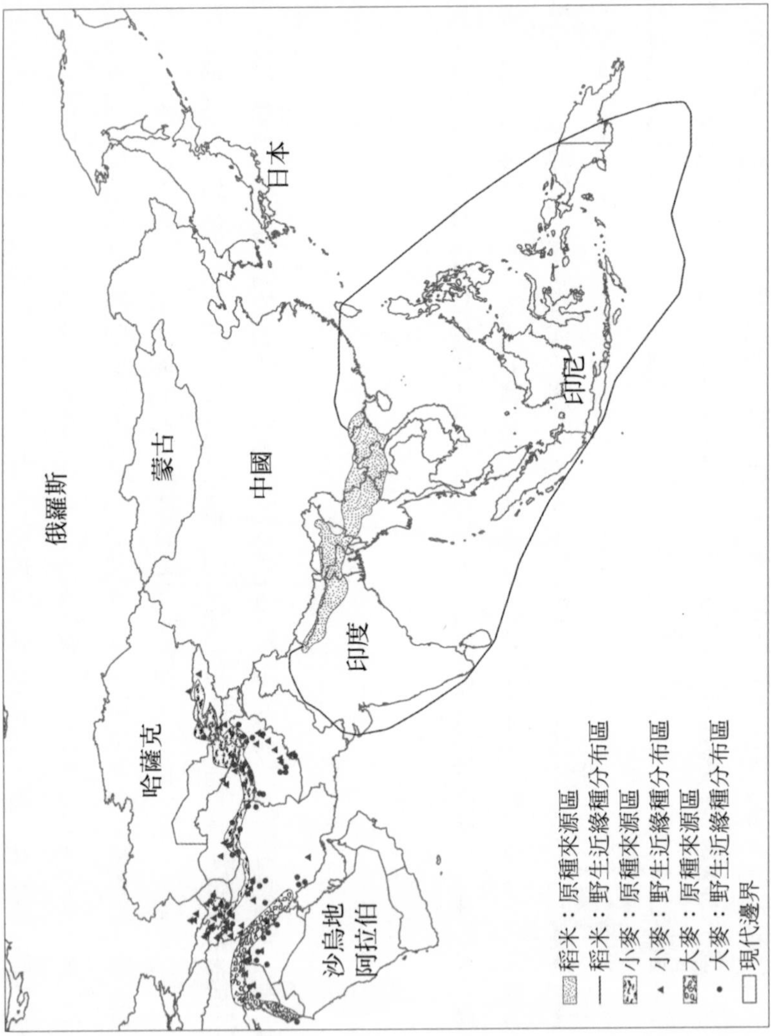

地圖5：原種稻米、小麥和大麥的歷史分布

認為是中國、香港和新加坡的成長引擎，其重要性受到大聲宣揚。

文化假說對瞭解世界不平等有幫助嗎？有，但也沒有。說有是從社會規範來說，而社會規範與文化有關，很重要而且可能難以改變，同時它們有時候也支持制度性差異，即本書對世界不平等的解釋。但大部分時候沒有幫助，因為那些經常被強調的文化面向——宗教、民族的倫理、非洲的或拉丁的價值——對瞭解我們如何演變至今、和為什麼世界的不平等長期延續並不重要。其他面向如人們彼此信任的程度、或能不能互相合作雖然重要，但它們大多是制度的結果，而非獨立的原因。

讓我們回到諾加雷斯。正如前面提過，圍牆的北邊和南邊在文化的許多面向上相同。然而在實際運作、規範和價值上可能有一些顯著的差異，雖然這些差異並非原因，而是兩個地方走上分歧發展道路的結果。例如，墨西哥人在調查中說他們信任別人，程度上低於美國人說他們信任別人。但墨西哥人缺乏信任並不令人意外，因為他們的政府無法消滅販毒集團，也無法提供運作良好且不偏頗的司法制度。我們下一章會討論的北韓和南韓情況也一樣，南韓是世界的富國之一，而北韓則經常發生饑饉且深陷貧窮中。雖然今日的南北韓「文化」大不相同，但它並非兩韓經濟強弱分歧的原因。朝鮮半島有悠久的共同歷史，在韓戰和雙方以北緯三十八度線劃分界線前，兩韓在語言、人種和文化上沒有任何差別。就像在諾加雷斯一樣，差別在於那道邊界。在邊界北方是一個不同的政權，實施不同的制度，製造不同的誘因。因此，穿越諾加雷斯兩邊或南北韓間的邊界造成的任何文化差異，並不是貧富差距的原因，而是結果。

那麼，非洲和非洲文化呢？從歷史看，下撒哈拉非洲比世界大部分地區貧窮，而且那裡的古文明沒有發展出輪子、文字（衣索比亞和索馬利亞是例外）或耕犁。雖然這些技術直到十九世紀末和二十世紀初的歐洲殖民正式開始才被普遍採用，但非洲社會很早就知道這些技術了。歐洲人在十五世紀末開始繞非洲西岸航行，而亞洲則從更早的時代就已持續航行到非洲東部。

我們從剛果王國的歷史，就可以瞭解為什麼這些科技並未被採用。剛果王國位於剛果河口，今日的剛果民主共和國就是根據它而命名。地圖6顯示當時剛果所在的位置，以及另一個重要的中非洲國家庫巴王國（Kuba Kingdom）的位置，我們將在本書稍後討論到這個國家。

葡萄牙航海家卡歐（Diogo Cão）一四八三年首度來到剛果後，剛果開始與葡萄牙人密切接觸。當時剛果以非洲的標準來看是一個高度集權的國家組織，首都姆班札（Mbanza）的人口有六萬人，規模與葡萄牙首都里斯本差不多，比倫敦更大，倫敦在一五〇〇年的人口大約五萬人。剛果國王恩庫武（Nzinga a Nkuwu）改信天主教，並改名為約翰一世（João I）。後來姆班札的名稱改為聖薩爾瓦多（São Salvador）。拜葡萄牙人所賜，剛果人學會使用輪子和犁，葡萄牙人甚至在一四九一年和一五一二年派出農耕隊來鼓勵他們採用。但這些措施後來全歸於失敗。不過，剛果人整體而言一點都不厭惡現代科技，他們很快就採用一項令人敬畏的西方發明：槍。他們利用這項新穎而強大的工具來回應市場誘因：捕捉和出口奴隸。沒有跡象顯示非洲的價值或文化阻礙了新科技和做法的採用。隨著剛果人與歐洲人的接觸加深，他們也採用其他西方做法：文字書寫、衣著和住屋設計。在十九世紀，許多非洲社會也藉由改變生產模式來利用工業革命帶來的經濟機會。在非洲西部出現以出口棕櫚油和花生為主的快速經濟發展；在非洲南部各地，非洲人發展出口產品，賣到南非蘭德（Rand）快速擴張的工業區和

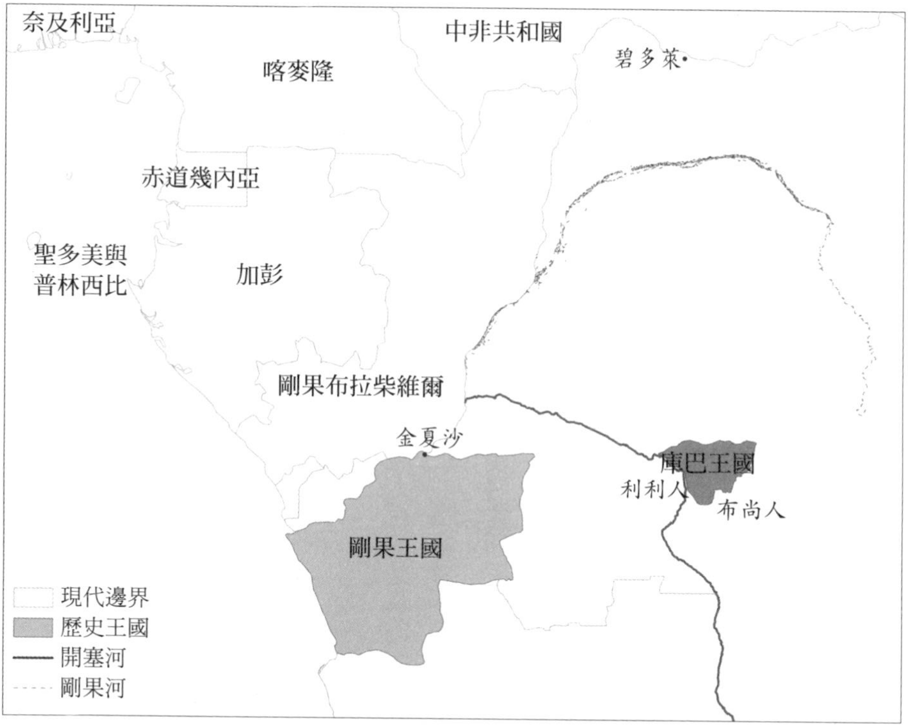

地圖6：剛果王國、庫巴王國、布尚人與利利人

礦業區。但這些富於潛力的經濟實驗的滅絕並不是因為非洲文化，也不是因為非洲人沒有能力為自利採取行動，而是先遭到歐洲殖民主義的破壞，繼之則被獨立後的非洲政府壓制。

剛果人未採用較優越的技術真正的原因是，他們缺少這麼做的誘因。他們面對所有生產成果被權力極大的國王沒收和課稅的高度風險，而這與國王是否皈依天主教會無關。事實上，不只是他們的財產不安全，他們的生存也岌岌可危。許多剛果人被俘虜並賣為奴隸——完全不是能鼓勵投資來增進長期生產力的環境。國王也沒有誘因大規模採用犁、或把增進農業生產力列為他的優先要務，因為出口奴隸獲利遠高於此。

今日來看非洲人信任彼此的程度低於世界其他地方可能是真的，但這是過去長期的制度破壞了非洲人權與財產權的結果。被捕獲並賣為奴隸的可能性，無疑影響了過去非洲人對彼此的信任程度。

韋伯的新教倫理又有什麼影響？雖然新教徒占優勢的國家如荷蘭和英國確實是最早獲得經濟成功的國家，但宗教與經濟成功卻沒有多大關係。法國是天主教占優勢的國家，但也很快在十九世紀模仿荷蘭和英國的經濟表現，而義大利今日也和其他國家一樣繁榮富裕。再往更遠的東方看，你會發現東亞的經濟成功都與任何形式的基督教無關，因此也沒有證據支持新教倫理與經濟成功有特別的關係。

再來看熱中於文化假說的人士偏愛的一個地區：中東。中東國家主要信仰伊斯蘭教，而正如我們已經提到，其中的非產油國都相當貧窮。產油國很富裕，但這種天賜的財富對沙烏地阿拉伯或科威特建立多元化的現代經濟卻沒有多大幫助。這些事實不是可以充分證明宗教有關係嗎？聽起來似乎有道理，但這種說法也不正確。沒錯，像敘利亞和埃及這些國家很窮，他們的人口主要是穆斯林，但這些國家也在許多方面不同於其他國家，而這些方面對於繁榮富裕更是重要得多。例如，它們都曾是鄂圖曼帝國的省分，而這對它們的發展方向造成極大的不利影響。在鄂圖曼統治崩潰後，中東被吸收到英國和法國殖民帝國，兩者又再阻礙了中東國家發展的可能性。獨立以後，它們跟隨許多前殖民國家的腳步，發展出階層式的獨裁政權，採用的政治和經濟制度在我們看來大多無助於創造經濟成功。這種發展道路大體上受到鄂圖曼和歐洲統治的歷史所塑造。伊斯蘭宗教與中東貧窮的關係大體上是捏造出來的。

這些歷史事件（而非文化因素）在塑造中東經濟軌道扮演的角色，也可以從暫時脫離鄂圖曼帝國和歐洲強權的部分中東地區看出，例如一八〇五年到一八四八年間的埃及在穆罕默德・阿里（Muhammad Ali）統治下，展開迅速的經濟變革。穆罕默德・阿里在拿破崙時代占領埃及的法國軍隊撤退後奪得權力，他利用鄂圖曼統治埃及領土的弱點，建立了自己的王朝，此後這個王朝以不同的形式統治直到一九五二年納瑟（Nasser）發動埃及革命（Egyptian Revolution）。阿里的改革雖然是脅迫性的，卻為埃及帶來成長；國家官僚制度、軍隊、稅制都被現代化，且農業和工業都出現成長。儘管如此，這個現代化和成長的過程在阿里死後便陷於停頓，使埃及落入歐洲的掌控。

但這或許是思考文化的錯誤方法，也許有關係的文化因素不是宗教，而是特定的「民族文化」。也許英國文化的影響很重要，可以解釋為什麼美國、加拿大和澳洲能如此繁榮富裕？雖然這種想法一開始很吸引人，但它也說不通。是的，加拿大和美國曾是英國殖民地，但獅子山和奈及利亞也曾經是。前英國殖民地的富裕程度差異極大，就像世界各地的富裕程度差異一樣大。英國的影響不是北美洲成功的原因。

文化假說還有一個版本：也許關係重大的不是英國與非英國的差別，而是歐洲與非歐洲的不同。歐洲人較優越可不可能是因為他們的工作倫理、人生觀、猶太—基督教價值或羅馬傳承？西歐和北美的人口確實以歐洲後代為主，而兩地是世界最富裕的部分。優越的歐洲文化傳承也許就是富裕的根源——也是文化假說最後的庇護所。可惜這個版本的文化假說和其他假說一樣缺乏說服力。阿根廷和烏拉圭屬於歐洲裔的人口比例，比加拿大和美國還高，但阿根廷和烏拉圭的經濟表現只能以不理想來形容。日本和新加坡的居民絕少歐洲後裔，但兩國的富裕程度不亞於西歐許多部分。

中國的經濟與政治體系盡管有許多缺點，卻是過去三十年成長最迅速的國家。中國在毛澤東死前的貧窮與中國文化沒有關係，而是毛澤東以慘烈的方式管理經濟和控制政治的結果。在一九五〇年代，毛澤東推行大躍進，這項激烈的工業化政策導致大規模饑荒。一九六〇年代，他展開文化大革命，對知識分子和受過教育的人——任何對黨的忠誠遭到懷疑者——進行大規模迫害。這再度帶來恐怖和社會才能與資源的巨大浪費。同樣的，現在中國的成長與中國人的價值或中國文化的改變無關，而是源自鄧小平和他的盟友推動改革所引發的經濟轉型過程；他們在毛澤東死後逐步放棄社會主義經濟政策和制度，先是從農業著手，然後擴大到工業。

和地理假說一樣，文化假說也對解釋今日世界情勢的許多面向沒有幫助。美國和拉丁美洲在信仰、文化態度和價值上當然有差異，但正如亞利桑納州諾加雷斯和索諾拉省諾加雷斯之間、或南韓和北韓之間，這些差異是兩邊不同的制度和制度的歷史發展的結果。強調源自西班牙帝國的「西班牙」

或「拉丁」文化因素，無法解釋拉丁美洲內的歧異——例如，為什麼阿根廷和智利比祕魯和玻利維亞富裕。其他類型的文化理論——例如強調當代原住民文化的說法——也同樣難以成立。阿根廷和智利的原住民人口比祕魯和玻利維亞少，雖然這是事實，但以原住民文化當作解釋也不成立。哥倫比亞、厄瓜多和祕魯的所得水準相當，但今日哥倫比亞的原住民人口很少，而厄瓜多和祕魯則很多。最後，大體說來改變很緩慢的文化態度也很難單獨解釋東亞和中國的成長奇蹟。雖然制度也會長期延續，在特定情況下它們確實會快速改變，這一點我們也會談到。

無知假說

最後一個解釋為何某些國家貧窮、某些國家卻富裕的流行理論是無知假說（ignorance hypothesis），認為世界不平等的存在是因為我們或我們的統治者不知道如何讓窮國變富裕。這是大多數經濟學家抱持的看法，而他們的概念則源自英國經濟學家羅賓斯（Lionel Robbins）一九三五年提出的著名定義：「經濟學是從目的與有替代用途的稀有手段間的關係，來研究人之行為的科學。」

從這個定義只要踏一小步，就可以認定經濟學應該專注於以最佳方式利用稀有手段、以滿足社會的目的。的確，經濟學中最著名的推論就是所謂的第一福利定理（First Welfare Theorem），定義了在哪些情況下「市場經濟」的資源配置從經濟觀點來看是合乎社會要求。市場經濟是一個抽象概念，是用來描述一種所有個人與企業可以自由生產、購買和出售任何產品與服務的情況。當第一福利定理定義的這些情況不存在時就造成「市場失靈」（market failure）。這種失靈提供了世界不平等的理論基礎，因為愈多這種市場失靈未加解決，一個國家就可能愈貧窮。無知假說認為，窮國之所以貧窮，是因為它們有許多市場失靈，而經濟學家和政策制訂者不知道如何解決它們，而且在過去曾聽從錯誤的建議。富國之所以富裕，是因為它們擬出更好的政策，並成功地消除這種失靈。

無知假說能解釋世界不平等嗎？非洲國家比世界其他地方貧窮，有沒有可能是因為它們的領導人在治理國家時抱持相同的錯誤觀念，導致國家陷於貧窮，而西歐領導人則知識較充足且獲得較佳的建議，而這說明了它們相對的成功？雖然有一些著名例子是由於領導人誤判政策的結果，因而採取造成災難的政策，但無知最多只能解釋一小部分的世界不平等。

表面上看來，迦納從英國獨立後很快陷於長期經濟衰退是無知所造成。當時英國經濟學家基立克（Tony Killick）擔任恩克魯瑪（Kwame Nkrumah）政府的顧問，他詳細記錄了許多問題。恩克魯瑪的政策專注在發展國營企業，結果證明效率很低。基立克回憶說：

> 這家鞋子工廠……準備與北部一家肉品工廠結盟，由後者把獸皮運送到南方（距離超過五百英里）的皮革廠（現在已停工）；皮革再運回位於該國中部的庫馬西（Kumasi），距離皮革廠約兩百英里。由於主要的鞋子市場是在阿克拉（Accra）都會區，鞋子必須再運送兩百英里回到南方。

基立克委婉地說明，這是一家「因為設廠位置不良而危及其生存」的企業。這家鞋廠只是許多類似的計畫之一，另外有一家芒果罐頭工廠設在迦納不生產芒果的地區，它的產能卻超過全世界對這種產品的需求。一連串非理性的經濟發展，並非恩克魯瑪或他的顧問資訊不足、或不瞭解正確的經濟政策所造成。他們有像基立克這樣的人才，諾貝爾獎得主路易斯（Arthur Lewis）甚至曾擔任顧問，他很清楚那些政策的缺失。那些經濟政策之所以形成的原因是，恩克魯瑪必須用它們來收買政治支持，以維繫他非民主的政權。

迦納獨立後令人失望的表現，以及無數明顯錯誤的經濟舉措，都無法單純地解釋為無知。畢竟如果問題是無知，善意的領導人很快會學到哪些政策可以增進人民的所得和福祉，並改採那些政策。

想想美國和墨西哥發展路途的分歧。將這種差異怪罪到領導人的無知，完全無法取信於人。不是因為史密斯上尉和柯爾特斯兩人知識和意圖的差異，在殖民時代埋下了分歧的種籽；也不是因為後來的美國總統如老羅斯福（Theodore Roosevelt）或威爾遜（Woodrow Wilson）以及迪亞斯（Porfirio Díaz）的知識差距，導致墨西哥在十九世紀末和二十世紀初選擇讓菁英獲利並犧牲其他人福祉的制度，而羅斯福和威爾遜則選擇相反的制度。真正的原因是兩國的總統與菁英面對的不同制度限制。同樣的，過去半世紀飽受不安全的財產權與經濟制度危害而讓大部分人民變窮的非洲國家，它們的領導人並非因為認為那些是好經濟政策所以採用，而是因為他們可以犧牲他人圖利自己並逃過制裁，或者因為他們認為那些政策是好的政治策略，可以藉由收買重要菁英階層的支持而維繫自己的權力。

迦納總理布西亞（Kofi Busia）一九七一年的經驗，說明了無知假說會有多誤導人。布西亞面對一場兇險的經濟危機，在一九六九年取得權力後，他像之前恩克魯瑪一樣，追求無法長久持續的擴張經濟政策，並透過產銷協議會維繫多種產品的價格控制，以及維持過度高估的匯率。雖然布西亞過去是恩克魯瑪的反對者，並且領導一個民主政府，但他面對許多相同的政治束縛。和恩克魯瑪一樣，他採用那些經濟政策不是因為他「無知」，也不是相信那些政策對經濟有好處、或者是發展國家的理想方法。選擇那些政策是因為它們對政治有好處，讓布西亞能夠轉移資源給政治權力強大的群體，例如在都會地區需要被滿足的人。價格控制榨取農業，把便宜的食物賣給都市選民，並創造收入供政府支出。但這些控制無法長期持續，迦納很快陷入一連串的收支危機和外匯短缺。面對這些困境，布西亞在一九七一年十二月二十七日與國際貨幣基金（IMF）簽訂協議，協議中也包括大幅貶值迦納貨幣。國際貨幣基金和世界銀行（World Bank）和整個國際社會，施壓要求布西亞執行貸款協議包含的改革。雖然國際機構不知道嚴重性，但布西亞知道他下了一個重大的政治賭注。貨幣貶值的立即結果是暴動和迦納首都阿克拉人民的不滿，導致情勢失控，直到布西亞被軍方推翻，領導政變的艾欽朋（Acheampong）上校立即恢復貨幣的匯率。

無知假說與地理和文化假說不同，它附帶如何「解決」貧窮問題的現成建議：如果無知讓我們陷於今日的情況，那麼開明而資訊充足的統治者和政策制訂者就能帶我們擺脫問題，我們應該能藉由提供正確的建議並說服政治人物怎樣是好的經濟政策，透過「設計」（engineer）來使世界達到富裕。然而布西亞的經驗凸顯一個事實，採用能減少市場失靈和鼓勵經濟成長的政策，最主要的障礙不是政治人物的無知，而是他們所處社會的政治與經濟制度製造的誘因與限制。

雖然無知假說仍然支配大多數經濟學家的觀念，並盛行於西方決策圈——這些決策者幾乎只專注於設計富裕——但這只是另一個不管用的假說。它無法解釋世界各地富裕的根源，也說明不了我們周遭的情況——例如，為什麼像墨西哥和祕魯這些國家採用了會造成大部分人民貧窮的制度和政策，而美國或英國則沒有；以及為什麼幾乎整個下撒哈拉非洲和大部分中美洲遠比西歐或東亞貧窮。

當國家打破帶給它們貧窮的制度模式，努力踏上經濟成長的道路時，那不是因為它們無知的領導人突然變得更有知識或比較不顧私利，也不是因為他們獲得更高明的經濟學家的建議。以中國為例，中國是從造成數億人貧窮與饑餓的經濟政策轉向鼓勵經濟成長的政策，但正如我們稍後會更詳細討論到的，這個轉變不是因為中國共產黨終於瞭解農地和工業的集體所有權會帶來糟糕的經濟誘因，而是因為鄧小平和他的盟友——他們和別人一樣自利，只是有不同的利益和政治目標——打敗了他們在共黨內的強勁對手，策劃一場政治革命，整個改變黨的領導班子和方向。他們的經濟改革跟著政治革命登場，先是在農業繼而在工業創造出市場誘因。是政治決定了中國從共產主義轉向市場誘因，而非更好的建議或更瞭解經濟如何運作。

我們將討論到，要瞭解世界的不平等，就必須瞭解為什麼有些社會以極低效率和不利於社會的方式組成。國家有時候確實會採用有效率的制度並達成繁榮富裕，可惜這是罕見的例子。大多數經濟學家和政策制訂者專注在「做對」事情，而真正需要的其實是解釋為什麼窮國會「做錯」。做錯大部分不是因為無知或文化因素。我們將說明，貧窮國家之所以貧窮是因為有權力的人做出製造貧窮的選擇。他們做錯不是出於犯錯或無知，而是有意做錯。要瞭解這一點，你必須超越經濟學和專家對於怎麼做最好的建議，去研究那些決定是如何做成的，誰有權力做決定，以及為什麼那些人決定要做他們所做的事。這是在研究政治和政治過程。傳統上經濟學向來忽略政治學，但瞭解政治對解釋世界的不平等極其重要。正如經濟學家勒納（Abba Lerner）在一九七〇年代指出：「經濟學藉選擇已解決的政治問題做為其領土，而獲得社會科學之后（Queen of the Social Sciences）的頭銜。」

我們將主張，達成富裕取決於解決一些基本的政治問題。就是因為經濟學假設政治問題已經解決，所以它無法對世界不平等得出有說服力的解釋。解釋世界不平等仍然需要經濟學，來瞭解不同類型的政策和社會制度如何影響經濟誘因與行為，但它也需要政治學。

3 富裕與貧窮的形成

北緯三十八度線經濟學

一九四五年夏季，第二次世界大戰接近尾聲，日本在朝鮮半島的殖民地開始崩潰。日本八月十五日無條件投降不到一個月，韓國以北緯三十八度線被劃分成兩個勢力區，南部由美國管理，北部歸俄國管理。一九五〇年六月北韓軍隊入侵南韓，粉碎了冷戰下不安定的和平。雖然初期北韓軍隊快速挺進，攻陷首都漢城（今日的首爾），但到了秋季就全面撤退。就在這時候黃平元和他的哥哥失散了。黃平元設法躲了起來，沒有被北韓軍隊強徵帶走。他留在南方，從事藥劑師的工作。他哥哥原本在漢城為南韓軍隊治療受傷的士兵，但被撤退的北韓軍隊擄走。這對一九五〇年失散的兄弟，五十年後的二〇〇〇年在首爾重逢，因為南北韓政府終於同意有限度開放家人重聚。

黃平元的哥哥身為醫生，後來為北韓空軍工作，在軍事獨裁政府下算是個不錯的職位。但即使在北韓享有特權的人生活也不富裕。兩兄弟重逢時，黃平元問哥哥在三十八度線以北的生活情形。他自己有一輛汽車，但他哥哥沒有。他問哥哥：「你有電話嗎？」哥哥說：「沒有。我女兒在外交部工作，有一具電話，但如果你不知道密碼就沒辦法打電話。」黃平元回憶說，在重逢時所有北方來的人都要求錢，所以他提議給哥哥一些錢。但他哥哥說：「如果我帶著錢回去，政府會說『把錢交給我們』，你還是自己留著。」黃平元注意到他哥哥的大衣已經很破舊，他建議說：「把大衣脫下來丟了吧，回去的時候就穿我這件。」他哥哥回答：「我不能這麼做，這是向政府借來穿到這裡的。」黃平元回憶他們道別時，他哥哥始終緊張不安，好像有人在偷聽。他比黃平元想像的還要窮。他哥哥說自己生活很好，但黃平元心想，他看起來很憔悴，而且骨瘦如柴。

南韓人民的生活水準類似葡萄牙和西班牙。而國名為朝鮮民主主義人民共和國（Democratic People's Republic of Korea）的北韓，生活水準和下撒哈拉非洲國家類似，只有南韓平均生活水準約十分之一而已。北韓人的健康情況甚至更惡劣，北韓人的平均預期壽命比三十八度線以南的親人少十年。地圖7以戲劇化的方式顯示南北韓的經濟鴻溝，根據衛星攝影的夜晚燈光密度資料畫出，北韓因為缺電幾乎一片黑暗，南韓則處處亮光。

這些鮮明的差異並非自古以來就是如此，事實上，它們在第二次世界大戰結束前並不存在。但一九四五年以後，北方和南方不同的政府採用大不同的方式管理經濟。哈佛和普林斯頓大學出身、堅決反共的李承晚，在美國的大力支持下領導戰後的南韓，建立了初期的經濟和政治制度，並在

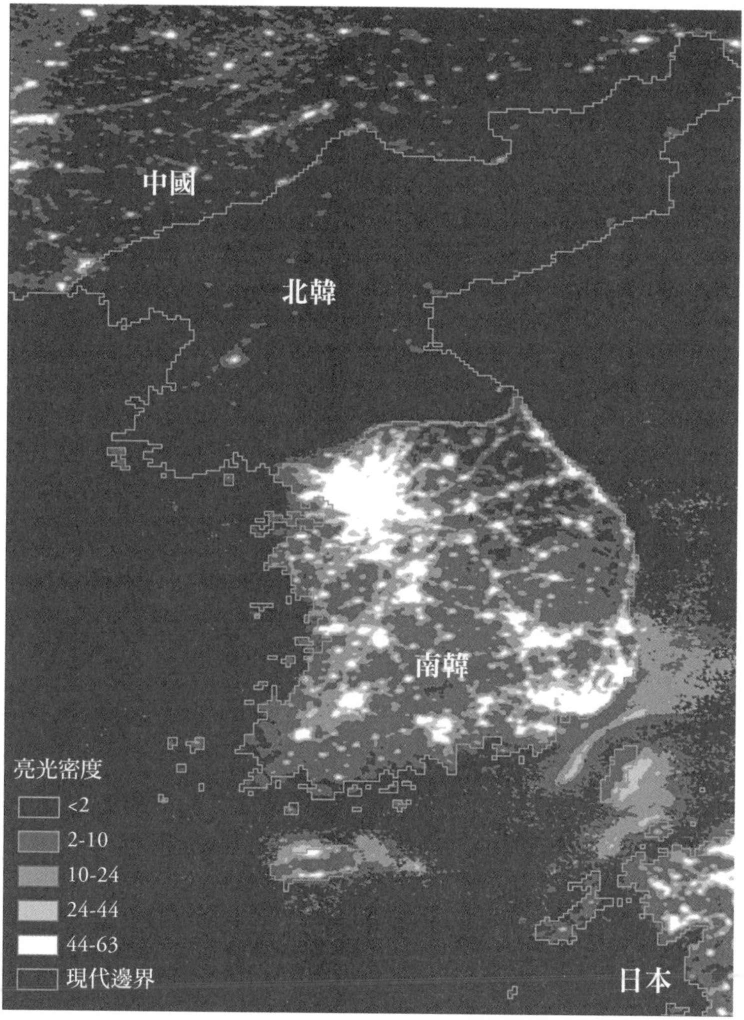

地圖7：南韓的亮光與北韓的黑暗

一九四八年被選為總統。歷經韓戰洗禮、並飽受共產主義擴散到三十八度以南威脅的南韓並不民主，李承晚和與他同樣著名的繼任者朴正熙將軍，在歷史上的定位都是威權總統，但兩人都實行市場經濟和私有財產制，朴正熙甚至在一九六一年後以國家力量當作快速經濟成長的後盾，大力提供信貸和補貼給成功的企業。

三十八度線以北的情況不同。金日成是二次世界大戰時期反日本的共產黨領導人，到一九四七年確立了獨裁者的地位，並在蘇聯的扶持下開始採用一套僵化的中央計畫經濟，是所謂「主體」(Juche)系統的一部分。私有財產被宣告違法，市場遭禁止。自由不僅在市場受到剝奪，北韓人生活的每一個層面都遭受限制——除了金日成和他兒子兼繼承人金正日身邊極少數的統治菁英以外。

南韓和北韓的經濟命運出現尖銳的對比不應讓我們感到驚訝，金日成的中央計劃經濟和主體系統很快證明是一場災難。行事詭祕的北韓不提供詳細的統計數據，然而可得的證據證實我們從頻繁發生的饑饉看到的情況：北韓不但工業生產未能起飛，實際上連農業生產力都大幅滑落。缺少私有財產意味很少人有誘因投資或努力增進、甚至維持生產力。窒息式的壓迫政權對創新和採用新科技極為不利，然而金日成、金正日和他們的親信無意改革制度，也不想引進私有財產、市場、私人契約，或改變經濟與政治制度。北韓的經濟發展長期處於遲滯狀態。

在同一時期，南方的經濟制度鼓勵投資和貿易。南韓政治人物投資在教育上，提高識字率和就學率。南韓企業迅速利用教育程度相對較高的人口、鼓勵投資與工業化、出口，以及技術轉移的政策。南韓很快崛起成為東亞的「經濟奇蹟」，全球最快速成長的國家之一。

到一九九〇年代末，經過大約半世紀，南韓的成長和北韓的遲滯導致這個曾經統一的國家兩邊出現十倍的差距——想像一、兩個世紀可以造成多大的差距。北韓造成數百萬人饑荒的經濟災難，與南韓的經濟成功對比之下十分驚人：文化、地理和無知都無法解釋南北韓今日命運如此懸殊的原因。我們必須從制度找尋答案。

榨取式和廣納式的經濟制度

國家在經濟成功上的差異是因為制度不同，也就是影響經濟運作的規則，以及激勵人的誘因不同。想像一下北韓和南韓的青少年和他們對人生的期待。北韓的青少年在貧窮中長大，缺少創業的動力、創造力或足夠的教育來為他們作好從事高技術工作的準備。他們在學校接受的教育大部分是純粹的宣傳，目的是強化政權的正當性；學校裡的書籍很少，更不用說有電腦。學校畢業後，每個人必須入伍當兵十年。這些青少年知道他們將不能擁有財產、創立事業或變得更富有，即使有許多人從事非法的民間經濟活動維生。他們也知道不會有合法的市場管道，讓他們可以利用自己的技術或收入來購買需要和想擁有的產品。他們甚至無法確定自己可以享有哪些人權。

在南韓的青少年可以接受良好教育，有許多誘因鼓勵他們努力在選擇的職業中表現傑出。南韓是市場經濟，建立在私人財產的基礎上。南韓的青少年知道，如果他們將來成為成功的創業家或員工，就可以享有投資和努力的成果；他們可以改善生活水準和購買汽車、房屋和醫療。

在南韓，國家支持經濟活動，因此創業家可以向銀行和金融市場借錢，外國企業可以與南韓公司成立合資事業，個人可以用貸款的方式購買房屋。在南韓，大體說來你可以自由開創任何你喜歡的事業。在北韓，你沒有這種自由。在南韓，你可以僱用員工，銷售你的產品或服務，在市場上花錢買任何你要的東西。在北韓只有黑市。這些不同的規則就是北韓人和南韓人生活在其中的制度。

像南韓或美國這種廣納型的經濟制度，容許並鼓勵絕大多數人民參與經濟活動，發展才能和技術，讓個人做他們想要的選擇。要成為廣納的經濟制度必須具備安全的私有財產、公正的法律制度，並且提供公共服務讓所有人可以在公平的規則下交易和締結合約；經濟制度也必須允許新企業跨入，並讓人們自由選擇職業。

南北韓以及美國和拉丁美洲的鮮明對比，展現了一個概括的原則。廣納式的經濟制度助長經濟活動、生產力成長和經濟繁榮。安全的私有財產權是核心，因為只有擁有這種權利的人願意投資和增進生產力。企業家若預期他的生產會被竊取、徵收或因為課稅而蕩然無存，將失去工作的誘因，當然更不會有投資和創新的動機。但這種權利必須賦予社會中絕大多數人。

一六八〇年，英格蘭政府在西印度群島殖民地巴貝多（Barbados）做人口普查，發現這個小島的總人口約六萬人，其中將近三萬九千人是非洲奴隸，由其餘三分之一人口所擁有。他們大部分是一百七十五位最大蔗糖農場主人的財產，而農場主人也擁有大部分土地。這些大農場主人對名下的土地、甚至擁有的奴隸都有安全且妥善執行的財產權。如果某位農場主人想出售奴隸給其他農場主，他可以這麼做，並且可以預期法院會執行這類出售合約或任何他簽下的合約。為什麼？島上的四十名法官和治安官中，有二十九名就是大農場主人。但儘管島上的菁英有明確、安全且妥善執行的財產權和合約，巴貝多並沒有廣納性的經濟制度，因為有三分之二的人口是奴隸，沒有享受教育或經濟機會的管道，也沒有能力或誘因利用他們的才能或技術。廣納的經濟制度需要安全的財產權和經濟機會，不只是給菁英，也要開放給社會的各領域。

安全的財產權、法律、公共服務和自由簽訂合約與交易都仰賴政府，仰賴有強制能力的機構來維持秩序，防止盜竊和詐欺，並使民間各方當事人遵行合約。社會要有效運作，也需要其他公共服務：道路和交通網絡，以便貨物能流暢運輸；要有公共基礎建設以便經濟活動可以活絡進行；有某種基本規章以避免詐欺和不法行為。雖然許多這類公共服務可以由市場和民間個人來提供，但有效運作所需的協調規模往往大到必須由中央的權威機構來執行。政府因此無可逃避地與經濟制度緊密交織，且往往是公共服務的關鍵提供者。廣納的經濟制度需要、且實際上借助政府的力量。

北韓或拉丁美洲殖民地的經濟制度——之前提到的米塔（mita）、賜封（encomienda）或產品配銷（repartimiento）——並沒有這些性質。私有財產在北韓不存在。在拉丁美洲殖民地，西班牙人擁有私有財產，但原住民的財產相當不安全。這兩種社會都有大量人口無法自由做經濟決定；他們受制於高壓脅迫。這兩種社會的政府力量都沒有用來提供可促進富裕的公共服務。在北韓，政府建立教育制度來灌輸政治宣傳，卻沒有能力阻止饑饉發生。在拉丁美洲殖民地，政府專注於脅迫原住民。兩種社會都沒有公平的競爭環境或公正的法律制度。北韓的法律制度是共產黨執政者的工具，拉丁美洲的法律則被用來歧視廣大的人民。相對於我們稱為廣納性的特質，這類制度我們稱為榨取性的經濟制度——因為這類制度的設計是為了向社會的一部分人榨取收入和財富，以使另一部分人獲利，所以稱為榨取。

富裕的引擎

廣納的經濟制度創造廣納的市場，不但給人自由以從事最適於個人才能的職業，也提供平等的環境讓人有機會可以這麼做。有好點子的人可以開創事業，工作者則傾向從事自己較有生產力的活動，缺乏效率的公司可能被更有效率的公司取代。對照於人們在廣納市場中選擇職業的方式，殖民時代米塔制度下的祕魯和玻利維亞有許多人被迫在銀礦和水銀礦場工作，不管他們有什麼才能或有沒有意願。廣納的市場不只是自由市場，十七世紀的巴貝多也有市場，但因為財產權並未及於所有人、而只限少數農場業主，所以它的市場並不是廣納的；奴隸市場實際上是巴貝多經濟制度的一部分，這套制度有系統地脅迫大部分人口、剝奪他們選擇職業和發揮才能的能力。

廣納的經濟制度也為另外兩種富裕的引擎鋪路：科技和教育。持續的經濟成長幾乎總是伴隨著科技進步，使得人（勞動力）、土地和既有的資本（建築物、既有的機器等等）變得更有生產力。想想約一百年前我們的曾曾祖父輩，他們沒有今日我們視為理所當然的飛機、汽車或各種藥物與醫療，當然也沒有室內的水管、空調、購物中心、收音機或電影，更別提資訊科技、機器人或電腦控制的機器。再繼續回溯幾代，科技知識和生活的水準還更落後，甚至讓我們無法想像大部分人是如何捱過艱苦的生活。這些改善來自科學和像愛迪生這類創業家，他們應用科學創造賺錢的事業。創新的過程因為有合宜的經濟制度而變為可能，這種經濟制度鼓勵私有財產、確保合約履行、創造公平的環境，並鼓勵把新科技帶進生活的新事業跨入市場。因此我們不應驚訝能產生愛迪生的是美國社會，而非墨西哥或祕魯的社會；能產生像三星（Samsung）和現代（Hyundai）這種科技創新公司的是南韓，而非北韓。

與科技息息相關的是勞動人口的教育、技術、能力和知識，包括從學校、家庭和職場中得來的。我們的生產力已比一世紀前提高許多，不只是因為機器使用更好的科技，同時也因為員工具備更多知識。如果沒有懂得如何操作的員工，全世界的科技就無法發揮多少功效。但技術和能力並不局限於操作機器的能力，勞動人口的教育和技術創造出科學知識，奠定了我們進步的基礎，並帶來科技在商業各領域的改進和應用。雖然我們在第一章讀到，工業革命和其後的許多發明家如愛迪生並未接受很高的教育，但那些發明比現代科技簡單得多。今日的科技變革需要發明家和工人兩方都受到良好教育。我們從這裡也看到創造公平環境的經濟制度的重要。美國可以產生或從外國吸引像蓋茲、賈伯斯、布林、佩吉和貝佐斯這樣的人才，以及成千上萬在資訊科技、核子動力、生物科技和其他領域做出重大貢獻的科學家，他們的發現更為創業家建立事業提供了基礎。社會有充分的人才可供運用，因為美國大多數的青少年只要願意，就能獲得他們想要的就學機會。現在再想像一個不同的社會，例如剛果或海地，那裡有大部分人口沒有就學管道，或者即使能夠就學，教學的品質也十分低落，老師經常曠職，或者即使老師來到課堂，也可能沒有用來教學的書籍。

貧窮國家的教育水準低落，是因為經濟制度未能為父母創造教育子女的誘因，也因為政治制度未能促使政府興建、資助和支援學校，滿足父母和兒童的渴望。這些國家為人口教育水準低落和缺少廣納性市場，付出的代價十分高昂。他們無法促發人才幼苗結為果實。他們有許多潛在的蓋茲，或者一、兩位未受教育的貧窮農民有著愛因斯坦的天才，但被脅迫做他們不想做的工作，或被強徵在軍隊服役，因為他們永遠沒有機會實現一生的職志。

經濟制度運用廣納市場的潛力、鼓勵科技創新、投資人才，以及促發大量個人的才能與技術的能力，對經濟成長極其重要。本書的核心主題就是要解釋，何以許多經濟制度無法達成這個簡單的目標。

榨取的與廣納的政治制度

所有經濟制度都由社會創造，例如，北韓的經濟制度是由一九四〇年代接管國家的共產黨強加於人民，而拉丁美洲殖民地的經濟制度則由西班牙征服者強加於原住民。南韓創造出與北韓大不相同的經濟制度，原因是不同的人基於不同的利益和目標，做出如何建構社會的決定。換句話說，南韓有不同的政治。

政治就是社會選擇管理社會之規則的過程。政治與制度密切相關的原因很簡單，雖然廣納的制度可能對國家的經濟繁榮有益，但某些人或群體，例如北韓的共產黨菁英或巴貝多殖民地的蔗糖農場業主，可能從建立榨取的制度獲得更大利益。當為了制度而發生衝突時，事情會如何發展取決於哪些人或群體在政治賽局中獲勝——誰能獲得更多支持、取得額外的資源，以及形成更有效的結盟。簡單的說，誰獲勝取決於政治權力在社會中的分配。

社會的政治制度是這個賽局的關鍵決定因素，政治制度是支配政治誘因的規則。政治制度決定政府如何選出，以及政府的哪一部分有權力做什麼事。政治制度決定誰在社會中有權力，以及權力可以用來做什麼。如果權力的分配很狹窄和局限，那麼這種政治制度就屬於專制（absolutist）制度，例如歷史上世界各地出現的專制君王政權。在專制的政治制度下，例如北韓和拉丁美洲殖民地，能使用權力的人就能設立經濟制度來圖利自己和擴大自己的權力，而由社會付出代價。對照之下，在社會中廣泛分配權力、並使權力受到節制的政治制度，就屬於多元（pluralistic）制度。在這種制度下，政治權力並非只授予單一個人或狹窄的群體，而是取決於一個涵蓋廣泛的聯盟或多個群體。

政治多元化和廣納的經濟制度顯然有緊密的關係，但要瞭解南韓和美國為什麼有廣納的經濟制度，關鍵不只在於它們的多元政治制度，而也要瞭解它們有足夠集權和強大的政府。東非國家索馬利亞是一個很好的對照說明。我們將在本書後面看到，索馬利亞的政治權力長期以來就分配很廣泛——幾近多元政治。但沒有實質的權威可以控制或制裁任何人的行為，社會分裂為強烈敵對的宗族，彼此無法支配。一個宗族的權力，只能受其他宗族的武力所限制。這種權力分配並未帶來廣納的制度，反而是混亂，而其根源就是索馬利亞的政府缺少任何形式的政治集權或政府集權，因此無法執行最起碼的治安以支援經濟活動、貿易，甚至保障人民的基本安全。

我們在前面章節介紹過的韋伯提供了最著名、且廣被接受的國家定義，指出它是社會中「正當使用暴力的獨占權」。沒有這種獨占權和它需要的集權，政府無法扮演維持治安的角色，更不可能提供公共服務並鼓勵和規範經濟活動。當政府無法達成任何政治集權時，社會遲早會陷於混亂中，就像索馬利亞。

我們將把足夠集中化和多元化的政治制度稱為廣納的政治制度。如果這兩種條件有任何一種付諸闕如，我們會把這套制度稱為榨取的政治制度。

經濟與政治制度間有強大的協力效應。榨取的政治制度集中權力在少數菁英手中，權力的行使很少受到節制。經濟制度通常也由這些菁英建立，用以從社會其他人榨取資源。榨取的經濟制度因此自然伴隨著榨取的政治制度。事實上，它們生來就必須依賴榨取的政治制度才能存活。廣納的政治制度廣泛地授予權力，通常能消除剝奪多數人資源、樹立跨入障礙，和壓制市場機能以圖利少數人的經濟制度。

例如，在巴貝多，建立在剝削奴隸基礎上的農場制度，如果沒有壓制並將奴隸完全排除在政治過程之外的政治制度，就不可能存在。造成數千萬人陷於貧窮、只造福少數共黨菁英的北韓經濟制度，若非在共黨的絕對政治支配下，勢必令人感到匪夷所思。

榨取性經濟制度與榨取性政治制度間的協力關係，帶進一個強力的反饋迴圈：政治制度讓控制政治權力的菁英，得以選擇沒什麼限制或對手的經濟制度。他們也讓菁英得以建構未來的政治制度及其演進。榨取性經濟制度反過來圖利同樣一批菁英，而他們的經濟財富和權力將協助鞏固他們的政治支配勢力。例如在巴貝多或拉丁美洲，殖民者能利用政治權力實施一套為他們賺進龐大財富而犧牲其餘人口利益的經濟制度。這些經濟制度創造的資源讓菁英得以組織軍隊和防衛武力，以保護他們對政治權力的專制獨占。其意涵當然是榨取的政治與經濟制度彼此支援，且往往得以長期延續。

榨取的經濟與政治制度間其實不只是彼此效力，當既有的菁英在榨取的政治制度下遭到挑戰，且新來者突破壓制時，新來者也同樣只受到極少束縛。他們因此有誘因維持這種政治制度，並創造類似的經濟制度，就像迪亞斯和圍繞他的菁英在十九世紀末在墨西哥的做法。

另一方面，廣納的經濟制度是在廣納的政治制度奠立的基礎上形成的，權力在社會中廣泛分配，且權力的獨斷行使受到節制。這種政治制度也讓其他人較難篡奪權力而導致廣納制度的根基受損害。控制政治權力的人無法輕易利用它來建立榨取的經濟制度供其圖利。廣納的經濟制度反過來創造較平等的資源分配，促進廣納的政治制度長期存續。

維吉尼亞公司一六一八年授予土地和自由，給原本他們用嚴苛合約束縛、想脅迫剝削的殖民者；第二年的大議會再允許殖民者開始自治，這一切的發生都不是偶然。如果沒有政治權利，殖民者就不會信任他們獲得的經濟權利，因為殖民者長期以來看到維吉尼亞公司不斷嘗試脅迫他們。這些經濟體也無法保持穩定和長久存活。事實上，榨取和廣納制度的混合通常並不穩定。在廣納性政治制度下的榨取性經濟制度不太可能長期存在，正如我們討論的巴貝多所呈現的。

類似的，廣納的經濟制度將不會支援榨取的政治制度，也不會得到榨取式政治制度的支援。要不是轉變成榨取的經濟制度、為握有權力的少數人牟利，不然就是它們創造的經濟動能將動搖榨取的政治制度，打開廣納政治制度興起的大門。廣納的經濟制度也傾向會削弱榨取式政治制度下的少數統治菁英所能享受的利益，因為這些制度將面對市場的競爭，且將受到社會其他人的合約與財產權的限制。

為什麼不總是選擇富裕

政治與經濟制度終究是社會的選擇，它們可能是廣納的，會鼓勵經濟成長，或者可能是榨取的，將變成經濟成長的阻礙。獲得榨取性政治制度支援的榨取性經濟制度會阻礙、甚至禁止經濟成長，這種國家將衰亡。但這意味制度的選擇——亦即制度的政治學——是我們探索國家成功和失敗原因的核心。我們必須瞭解，為什麼有些社會的政治帶來促進經濟成長的廣納制度，而從古至今絕大多數社會的政治卻帶來阻礙經濟成長的榨取性制度。

創造能促進富裕的經濟制度應該是每個人都感興趣的，這似乎是顯而易見的道理。難道不是每個公民、每個政治人物、甚至每個剝削人民的獨裁者，都希望讓自己的國家盡可能富裕嗎？

讓我們回到先前討論過的剛果王國。雖然這個王國在十七世紀滅亡了，一九六〇年從比利時殖民統治獨立的現代國家仍以它命名。獨立後的剛果在一九六五年到一九九七年由蒙博托（Joseph Mobutu）統治期間，經歷幾乎未間斷的經濟衰退和貧窮加深。蒙博托被卡畢拉（Laurent Kabila）推翻後，衰退仍然持續。蒙博托創造一套高度榨取性的經濟制度，人民變得日漸貧窮，但蒙博托和身邊的菁英（人稱「大蔬菜」〔Les Grosses Legumes〕的一群人）卻變得極其富有。蒙博托在自己的出生地剛果北部的碧多萊（Gbadolite）建立一座宮殿，有一個機場大到足以降落超音速協和號噴射客機，是他經常向法國航空公司租來到歐洲旅遊用的。在歐洲，他購買城堡，並擁有比利時首都布魯塞爾的大片地產。

如果蒙博托建立能增加剛果人財富、而非讓他們更貧窮的經濟制度，那不是更好嗎？如果蒙博托增進全國人的財富，他不是可以有更充裕的經費可以買一架協和號、而非只是租用，還可以買更多城堡和豪宅，甚至擁有更大、更強的軍隊嗎？對世界上許多國家的人民來說很不幸的是，答案是否定的。創造經濟進步誘因的經濟制度可能同時造成所得與權力的重分配，導致好掠奪的獨裁者和其他擁有政治權力的人受到威脅。

根本的問題是，經濟制度必然引發爭議和衝突，不同的制度會在國家的富裕程度、財富的分配，以及誰擁有權力上造成不同的結果。制度促進的經濟成長會同時製造出贏家和輸家，這在奠定今日世界富裕國家繁榮基礎的英國工業革命期間已明白呈現。工業革命的核心是在蒸汽動力、運輸和紡織生產上一連串突破性的科技變革。雖然機械化帶來總所得的突飛猛進、最後變成現代工業社會的基石，但當時曾遭到許多人激烈反對。那不是因為無知或短視，剛好相反，反對經濟成長本身有一套很不幸地前後一致的邏輯。經濟成長和科技改變伴隨著偉大的經濟學家熊彼得（Joseph Schumpeter）所稱的創造性破壞（creative destruction），它們以新事物取代舊事物，新產業從舊產業吸走資源，新公司搶走舊公司的生意，新科技讓老舊的技術和機器變過時。經濟成長的過程和它立基其上的廣納性制度，在政治競技場和在經濟市場都創造出輸家和贏家。對創造性破壞的恐懼往往是反對廣納性經濟與政治制度的根源。

歐洲歷史為創造性破壞的影響提供了一個鮮活的例證。在十八世紀工業革命之前，大多數歐洲國家的政府由貴族和傳統菁英控制，他們的主要收入來源是擁有的土地，或因為君王賜與的獨占權與設置的跨入障礙而享有的交易特權。如同創造性破壞的概念所描述的，工業、工廠與城鎮的擴散把資源從土地吸走，降低了地租，並提高地主必須支付給佃農的工資。這些菁英也眼看新企業家和商人崛起，侵蝕他們的交易特權。整體來說，他們是工業化中很明顯的經濟輸家。都市化和具社會意識的中產與勞工階級興起，也挑戰地主貴族的政治獨占權。因此隨著工業革命擴散，貴族不只是經濟輸家，他們也有變成政治輸家的風險，擁有的政治權力可能隨之喪失。在經濟和政治權力受到威脅的情況下，這些菁英往往形成一股反對工業化的強大力量。

貴族不是工業化唯一的輸家，手工技術被機器取代的工匠也反對工業普及。許多工匠組織起來反對工業化，暴動並破壞他們認為應該為搶走他們生計負責的機器。他們是盧德派人士（Luddites），這個詞今日已變成抗拒科技變革的同義詞。一七三三年英國發明家凱伊（John Kay）發明「飛梭」（flying shuttle），是紡織機械化第一次重大進步之一，他的房子在一七五三年遭盧德派人士縱火燒毀。「珍妮紡紗機」（spinning jenny）是另一項改善紡織的革命性發明，它的發明者哈格里維斯（James Hargreaves）也遭到類似的待遇。

在現實中，工匠反對工業化的成效遠低於地主和菁英。盧德派人士沒有地主貴族擁有的政治權力——能影響政治結果、對抗其他群體願望的能力。在英國，工業化大步邁進，無視於盧德派人士的反對，因為貴族雖然反對，聲浪卻很小。在奧匈帝國和俄羅斯帝國，專制君主與貴族的損失遠為慘重，工業化因而遭到阻擋。其結果是，奧匈和俄羅斯的經濟陷於停滯，落後於其他從十九世紀開始經濟成長起飛的歐洲國家。

從特定群體的成功或失敗可以得到一個清楚的教訓：有權力的群體通常反對經濟進步和開往富裕的火車頭。經濟成長不只是更多更好的機器、以及更多受更好教育的人的過程，也是與創造性破壞普及有關的轉型和動盪的過程。因此只有在預期會喪失經濟特權的經濟輸家、和擔心政治權力遭侵蝕的政治輸家沒有阻擋成功的情況下，經濟才會向前邁進。

爭奪稀有資源、收益和權力的衝突，轉變成對遊戲規則、經濟制度（這會決定經濟活動，以及誰可以從中獲利）的衝突。當衝突產生時，各方的願望無法同時滿足，有些人將被打敗和受挫，另一些人將成功獲得他們想要的收益。這種衝突的贏家是誰，對國家的經濟發展軌道有根本的影響；如果反對成長的群體是贏家，他們就能成功阻擋經濟成長，經濟將陷於停滯。

為什麼有權力的人不見得願意建立促進經濟成功的經濟制度，其中的邏輯很容易適用於政治制度的選擇。在專制政權中，有些菁英可以運用權力建立他們偏好的經濟制度。他們會有興趣改變政治制度，讓它們變得更多元化嗎？通常不願意，因為這只會稀釋他們的政治權力，讓他們更難以、甚至不可能建造能增進自己利益的經濟制度。我們在這裡又看到明顯的衝突來源。榨取式經濟制度的受害者無法期待專制統治者自願改變政治制度，並重新分配社會中的權力。改變這類政治制度的唯一方法是，迫使菁英建立更多元化的制度。

與政治制度沒有理由自動變多元化的道理一樣，也沒有往政治集權發展的自然傾向。任何社會確實都有創造更集權化政府體制的誘因，尤其是從未有過這種集權化的國家。例如，在索馬利亞如果一個宗族建立起能在全國執行法令的中央集權政府，就可能帶來經濟利益，並使這個宗族更富裕。什麼東西阻止這種情況發生？政治集權化的主要阻礙是某種形式的害怕改變：任何宗族、群體或政治人物若嘗試集中國家的權力，也會把權力集中在他們手中，而這可能觸怒其他宗族、群體和個人，因為他們不想在這個過程中變成政治輸家。缺乏政治集權不只意味在大部分領土缺乏治安，也代表有許多參與者有足夠的權力阻礙或破壞事情，而擔心這些人的反對和暴力行動往往會讓潛在的集權者裹足不前。政治集權只有在一個群體的權力比其他群體大到能建立政府時才會發生。在索馬利亞，權力保持相當平衡，沒有一個宗族能強加意志在其他宗族上，因此缺乏政治集權的狀況持續著。

剛果長期的痛

沒有比剛果更好、更令人沮喪的例子可以用來說明，為什麼在榨取制度下經濟富裕如此罕見，也沒有比剛果更適宜的例子可以解釋榨取的經濟與政治制度如何協力運作。十五和十六世紀來到剛果的葡萄牙人和荷蘭人，描述那裡「悲慘的貧窮」；技術水準以歐洲的標準來看還在初期階段，剛果人沒有文字、輪子和耕犁。剛果的貧窮以及當地農民不願採用學到的更好技術，可以從現存的歷史紀錄找到解釋：是由於該國經濟制度的榨取性質。

我們已討論過，剛果王國是由位在姆班札（後來改名為聖薩爾瓦多）的國王所統治，而遠離首都的地區則由菁英所統治，他們扮演王國不同地區的總督角色。這些菁英的財富來自環繞聖薩爾瓦多的奴隸農場，以及向王國其他地區課稅。奴隸是經濟的核心，菁英利用奴隸來耕種農場，海岸地區的歐洲人也使用奴隸。課稅由統治者任意決定，甚至有一項稅是每次國王的貝雷帽（beret）掉下來就向人民課徵。如果想變富裕，剛果人必須儲蓄和投資，例如購買犁。但這麼做很划不來，因為他們採用更好的技術增加的生產都會被國王和他的菁英徵收。因此剛果人不投資增加生產，也不在市場出售他們的產品，而是把村莊搬到遠離市場的地方；他們嘗試盡可能遠離道路，以減少遭到劫掠的次數，和逃離奴隸販子可及的範圍。

剛果的貧窮因此是榨取式經濟制度阻擋了所有富裕火車頭、甚至讓它們往反方向開的結果。剛果政府提供給人民的公共服務很少，連基本服務如安全的財產權或治安也付諸闕如，反而政府本身變成人民財產與人權的最大威脅。奴隸制度意味所有市場中最基本的勞動市場也不存在，而可以讓人們選擇職業或工作的廣納性勞動市場，對富裕社會卻極其重要。此外，國王控制長途的貿易和商業活動，只對與他有關係的人開放。雖然葡萄牙人引進文字後菁英階級很快便能識字書寫，但國王並未嘗試讓識字普及到廣大的人口。

儘管如此，雖然「悲慘的貧窮」十分普遍，剛果的榨取制度卻有自己的完美邏輯：這套制度讓少數握有政治權力的人極度富有。在十六世紀，剛果國王和貴族有能力進口歐洲奢侈品，過著僕役和奴隸圍繞四周的生活。

剛果社會的經濟制度源自社會裡政治權力的分配，因此追根究柢是源自政治制度的特性。除了叛亂以外，沒有人可以阻止國王拿走人民的財物或身體。雖然叛亂的威脅真的存在，但那不足以保障人們的財富安全。剛果的政治制度極為專制，國王和菁英幾乎不受任何節制，而人民對社會的組織方式完全沒有置喙餘地。

當然，我們不難看出剛果的政治制度，與權力受節制且廣泛分配的廣納政治制度呈現鮮明對比。剛果的專制制度靠軍隊來維繫，在十七世紀中葉國王有一支五千人的常備軍，其核心是五百名配備毛瑟槍的士兵，這在當時是一支可畏的武力。為什麼國王和貴族急於採用歐洲的火器也很容易瞭解。

在這套經濟制度下不可能有持續的經濟成長，即使是創造短期成長的誘因也很有限。改革經濟制度以提升個人財產權可以讓整體剛果社會變富裕，但菁英不太可能從普遍的富裕獲益。第一，這種改革將因為減少奴隸貿易和奴隸農場帶給菁英的獲利，而讓他們變成經濟輸家。第二，這種改革只有在國王和菁英的政治權力受到節制下才可能發生。舉例來說，如果國王繼續指揮他的五百名毛瑟槍兵，誰會相信廢除奴隸制度的宣告？如何才能確保國王以後不會改變主意？唯一真正的保證是改變政治制度，人民取得一些制衡的政治權力，使他們對課稅或毛瑟槍兵該做什麼擁有發言權。但在這種情況下，維繫國王和菁英的消費與生活方式會不會被人民列為優先要務就大有疑問了。因此能為社會創造更佳經濟制度的改變，勢必讓國王和貴族同時變成政治輸家和經濟輸家。

五百年前經濟與政治制度的交互影響，對瞭解今日現代剛果依舊陷於悲慘的貧窮仍然很有幫助。歐洲統治開始在這個地區出現，以及十九世紀末在「瓜分非洲」時期歐洲勢力更深入剛果河盆地，導致人身與財產權的安全更加飽受威脅，超過剛果被殖民前的時期。此外，新統治者複製了榨取制度與專制政治的模式，由少數人掌握權力與財富，犧牲廣大人民，只不過現在的統治者變成了比利時殖民者，其中最著名的是利奧波德國王（King Leopold II）。

剛果在一九六〇年獨立時，同樣模式的經濟制度、誘因和表現又一次自我複製。剛果的這些榨取性經濟制度再度獲得榨取性政治制度的支持。情況還更加惡化，因為歐洲殖民主義製造出的這個國家組織（剛果）是由前殖民時期的許多不同國家和社會所組成，而新成立的國家政府（從金夏沙統治）卻難以掌管這些地區。雖然蒙博托總統利用政府來圖利自己和親信——例如在一九七三年透過國有化計畫大規模徵收外國人的經濟資產——但他掌管的是一個沒有政治集權的政府，對剛果大部分地區沒有實質管轄權，且在一九六〇年代必須請求外國協助來阻止卡坦加省（Katanga）和卡賽省（Kasai）的分離。缺少政治集權幾乎達到政府全面崩潰的程度，這是剛果與許多下撒哈拉非洲國家共同的特性。

現在的剛果民主共和國仍然貧窮，因為其經濟制度仍然缺少能使社會富裕的基本誘因。不是地理、文化、人民或政治人物的無知導致剛果貧窮，而是榨取的經濟制度。榨取的經濟制度經過這麼多世紀仍然存在，因為政治權力依舊集中在少數菁英手裡，而沒有誘因促使他們努力確保人民擁有安全的財產權、提供可以改善生活品質的基本公共服務，或鼓勵經濟進步。菁英也未利用手上的權力來建立政治集權的政府，因為這麼做將和促進經濟成長一樣，招致反對和政治挑戰的問題。此外，和大部分下撒哈拉非洲國家相同，敵對群體為了掌控榨取制度而產生的內鬥，摧毀了原本可能存在的任何政治集權傾向。

剛果王國和較近期的剛果歷史，生動地展現政治制度如何決定經濟制度，而且透過經濟制度，也決定了經濟誘因和經濟成長的可能性。它也顯示專制政治與犧牲多數人利益、賦予少數人權力及財富的經濟制度之間的共生關係。

榨取式政治制度下的成長

今日剛果缺乏法治和財產權高度不安全是一個極端的例子，不過，這種極端狀況大部分時候不符合菁英的利益，因為那會摧毀所有經濟誘因，只產出很少的資源可供榨取。本書的核心論題是，經濟成長和富裕與廣納的經濟和政治制度有關聯，而榨取的制度通常導致遲滯和貧窮。但這並不意味榨取的制度完全無法製造成長，也不代表所有榨取的制度都是相同的。

榨取式政治制度中的成長可能以兩種不同但互補的方式發生。第一，即使經濟制度是榨取式的，當菁英能直接分配資源給他們控制的高生產力活動時，成長仍可能發生。這類在榨取制度下成長的著名例子之一，是十六世紀到十八世紀間的加勒比海群島。大多數人是奴隸，在條件很可怕的農場工作，過著僅能維持生存的生活。許多人因為營養不良和過勞而死亡。在十七世紀和十八世紀的巴貝多、古巴、海地和牙買加，少數的農場業主菁英控制所有政治權力，擁有所有資產，包括所有奴隸。大多數人都沒有權利，而農場業主菁英的財產和資產則受到嚴密的保護。儘管榨取的經濟制度殘暴地剝削絕大部分人口，但這些群島卻是世界最富裕的地方之一，因為它們生產糖並銷售到世界市場。一直到必須轉型為新的經濟活動，並因而威脅到農場業主菁英的收益和政治權力時，這些群島才出現遲滯的情況。

另一個例子是，蘇聯從一九二八年第一個五年計畫到一九七〇年代的經濟成長和工業化。當時蘇聯的政治與經濟制度具高度榨取性，市場受到層層限制。儘管如此，蘇聯仍能達成快速經濟成長，因為它利用政府的力量把資源從（資源利用效率極低的）農業轉移到工業。

第二種榨取式政治制度下的成長，出現在政治制度允許某種程度的廣納經濟制度發展的情況。許多具有榨取式政治制度的社會會避開廣納性經濟制度，因為擔心創造性破壞的影響，但各個社會的菁英獨占權力的程度都不相同，某些社會的菁英可能有相當安全的地位，使他們得以允許一些朝向廣納性經濟制度靠近的做法，因為他們相當確信如此不會危及其政治權力。或者，歷史的情勢正好為一個榨取的政治政權帶來一個相當廣納性的經濟制度，而他們決定不加以阻擋。這提供了第二種在榨取式政治制度下可以發生成長的方式。

南韓在朴正熙將軍統治下的快速工業化就是一個例子。朴正熙在一九六一年的軍事政變中取得政權，但當時的社會獲得美國充分支援，且經濟制度基本上是廣納的。雖然朴正熙的政權是威權制度，但它感到安全到可以促進經濟成長，而且實際上十分積極推動成長——也許部分原因是該政權並非直接受到榨取式經濟制度的支援。與蘇聯和大多數榨取制度下的成長例子不同，南韓在一九八〇年代從榨取式政治制度轉型為廣納式政治制度。這個成功的轉型是許多因素匯聚的結果。

到一九七〇年代，南韓的經濟制度已變得相當有廣納性，足以削弱維持榨取性政治制度的一項理由——經濟菁英從自己或軍方對政治的掌控當中得不到多少利益。南韓的所得相對平等也意味，菁英較不必擔心政治多元化和民主。美國的關鍵性影響，尤其是在北韓的威脅下，也代表挑戰軍方獨裁的強大民主運動無法長期壓制。雖然朴正熙在一九七九年遭暗殺後，另一個由全斗煥領導的軍事政變緊接著發生，但全斗煥挑選的接班人盧泰愚進行一連串政治改革，帶來一九九二年後全面的多元化民主政治。當然，蘇聯並未發生這類轉型，因此蘇聯的成長漸漸失去動力，經濟在一九八〇年代開始崩潰，到了一九九〇年代更進一步完全瓦解。

中國今日的經濟成長與蘇聯和南韓的經驗都有一些共同點。中國成長的早期階段是由農業部門的激進市場改革帶頭，工業部門的改革則較為緩和。即使到今日，政府和共產黨在決定哪些部門和哪些公司可獲得額外資本與可以擴張，仍然扮演核心角色，並在這個過程中決定產業和公司的成功與失敗。和全盛時期的蘇聯一樣，中國正快速成長，但這仍然是榨取制度和政府控制下的成長，尚未出現朝向廣納式政治制度轉型的跡象。中國的經濟制度距離充分廣納仍然相當遙遠，這也意味南韓式的轉型比較不會在中國發生，但也非完全不可能。

值得注意的是，政治集權是在榨取式政治制度下能否發生成長的關鍵。如果沒有某種程度的政治集權，巴貝多、古巴、海地和牙買加的農場業主菁英將無法維持治安，保護他們自己的資產和財產。如果沒有相當的政治集權和緊緊掌控政治權力，南韓的軍事菁英和中國共產黨不會感覺足夠安全到願意推動經濟改革、同時仍然能夠緊握住權力。如果沒有政治集權，蘇聯或中國將無法調節經濟活動，把資源轉移到高生產力的領域。因此不同的榨取式政治制度間有一條重大的區隔線，即政治集權的程度。如果沒有政治集權，例如像下撒哈拉非洲國家那樣，連有限的成長都將很難達成。

即使榨取的制度可以創造一些成長，它們往往無法創造持續穩定的經濟成長，而且一定不是伴隨創造性破壞而來的那種成長。當政治與經濟制度都屬榨取式，不會產生可以帶來創造性破壞和科技變革的誘因。政府可能短期間藉命令分配資源和人員而創造快速的經濟成長，但這個過程本質上就是有限的。當達到極限時，成長將停止，就像一九七〇年代蘇聯的情況。即使在蘇聯達成快速經濟成長時，經濟的各層面也很少發生科技變革，雖然藉著投資大量資源在軍方，他們得以發展出軍事科技，甚至有一段期間在太空和核武競賽中領先美國。然而這種缺少創造性破壞、沒有廣泛科技創新的成長無法長期持續，終究會走到盡頭。

此外，在榨取式政治制度下支持經濟成長的措施本質上就是脆弱的——它們可能崩潰，或者很容易被榨取制度本身產生的內鬥所摧毀。事實上，榨取的政治與經濟制度一般會產生內鬥的傾向，因為它們導致財富和權力集中在少數菁英手中。如果另一個群體可以壓倒或勝過這群菁英而接管政府，他們將成為享受這些財富和權力的人。因此，正如我們後面會討論到的羅馬帝國和馬雅城市的崩潰所顯示，政府掌控權的爭奪無時無刻不在檯面下進行，而且會定期加劇並導致政權的毀滅，它可能轉變成內戰，有時候甚至造成政府完全崩潰。這種情況的影響之一是，即使一個榨取制度下的社會初期達成若干程度的政府集權，也無法持久。事實上，為了掌控榨取制度的內鬥往往導致內戰和大範圍的法治蕩然狀態，使得長期缺乏政府集權變成常態，就像許多下撒哈拉非洲國家和拉丁美洲與南亞的部分國家一樣。

最後，當榨取式政治制度下的經濟制度具備廣納的特性、而且發生成長時（就像南韓的情況），永遠會有經濟制度轉變得更具榨取性、並使成長停止的危險。政治權力的控制者最後將發現，利用他們的權力限制競爭、擴大他們享有的大餅，甚至竊取和掠奪他人利益，對他們自身的獲利會比支持經濟進步更有利。分配和行使權力的能力最後會摧毀經濟富裕的基礎，除非政治制度也從榨取性變成廣納性。

4 小差異和關鍵時期：歷史的重量

瘟疫創造的世界

一三四六年，俗稱黑死病的腺鼠疫（Bubonic plaque）抵達頓河（River Don）流入黑海的河口城市坦那（Tana）。這場以老鼠身上的跳蚤為媒介的瘟疫源自中國，經由當時橫越亞洲商業動脈絲路的商旅傳播。拜熱內亞商人所賜，那些老鼠很快把跳蚤和瘟疫從坦那散播到整個地中海地區。到一三四七年，疫疾已傳至法國、北非，並從義大利南部蔓延到北部。這場瘟疫殺死所經地區的約一半人口，它抵達義大利城市佛羅倫斯的情況有義大利作家薄伽丘（Giovanni Boccaccio）親眼目睹。他日後回憶說：

> 在它肆虐的時候，窮盡人之智慧和才能都無法阻擋它……瘟疫以恐怖而極端的方式展開，讓它

悲慘的影響展露無遺。它未以在東方的形式表現，在那裡任何人要是鼻子流血就是必死的前兆。相反的，它最早的癥狀是在腹股溝或腋下出現腫塊，有時候呈蛋狀，有時候大小有如常見的蘋果……後期的癥狀會改變，許多人手臂、大腿和身體其他部分開始出現黑色大斑點和瘀血……針對這些病症，所有醫生的建議和所有醫藥的效力都毫無用處……在大部分的例子，從出現我們描述的癥狀到死亡約在三天內。

英格蘭人知道瘟疫正往他們的方向傳播，而且很清楚即將降臨的厄運。一三四八年八月中旬，愛德華三世國王要求坎特伯雷大主教（Archbishop of Canterbury）安排許多祈禱儀式，有許多主教寫信要求教士在教堂宣讀禱詞，以協助人們因應即將面對的遭遇。貝斯主教西魯斯貝里（Ralph of Shrewsbury, Bishop of Bath）寫信給他的教士：

全能的上帝從祂的寶座以雷和閃電和其他重擊，蹂躪祂想救贖的子民。因此自從可怕的瘟疫從東方散播到鄰近的王國，我們便極度擔心除非我們虔誠地不停祈禱，類似的瘟疫也將伸展它的毒手到這個地方，並且擊倒和吞噬這裡的居民。因此我們所有人必須來到主的前面懺悔，唱誦聖詩。

這個方法不管用，瘟疫入侵並且很快掃掉約一半的英格蘭人口。這種大災難可能對社會制度產生重大影響。不難想見的是，有許多人陷於瘋狂。薄伽丘寫到：「有人堅稱阻止這種駭人的惡疾最可靠的辦法是大量喝酒，盡可能享受人生，大聲唱歌作樂，一有機會就滿足人的渴望，並把一切事情視為大笑話般不放在心上……而這解釋了為什麼那些復原的女性可能在隨後的期間較不貞潔。」然而瘟疫也對中古歐洲社會造成社會面、經濟面和政治面的轉變衝擊。

進入十四世紀時，歐洲維持著一種封建秩序，這是羅馬帝國崩潰後從西歐興起的社會組織。它以國王與他轄下的領主間的階序關係為基礎，底層則是農民。國王擁有土地，並將它賞賜給領主，以交換後者的軍事服務。領主然後把土地分配給農民，以交換農民履行繁重的義務勞動，並必須繳納許多罰款和稅金。農民因為他們「奴僕」的地位而被稱作農奴，他們與土地綁在一起，未得領主允許不得遷居到他處；而領主不只是地主，也是法官、陪審團和警察。這是高度榨取性的制度，財富從眾多農民往上流向少數領主。

瘟疫造成勞動力大規模短缺，搖撼了封建秩序的基礎，並鼓勵農民要求改變。例如，在恩斯罕修道院（Eynsham Abbey），農民要求降低許多罰款和義務勞役。他們得償所願，在他們的新合約開始就聲明：「發生於一三四九年的死亡或瘟疫期間，莊園僅剩兩名佃農，他們表達想離去的意願，除非莊園住持兼領主尤普頓之尼可拉斯修士與他們簽訂新協議。」他簽了新協議。

恩斯罕發生的事也在每個地方發生，農民開始從強制勞動服務和許多對領主的義務中自我解放。薪資開始上揚，政府嘗試阻止這個趨勢，並在一三五一年通過勞工法（Statute of Laborers），上面開宗明義說：

鑑於一大部分人，尤其是工人和僕役已死於該瘟疫，部分人看到主人的困境和僕人的缺乏都不願意提供勞務，除非他們獲得額外的工資……我們認為此等可能源自特別是農夫和這類勞工短缺的嚴重不方便……必須加以規範：英格蘭王國的所有男人和女人……應為他們原本應提供勞務者工作，且應只接受他們提供之勞務原本應接受的薪資、獎賞與酬勞，其標準以英格蘭王統治的第二十年（愛德華三世國王於一三二七年一月二十五日加冕，因此這裡是指一三四七年）或之後五、六年習於接受的薪資為準。

這項法令實際上嘗試把薪資固定在黑死病發生前的水準。英格蘭菁英特別擔心的是領主嘗試以「誘因」從別的領主吸引稀少的農民。解決辦法是以監禁來懲罰未經雇主同意就擅離工作的行為：

如果收割人或刈草人或其他為他人擔任勞務的工人與僕役，在約定的期限結束前離棄其勞務，且未經允許或具合理之原因，他應受監禁之懲罰，以杜絕支付或允許支付給任何人超過前述習慣之薪資、獎賞與報酬。

英格蘭政府嘗試阻止黑死病引發的制度與薪資改變並未奏效。一三八一年爆發農民起義，反叛者在泰勒（Wat Tyler）的領導下甚至一度占據倫敦大部分地區。雖然他們最後被打敗，泰勒遭到處死，但此後便未再嘗試實施勞工法。封建勞動服務逐漸式微，廣納的勞動市場開始在英格蘭興起，薪資隨之上揚。

這場瘟疫似乎席捲了世界大部分地方，所到之處都有類似比例的人口死亡，因此對東歐人口造成的衝擊也和英國與西歐一樣。其間運作的社會力與經濟力大同小異，勞工一樣短缺，人們開始要求更大的自由。但在東歐，一個更強大的相反趨勢興起，較少的人口意味較高的工資和廣納的勞動市場，但這給領主更大的誘因想讓勞動市場維持榨取性，讓農民維持農奴地位。在英格蘭，這個動機也在運作，反映在勞工法的制訂，但勞工有足夠的力量可以掙脫壓制。東歐的情況卻不同，在瘟疫過後，東歐的地主開始接管大片土地並擴張原本就比西歐大的放租地。城鎮變得衰弱，城鎮的人口也減少，勞工非但沒有變得更自由，反而看到原本擁有的自由遭侵犯。

這種效應在一五〇〇年後變得尤其明顯，當時西歐對東歐生產的農業產品如小麥、黑麥和牲口的需求正開始增加。阿姆斯特丹進口的黑麥有八〇%來自易北河（Elbe）、維斯杜拉河（Vistula）和奧得河（Oder）的河谷。很快的，荷蘭欣欣向榮的貿易有一半來自東歐。隨著西方需求擴張，東歐地主也加緊對勞動力的控制以增加供應。後來這被稱為第二次農奴制（Second Serfdom），與中古世紀早期原本的農奴制截然不同，且遠為嚴厲。領主對耕種土地的佃農提高課稅，並拿走半數的總生產。在波蘭科爾琴（Korczyn），所有為領主做的事在一五三三年都可領取工資，但到一六〇〇年，將近一半的工作變成不支付工資的強制勞動。現今德國東部的梅克倫堡（Mecklenburg）在一五〇〇年時，勞工一年只要提供少數幾天不支薪的勞動服務；到一五五〇年變成一週一天，而到一六〇〇年已變成一週三天。工人的子女必須免費為領主工作數年。在匈牙利，地主於一五一四年完全掌控土地，並立法規定每名勞工一週提供一天不支薪的勞動服務。一五五〇年，這個規定提高到每週兩天；到世紀結束時則是三天。這個時候，受制於這些規定的農奴占農村人口的九〇%。

雖然西歐和東歐的政治與經濟制度在一三四六年沒有多大差異，但到一六〇〇年已是截然不同的兩個世界。在西歐，勞工已不受封建稅金、罰款和規範的束縛，逐漸變成勃興的市場經濟中一個重要的部分。在東歐，他們也參與在這個經濟體當中，但扮演的是受脅迫的農奴，種植西歐需求的糧食和農產品。這是一個市場經濟，但不是廣納性的市場。這種制度上的不同是某種剛開始似乎不明顯的差異造成的結果：在東歐，各領主間稍微比較有組織，他們的權利也稍微多了一點，手上的土地更統合。而城鎮比較弱也比較小，農民則較無組織。但東西歐的這些小差異對其人口的生活影響卻很深遠，對日後封建秩序受黑死病衝擊時的制度發展極具重要性。

黑死病是「關鍵時期」的鮮活例子，亦即一個重大事件或眾多因素匯聚、破壞了社會既有的經濟與政治平衡的時期。關鍵時期是一把雙刃劍，可能造成國家軌道的大幅轉向。從一方面看，它可以打破榨取制度的循環、促使更多廣納制度興起，就像英格蘭。或者它可能強化榨取制度，正如東歐的第二次農奴制。

瞭解歷史與關鍵時期如何塑造經濟與政治制度的方向，能讓我們對貧窮與富裕差異的起源有一套更完整的理論。此外，它讓我們得以解釋今日的情況，以及為什麼部分國家轉型到廣納的經濟和政治制度，而其他國家卻未走上這條發展道路。

廣納制度的形成

英格蘭在十七世紀經濟成長突飛猛進令各國刮目相看。在重大的經濟變動之前，先有一場政治革命帶來了截然不同的經濟與政治制度，比之前任何一個社會的制度具有更大的廣納性。這些制度的深刻影響不只是帶來經濟誘因和促進繁榮富裕，同時也攸關由誰獲得富裕的利益。這種發展並非以共識為基礎，而是激烈衝突的結果：不同的群體競爭權力，挑戰他人的權威，並嘗試建立對自己有利的制度。十六世紀和十七世紀制度鬥爭的最高潮是兩個具里程碑意義的事件：一六四二年到一六五一年的英格蘭內戰（English Civil War），以及尤其重要的是一六八八年的光榮革命（Glorious Revolution）。

光榮革命限制國王和行政官的權力，並把決定經濟制度的權力交給國會。另一方面，它對更廣泛的社會部門開放政治，讓更多人對政府運作的方式有更大的影響力。光榮革命是創造多元化社會的基礎，它本身則以一個政治集權的過程為基礎，並加速這個過程。它創造出全世界第一套廣納的政治制度。

其結果是，經濟制度也開始變得更具廣納性。封建中古時代的奴隸和嚴苛的經濟束縛如農奴制，已不存在於十七世紀初的英格蘭。儘管如此，人們能從事的經濟活動仍然受到許多限制，國內和國際經濟都受到各種獨占權的扼制，政府仍可恣意徵稅並操縱法律體系。大部分土地仍受到古老的財產權型態所束縛，幾乎不可能出售，或有極高的投資風險。

光榮革命讓這些情況為之改觀。政府採取一套為投資、貿易和創新提供誘因的經濟制度，堅定地執行財產權，包括賦予構想財產權的專利權，因此大力刺激了創新。政府也保障治安。英格蘭法律開始史無前例地適用於所有公民。任意獨斷的徵稅減少了，獨占權也幾乎全部取消。英格蘭政府積極促進商業活動，並致力促進國內工業，不只去除工業活動擴展的障礙，也動用海軍的全部軍力以保護商業利益。藉由財產權的合理化，英格蘭得以推動基礎建設，特別是道路、運河和後來的鐵路，這些將證明對工業成長極其重要。

這些基石徹底改變了給人的誘因，進而推動了富裕的引擎，為工業革命奠定基礎。第一也是最重要的，工業革命憑藉的是利用過去幾世紀歐洲累積的知識基礎而獲致的重大科技進展。它是跟過去的徹底斷裂，由於科學研究和少數獨特個人的才能而實現。這場革命的強大力量來自於為科技的開發與應用創造出獲利機會的市場，因為市場的廣納性質容許人們把才能投入到適合的商業類別。它也仰賴教育和技術，因為透過較高水準的教育（至少以當時的標準來看），有遠見在事業上採用新科技、並僱用有技術的工人來運用新科技的創業家才得以崛起。

工業革命起源於光榮革命後數十年的英格蘭並非巧合，偉大的發明家如瓦特（James Watt，改良蒸汽引擎）、特里維西克（Richard Trevithick，建造第一輛蒸汽火車頭）、阿克賴特（Richard Arkwright，發明紡織機）和布魯內爾（Isambard Kingdom Brunel，發明數種革命性蒸汽船），得以利用他們的創意帶來的經濟機會，並且有信心他們的財產權會受到尊重，同時有管道通達市場，讓他們的發明能夠出售獲利並受到使用。一七七五年，當瓦特重新申請的蒸汽機（他自己取名為「火機」〔Fire Engine〕）專利通過後，他寫信給父親：

親愛的父親，

經過一連串來自各方的激烈反對，我終於獲得一項國會法案授予新火機的財產權給我和我的讓渡者，範圍及於整個大不列顛及其殖民地未來二十五年期間，我希望這將帶給我很大的利益，因為目前已經有可觀的需求。

這封信透露兩件事，第一，瓦特受到他預期的市場機會的激勵，即大不列顛及其海外殖民地的「可觀需求」。第二，他能夠影響國會而獲得他想得到的東西，因為國會支持個人和發明家的請求。科技進步、事業擴張和投資的動力，以及技術和才能的有效利用，全都因為英格蘭發展出廣納的經濟制度而變為可能。這些經濟制度則建基於英格蘭廣納的政治制度。

英格蘭發展出這些廣納的政治制度是由於兩個因素。第一是政治制度（包括政治集權）讓英格蘭能夠採取下一個激進的——事實上是史無前例的——步驟，邁向光榮革命肇始的廣納制度。這個因素雖然讓英格蘭有別於世界上大多數國家，卻未讓它和法國與西班牙等西歐國家有太大差異。更重要的是第二個因素。光榮革命之前的許多事件造就出一個廣泛而強大的聯盟，足以對君王及其官員的權力設置持久的束縛，使他們被迫接受這個聯盟的要求。這奠定了多元政治制度的基礎，進而促成支撐第一次工業革命的經濟制度的發展。

影響深遠的小差異

世界不平等隨著英國的（或者說是英格蘭的）工業革命而大幅升高，因為世界上只有部分國家採用阿克賴特和瓦特及許多後繼者發明的創新與科技。這波科技進步攸關不同國家是深陷貧困或達成持續的經濟成長，但各國的反應大體上取決於它們制度的不同歷史發展。到了十八世紀中葉，世界各國在政治和經濟制度上已出現顯著的差異，但這些差異從何而來？

比起法國和西班牙，英格蘭的政治制度在一六八八年正朝向更多元化發展，但如果我們把時間往前推一百年到一五八八年，這種差異幾乎縮小到零。三個國家都有相當專制的君王統治：英格蘭的伊莉莎白一世（Elizabeth I）、西班牙的腓力二世（Philip II），和法國的亨利三世。他們都與公民組成的議會爭鬥，例如英格蘭的國會，西班牙的柯爾蒂司（Cortes），和法國的三級會議（Estates-General），這些議會都要求更多的權利以及對王室政府更大的掌控。這些議會擁有的權力和規制略有不同，例如，英格蘭國會和西班牙柯爾蒂司掌握徵稅的權力，三級會議則沒有。這在西班牙影響不大，因為一四九二年以後的西班牙王室掌控廣大的美洲帝國，並從那裡找到的黃金和白銀獲得厚利。英格蘭的情況大不相同，伊莉莎白一世在財政上遠為不獨立，她必須央求國會徵更多稅。國會則以要求讓步做為交換，尤其是限制伊莉莎白授與獨占權的權利。這是一場國會逐漸獲勝的衝突。在西班牙，柯爾蒂司卻打輸類似的衝突；貿易不只是被壟斷，而且是由西班牙王室壟斷。

這些差別剛開始看起來很小，但到十七世紀開始變得非同小可。雖然美洲已在一四九二年被發現，達伽馬（Vasco da Gama）也在一四九八年繞過非洲南端的好望角抵達印度，但世界貿易一直到一六〇〇年之後才開始大幅擴張，尤其是在大西洋上。一五八五年，英格蘭在北美洲第一個殖民地在今日北卡羅萊納州的洛亞諾克（Roanoke）建立，一六〇〇年英格蘭東印度公司成立，一六〇二年荷蘭也建立東印度公司。一六〇七年，維吉尼亞公司建立詹姆士鎮。到一六二〇年代，加勒比海地區已被殖民，巴貝多群島在一六二七年被占領。法國也在大西洋擴張，一六〇八年建立魁北克市，做為新法國（今日加拿大）的首都。這次經濟擴張對制度造成的影響，在英格蘭大大不同於西班牙和法國，原因是初期的小差異。

伊莉莎白一世和她的繼任者無法獨占與美洲的貿易，其他歐洲王室卻可以。因此大西洋的貿易和殖民在英格蘭開始創造一大群與王室沒什麼關係的富商，而西班牙和法國卻未發生這種情況。英格蘭貿易商厭惡王室控制，並要求改變政治制度和限制王室的特權。他們在英格蘭內戰和光榮革命中扮演關鍵角色。類似的衝突也在每個地方發生，例如法國國王在一六四八年到一六五二年面對投石黨叛亂（Fronde Rebellion）。不同的是，在英格蘭，專制統治的反對者似乎遠為壯大，因為他們比西班牙和法國的反對者較富裕、人數也較多。

英格蘭、法國和西班牙社會在十七世紀走上分歧的道路，說明了關鍵時期與微小制度差異之間的相互作用十分重要。在關鍵時期，一個重大事件或許多因素的匯聚破壞了國家內部的政治或經濟力量的平衡。這可能只影響單一國家，例如中國國家主席毛澤東一九七六年的死亡，剛開始只為共產中國製造一個關鍵時期。不過，關鍵時期通常影響一連串的社會，舉例來說，就像殖民和後來的去殖民對全世界的影響。

這種關鍵時期很重要，因為漸進式改善會碰上強大的障礙，障礙來自榨取的政治與經濟制度的協力運作和兩者的互相支援。這種反饋迴圈會製造惡性循環，從現況得利的人既富裕又有組織，他們可以有效對抗會搶走他們經濟特權和政治權力的重大變革。

一旦關鍵時期出現，那些重要的小差異便是引發極不同反應的初始制度分歧。這就是為什麼英格蘭、法國和西班牙間相當小的制度差異，會導引至從根本上分歧的發展道路。這些道路的源頭是，大西洋貿易帶給歐洲人的經濟機會所創造的關鍵時期。

即使微小制度差異在關鍵時期影響重大，但並非所有制度差異都很小，當然，較大的制度差異在關鍵時期會導引至更分歧的模式。英格蘭和法國在一五八八年的制度差異很小，西歐和東歐的差異就大多了。在西歐，強大的集權國家如英格蘭、法國和西班牙有潛在的憲政制度（國會、三級會議和柯爾蒂司）。經濟制度上也有根本的類似處，例如沒有農奴制。

東歐的情況大不相同，例如波蘭─立陶宛（Poland-Lithuania）王國由一個稱作什拉赫塔（Szlachta）的菁英階級統治，他們的權力大到甚至採用選舉的方式來選國王。這不像法國太陽王路易十四的專制統治，而是由一群菁英領導的專制統治，但仍然屬於榨取的政治制度。什拉赫塔統治一個以農奴為主的農業社會，農奴沒有遷徙或尋找經濟機會的自由。往更遠的東邊，俄皇彼得大帝（Peter the Great）也把專制統治變得更加嚴密和更具榨取性，遠超過路易十四的作為。地圖8提供一個簡單的方法，可以看出十九世紀初西歐和東歐間的差異。它畫出各國在一八〇〇年是否仍存在農奴制。顏色較深者代

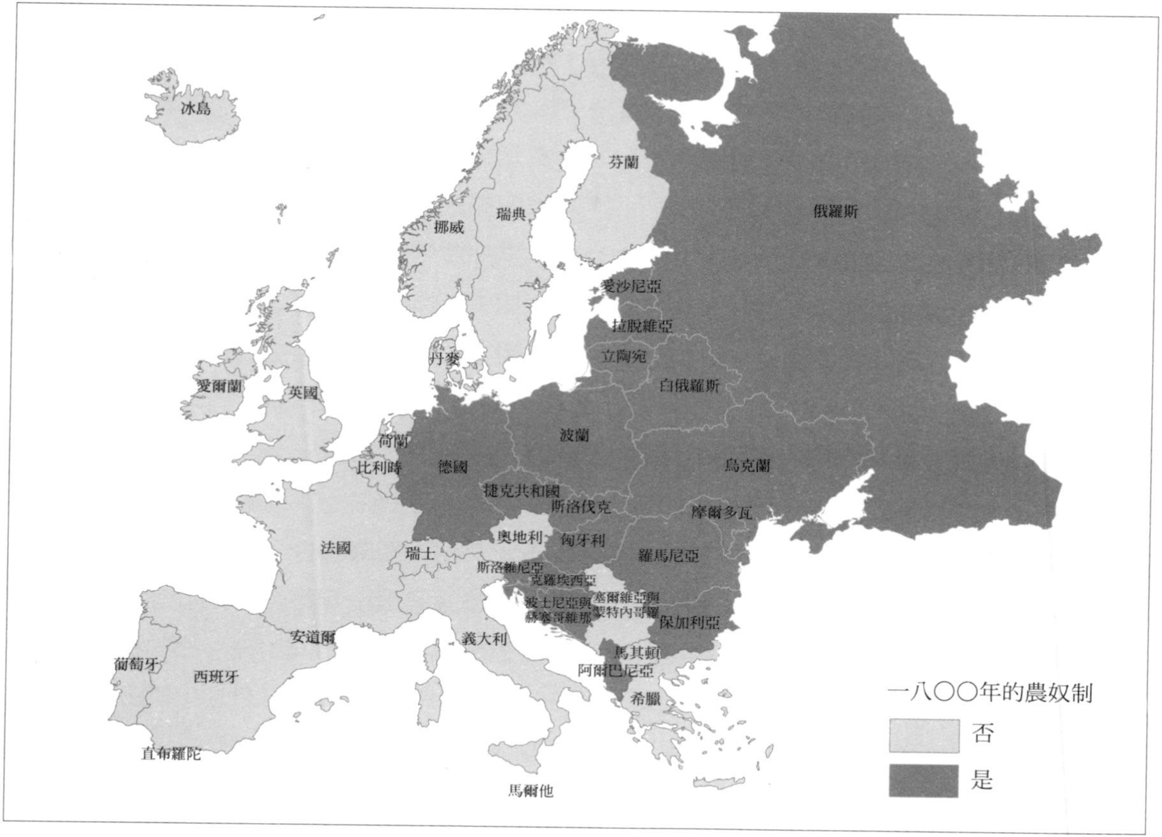

地圖8：一八〇〇年時歐洲的農奴制

表有農奴制，較淺者沒有。東歐顏色較深，西歐較淺。

然而西歐的制度並非一直以來就與東歐如此不同。正如我們稍早談到，它們從十四世紀黑死病在一三四六年侵襲後才開始分道揚鑣。之前的西歐和東歐的政治和經濟制度只有一些小差異，英格蘭和匈牙利甚至是由同一個叫安吉溫（Angevin）的家族成員統治。在黑死病後出現的較重大制度差異，才為東西歐在十七世紀、十八世紀和十九世紀創造出顯著的分歧。

但是開啟這個分歧過程的微小制度差異最早是怎麼產生的？為什麼東歐在十四世紀有與西歐不同的政治和經濟制度？為什麼在英格蘭，王室與國會的權力平衡不同於在法國和西班牙？我們將在下一章看到，即使比現代社會遠為不複雜的社會，也會創造出對成員的生活有強大影響力的政治和經濟制度。這甚至在狩獵採集社會也是如此，這是我們從現代波札那的桑人（San）等存活至今的社會所瞭解到的（桑人不從事農耕，甚至不住在永久的聚落）。

沒有兩個社會創造出相同的制度，它們都會有獨特的習俗、不同的財產權制度、不同的分享獵物或從其他群體劫掠財物的方式。有些社會承認老年人的權威，有的不承認；部分社會很早就發展出政治集權，但其他社會則沒有。社會不斷發生經濟和政治衝突，並以各不相同的方式解決，原因是社會有歷史差異、個人的角色不同，或只是隨機因素。

這些差異在開始時都很小，但它們不斷累積，製造出一個制度漂移的過程。就像兩個孤立的物種群體會在一個遺傳漂移的過程中，因為隨機的遺傳突變不斷累積而慢慢漂離，兩個原本類似的社會也會在制度上逐漸漂離。不過制度漂移和遺傳漂移一樣沒有預設的道路，甚至不見得是累積的；經過幾個世紀的時間，它可能導致明顯的、有時候很重要的差異。制度漂移造成的差異尤其影響重大，因為它們影響社會在關鍵時期對經濟和政治環境改變的反應方式。

世界各地經濟發展豐富的分歧模式，取決於關鍵時期和制度漂移的交互作用。既有的政治和經濟制度——有時候由長期的制度漂移塑造，有時候由前一個關鍵時期的分歧反應造成——奠定了未來改變的基礎。黑死病和一六〇〇年後世界貿易的擴張，都是歐洲權力的重要關鍵時期，它們與不同的初始制度交互作用，創造出極懸殊的分歧。因為一三四六年在西歐的農民擁有的權力和自主權比東歐農民多，結果是黑死病在西歐造成封建制度瓦解而在東歐導致第二次農奴制。由於東歐和西歐在十四世紀已開始分歧，十七世紀、十八世紀和十九世紀的新經濟機會因此對不同部分的歐洲也有截然不同的意義。因為一六〇〇年英格蘭的王室權力比法國和西班牙的王室弱，大西洋貿易便為英格蘭打開了創造更多元化新制度的道路，反之卻強化了法國和西班牙的王室權力。

偶然的歷史發展

在關鍵時期，事件的結果是由歷史的重量來塑造的，正如既有的經濟與政治制度會塑造權力的平衡，並勾勒政治上的各種可能性。不過，這種結果並非歷史注定，而是偶然的。制度在這種期間的發展方向取決於相抗勢力的哪一方會勝出、哪些群體能夠形成有效的聯盟，以及哪些領導人能以對他們有利的方式形塑事件。

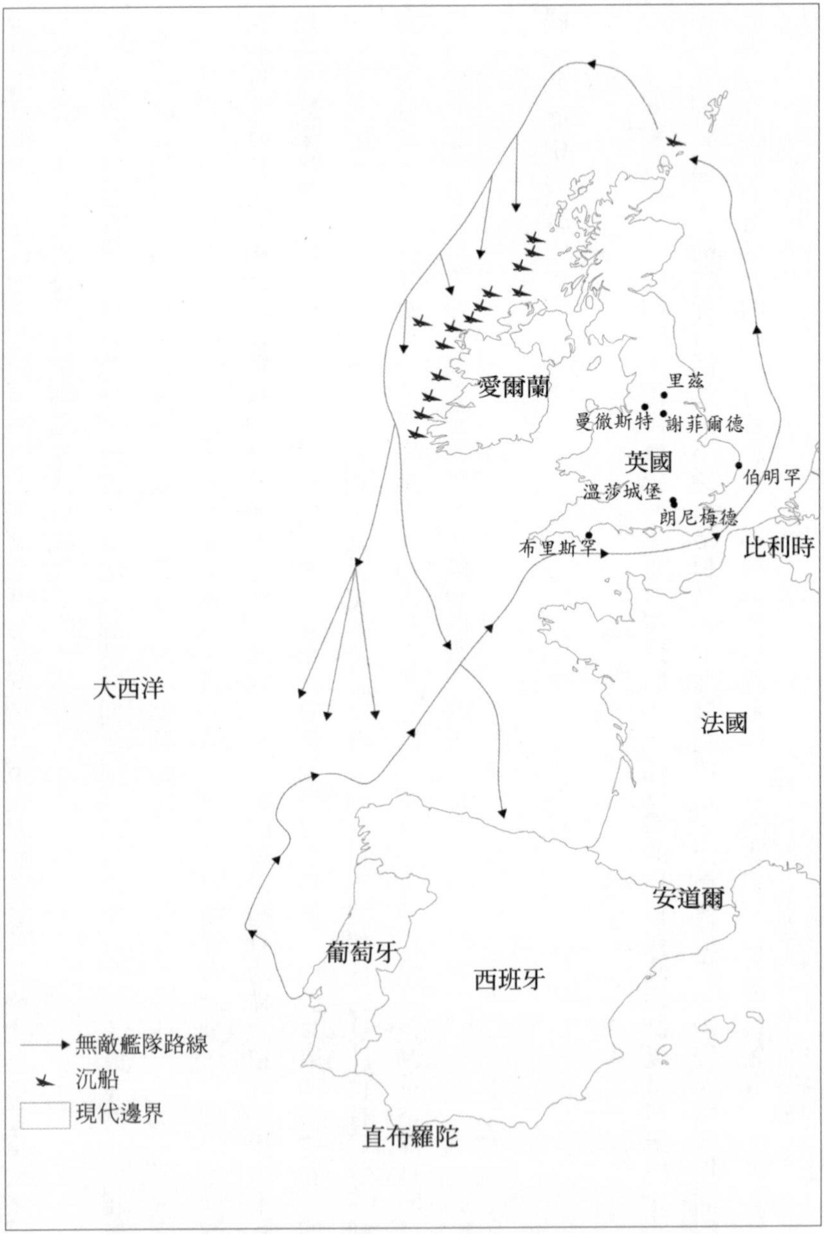

地圖9：西班牙無敵艦隊、沉船和戰役轉折的主要地點

偶然的角色可以用英格蘭廣納性政治制度的起源來說明。希望節制王室權力、並爭取更多元制度的群體，能夠在一六八八年光榮革命中獲勝不僅不是歷史注定的，而且導致這場政治革命的整條路途還是靠許多偶發事件所促成。這些群體的勝利無疑與大西洋貿易興起帶來的關鍵時期有關，大西洋貿易不僅讓許多商賈致富，且敢於與王室對抗。但在一個世紀前，英格蘭有沒有能力控制海權、在加勒比海和北美洲許多地方殖民，或攫取與美洲及東方貿易的龐大利益還大有疑問。伊莉莎白一世或在她之前的其他都鐸王朝君主，都未建立一支強大而統一的海軍。英格蘭海軍仰賴私人武裝船和獨立的商船，威力比西班牙艦隊差很多。儘管如此，大西洋的獲利吸引這些私人武裝船，挑戰西班牙獨霸海權。一五八八年，西班牙決定終結這些對其獨霸海權的挑戰，並阻止英格蘭干預當時正反抗西班牙、爭取獨立的西屬尼德蘭（Spanish Netherlands）。

西班牙國王腓力二世派遣強大的無敵艦隊（Armada），由西多尼亞公爵（Duke of Medina Sidonia）指揮。各方原本預期西班牙會徹底打敗英格蘭，鞏固他們在大西洋上的霸權，且可能推翻伊莉莎白一世的統治，甚至最終掌控不列顛群島。然而情勢的發展大出意料，惡劣的天氣和西多尼亞錯誤的策略——他在一位更有經驗的指揮官過世後，臨時被指派這個任務——導致西班牙無敵艦隊喪失優勢。背水一戰的英格蘭人擊沉強大對手的許多船艦。現在大西洋已以更均等的情勢對英格蘭人開放，如果不是英格蘭人獲得這場看似不可能獲得的勝利，英格蘭發生的許多造就關鍵時期、並形成一六八八年後獨特的多元政治制度的事件就不會逐一發生。地圖9顯示無敵艦隊在不列顛群島周圍，遭追逐和擊沉的路線。

當然，在一五八八年沒有人能預見英格蘭人幸運獲勝的影響。當時可能很少人瞭解那將創造一個關鍵時期，並引導至一世紀後的重大政治革命。

我們不應假設任何關鍵時期都會導致成功的政治革命，或會讓世界變得更好。歷史充滿許多例子，在革命和激進的運動推翻暴君後，卻由另一個暴君取代。這個模式被德國社會學家米歇爾斯（Robert Michels）稱為寡頭鐵律（iron law of oligarchy），是一種特別有害的惡性循環。第二次世界大戰後數十年間殖民主義的終結，為許多前殖民地創造了關鍵時期，不過，在大部分下撒哈拉和亞洲許多國家，獨立後的政府只是重複米歇爾斯書中描述的情節，重演並加強過去政權的惡行，且往往嚴重窄化政治權力的分配，取消制衡，和摧毀經濟制度中原已稀少的誘因，而這些誘因卻攸關投資與經濟進步。只有少數幾個例子（如波札那社會）的關鍵時期被善加利用，並展開一個為經濟成長奠定基礎的政治與經濟變革。

關鍵時期也可以導致趨向（而非遠離）榨取制度的重大改變。廣納制度雖然也有自己的反饋迴圈，即良性循環，但它們也會因為關鍵時期的挑戰而反轉方向並逐漸變得更具榨取性——這種情況是否發生同樣也是偶然的。我們將在第六章討論的威尼斯共和國（Venetian Republic），在中古時期就曾大步邁向廣納性的政治與經濟制度，然而一六八八年光榮革命後這類制度在英格蘭變得更壯大的時候，威尼斯卻已轉變成榨取性的制度，受到少數獨占經濟機會與政治權力的菁英所宰制。

瞭解今日的情勢

建基於廣納制度與長期經濟成長的市場經濟在十八世紀的英國興起，帶來傳遍全世界的影響，不只是因為它讓英國得以在世界許多地方殖民。雖然英國經濟成長的影響傳遍全世界，創造這種成長的經濟與政治制度卻未自動傳遍世界。工業革命的散播對世界各地的影響方式各不相同，正如黑死病對西歐和東歐造成的衝擊，以及大西洋貿易的擴張對英格蘭和西班牙的效應也不同。決定其影響的是世界各地採用的不同制度，而且這些制度確實南轅北轍——小差異經過關鍵時期不斷放大的結果。這些制度差異和它們的影響，往往因為惡性和良性的循環而延續至今（儘管不會全然如此），同時也是瞭解世界不平等如何興起、以及今日我們週遭世界情況的關鍵。

世界的部分地方發展出很接近英國的制度，但卻是經由極不相同的途徑。這在部分歐洲的「移民殖民地」（settler colonies）尤其明顯，例如澳大利亞、加拿大和美國，雖然他們的制度還在成形的時候工業革命已經開始。正如我們在第一章談到，一個始於一六〇七年建立詹姆士鎮殖民地、並以獨立戰爭和實施美國憲法達到最高點的過程，與英格蘭國會對抗王室的長期抗爭有許多共同的特點，因為它也引導到一個有著多元政治制度的政治集權政府。然後工業革命迅速散播到這類國家。

經歷許多同樣歷史過程的西歐，在工業革命時期擁有類似英國的制度。英國與其他國家有一些微小卻影響深遠的差異，這正是工業革命發生在英國而非法國的原因。這個革命接著創造出全新的情況，並為其他歐洲政權帶來大不相同的挑戰，進而衍生新類型的衝突，並以法國大革命達到最高潮。

法國大革命是另一個關鍵時期，引導西歐的制度與英國的制度匯聚，並加深與東歐的分歧。

世界其他地方步上各不相同的制度軌道，歐洲人的殖民為美洲的制度分歧奠定基礎；美國與加拿大發展出廣納的制度，相對於拉丁美洲興起榨取的制度，這也解釋了今日我們在美洲看到的不平等模式。西班牙征服者在拉丁美洲實施的榨取性政治與經濟制度延續至今，造成該地區大部分地方的貧窮。不過，阿根廷和智利的情況比該區大部分國家好，兩國的原住民和「礦產財富」較少，因而被西班牙人「忽視」，當時他們把重心放在阿茲特克、馬雅和印加文明占據的地方。阿根廷最貧窮的地區是西北部，是該國當年唯一被併入西班牙殖民經濟的部分，這並非巧合。那裡因為榨取制度留下的長期貧窮，與玻利維亞和祕魯波托西地區的米塔制造成的情況類似。

在世界各地區中，非洲國家的制度最難以從工業革命帶來的機會獲利。除了一小部分地方和有限的期間，過去至少一千年間，非洲在科技、政治發展和富裕方面落後世界其他地區。那是世界上政治集權政府形成最晚也最薄弱的地方，即使形成政治集權，也屬於高度專制像剛果一樣，且往往存活時間很短，很快就瓦解。非洲缺乏政府集權的發展軌道，和阿富汗、海地及尼泊爾類似，它們全都無法在領土內執行秩序並創造起碼的穩定，以達成哪怕是些許的經濟進步。阿富汗、海地和尼泊爾雖然散布在世界不同地區，它們在制度上卻與下撒哈拉非洲大多數國家有許多共同點，也因此它們都是世界上最貧窮的國家。

非洲的制度如何演變成今日榨取性的形式，再度展現了偶爾出現關鍵時期的制度漂移過程，但在非洲的例子往往呈現極度不利的結果，尤其是大西洋奴隸貿易擴大的期間。歐洲商人抵達時，剛果王國曾有新的經濟機會，改變歐洲的長程貿易也改變了剛果王國，但再一次的，初始的制度差異產生影響。剛果的專制制度原本是完全支配性的社會，藉由榨取性經濟制度攫取人民所有的農業生產，在這時候進一步變形成把人民當成奴隸，並將他們賣給葡萄牙人，以便為剛果的菁英交換槍枝和奢侈品。

英格蘭和剛果初始的差異，意味新的長程貿易機會為英格蘭創造了邁向多元政治制度的關鍵時期，卻也消滅了專制在剛果被打敗的所有希望。在非洲許多地方，可以從奴隸獲得的實質利潤不僅導致奴隸制變本加厲、財產權更加不安全，也帶來更激烈的戰爭並摧毀許多既有的制度；在幾個世紀中，所有政府集權的進程都為之反轉，且許多非洲國家大體上已經崩潰。雖然有一些新的、有時候也很強大的政府形成以利用奴隸貿易，但它們的存在全靠戰爭和劫掠。發現美洲的關鍵時期可能幫助英格蘭發展出廣納的制度，但它反而讓非洲的制度變得更具榨取性。

雖然奴隸貿易在一八〇七年後大多已結束，隨後的歐洲殖民統治不僅使部分非洲南部和西部剛萌芽的經濟現代化為之逆轉，同時也斬斷了任何本土制度改革的可能性。這意味即使是在剛果、馬達加斯加、納米比亞和坦尚尼亞等劫掠、大規模破壞、甚至全面屠殺司空見慣的地區之外，非洲也毫無機會改變它的制度方向。

更糟的是，殖民統治的結構在一九六〇年代為非洲留下更複雜和有害的制度，比殖民時期初始更甚。許多非洲殖民地的政治與經濟制度的發展意味著，獨立非但沒有創造出有利於發展的關鍵時期，反而為狂妄的領導人製造了機會，讓他們接管並強化歐洲殖民者所統轄的榨取制度。這些結構製造出的政治誘因帶來一種政治形式，會複製過去不安全且無效率的財產權，政府帶著強烈的專制傾向，卻在管轄的領土上缺乏集中的權威。

工業革命仍未散播到非洲，因為非洲大陸經歷榨取式政治與經濟制度延續與再造的長期惡性循環。波札那是例外。我們將在後面的章節討論到，波札那獨立時的第一任首相哈瑪（Seretse Khama）的祖父哈瑪國王（King Khama），在十九世紀推動制度變革，展開他部族的政治與經濟制度的現代化。極為獨特的是，這些變革在殖民時期並未被摧毀，部分原因是哈瑪和其他部落首領以巧妙的方式挑戰殖民當局。脫離殖民統治而獨立所帶來的關鍵時期與這些制度交互作用，為波札那的經濟和政治成功奠立基石。這又是一個小歷史差異產生大影響的例子。

有一種將歷史事件視為根深柢固的力量造成的無法避免結果的傾向。雖然我們很強調過去的經濟與政治制度製造出惡性和良性的循環，但偶發性總是扮演一個重要角色，就像我們在討論英國制度的發展所強調的。首相哈瑪一九四〇年代在英國求學，愛上一個白人女子威廉斯（Ruth Williams）。因此南非的種族隔離政權說服英國政府禁止哈瑪踏上當時稱作貝專納蘭（Bechuanaland）的屬地（其管轄權屬於南非高級行政官署〔High Commissioner of South Africa〕），於是他放棄了國王的身分。當他回國領導反殖民政權抗爭時，他的目標並非保護傳統制度，而是讓它們順應現代世界。哈瑪是卓越出眾的人物，對個人財富沒有興趣，而獻身於建設自己的國家。大部分非洲國家沒有這麼幸運。兩項因素都很重要——波札那制度的歷史發展，以及引導這些制度步向現代化（而非推翻或扭曲它們，就像許多別的非洲國家的情況）的偶發因素。

在十九世紀，與非洲或東歐差別不大的專制統治也在許多亞洲國家阻礙工業化的路途。在中國，政府極其專制，獨立的城市、商人和工業家若非不存在，就是政治力量微弱。中國曾是強大的海權國家，比歐洲人早幾百年就大量從事長程貿易。但它在不對的時機把注意力從海洋轉移開，十四世紀末和十五世紀初期的明朝皇帝認為，不斷擴展的長程貿易以及可能隨之而來的創造性破壞會威脅他們的統治。

在印度，制度漂移運作的方式不同，並且發展出一種獨特且僵化的世襲種姓制度，限制了市場的功能及勞動力在各職業的分配，其嚴重性遠超過中古歐洲的封建秩序。它也支持蒙兀兒（Mughal）王朝的另一種強大專制形式。大多數歐洲國家在中古世紀也有類似的制度，現代盎格魯撒克遜姓氏如貝克（Baker）、庫柏（Cooper）和史密斯（Smith）都是世襲職業類別的直系後裔。貝克烤麵包，庫柏製造桶子，史密斯則鑄造金屬。但這這些類別從來不像印度種姓制度那樣涇渭分明，且後來對於區別一個人的職業逐漸變得毫無意義。雖然印度商人確實在印度洋各地從事貿易，也發展出繁榮的紡織業，種姓制度和蒙兀兒王朝的專制統治卻嚴重阻礙廣納性經濟制度在印度的發展。到了十九世紀，情況對工業化甚至更加不利，因為印度已變成英國榨取的殖民地。中國從未正式被歐洲強權殖民，但自從英國在一八三九到四二年的鴉片戰爭，以及一八五六到六〇年的英法聯軍之役打敗中國人後，中國簽訂了一連串屈辱的條約，並允許歐洲出口產品進入中國。由於中國、印度和其他國家未能把握商業與工業機會的好處，除了日本以外整個亞洲便被大步前進的西歐遠拋在後。

日本在十九世紀的制度發展道路，同樣也展現出關鍵時期與制度漂移製造的小差異之間的交互影響。和中國一樣，日本當時也在專制統治下，德川家族在一六〇〇年取得大權，統治一個同樣禁止國際貿易的封建制度。日本也面臨西方干預帶來的關鍵時期，一八五三年有四艘美國戰艦在培里（Matthew C. Perry）率領下進入江戶灣，要求類似英國在鴉片戰爭中從中國取得的優惠貿易條件。但這個關鍵時期在日本導致的結果卻非常不同。儘管中國與日本在地理上很接近，且互動很頻繁，但兩國的制度到了十九世紀已經漂移很遠。

儘管德川在日本的統治既專制又具榨取性，但對轄下其他主要封建領主只有薄弱的控制力，且很容易遭到挑戰。雖然偶爾會發生農民叛亂和內部傾軋，但中國的專制統治卻強大得多，反對勢力也較缺乏組織和自律。中國不像日本那樣有其他藩主有能力可以挑戰皇帝的專制統治並選擇不同的制度道路。中國跟日本的這個制度差異，與它們兩國跟西歐之間的差異比起來雖然不算大，卻在兩國遭遇英國與美國的船堅炮利帶來的關鍵時期，造成了決定性的結果。中國在鴉片戰爭後繼續其專制的道路，而美國的威脅在日本團結了反對德川統治的勢力，促成一場政治革命，即我們將在第十章中談到的明治維新。這場政治革命促使日本發展出較廣納的政治制度與更加廣納的經濟制度，奠定了隨後日本的快速成長，而中國則繼續沉淪於專制統治。

日本以展開根本制度轉變的過程來回應美國戰艦的威脅，這協助我們瞭解今日世界情勢的另一個層面：如何從停滯轉變為快速成長。南韓、臺灣和後來的中國，各自透過類似日本曾走過的道路，達成了二次世界大戰以來飛速的經濟成長。在這些例子中，各國在成長之前都經歷過經濟制度的重大改變——雖然政治制度未必有改變，就像中國的例子。

快速成長如何突然結束和反轉的道理也與此有關。就像採取決定性的措施邁向廣納的經濟制度可以引燃快速經濟成長，突然轉離廣納制度可能導致經濟停滯。不過更常發生的是，快速成長突然停頓，例如阿根廷或蘇聯，是因為榨取制度下的成長已走到盡頭。我們已經討論過，這種情形的原因可能是爭奪榨取戰利品的內鬥導致政權崩潰，或因為榨取制度本身缺少創新和創造性破壞，導致持續成長受到局限。蘇聯如何撞上這個極限將在下一章更詳細討論。

如果拉丁美洲在過去五百年間的政治與經濟制度是由西班牙殖民主義所塑造，那麼中東的制度就是由鄂圖曼殖民主義所形成。穆罕默德二世蘇丹（Sultan Mehmet II）統治下的鄂圖曼在一四五三年占領君士坦丁堡（Constantinople），並且定為首都。在十五世紀其餘的時間，鄂圖曼征服巴爾幹大部分地區和土耳其的其他地方。十六世紀上半葉，鄂圖曼的統治遍及中東和北非。到一五六六年偉大的蘇雷曼一世蘇丹（Sultan Süleyman I）去世時，鄂圖曼帝國已涵蓋從東邊的突尼西亞往西經埃及、一直到阿拉伯半島的麥加，抵達今日的伊拉克。鄂圖曼是專制國家，蘇丹的權力不受任何節制，也不與任何人分享。鄂圖曼實施的經濟制度具有高度榨取性，土地沒有私有權，完全屬於國家擁有。從土地和農業生產課徵的稅收，加上戰爭的掠奪，就是政府的主要收入來源。不過，鄂圖曼政權對中東的掌控不像它對安那托利亞（Anatolia）心臟地帶那樣嚴密，甚至不如西班牙政權對拉丁美洲社會的支配。鄂圖曼政權不斷遭到貝都因人（Bedouins）和阿拉伯半島上的其他部落勢力挑戰。它不但缺少足以在大部分中東實施穩定秩序的能力，也沒有執行徵稅的行政能力。因此它把權力「出租」給個人，任由有本事者用自己的方式收稅。這些包收租稅者擁有自治權，而且勢力逐漸坐大。當時中東領土上的稅率極高，從農民生產的一半到三分之二不等。大部分稅收由包收租稅者留下。由於鄂圖曼政權未能在這個地區建立穩定的秩序，財產權一點也不安全，武裝的群體爭奪控制權導致法治蕩然和盜賊橫行。例如在巴勒斯坦，情勢嚴重到從十六世紀末開始農民便紛紛離開最肥沃的土地，遷往更能防備盜賊的山區。

在鄂圖曼帝國城市地區的榨取性經濟制度也一樣令人窒息。商務都由政府控制，職業由行會和獨占者嚴格控管。其結果是在工業革命時期，中東的經濟制度充滿榨取性，該地區的經濟因而停滯不前。

到一八四〇年代，鄂圖曼帝國嘗試改革制度，例如，開始取消包收租稅並加強對地方自治群體的控制，但專制統治持續到第一次世界大戰，而改革努力則同樣受到對創造性破壞的恐懼，以及菁英階層憂慮可能變成經濟或政治輸家所阻礙。雖然鄂圖曼的改革者談到引進土地私有權以提振農業生產力，但政治控制和徵稅的渴望使舊制度始終持續不墜。鄂圖曼殖民之後緊接著是一九一八年後的歐洲殖民，當歐洲的控制結束後，和我們在下撒哈拉非洲看到的相同動力已經生根，獨立的菁英階層接管了榨取的殖民制度。在某些例子，如約旦王室，菁英是殖民勢力的直接產物，而正如我們後面會討論到的，這種情形在非洲也經常發生。今日不產油的中東國家的所得水準類似於貧窮的拉丁美洲國家，它們未曾受到像奴隸貿易這類迫害力量的荼毒，反而曾長期接受來自歐洲的科技洗禮。在中古世紀，中東本身也是世界上經濟相當進步的部分，因此今日它不像非洲那般貧窮，但大多數人民仍生活在貧窮中。

我們已看到，地理、文化或無知的理論都無助於解釋今日世界的情況。它們無法對世界不平等的顯著模式提出令人滿意的解釋。這個不平等的模式是：從十八和十九世紀的英國工業革命開始、並進一步擴散到西歐和歐洲移民殖民地的經濟差異過程；美洲不同地區之間持續的分歧；非洲或中東的貧窮；東歐與西歐的分歧；以及從遲滯到成長的轉變，與有時候戛然而止的快速成長。我們的制度理論能夠提供解釋。

在剩下的章節中，我們將更詳細討論這套制度理論的運用方式，並舉例說明它能解釋的廣泛現象，涵蓋從新石器革命的起源到數個文明的崩潰，而崩潰的原因若不是榨取制度本身的成長極限，就是邁向廣納制度的努力未竟其功。

我們將看到英格蘭光榮革命期間他們為何與如何邁出朝向廣納政治制度的步伐。我們也將更具體地討論以下問題：

- 廣納制度如何從大西洋貿易創造的關鍵時期與既存英格蘭制度間的交互影響中興起。
- 這些制度如何延續並強化，因而為工業革命奠定了基礎；部分原因是良性循環，部分原因則是偶發的幸運發展。
- 有多少採用專制統治與榨取制度的政權，堅定地抗拒工業革命所釋放的新科技的散播。
- 歐洲人本身如何在他們征服的許多地方扼殺了經濟成長的可能性。

- 惡性循環和寡頭鐵律如何為榨取制度的延續製造一股強大的傾向，並因而使工業革命未能散播到的國家長期困在相對貧窮中。
- 為什麼工業革命和其他新科技未散播、也不太可能散播到今日世界上連最起碼的政治集權程度都沒有達到的國家。

我們的討論也將顯示，若干把制度朝更廣納方向轉變的地區如法國或日本，或避免了榨取制度建立的地區如美國或澳洲，它們較易於接受工業革命的散播，進而領先其他國家。正如在英格蘭的情況，這並非總是一帆風順的過程，途中克服了許多對廣納制度的挑戰，有時候是拜良性循環的動力所賜，有時候則歸功於歷史的偶然事件。

最後，我們也將討論今日國家的失敗如何受到其制度歷史的重大影響，有多少政策建議是基於錯誤且可能造成誤導的假設，以及國家如何仍然能夠掌控關鍵時期，並打破窠臼以改革制度，踏上邁向富裕的道路。

5「我已見過未來，它行得通」：榨取制度下的成長

我已見過未來

制度差異在解釋歷史上各時代的經濟成長扮演重要角色，但如果歷史上大多數的社會都建基於榨取的政治與經濟制度，這是否表示成長從未發生？顯然不是。榨取制度從其根本邏輯來看，必須能創造財富以供榨取。獨占政治權力並控制一個集權政府的統治者，可能實施某種程度的治安和規範制度，並刺激經濟活動。

但榨取制度下的成長在性質上不同於廣納制度帶來的成長。最重要的，這種成長不會是需要科技進步的持久成長，而是建基於既有科技的成長。蘇聯的經濟軌跡提供了鮮明的例子，說明權威和政府提供的誘因可以在榨取制度下帶領經濟成長，以及這種成長最終會停頓和崩潰。

第一次世界大戰結束後，戰勝國和戰敗國在巴黎郊外雄偉的凡爾賽宮集會，以決定和平的秩序。出席的知名人物包括美國總統威爾遜（Woodrow Wilson），而值得注意的是俄國沒有派出任何代表參加。舊沙皇政權已在一九一七年十月被布爾什維克（Bolsheviks）推翻，紅軍（布爾什維克）和白軍正進行激烈的內戰。英國人、法國人和美國人派遣遠征軍與布爾什維克打仗。由年輕外交官蒲立德（William Bullitt）帶領的特使團和資歷豐富的知識分子兼新聞記者斯蒂芬斯（Lincoln Steffens），被派往莫斯科會見列寧，嘗試瞭解布爾什維克黨的意圖，以及如何與他們達成協議。斯蒂芬斯以破除偶像和揭發醜聞的新聞記者著稱，長期以來在美國不斷譴責資本主義的邪惡，他加入的用意在於讓特使團顯得更可信、較不具敵意。特使團回國時帶著列寧的提議大綱，內容是新建立的蘇聯開出的和平條件。斯蒂芬斯對他認為蘇聯政權具有的無窮潛力大為傾倒。

他在一九三一年的自傳中回憶：「俄羅斯蘇維埃是一個有著漸進演變計畫的革命政府。他們的計畫不是藉由直接行動來終結貧窮與富裕、貪腐、特權、暴政和戰爭等邪惡事物，而是找出並去除它們的原因。他們建立一個獨裁政權，由受過訓練的少數人支持，在幾個世代中以科學方式重新安排經濟力，這將先帶來經濟的民主，最後則達成政治的民主。」

斯蒂芬斯從外交特使團回來後，去見老友彫刻家戴維森（Jo Davidson），發現他正在為金融鉅子巴魯克（Bernard Baruch）製作半身像。巴魯克說：「你剛從俄國回來。」斯蒂芬斯回答：「我已到過未來，而且它行得通。」他後來稍微修改了這句話，就此流傳後世：「我已見過未來，它行得通。」（I've seen the future, and it works.)

一直到一九八〇年代初期，許多西方人仍然在蘇聯身上看到未來，他們繼續相信那套制度行得通。就某個意義來看它是行得通，至少在一段時間內行得通。列寧在一九二四年去世，到一九二七年史達林已鞏固他對蘇聯的掌控。他肅清反對者，並推行快速將蘇聯現代化的運動。他透過一九二一年成立的國家計劃委員會（Gosplan）來進行這項運動。國家計劃委員會擬訂第一套五年計畫，從一九二八年執行到一九三三年。史達林式的經濟成長很單純：藉政府命令發展工業，並透過向農業課徵高稅率來為發展工業取得必要的資源。蘇聯共黨政府缺乏有效的稅務系統，因此史達林便將農業「集體化」。這個過程必須廢除土地私有權，並將農村所有人聚集在由共產黨管理的巨大集體農場。這讓史達林更容易攫取農業生產，用來餵養所有興建新工廠以及在工廠工作的人。這為農民帶來悲慘的後果。集體農場完全缺乏讓人努力工作的誘因，導致生產大幅減少。大部分生產被榨取後，留下的糧食已不夠吃，人民開始饑餓至死。到最後可能有六百萬人死於饑饉，數十萬人在強迫集體化中遭謀殺或放逐到西伯利亞。

新建立的工業和集體化的農場都不具經濟效率，無法善加利用蘇聯擁有的資源。這聽起來是炮製經濟災難或停滯的配方，甚至是完全崩潰；然而蘇聯卻快速成長，其原因並不難瞭解。允許人們透過市場自己做決定，是讓社會有效利用資源最好的方法，當政府或一小群菁英控制所有資源時，將無法創造出正確的誘因，人民的技術和才能也無法獲得有效的配置。但在某些例子中，一個部門或活動的勞動與資本生產力可能遠高於其他部門和活動，例如蘇聯的重工業，因此即使是在榨取制度下，透過由上而下的過程把資源分配給那個部門，也可以創造成長。正如我們在第三章討論過，加勒比海群島的榨取制度如巴貝多、古巴、海地和牙買加也能創造相對較高的收益，因為它們把資源分配給全球迫切需要的商品蔗糖的生產。以眾多奴隸為基礎的蔗糖生產當然稱不上「效率」，而且在這幾個社會當中沒有科技變革或創造性破壞，但這不會阻止它們在榨取的制度下達成一定程度的成長。這種情況類似蘇聯，只是工業取代了加勒比海蔗糖的角色。還受到另一個因素助長了蘇聯的工業成長，由於其科技極度落後於當年歐洲和美國的水準，因此只要重分配資源到工業部門就能刺激大幅成長，即使分配是以強迫的低效率方式進行。

一九二八年以前，大部分俄國人住在鄉下，農民使用的技術十分原始，而且沒有提高生產的誘因。俄國封建制度最後的殘留在一次世界大戰前不久就已遭根除，因此把勞動力從農業重新配置到工業有著龐大的未實現經濟潛力。史達林的工業化以殘暴的方式釋放了這股潛力，他透過命令將這些低度利用的資源轉移到工業，以便它們在那裡發揮更大的生產力，即使工業本身的效率仍遠低於可達成的水準。事實上，從一九二八年到一九六〇年間，蘇聯的國民所得每年成長六%，可能是截至當時歷史上最快速的經濟成長。這段快速的經濟成長並非藉由科技進步而達成，而是藉由重新配置勞動力，以及透過創造新工具與工廠而積累資本的結果。

成長如此快速，以至於數世代的西方人受到欺騙。不只是斯蒂芬斯，連美國的中央情報局也不明究裡，甚至蘇聯自己的領導人也被快速的成長矇騙，例如赫魯雪夫（Nikita Khrushchev）曾在一九五六年對西方外交官的演說中，吹噓地說出那句名言：「我們將埋葬你們（西方）。」直到一九七七年，英國經濟學家寫的主流經濟教科書還宣稱，從經濟成長、提供充分就業與價格穩定，甚至在創造人的利他動機各方面來看，蘇聯式的經濟都比資本主義經濟優越。可憐的西方資本主義只在提供政治自由方面表現較佳。由諾貝爾獎得主薩繆爾森（Paul Samuelson）寫作、最被廣泛使用的經濟學大學教科書，也再三預測蘇聯經濟霸權的到來。在一九六一年版的書中，薩繆爾森預測蘇聯的國民所得有可能在一九八四年超越美國，或很可能在一九九七年。在一九八〇年版中，他的分析仍舊沒有改變，只是把兩個時間延後到二〇〇二年和二〇一二年。

雖然史達林和後來其他蘇聯領導人的政策製造出快速的經濟成長，但這種成長卻無法長久持續。到一九七〇年代，經濟成長幾乎完全停頓。最重要的教訓是，榨取的制度基於兩個原因而無法製造持續的科技進步：缺乏經濟誘因，和菁英的抗拒。此外，一旦所有低效率使用的資源都被重新配置到工業後，靠命令所能創造的經濟成果便很有限。這時候蘇聯的系統便撞上障礙，因為缺乏創新和經濟誘因導致無法繼續進步。蘇聯能夠持續創新的唯一領域是，投入龐大努力的軍事和航太科技。其結果是他們把第一隻狗萊卡（Leika），和第一個人類蓋加林（Yuri Gagarin）送上太空。他們也把AK-47步槍留給世人。

國家計劃委員會原本應該是掌握一切權力的規劃機構，負責蘇聯經濟的中央計劃。由國家計劃委員會連續擬訂並執行五年計畫的優點是，可以採取理性投資和創新所不可或缺的長期觀點。然而在現實中，蘇聯工業的實際作為卻與五年計畫沒有多大關係，因為五年計畫經常修改和重寫，或者完全被忽略。工業的發展基本上根據史達林和政治局的命令進行，而他們經常改變想法，且往往全面修改先前的決定。所有計畫都標示為「草稿」或「初步」。只有一份標示為「定案」的計畫曾公諸於世——一九三九年有關輕工業的計畫。史達林本人在一九三七年曾說：「只有官僚會認為，規劃的工作在計畫擬出後就已結束。計畫真正的方向只有在計畫擬出後才開始發展。」史達林希望把自己的裁量權最大化，以便獎賞政治上忠誠的個人或團體，或懲罰不忠誠者。至於國家計劃委員會的主要角色是提供史達林資訊，以便他更能監視他的盟友和敵人。委員會甚至嘗試避免作決定，因為如果作出結果不好的決定，你可能遭槍斃；能不必負任何責任最好。

蘇聯人口普查局在一九三七年提供了一個好例子，說明太認真工作、而不懂得揣摩共黨領導人心意的後果。當調查的資料陸續匯集後，很明顯它們呈現的人口大約是一億六千二百萬人，遠低於史達林預期的一億八千萬人，而且低於史達林本人在一九三四年宣布的一億六千八百萬人。一九三七年的人口普查是一九二六年以來首次進行的普查，因此也是一九三〇年代大規模饑荒和肅清後的第一次。正確的人口數字反映出這些事件。史達林的反應是逮捕進行人口普查的官員，將他們放逐到西伯利亞或槍斃。他下令重做一次人口普查，並在一九三九年進行。這一次主持普查的人搞清楚了，他們發現人口實際上有一億七千一百萬人。

史達林瞭解，在蘇聯經濟中人們缺乏努力工作的誘因。最自然的反應是引進這種誘因，而且史達林有時候也確實這麼做——例如藉引導糧食供應到生產力下降的地區——以獎賞改善的績效。此外，早在一九三一年他就已放棄創造不需要金錢誘因就願意工作的「社會主義男女」的想法。他在著名的演說中批評「平等販子」，此後不但不同的工作領到不同的薪資，而且開始採用紅利制度。瞭解這個制度運作的方式將很有幫助。在中央計劃下的公司通常必須達成計畫設定的生產目標，雖然這類計畫常常重新協商並修改目標。從一九三〇年代起，如果達成生產目標，工人就能獲得紅利，而且紅利可能不少——例如，經理人或資深工程師領到的紅利高達本薪的三七％。但支付這類紅利卻製造出各種不利於科技進步的反誘因。例如，創新會耗用當期生產的資源，帶來生產目標無法達成和領不到紅利的風險。此外，生產目標常根據前期的生產水準來制訂，這導致不擴大生產的強烈誘因，因為擴大生產只表示未來必須生產更多，未來的目標會「逐步提高」。表現低於潛力永遠是達成目標和拿到紅利最好的方法。每月支付紅利使每個人只顧到現在，而創新卻是犧牲今日以便明日獲得更多。

即使紅利和誘因有效改變了行為，它們往往也製造出其他問題。中央計劃就是難以取代十八世紀偉大經濟學家亞當斯密所稱的市場那隻「看不見的手」。當計畫是規定生產以噸計算的鋼板時，製造出來的鋼板便太重；當規定是以面積計算時，製造出的鋼板便太薄。當計畫規定吊燈以噸計算時，生產出來的吊燈便太重，重到無法吊在天花板。

到一九四〇年代，蘇聯領導人已經很瞭解這些錯誤的誘因（即使那些西方的仰慕者還被蒙在鼓裡）。蘇聯領導人的做法是把它們當成技術問題，是可以修正的，例如，他們改變了根據生產目標支付紅利的做法，轉而允許公司挪出一部分獲利來支付紅利。但「獲利動機」不見得比生產目標更能鼓舞創新。用來計算獲利的價格制度幾乎完全與創新或新科技的價值無關。不像在市場經濟，蘇聯的價格是由政府設定，因此與價值沒有太大關係。為了具體地為創新製造誘因，蘇聯在一九四六年引進明訂的創新紅利。最早在一九一八年，創新者應為他的創新接受財物獎賞的原則就已受到認可，但設定的獎賞太小，且與新科技的價值無關。一直到一九五六年這種情況才改變，變成以明文規定紅利應與創新的生產力成比例。不過，由於生產力是用既有的價格制度來計算其經濟利益，這又變成不良的創新誘因。我們可以找到無數這套制度製造出錯誤誘因的例子，舉例來說，由於創新紅利受限於一家公司的薪資預算，這立即降低了產生或採用任何可能會減少勞動力的創新。

只專注在不同的規範和紅利制度，很容易掩蓋制度的根本問題。只要政治權威和權力全掌握在共產黨手裡，就不可能從根本上改變人們面對的基本誘因，無論支不支付紅利都一樣。共產黨從創立以來就不只使用胡蘿蔔、也使用棒子來達成目的，而且是大棒子。經濟中的生產力也相同。對被認為偷懶的工人有一整套訴諸刑法追究的法律。例如，在一九四〇年六月，一項法律把曠職（定義是只要有二十分鐘未授權的缺席，或甚至只是在職位上怠工）訂為刑事犯罪，可能被判處六個月苦役或減薪二五％的懲罰。各種類似的懲罰紛紛祭出，且執法的次數出奇頻繁。從一九四〇年到一九五五年，有三千六百萬人觸犯這類法律被判有罪，約占成年人口數的三分之一。其中有一千五百萬人被送進監牢，有二十五萬人被槍決。在任何一年都有一百萬名成年人因觸犯勞動法規而被監禁；這還不包括被史達林放逐到西伯利亞勞改營的二百五十萬人。儘管如此，這樣還是不管用。你可以把人送進工廠裡，但你無法強迫人思考，也無法藉威脅要槍斃他們來讓他們想出好點子。這類脅迫可能在巴貝多或牙買加製造很高的蔗糖生產，但它無法解決在現代工業經濟中缺少誘因的問題。

真正有效的誘因無法出現在中央計劃經濟中，這不是因為紅利制度設計上的技術錯誤，而是達成榨取性成長的整個方法本來就存在問題。這種成長靠政府命令達成，雖然可以解決一些基本經濟問題，但刺激長久持續的經濟成長需要個人利用他們的才能和創意，而這在蘇聯式的經濟制度中不可能辦到。蘇聯的統治者必須放棄榨取的經濟制度才能辦到，但這麼做將危及他們的政治權力。的確，當戈巴契夫（Mikhail Gorbachev）在一九八七年後開始放棄榨取的經濟制度時，共產黨的權力隨即瓦解，蘇聯也跟著崩潰。

蘇聯在榨取制度下還能夠創造快速的成長，是因為布爾什維克建立了一個強而有力的政治集權政府，並透過政府的力量把資源分配給工業。但和所有榨取制度下的成長例子一樣，這種經驗缺乏科技變革，而且無法長久持續。成長先是緩慢下來，然後完全崩潰。這種類型的成長雖然為時短暫，依舊證明了榨取制度可以刺激經濟活動。

自有歷史以來，大多數社會都曾被榨取制度統治，而能在全國執行某種程度的秩序的社會，就能創造有限的成長——即使這些榨取式社會都未能達成長久持續的成長。事實上，歷史上一些重大的轉折點都曾出現鞏固榨取制度的制度創新，並增進一個群體維持治安的權威，進而從榨取獲益。在本章接下來的部分，我們會先討論建立某種程度的政府集權、並促成在榨取制度下成長的制度創新。然後我們將說明這些創新如何幫助我們瞭解新石器革命，亦即人類進入農業社會的重大轉折，而農業則是我們當前文明許多方面的基礎。我們將舉馬雅的城邦為例，證明榨取制度下的成長不只受限於缺少科技進步，也因為它會鼓勵敵對的群體為了掌控政府和榨取來的利益而發生內鬥。

開塞河河岸

開塞河（Kasai）是剛果河的大支流之一，它源自安哥拉，流向北方，在剛果民主共和國首都金夏沙東北匯入剛果河。雖然剛果民主共和國比世界其他地方貧窮，但剛果內部不同群體的貧富程度一直差距很大。開塞河是貧富的分界，渡過開塞河進入西岸的剛果，你會發現利利人（Lele）；在東岸則是布尚人（Bushong，參考圖6）。表面上兩個族群的貧富程度應該沒有多大差距，他們中間只有一條河分隔，可以搭船渡過。兩個不同的部族有共同的起源和相關的語言。此外，他們製造的東西風格很類似，包括他們的房子、衣服和工藝品。

然而人類學家瑪麗．道格拉斯（Mary Douglas）和歷史學家萬斯納（Jan Vansina）在一九五〇年代研究這些族群時，發現他們存在一些驚人的差異。道格拉斯指出：「利利人較貧窮，布尚人較富裕……利利人擁有或能做的事，布尚人擁有更多且做得更好。」這種不平等很容易得出簡單的解釋。其中一個差異令人想起祕魯當年被劃入和未劃入波托西米塔區的不同，即利利人為了維持生存而生產，而布尚人為了在市場交易而生產。道格拉斯和萬斯納也指出，利利人使用較差的技術，例如，他們不用網子打獵，雖然那可以大幅提高生產力。道格拉斯認為：「不使用網符合一般利利人不投資時間和勞力在長期設備的傾向。」

兩個族群在農業技術和組織方面也有重大差異。布尚人採用複雜的混耕，在為期兩年的輪種制度下連續種植五種作物。他們種植山藥、地瓜、木薯（樹薯）和豆子，並且一年採收兩到三次玉蜀黍。

利利人沒有這種制度，而且一年只採收一次玉蜀黍。

在治安方面也有顯著的差異，利利人散居在有防禦工事的村落，衝突經常發生。任何人在兩個村落間行走，或進入森林採集食物，都可能遭攻擊或綁架。在布尚人的國度，這種事絕少發生。

在生產模式、農業技術和法律規範的各種差異背後，是什麼因素？顯然不是地理環境導致利利人使用較低劣的狩獵和農業技術，更不可能是無知，因為他們知道布尚人使用的工具。另一種解釋可能是文化：利利人可不可能有一種不鼓勵他們投資在狩獵網、更堅固和更好的房子的文化？但事實似乎也不是如此。和剛果人一樣，利利人對購買槍枝很感興趣，道格拉斯甚至評注說：「他們渴望購買武器……顯示他們的文化並不限制他們只能用較差的、不要求長期協力與努力的科技。」因此，厭惡科技的文化、無知或地理因素，都無法解釋為什麼布尚人比利利人富裕。

這兩個族群的差異，源自布尚人和利利人的土地上出現不同的政治制度。我們前面提到利利人住在有防禦工事的村落，而且村落不屬於一個統一的政治結構。在開塞河的另一方情況卻不同。大約在一六二〇年，一個名叫夏姆（Shyaam）的人領導了一場政治革命，並建立了我們在地圖6看到的庫巴王國（Kuba Kingdom）。這個王國以布尚人的地區為中心，由夏姆擔任國王。在這之前，布尚人和利利人間可能沒有多大差異；差異的發生是夏姆在河的東邊組織社會的結果。他建立政府和金字塔式的政治制度，不僅集權程度遠高於過去，而且政治結構也遠為精細。夏姆和他的繼任者建立一套課稅的官僚系統和法律制度，以及用來執法的警力。領導人受議會節制，他們必須諮詢議會才能做出決定。甚至有陪審團來進行審判，這發生在歐洲殖民之前的下撒哈拉非洲，顯然是很獨特的事件。儘管如此，夏姆建立的集權政府是用來榨取的工具，而且極為專制。他擔任國王不需要任何人投票，國家政策由最高領導人指揮，而非透過全民參與。

這場政治革命為庫巴王國引進政府集權和治安，進而帶來經濟革命。他們重新組織農業，採用新科技以增進生產力。過去當成主食的作物被美洲來的高產量新作物取代（尤其是玉蜀黍、樹薯和紅辣椒）。密集混耕循環在這時候引進，人均糧食產量因而倍增。要採用這些作物並重新安排農事週期，需要更多人在農地工作。因此結婚的年齡降低到二十歲，讓男人在更年輕的時候就加入農業的勞動力。這與利利人的情況呈現鮮明的對比，利利人男性往往三十五歲才結婚，且只有在結婚後才在田裡工作。在這之前，他們的生活主要是打鬥和劫掠。

政治與經濟革命的關聯很單純，夏姆國王和支持他的人想向庫巴人徵稅和榨取財富，庫巴人的生產必須比他們自己消耗的更多。夏姆和他的手下雖然未把廣納的制度引進開塞河東岸，但能達成某種程度的政府集權和維持治安的榨取制度，本身就能創造若干數量的經濟財富。鼓勵經濟活動當然符合夏姆和他手下的利益，因為若非如此就沒有東西可供榨取。和史達林一樣，夏姆藉命令建立一套制度，這套制度能創造必要的財富以支援這個制度。與完全缺乏治安的開塞河對岸相比，這套制度創造出顯著的經濟財富——即使大部分可能遭夏姆和他的手下榨取。但這種富裕必定是有限度的。正如在蘇聯，庫巴王國在初期的變革後就再也沒有創造性破壞，也沒有科技創新。當庫巴王國在十九世紀末首度遭遇比利時殖民官員時，這套制度大體上未曾經歷大改變。

夏姆國王的成就說明，透過榨取制度可以達成有限程度的經濟成功。創造這種成長需要政治集權政府，而建立集權政府往往需要政治革命。夏姆建立政府後，他可以利用權力重新組織經濟和提振農業生產，然後才能徵稅。

為什麼是布尚人發生政治革命，而非利利人？利利人可能出現自己的夏姆國王嗎？夏姆完成的是一個與地理、文化或無知完全無關的制度創新。利利人也可能展開這種革命，並且同樣導致他們制度的轉變，但他們並沒有。也許這是因為我們還不瞭解的原因，畢竟我們今日對他們的社會所知仍很有限。最可能的原因是歷史的偶發性。當中東的一些社會在一萬兩千年前展開一場更激進的制度創新，導致定居的社會和植物與動物的馴化，也可能同樣是偶然性運作的結果，而這就是接下來我們要討論的主題。

漫漫長夏

約西元前一萬五千年時，冰河時代結束，地球氣候開始變暖。從格陵蘭冰蕊得到的證據顯示，平均氣溫在短短一段時間內就上升達攝氏十五度。這種暖化似乎與人類人口快速增加同時發生，因為氣溫上升導致動物數量增加，以及野生植物和食物更容易取得。這個過程大約在西元前一萬四千年急速反轉，當時出現一段稱為新仙女木（Younger Dryas）的冷卻期，但在西元前九千六百年之後，全球氣溫再度上升，在不到十年間升高攝氏七度，此後便維持在相對的高溫。考古學家費根（Brian Fagan）稱之為長夏（Long Summer）。氣候變暖是構成新石器革命背景的一大關鍵時期，人類社會從此開始轉型到定居生活、農耕和放牧。這個轉變和後來的人類歷史都在這個漫漫長夏中發展出來。

農耕放牧與狩獵採集有著根本上的差異，前者建立在馴化植物和動物物種的基礎上，以積極的手段干預這些物種的生命周期，改變其基因以使它們對人類更有用。馴化是一種技術變革，使人類能夠從可得的植物和動物生產出更多食物。例如，玉蜀黍的馴化始於人類採集玉蜀黍的野生原型物種類蜀黍（teosinte）。類蜀黍的穗軸很小，只有幾公分長，比現代玉蜀黍小得多。然而透過慢慢地揀選穗較大，且在成熟後穗不會爆開、而是留在穗梗上方便採收的類蜀黍，人類創造出現代玉蜀黍，這種作物可以從同一塊土地供應更多營養。

最早的農耕、放牧和馴化動植物的證據來自中東，尤其是被稱為丘側翼（Hilly Flanks）的地區，即從今日以色列南部往北經過巴勒斯坦和約旦河西岸，經由敘利亞進入土耳其東南部、伊拉克北部和伊朗西部。大約在西元前九千五百年，第一批馴化植物二粒小麥（emmer）和二稜大麥（two-row barley）在耶利哥（Jericho）和巴勒斯坦的約旦河西岸被發現；二粒小麥、碗豆和扁豆也在更北邊的敘利亞泰爾阿斯瓦德（Tell Aswad）被發現。兩個遺址都屬於納圖夫文化（Natufian culture），都供養較大型的聚落；耶利哥聚落的人口在當時可能已達到五百人。

為什麼第一批農耕聚落在這裡出現，而不是在別的地方？為什麼是納圖夫人馴化了碗豆和扁豆，而不是其他人？他們是不是很幸運碰巧住在有許多潛在可被馴化的植物物種的地方？雖然這是事實，但許多別的族群也住在有這些物種的地區，卻並未馴化它們。正如我們在第二章的地圖 4 與地圖 5 所見，基因學家和考古學家針對現代已馴化動植物的野生原種分布的研究，發現許多這些原種散布在廣大的地區，達幾百萬平方公里。馴化動物的野生原種更遍布歐亞大陸。雖然丘側翼地區在作物野生原種的種類上很豐富，但也完全稱不上獨特。納圖夫人並非住在一個野生原種豐富到獨特程度的地區，而是他們在開始馴化植物或動物前就已經過著定居的生活。其中一項證據來自原羚（gazelle）的牙齒，由牙骨質構成，是一種分層生長的骨質結締組織。在春季和夏季牙骨質生長最快的時候，骨質層的顏色與冬季的顏色不同。從牙齒切片可以看到原羚死前最後牙質層的顏色。利用這種技術可以判斷原羚是在夏季或冬季被宰殺。在納圖夫遺址，研究發現原羚每個季節都被宰殺，這意味著人群一年四季都住在那裡。幼發拉底河邊的阿布胡瑞拉（Abu Hureyra）聚落是被研究最徹底的納圖夫人定居地之一，考古學家花了近四十年勘查聚落的各層，這裡為人類轉型到農耕之前和之後的定居生活提供了記載最詳盡的例子。該聚落可能始於約西元前九千五百年，而居民持續他們的狩獵採集生活方式約五百年，然後才轉向農耕。考古學家估計，農耕前的聚落人口約介於一百到三百人。

你可以想到各種理由解釋為何一個社會可能發現定居具有優勢。遷移的成本較高，必須載運兒童與老人，經常移動也不可能為欠收的時候儲備糧食。此外，像石磨和鐮刀等工具可用來處理野生食物，搬運起來卻太沉重。有證據顯示，即使移動的狩獵採集族群也會把糧食儲存在洞穴等特殊地點。玉蜀黍的吸引力之一是很適合儲存，這是它在美洲各地被廣為種植的主要原因。能更有效儲存和累積糧食，一定是採用定居生活方式的重要誘因。

雖然集體定居可能對整個群體有利，這並不表示一定會發生。移動的狩獵採集族群必須共同同意這麼做，否則必須有人強迫他們。一些考古學家認為，人口密度升高和生活水準降低，是定居生活出現、迫使人們留在一個地方的主要原因。然而納圖夫人遺址的人口密度並不比以前的族群高，並沒有當時人口密度升高的證據。骨骼與牙齒證據也未顯出健康惡化的跡象。例如，食物匱乏往往在人的牙齒琺瑯質留下細線，這種現象叫琺瑯質發育不全（hypoplasia）。這些細紋事實上在納圖夫人身上出現的情況比後來的農耕族群較不普遍。

更重要的是，定居生活雖然有優點，但也有缺點。解決衝突對定居族群可能困難得多，因為無法輕易藉由人或群體離開而解決歧見。一旦人們興建永久的建築、擁有超過所能搬移的資產，遷居就成了比較不吸引人的選項。因此聚落需要更有效的解決衝突方法，和更細緻的財產觀念。必須決定誰能取得村落附近的哪一塊土地，或誰能從哪些樹叢摘取果實，或從溪流的哪一部分捕魚。規則必須擬訂，而訂定並執行規則的制度也必須建立。

為了讓定居生活出現，很可能狩獵採集者必須被迫定居下來，而這必須先有制度創新，把權力集中在一個變成政治菁英的群體手中，以便執行財產權、維持秩序，並藉由他們的地位榨取社會其他成員的資源而獲得利益。事實上，一場類似夏姆國王發動的政治革命，雖然規模也許小些，很可能就是進入定居生活的突破性進展。

考古學證據確實指出納圖夫人在他們變成農耕者之前很久，就已發展出一個複雜的社會，呈現階級、秩序和不平等的特性——我們認知為榨取式制度的初期階段。一項令人信服的階級和不平等的證據來自納圖夫人的墳墓。有些人以大量黑曜石和角貝陪葬，它們來自迦密山（Mount Carmel）附近的地中海岸。其他裝飾品包括項鍊、彩帶和手鐲，手鐲是以犬科動物牙齒、鹿趾骨和貝殼製成。其他人埋葬時完全沒有這類東西。貝殼和黑曜石也是交易的物品，控制這項交易很可能是權力累積和不平等的來源。經濟與政治不平等的進一步證據來自恩馬拉哈（Ain Mallaha）的納圖夫遺址，就在加利利海（Sea of Galilee）北方。在大約五十個圓形茅屋和許多顯然用來儲藏的坑洞間，有一座塗著灰泥的大建築蓋在一處空地的中央。這座建築幾可確定是酋長的屋子。恩馬拉哈遺址的墳墓有些特別精緻，而且也有頭顱骨崇拜的證據，顯示可能有祖先祭祀。這類崇拜在納圖夫遺址十分普遍，尤其是在耶利哥。納圖夫遺址的眾多證據顯示，當時的社會可能已經有精心架構的制度來規範菁英地位的繼承。納圖夫人與遙遠的地方交易，且有粗具雛型的宗教和政治階層組織。

政治菁英的興起很可能先創造了向定居生活的轉變，然後又向農耕轉變。正如納圖夫遺址所顯示，定居生活不必然意味農耕和放牧。人類可能定居下來，但仍然靠狩獵和採集維生。畢竟長夏讓野生作物更豐沛，狩獵和採集可能更有吸引力。大多數人可能很滿足於僅能維持生存的狩獵和採集生活，因為那不需要許多努力。即使是科技創新也不一定會帶來農業增產。事實上，我們都知道稱作伊爾約隆特人（Yir Yoront）的澳洲原住民，採用鋼斧這項重大科技創新後並未導致更努力工作，反而是睡覺時間更長，因為維持生存所需變得更加容易，而沒有更努力工作的誘因。

對新石器革命的傳統地理解釋——我們在第二章談到的賈德．戴蒙理論的核心——說它是因為恰巧有許多植物和動物物種可供馴化所致。這使得農耕和放牧變得更有吸引力，並帶來定居生活。在社會變成定居並開始農耕後，它們開始發展政治階層組織、宗教和更加複雜的制度。雖然這種說法廣被接受，來自納圖夫的證據卻顯示，傳統的解釋顛倒了因果關係。制度的改變早在社會轉型到農耕之前就已發生，且可能是導致定居生活的原因（定居反過來強化了制度改變），同時也是隨後的新石器革命的原因。這個模式不僅獲得丘側翼地區的證據支持，也符合來自美洲、下撒哈拉非洲和東亞的眾多證據。

轉型到農耕無疑帶來更多農業生產，並使人口得以大幅擴增。例如，在耶利哥和阿布胡瑞拉等遺址，可以看出初期農耕村落比未進入農耕的村落大得多。一般而言，當轉型發生時，村落會成長二到六倍。此外，傳統上人們認為這種轉型會帶來的許多結果確實會發生。例如，進一步的職業專門化，和更迅速的技術進步，可能還發展出較複雜和較不平等的政治制度。但這些事物是否會發生在特定地方，並非取決於植物和動物物種的可及性。相反的，這是因為社會所經歷的制度、社會和政治創新的類型，可以讓定居生活及農耕興起。

雖然長夏和作物與動物物種的存在讓這些得以發生，但並未決定它會在氣候變暖後的何時或何處發生。反而這是決定於關鍵時期、長夏，以及小而重要的制度差異之間的交互作用。在氣候變暖後，部分社會（例如納圖夫）發展出集權制度和階級組織的成分，雖然當時的規模與現代民族國家比起來十分小。和夏姆統治下的布尚人類似，社會經過重新組織以利用大量野生植物和動物帶來的更好機會，而毫無疑問的，政治菁英是這種新機會和政治集權過程的主要受益者。制度只有些微差異的其他地方，不容許政治菁英利用這個新機會，因而在政治集權以及創造定居的、農業的和更複雜的社會方面落後。這為後來發展的分歧埋下伏筆，與我們前面討論的分歧是同樣的類型。一旦這些差異產生，它們便散播到某些地方，而不散播到另一些地方。例如，農耕從西元前六千五百年左右開始散播到歐洲，主要是農民遷徙的結果。歐洲的制度與世界其他地方如非洲漸漸漂離；在非洲，初始的制度就已經不同，而長夏在中東啟動的創新直到很久以後才散播到非洲，甚至散播到非洲時的形式已經大不相同。

納圖夫人的制度創新雖然很可能撐起了新石器革命，但並未在世界歷史上留下單純的遺跡，也沒有為他們的地盤（今日的以色列、巴勒斯坦和敘利亞）留下長久延續的富裕。敘利亞和巴勒斯坦是今日世界相對貧窮的國家，而以色列的富裕大體上是由於二次世界大戰後猶太人在此定居，以及他們高程度的教育和容易取得先進科技。納圖夫人早期的成長未能長久持續的原因，與蘇聯的成長終歸停頓相同。雖然極為重要，在當時甚至是革命性的，但它仍是榨取制度下的成長。對納圖夫社會來說，這種成長可能也會製造出誰能掌控制度及其榨取利益的深刻衝突。只要有一個從榨取獲益的菁英，就有一個想取而代之的非菁英。有時候內鬥只是以一個菁英取代另一個；有時候它摧毀整個榨取性社會，展開政府和社會崩潰的過程，就像一千多年前馬雅城邦令人驚嘆的文明所經歷的。

不穩定的榨取

農耕在全世界許多地方分別興起。在今日墨西哥的地方，一些建立政府和聚落的社會轉型到農耕生活。和中東納圖夫一樣，它們也達成某種程度的經濟成長。在今日墨西哥南部、貝里斯、瓜地馬拉和宏都拉斯西部等地區的馬雅城邦，事實上建立了一個複雜的文明，有自己獨特的榨取制度。馬雅經驗不僅顯示在榨取制度下成長的可能性，也證明這類成長具有另一種根本的限制：政治不穩定的發生，最後導致不同群體和人民為了成為榨取者而爭鬥，進而造成社會和政府的崩潰。

馬雅城市最早在西元前五百年左右開始發展，這些早期的城市最後大約在西元一世紀瓦解。一種新的政治模式興起，奠定了從西元二五〇年到九〇〇年的古典期（Classic Era）的基礎。這是馬雅文化和文明全面盛開的時期，但這個較複雜的文明也在接下來六百年間崩潰。到了西班牙征服者在十六世紀初抵達時，許多雄偉的馬雅廟宇和宮殿遺址如提卡爾（Tikal）、帕倫克（Palenque）和卡拉克穆爾（Calakmul）已隱沒在叢林中，直到十九世紀才重被發現。

馬雅城市從未結合成一個帝國，雖然部分城市臣服於其他城市，而且彼此間經常有結盟關係，尤其是在戰爭時。我們可以從各自的標誌辨識該地區的五十個城邦，它們之間主要的連結是人民說三十一種不同但關係密切的馬雅語。馬雅人發展出書寫系統，而且至少有一萬五千份銘文描述菁英生活、文化和宗教的各層面。他們也有記錄各項日期的精密曆法，稱為長紀曆（Long Count）。這種曆法與今日的曆法類似，它從一個固定的日期開始計算年的推展，而且被所有馬雅城市採用。長紀曆從西元前三一一四年開始，不過我們並不知道這個日期對馬雅人有什麼重要性，而且與馬雅社會有關的事物都在這個日期之後很久才出現。

馬雅人是技術高超的營建者，獨力發明了水泥。他們的建築和碑銘提供了馬雅城市興衰的重要資訊，因為他們記錄事件時通常會根據長紀曆標示日期。考古學家因此可以縱觀所有馬雅城市，計算在特定年間有多少建築興建完成。在西元五百年左右，標示這個日期的紀念建築很少。例如，相當於西元五一四年的長紀曆記錄只有十座。此後數量穩定增加，到西元六七二年達到二十座，八世紀中葉則達到四十座。達到這個數字後，紀念建築的數量劇減。到九世紀降為每年十座，到十世紀變為零。這些有日期的碑銘給我們清楚的輪廓，瞭解馬雅城市的擴張和後來從八世紀末開始的萎縮。

檢視馬雅人紀錄中的國王名單，可以補充對日期的分析。在今日宏都拉斯西部的馬雅城市科潘（Copán）有一座著名的紀念碑叫「Q祭臺」（Altar Q），上面記錄了所有國王的名字，第一位是亞克庫毛王（K'inich Yax K'uk' Mo），意思是「朝陽鳳尾綠咬鵑金剛鸚鵡王」（King Green-Sun First Quetzal Macaw），名號裡不只有太陽，還有馬雅人極珍視其羽毛的兩種中美洲雨林鳥類。亞克庫毛在西元四二六年在科潘取得大權，這個日期可以從Q祭臺記錄的長紀曆日期得知。他建立了一個統治延續四百年的王朝。部分亞克庫毛的繼任者有同樣生動的名稱，第十三任統治者的名號翻譯為「十八兔」（18 Rabbit），他的下一任則是「煙猴」（Smoke Monkey），接著是西元七六三年駕崩的「煙殼」（Smoke Shell）。祭臺上最後一個名字是雅克斯潘（Yax Pasaj Chan Yoaat），意思是「旭日天空閃電神」（First Dawned Sky Lightening God），他是第十六任統治者，在煙殼死後繼位。從一座祭臺的殘片，我們知道在他之後還有一位國王烏奇圖克（Ukit Took），意思是「火石守護者」（Patron of Flint）。在雅克斯潘之後，建築和碑銘便停止，似乎不久後王朝就被推翻。烏奇圖克甚至可能不是真正的王位繼承者，而是自稱為王。

最後還有一個方法可用來檢視科潘的證據，是由考古學家弗列特（AnnCorinne Freter）、龔林（Nancy

Gonlin）和韋布斯特（David Webster）所發展。這些研究者檢視長達八百五十年期間（從西元四〇〇年到一二五〇年）人類住區在科潘山谷的擴散，據此研究科潘的興起與衰落，他們利用一種技術叫黑曜石水化年代測定法（obsidian hydration），由水成分計算黑曜石的開採日期。黑曜石被開採之後，所含水分便以固定速率減少，考古學家因此得以計算一塊黑曜石的開採時間。弗列特、龔林和韋布斯特藉此可以標示已測定日期的黑曜石在科潘山谷的哪些地點被發現，進而追蹤城市如何擴張和萎縮。由於可以合理推測特定地區的房屋與建築數量，因此可以估計城市的總人口。在西元四〇〇到四四九年間，人口數微不足道，估計約有六百人。在西元七五〇到七九九年間，人口穩定增加到最高峰的二萬八千人。雖然這與現代都市比起來似乎很小，但在當時算是龐大；這個數字表示，科潘的人口在那段期間超過倫敦或巴黎。其他馬雅城市如提卡爾（Tikal）和卡拉克穆爾（Calakmul），無疑還大很多。與來自長紀曆的證據相吻合，西元八〇〇年是科潘人口達到高峰的時候。此後人口開始減少，到西元九〇〇年已降到約一萬五千人。然後人口持續減少，到西元一二〇〇年人口已降回八百年前的水準。

馬雅古典期經濟發展的基礎和布尚人及納圖夫人相同：建立榨取的制度，並達到某種程度的政府集權。這些制度有幾個關鍵要素。約西元一百年在瓜地馬拉的提卡爾出現一種新類型的王朝，一個統治階級形成，包括稱作庫乎爾阿華（k'uhul ajaw，神聖君主）的國王，以及他底下的貴族階層。這位神聖君主與菁英合作組織社會，並與神祇溝通。據我們所知，這套新政治制度不允許任何形式的平民參與，但它確實帶來穩定。庫乎爾阿華從農民徵收貢賦，並組織勞動力以興建宏偉的紀念建築，而這些制度結合起來奠定了經濟大幅擴張的基礎。馬雅的經濟建基於廣泛的職業專門化，有技術專精的陶匠、織工、木匠，以及工具和裝飾品製造匠。他們也交易黑曜石、美洲豹皮、海貝、可可豆、鹽和羽毛，交易對象包括王國之內的人，和遠至墨西哥的其他國家。他們很可能也有錢幣，而且和阿茲特克人一樣，使用可可豆當作貨幣。

馬雅古典期建立在榨取式政治制度的基礎上，很類似於布尚人的情況，亞克斯埃伯速克（Yax Ehb' Xook）在提卡爾扮演類似夏姆國王的角色。新政治制度導致經濟財富大幅增加，這些財富多半被圍繞著神聖君王的新菁英階級所榨取。不過，這個體系在西元三〇〇年左右鞏固後，就很少出現進一步的技術變革。雖然有一些證據顯示灌溉和水管理技術的改進，但農業技術仍然相當初始，似乎未曾進步。營建技術和工藝逐漸變得愈來愈複雜，但整體而言卻少有創新。

也沒有創造性破壞。但其他形式的破壞卻接踵而至，因為榨取制度為神聖君王和馬雅菁英創造的財富帶來持續不斷的戰爭，而且情勢愈來愈惡化。接連的衝突記錄在馬雅的碑銘上，特殊的符號顯示戰爭發生在長紀曆的特定日期。金星是戰爭的守護星，馬雅人認為這個行星在軌道的某些相位特別適合發動戰爭。代表戰爭（考古學家稱為「星戰」）的符號顯示一顆星星向大地灑下液體，可能是水或血。碑銘也透露結盟和競爭的模式。大國如提卡爾、卡拉克穆爾、科潘和帕倫克之間長期競逐霸權，而被征服的較小國家則淪落為臣僕，這些情況的證據都來自記錄王室登基的符號。在這段期間，它們開始顯示較小的國家已被別的外來統治者支配。

地圖10顯示馬雅的主要城市，以及由考古學家格魯比（Nikolai Grube）和馬丁（Simon Martin）重建的各種接觸模式。這些模式顯示，雖然卡拉克穆爾、多斯畢拉斯（Dos Pilas）、畢耶德拉斯內格拉斯

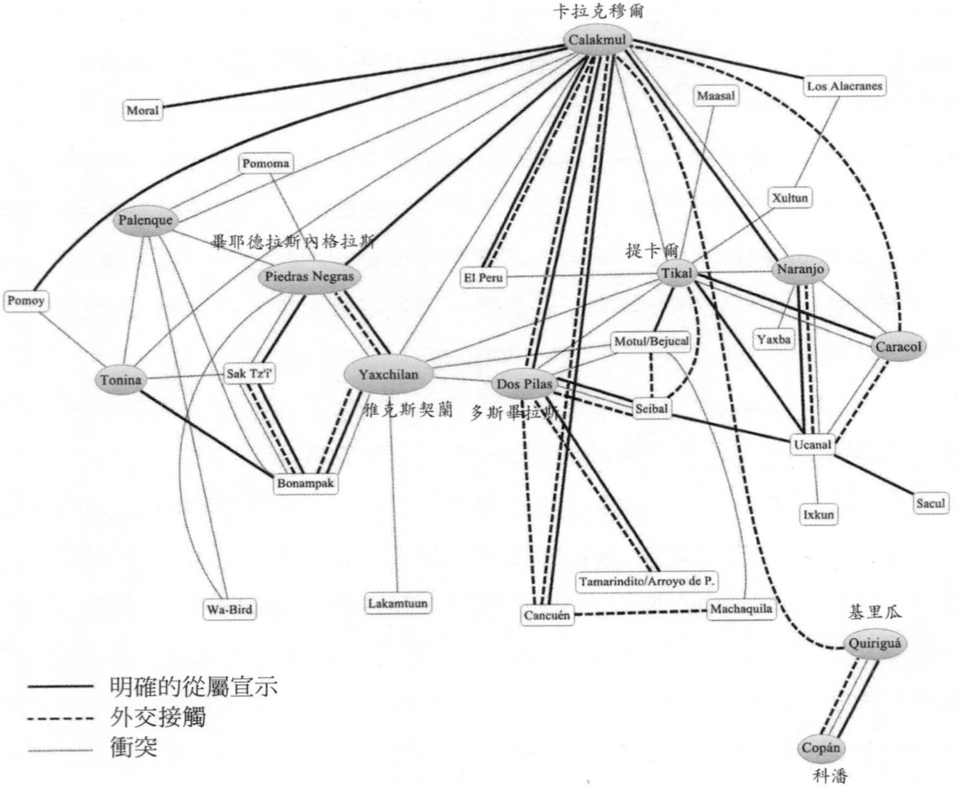

地圖 10：馬雅城邦與城際接觸和衝突

（Piedras Negras）和雅克斯契蘭（Yaxchilan）有密切的外交接觸，部分國家卻被他國支配，且彼此間也常發生爭戰。

馬雅令人驚異的崩潰，恰巧與神聖君主的政治模式被推翻同時發生。我們在科潘看到，雅克斯潘在西元八一〇年死後就再也沒有國王。王室宮殿大約在這時候被毀棄。在科潘以北二十英里的基里瓜城（Quiriguá），最後一位國王玉天（Jade Sky）在西元七九五到八〇〇年間登基。最後一座有長紀曆日期的紀念碑建於西元八一〇年，與雅克斯潘死亡同年。這個城市很快被拋棄。所有馬雅地區的經歷都一樣，提供貿易、農業與人口擴張動力的政治制度已經消失。王室宮廷不再運作，紀念碑和廟宇不再雕鑿，宮殿也空無一人。隨著政治和社會制度瓦解，使得政府集權的過程反轉，經濟也開始萎縮、人口逐漸減少。

在某些例子中，大城市因為遍地發生的暴力而崩潰。瓜地馬拉的匹特斯巴唐（Petexbatun）地區——許多大神殿後來被摧毀，石頭被用來興建浩大的防禦牆——提供一個鮮活的例子。我們將在下一章看到，這很類似在羅馬帝國晚期發生的情況。後來甚至在科潘這些在崩潰期間較少暴力跡象的地方，許多紀念碑都遭到毀損或摧毀。在部分地方，即使神聖君主被推翻初期，菁英仍然存在。在科潘，有證據顯示菁英仍繼續興建新建築至少兩百年，然後他們才消失。但在別的地方，菁英似乎與神聖君主同時被推翻。

對於神聖君主和他四周的菁英為什麼被推翻，以及創造馬雅古典期的制度為何會崩潰，既有的考古證據不允許我們達成確定的結論。我們知道這發生在城邦間戰爭加劇的背景下，而且很可能是城邦內的對立與叛亂，也許是由不同派系的菁英領導，推翻了整個制度。

雖然馬雅人創造的榨取制度為城市帶來欣欣向榮的財富，讓菁英變得富裕並產生出偉大的藝術和紀念建築，但這個制度並不穩定。少數菁英賴以統治的榨取制度造成極度的不平等，因此有潛力導致能從人民榨取利益的菁英彼此內鬥。這種衝突最後造成馬雅文明的瓦解。

出了什麼差錯？

榨取制度在歷史上如此常見，因為它們有一套強而有力的邏輯：它們可以創造有限度的財富，同時能將它分配給少數菁英。但要創造這種成長，必須具備政治集權的條件。一旦條件俱足，政府——或掌控政府的菁英——通常有誘因投資並創造財富、鼓勵其他人投資，以便政府能向他們榨取資源，甚至模仿某些通常由廣納性經濟制度和市場所推動的過程。在加勒比海農場經濟體，榨取制度的形式是菁英以脅迫方式強迫奴隸生產蔗糖。在蘇聯，其形式是共產黨把資源從農業重新配置到工業，並為經理人和工人設計某些誘因。但我們已經看到，這類誘因會遭到制度本身的特性破壞。

創造榨取式成長的可能性帶來政治集權的動力，這也是夏姆國王建立庫巴王國的原因，很可能也能用來解釋中東的納圖夫人建立原始形式的治安、階級制度和榨取制度，最後導致新石器革命。類似的過程可能也在美洲導致定居社會興起，以及向農業轉型；這種過程可以從馬雅人建立的複雜文明中看到，這個文明建基在脅迫多數人、為少數菁英牟利的高度榨取制度。

不過，榨取制度創造的成長，在本質上迥異於廣納制度創造的成長。最重要的是，它無法長久持續。榨取制度受限於本身的特質，無法培育創造性破壞，最多只能刺激有限的科技進步。它們激發的成長因此無法持續長久，蘇聯經驗為這種極限提供了鮮明的例證。蘇聯藉由在部分先進科技迅速趕上世界水準，並把資源從低效率的農業重新配置到工業，而創造出快速的成長。但從農業到工業所有部門的誘因終究無法刺激科技進步。進步只在少數部門發生，都是大量注入資源、且創新受到豐厚獎勵的部門，其目的是要與西方競爭。不管蘇聯的成長多快，都注定只能維持相對短暫的時間，到一九七〇年代就已開始顯得力不從心。

缺乏創造性破壞和創新不是榨取制度下的成長受限僅有的原因。馬雅城邦的歷史顯示一種更加不祥、但更普遍的結局，且同樣是受制於榨取制度的內在邏輯。當這些制度為菁英創造可觀的收益時，其他人會有強烈的誘因想取代既有的菁英。內鬥和不穩定因此成了榨取制度天生的特性，而且它們不只製造出更低的效率，還往往反轉既有的政治集權，有時候甚至導致治安完全崩潰而陷於混亂，如同馬雅城邦在相對成功的古典期之後所經歷的情況。

雖然天生受限制，榨取制度下的成長在啟動時看起來仍然可能非常可觀。許多蘇聯人和更多西方人對蘇聯從一九二〇年代到一九六〇年代甚至七〇年代的成長都崇拜不已，就像今日他們對中國飛快的經濟成長感到目眩神迷。但正如我們將在第十五章談到的，共產黨統治下的中國是另一個榨取制度下成長的例子，且同樣不太可能創造長久持續的成長，除非它展開根本的政治轉型，邁向廣納性的政治制度。

6 漸行漸遠

威尼斯如何變成博物館

組成威尼斯的群島位於亞得里亞海的最北邊。在中古世紀，威尼斯可能是世界上最富裕的地方，擁有最先進的廣納性經濟制度，這些制度則由初始的廣納政治支撐。威尼斯在西元八一〇年獲得獨立，於今看來恰好在一個幸運時刻。歐洲的經濟正從羅馬帝國崩潰帶來的衰退逐漸復甦，查理曼等君王重新建構強大的集權政治勢力。這帶來穩定、更多安全，以及貿易的擴增，而威尼斯則處於最具優勢的獨特地位。這是一個航海家的王國，位在地中海的中段，有來自東方的香料、拜占庭製造的產品以及奴隸，威尼斯因而變富裕。到一〇五〇年，威尼斯的經濟擴張至少已經一世紀，人口達到四萬五千人。到一二〇〇年，人口增加了五〇％，達到七萬人；到一三三〇年，又再增加五〇％到十一萬人。當時的威尼斯已和巴黎一樣大，同時可能是倫敦人口規模的三倍。

威尼斯經濟擴張的關鍵基礎之一是，一連串的契約創新讓經濟制度變得更具廣納性。最著名的是康曼達（commenda），是一種初具雛型的合股公司，只在單一一次貿易任務期間組成。康曼達牽涉兩造合夥人，一造是留在威尼斯的「定居」方，另一造則是旅行者。定居的合夥人投入資金在合夥事業，旅行的合夥人則與貨物隨行。通常定居的合夥人提供絕大部分的資本；年輕的創業家本身沒有足夠財力，可以透過押運商品旅行跨入貿易事業。這是向上社會流動的重要管道。旅途中的任何損失按照合夥人出資比率分擔。如果商旅賺錢，獲利則按兩類康曼達契約分配。如果康曼達是單方出資的，那麼定居的商人提供一〇〇％的資本，並得到七五％獲利。如果是兩方出資的，定居的商人提供六七％資本，並取得五〇％獲利。研究官方文件就可看出，康曼達是提高向上社會流動的強大力量：這類文件上記載許多新名字，都是原本非屬威尼斯菁英階層的人。在西元九六〇年、九七一年和九八二年的政府文件中，出現的新名字分別占記載的六九％、八一％和六五％。

這種經濟廣納性和新家族透過貿易崛起，迫使政治制度變得更開放。管理威尼斯的總督（doge）由公民大會（General Assembly）選出，終身任職。公民大會雖然是所有公民出席的會議，實際上則由一群最有影響力的核心家族主導。雖然總督權力很大，但他的權力隨著政治制度改變而減弱。一〇三二年以後，總督改由新創立的總督委員會（Ducal Council）遴選，總督委員會的工作也包括確保總督不能擁有絕對的權力。第一個被總督委員會選出的總督是一位富有的絲綢商人，來自未曾居高位的家族。這個制度變革發生後，威尼斯的商務和海軍勢力開始大幅擴張。一〇八二年，威尼斯在君士坦丁堡取得廣泛的貿易優惠，並在該地建立一個威尼斯區。那裡很快就住了一萬名威尼斯人。我們從這裡可以看出廣納的經濟和政治制度開始攜手並進。

威尼斯的經濟擴張為政治變革帶來更大的壓力，而一一七一年總督遭謀殺後的政治與經濟制度改變，更使經濟擴張突飛猛進。第一個重要的創新是設立大會議（Great Council），是此後威尼斯政治權力的最終來源。大會議是由威尼斯國的公職人員如法官等所組成，並由貴族主導。除了這些公職官員外，每年由一個提名委員會提名一百位新成員給大會議，提名委員會有四名成員，從既有的大會議抽籤選出。大會議產生後，也遴選兩個次級會議的成員，即參議會（Senate）和四十人會議（Council of Forty），兩個會議各有不同的立法和行政職責。大會議也挑選總督委員會成員，其人數已從二人擴增至六人。第二個創新是另一個委員會的誕生，成員由大會議抽籤選出，職責是提名總督。雖然人選必須經由公民大會批准，但因為只提名一人，所以實際上是把推選總督的大權交給這個委員會。第三個創新是新總督必須宣讀限制其權力的就職誓詞。這些限制後來持續擴增，以至於後來的總督必須服從地方法官，然後演變到所有決定必須由總督委員會批准。總督委員會也扮演確保總督遵守大會議所有決定的角色。

這些政治改革導致一連串進一步的制度創新：在法律方面是創造獨立的地方法官、法院、上訴法院，和新的民間契約與破產法。這些新的威尼斯經濟制度允許創造新的合法企業形式和新類型的契約。金融的創新速度很快，我們看到現代銀行業務大約從此時的威尼斯萌芽。威尼斯朝向完全廣納的制度邁進的力量似乎難以抵擋。

但所有這一切都存在著某種緊張關係。廣納的威尼斯制度支持的經濟成長伴隨著創造性破壞，藉由康曼達契約或類似的經濟制度致富的每一波新興年輕企業家，往往會減損既有菁英的獲利和經濟成功。而且這批新人不僅會減損既有菁英的獲利，還會挑戰他們的政治權力。因此對大會議裡的既有菁英來說，永遠有一種誘惑驅使他們關閉新人進入政治體系的通道。

在大會議創始之初，成員資格是每年決定一次。就我們的瞭解，每到年底會隨機選出四名提名委員，由他們負責提名一百名會議成員，被提名者將自動當選為新任大會議成員。一二八六年十月三日，大會議有一項提案建議修改規定，被提名的候選人必須獲得四十人會議的多數確認，而四十人會議是由菁英家族緊緊控制。這將賦予這群菁英否決大會議新成員的權力，是一項前所未有的擴權。該提案未獲通過。一二八六年十月五日，又有另一項提案提出，這次的提案通過了。此後如果被提名者的父親或祖父曾擔任大會議成員，他就可以自動確認當選，否則必須獲得總督委員會確認。十月十七日又通過一項修改，規定大會議成員的人選必須經由四十人會議、總督和總督委員會批准。

一二八六年的辯論和制度修改預告了威尼斯的「關閉」(La Serrata)。一二九七年二月，新的規定是，如果你曾在過去四年擔任大會議成員，就能自動獲得提名和批准。新提名人選現在必須獲得四十人會議批准，但只有十二人有投票權。一二九八年九月十一日以後，現任成員和他們的家人再也不需要確認。大會議現在實際上已向外人關閉，既有的成員已變成世襲貴族。貴族的頭銜在一三一五年確定，記載在威尼斯貴族的官方名冊《金書》(*Libro d'Oro*)上。

成形中的貴族圈外的人並未輕易放棄他們的權力。從一二九七年到一三一五年間，威尼斯的政治緊張持續升高，大會議的一部分反應是讓自己變大。為了安撫最激烈的反對者，大會議把成員從四百五十人擴增到一千五百人。大會議的擴張伴隨著壓制。一三一〇年首度建立常備警力，國內的高壓統治也逐漸升高，無疑是為了鞏固新政治秩序。

完成政治關閉後，大會議接著採取經濟關閉的行動。轉向榨取式政治制度後，緊接著是轉向榨取式經濟制度。最重要的是，他們禁止使用康曼達契約這項讓威尼斯變富裕的重大制度創新。這不應該讓人意外：康曼達契約讓新商人獲益，而既有的菁英現在想排除他們。這只是步向更榨取的經濟制度的一步。另一步是，從一三一四年起，威尼斯政府開始接管貿易，實施貿易國有化。它建立國家船隊從事貿易，從一三二四年開始對想從事貿易的個人徵收重稅。長程貿易變成貴族的專利。這是威尼斯繁榮結束的開始。幾種主要事業被人數愈來愈少的菁英壟斷後，衰退已經開始。威尼斯似乎已來到變成第一個廣納社會的邊緣，卻在一場政變中倒下。政治和經濟制度變得更具榨取性，威尼斯開始陷入經濟衰退。到一五〇〇年，人口已萎縮到十萬人。從一六五〇年到一八〇〇年這段歐洲人口快速增加的期間，威尼斯人口不增反減。

今日威尼斯僅有的經濟除了一點漁業外，就只有觀光業。威尼斯人不再開創貿易路線和經濟制度，而是為成群結隊的外國人製作披薩和冰淇淋，以及吹製彩色玻璃。觀光客前來欣賞「關閉」前的威尼斯奇景，例如總督宮與聖馬可大教堂的銅馬，這些銅馬是威尼斯統治地中海時從拜占庭劫掠來的。威尼斯從經濟強權變成了博物館。

本章我們將專注於討論世界各地的制度的歷史發展，並解釋為什麼它們以不同的方式演進。我們在第四章看到西歐的制度與東歐的分歧發展，以及英格蘭的制度又如何與西歐其他國家愈見分歧。這種現象是制度微小差異的結果，主要源自制度漂移和關鍵時期的交互作用。因此我們可能忍不住認為，這些制度差異只是更深的歷史冰山的一角，在水線之下我們會發現，英格蘭和歐洲的制度基於幾千年來的歷史事件而難以抗拒地漂離其他地方的制度。如他們所說，其餘的則是歷史。

然而實際並非如此，這有兩個理由。第一，從我們談到的威尼斯可見，邁向廣納制度的措施可能被反轉。威尼斯雖然一度繁榮富裕，但它的政治和經濟制度被推翻，富裕也隨之反轉。今日威尼斯的富裕是因為在別的地方賺錢的人，選擇把錢花在瞻仰威尼斯過去的光榮上。廣納的制度可能反轉的事實顯示，制度進步沒有單純的累積過程。

第二，在關鍵時期扮演重要角色的制度微小差異，本質上就是短暫的。由於是小差異，它們可以被反轉，然後可能再度出現，並且再度被反轉。我們將在本章討論到，與地理或文化理論的說法相反，在十七世紀往廣納制度邁出決定性步伐的英格蘭是一個落後地區，不僅在中東新石器革命後的幾千年間落後，在西羅馬帝國崩潰後中古世紀開始時也是如此。不列顛群島對羅馬帝國是邊陲地區，毫無疑問比西歐大陸、北非和巴爾幹半島、君士坦丁堡或中東都不重要。西羅馬帝國在西元五世紀崩潰後，英格蘭出現最嚴重的衰退。但最終帶來工業革命的政治革命不是發生在義大利、土耳其甚至西歐大陸，而是出現在不列顛群島。

要瞭解通向英國工業革命的路途和其他追隨工業革命的國家，羅馬的遺緒仍有其重要性，這有幾個原因：第一，羅馬和威尼斯一樣，初期曾經歷重大的制度創新。就像威尼斯，羅馬初期的經濟成功建基在廣納的制度上——至少以當時的標準而言。就像威尼斯，這些制度後來變得愈來愈具有榨取性。在羅馬的情況，這是從共和（西元前五一〇年到西元前四十九年）轉變成帝國（西元前四十九年到西元四七六年）。雖然在共和期間羅馬建立了宏偉的帝國，長程貿易和運輸欣欣向榮，但大部分羅馬經濟仍以榨取為基礎。從共和轉變成帝國升高了榨取，最後導致類似我們從馬雅城邦看到的內鬥、不穩定和崩潰。

第二也是更重要的一點是，我們將討論到西歐後來的制度發展，雖然它不是直接承繼自羅馬，卻是西羅馬帝國崩潰後這個地區普遍的關鍵時期的後果。世界其他部分如非洲、亞洲或美洲當時都未出現類似的關鍵時期，不過我們也會透過衣索比亞的歷史談到，當世界的其他部分經歷類似的關鍵時期，這些地方的反應方式有時候會十分類似。羅馬崩潰導致封建制度形成，而封建制度的副產品之一是奴隸制度式微，促使不在君王和貴族影響力範圍之內的城市開始出現，並在這個過程中創造了一套統治者政治權力被削弱的制度。黑死病就是在這種封建基礎上帶來一場浩劫，並進一步強化了獨立城市和農民的地位，減損君王、貴族和大地主的權勢。就是在這種背景下，大西洋貿易創造的機會開始發揮影響力。世界的許多部分並未經歷這種改變，其結果是彼此逐漸漂離。

羅馬之善

羅馬護民官格拉古（Tiberius Gracchus）在西元前一三三年被羅馬元老院成員亂棒打死，他的屍體沒有舉行任何儀式就被丟進臺伯河。謀殺他的人都是和格拉古一樣的貴族，而暗殺是由他的堂表兄弟納西卡（Publius Cornelius Scipio Nasica）一手策劃。格拉古有完美的貴族血統，是羅馬共和一些著名領袖的後代，包括伊利里亞戰爭（Illyrian Wars）與第二次布匿戰爭（Second Punic War）的英雄保盧斯（Lucius Aemilius Paullus），和在第二次布匿戰爭中打敗漢尼拔（Hannibal）的將領大西庇阿（Scipio Africanus）。為什麼當時掌權的元老、甚至他的堂表兄弟會反對他？

答案透露出許多羅馬共和內部的緊張，以及它後來的衰微。導致格拉古與掌權的元老反目成仇的原因是，他在當時的關鍵問題上與他們站在敵對立場：土地的分配和平民（一般羅馬公民）的權利。

在格拉古的那個年代，羅馬已是一個基礎穩固的共和國，其政治制度和羅馬公民士兵的優點（善）——正如達維（Jacques-Louis David）著名的繪畫「荷瑞斯兄弟的宣誓」（Oath of the Horatii）所描繪的，兒子們向父親宣誓他們會不惜生命捍衛羅馬共和——被許多歷史學家視為共和成功的基石。羅馬公民在西元前五一〇年左右推翻他們的國王、人稱高傲者塔克文（Tarquin the Proud）的蘇佩布（Lucius Tarquinius Superbus），並建立了共和國。羅馬共和的政治制度設計明智地放入許多廣納性元素。共和國由選舉產生的行政官管理一年，由於行政官每年選舉一次，且人數有許多人，因此降低了任何個人鞏固並濫用權力的可能性。共和的制度包括一套制衡的制度，把權力分配得相當廣泛。因此即使選舉並非直接投票、並非所有公民都有同等代表權，權力在當時仍然堪稱平均。當時也有眾多奴隸，大約占人口數的三分之一，他們對義大利許多地方的生產不可或缺。奴隸當然沒有權利，更不用說政治代表權。

和威尼斯相同，羅馬的政治制度有多元的成分。平民有自己的議會，可以選舉護民官；護民官有權否決行政官的決定、召集平民會議（Plebeian Assembly），以及提議立法。西元前一三三年讓格拉古當上護民官的就是平民。平民的權力藉由「脫離」（secession）行動而逐漸鞏固，這是一種由平民、尤其是士兵發動的罷工形式，他們會撤離到城外的山上，拒絕與行政官合作，直到他們的不滿獲得解決。這種威脅當然在戰時特別重要。一般認為西元前五世紀的一次脫離行動讓平民獲得權力，得以選舉自己的護民官，和制訂管理他們社區的法律。即使他們的政治和法律保障以現在的標準來看很有限，卻為公民創造出經濟機會，和經濟制度中某種程度的廣納性。其結果是，羅馬共和統治下的地中海各地貿易蓬勃發展。考古學證據顯示，雖然絕大多數公民和奴隸的生活只略高於基本水準，許多羅馬人（包括某些一般公民）都有相當高的所得，且能使用城市下水道系統和街燈之類的公共服務。

此外，有證據顯示羅馬共和統治下也有若干經濟成長。我們可以從沉船追蹤羅馬人的經濟財力。從某方面看，羅馬人建立的帝國就是一個港口城市聯結成的網——從東邊的雅典、安提阿（Antioch）和亞歷山大（Alexandria），經過羅馬、迦太基（Carthage）和加的斯，一直到最西邊的倫敦。羅馬的領土擴大時，貿易和船運也跟著擴大，考古學家可以從地中海海底的沉船追蹤得知。這些沉船可以用許多方法測定年代。通常船隻載運著用雙耳細頸瓶裝滿的葡萄酒和橄欖油，從義大利運往高盧，或是載運準備出售或在羅馬免費配發的西班牙橄欖油。以黏土製造並密封的雙耳細頸瓶瓶身往往有由誰製造、何時製造的資訊。在羅馬臺伯河附近有一座泰斯塔修山（Monte Testaccio）也被稱作陶器山，是由大約五千三百萬個雙耳細頸瓶堆成的。雙耳細頸瓶從船上卸載後就被拋棄，經過數百年堆積成了一座大山丘。

船上的其他貨品和船本身有時候可以用放射性碳定年法來測定年代，這是考古學家測定有機存留物年代的極有用技術。植物藉由光合作用製造能量，以陽光的能量轉化二氧化碳成為糖。當植物這麼做時，會吸收微量自然生成的放射性同位素「碳十四」。在植物死後，碳十四因為放射性衰變而減少。當考古學家找到一艘沉船，他們可以用遺留的碳十四成分，和當時大氣中推測而得的碳十四成分對照，來估定船身木材的年分。這可以估計樹木何時被砍伐。只有約二十艘沉船被測定年代久遠到西元前五〇〇年。這些可能不是羅馬人的船，而是迦太基或其他地方的船。然而後來羅馬沉船數量快速增加。大約在基督誕生的年代，沉船的數量達到一百八十艘的高峰。

沉船是追蹤羅馬共和經濟概況的有效方法，而且它們確實呈現一些經濟成長的證據，但我們必須用更審慎全面的角度看待這些證據。船上的貨品可能有三分之二是羅馬政府的財產、來自羅馬省分的稅收和貢賦，或來自北非的穀物和橄欖油，要免費分發給羅馬的公民。構成泰斯塔修山的主要就是這些榨取的成果。

另一個尋找經濟成長證據的絕佳方法來自格陵蘭冰蕊計畫。當雪片飄落，它們會夾帶大氣中的微量汙染物，尤其是鉛、銀和銅等金屬。雪結成冰，並堆積在過去年分的降雪上。這個過程已持續數千年，並提供科學家無與倫比的機會以瞭解幾千年前大氣汙染物的內容。格陵蘭冰蕊計畫在一九九〇至九二年鑽下三千零三十公尺深的覆冰，涵蓋了二十五萬年的人類歷史。這個計畫和之前其他計畫的主要發現之一是，大氣汙染物從西元前五〇〇年左右開始明顯增加。此後大氣中含有的鉛、銀和銅量穩定增加，在西元一世紀達到高峰。值得注意的是，大氣中的鉛直到十三世紀才再度達到這個含量。這些發現顯示，比起之前和之後，羅馬人開採的礦物相當多。採礦激增明白顯示出經濟擴張。

但羅馬的成長無法長久持續，這種成長發生在部分廣納、部分榨取的制度下。雖然羅馬公民擁有政治和經濟的權利，但奴隸制十分普遍，且極具榨取性，而元老階級的菁英則主導經濟與政治。儘管有平民會議和護民官等機制，真正的權力操在元老院，而其成員則來自構成元老階級的大地主。根據羅馬歷史學家李維（Livy），元老院是由羅馬第一位國王羅慕路斯（Romulus）所創立，由一百名成員組成。他們的後代構成了元老階級，不過也會增加一些新血。土地的分配非常不平等，且到了西元前二世紀變得更嚴重。這是護民官格拉古所凸顯的問題的根源。

隨著羅馬在地中海地區各地的擴張持續，大量財富也湧進羅馬。但這些財富主要由元老階級的少數家族攫取，貧富之間的不平等日益加劇。元老們的財富不只因為他們掌控富饒的省分，也因為他們在義大利各地擁有大量產業。這些產業靠大批奴隸提供勞務，而奴隸通常是在羅馬的征戰中俘虜而來。不過這些產業的土地從何而來也很重要。共和時期的羅馬軍隊是由本身是小地主的公民士兵組成，傳統上他們在必要時組成軍隊出征，回來後繼續耕種他們的田畝。隨著羅馬擴張，出征的時間也變長，這種模式再也行不通。士兵離開他們的田地一次就要數年之久，許多田地因此荒廢。士兵的家庭有時候因此深陷債務、瀕臨挨餓。許多田地逐漸遭人放棄，被元老的產業吞沒。隨著元老階級變得愈來愈富裕，大批沒有土地的公民聚集在羅馬，往往是剛從軍隊退役的士兵。由於沒有土地可以回去，他們在羅馬尋找工作。到了西元前二世紀末，情勢已達到危險的沸騰點，一方面是因為貧富差距已擴大到前所未見的地步，另一方面是因為成群結隊不滿的公民在羅馬準備針對種種不公平而造反，並反對羅馬貴族。但政治權力握在富有的元老階級地主手中，他們是過去兩百年來持續發生的改變的受益者。大多數貴族無意改變對他們如此有利的制度。

根據羅馬歷史學家普魯塔克（Plutarch），格拉古在旅行經過今日義大利中部地區的伊特魯里亞（Etruria）時，開始瞭解公民士兵家庭過著貧苦的生活。不管是因為這個經歷，或因為與當時有權勢的元老發生嫌隙，他很快便著手實施一項大膽的計畫，準備改變義大利的土地分配。他在西元前一三三年出任平民護民官，然後利用他的職權提議土地改革：組織一個委員會以調查公地是否遭非法侵占，並將超過法定三百英畝上限的土地分配給沒有土地的羅馬公民。三百英畝限制事實上是一部舊法律的規定，但已經數百年被忽視而未執行。格拉古的提議衝擊元老階級，他們只能抵擋他實施改革一陣子。格拉古利用支持他的群眾的力量，除去另一位揚言否決他的土地改革的護民官，他提議的委員會最後終於成立。不過，元老院藉由斷絕委員會的資金而阻止其運作。

當格拉古為他的土地改革委員會取得希臘城邦佩加蒙（Pergamum）的國王留給羅馬人民的資金時，情勢進入重要關頭。他嘗試第二度擔任護民官，部分原因是他怕卸任後遭到元老院迫害。這給了元老院控告格拉古意圖自立為王的藉口。他和他的支持者遭到攻擊，許多人被殺害。格拉古自己就是最先

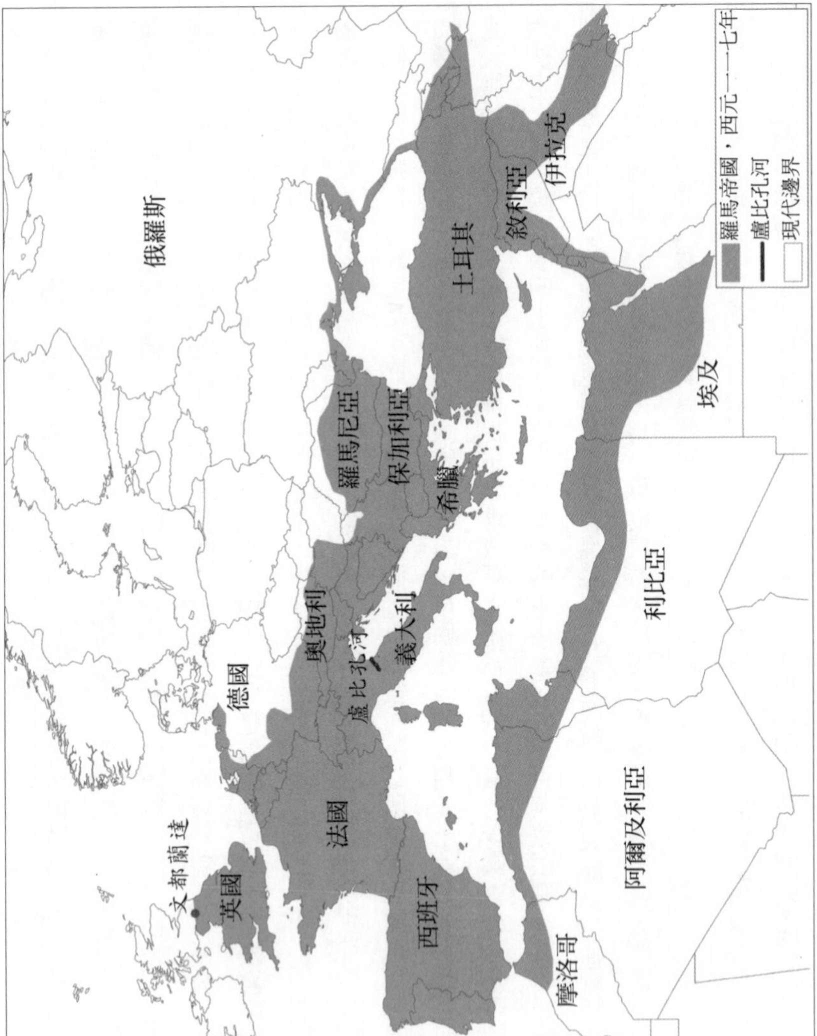

地圖11：西元一一七年的羅馬帝國

遇害的人之一，然而他的死無法解決問題，其他人仍會嘗試改革土地分配和羅馬經濟與社會的其他方面。許多人仍將遭遇類似的命運。例如，格拉古的兄弟蓋烏斯（Gaius）接任他兄弟留下的職位後，也被地主謀害。

這種緊張將在下一個世紀定期浮上檯面，導致如西元前九十一年到西元前八十七年間的同盟者戰爭（Social War）。積極護衛元老利益的蘇拉（Lucius Cornelius Sulla）不僅嚴厲鎮壓改變的需求，也極力限制護民官的權力。同樣的問題也將成為凱撒（Julius Caesar）對抗元老院時，獲得人民支持的核心因素。

形成羅馬共和核心的政治制度，在西元前四十九年被揮軍渡過盧比孔河（Rubicon，即分隔羅馬內高盧省〔Cisalpine Gaul〕與義大利的河流）的凱撒所推翻。羅馬落入凱撒手中，另一場內戰隨之爆發。雖然凱撒戰功彪炳，他仍在西元前四十四年遭到以布魯圖斯（Brutus）和卡西烏斯（Cassius）為首的心懷不滿的元老謀殺。羅馬共和再也無法重新建立，新內戰在凱撒的支持者和敵人間爆發，前者主要是安東尼（Mark Anthony）和屋大維（Octavian）。安東尼和屋大維獲勝後，他們兩人又彼此爭戰，直到屋大維在西元前三十一年的亞克丁姆（Actium）戰役勝出為止。次年和接下來的四十五年間，屋大維（西元前二十八年之後稱為奧古斯都凱撒〔Augustus Caesar〕）一個人統治羅馬。奧古斯都建立了羅馬帝國，雖然他偏好「第一公民」（princep）的頭銜，並稱呼政權為元首制（Principate）。地圖11顯示羅馬帝國在西元一一七年擴展到最大時的版圖，包括凱撒渡過而改變了羅馬歷史的盧比孔河。

就是從共和到元首制、和後來純粹帝國的轉變，播下了羅馬衰亡的種籽。原本具有部分廣納性的政治制度曾是經濟成功的基石，如今逐漸遭到侵蝕。雖然羅馬共和創造出一個傾斜的環境、偏袒元老階級和其他富有的羅馬人，但它並非專制制度，而且從未集中如此大的權力在一個職位。奧古斯都做出的改變正如威尼斯的「關閉」，起初是政治的，但後來卻造成重大的經濟影響。因為這些改變，西羅馬帝國（因為與東半部分裂而得此稱呼）到西元五世紀在經濟上和軍事上已經衰退，瀕臨崩潰邊緣。

羅馬之惡

埃提烏斯（Flavius Aetius）是羅馬帝國末期的傳奇人物，被《羅馬帝國衰亡史》作者吉朋（Edward Gibbon）稱讚為「最後的羅馬人」。西元四三三年到四五四年間，在埃提烏斯被羅馬皇帝瓦倫廷尼安三世（Valentinian III）謀殺前，這位將領可能是羅馬帝國最有權勢的人。他一手包辦國內和國外的政策，率領軍隊打一連串對抗野蠻人的重要戰爭，也在內戰中與其他羅馬人作戰。相較於內戰中其他位高權重的將軍，他獨樹一幟，並不尋求自立為皇帝。從第二世紀末起，內戰變成羅馬帝國的家常便飯，西元一八〇年奧里略（Marcus Aurelius）駕崩到四七六年西羅馬帝國滅亡之間，幾乎沒有一個十年未發生內戰或反叛皇帝的宮庭政變。很少皇帝得享天年，或戰死沙場，大多數是遭篡位者或自己的軍隊謀殺。

埃提烏斯的生涯，正反映出從羅馬共和與早期帝國到羅馬帝國末期的各種變化。不只是因為他參與從未間斷的內戰以及他決定帝國各方面事務的權力，與過去權力受到更多限制的將領和元老成鮮明對比，也因為它凸顯幾個世紀來羅馬人的財富在其他方面的劇烈改變。

到了羅馬帝國末期，早期構成羅馬軍隊主力、或被當作奴隸的所謂野蠻人，現在已掌控帝國的許多地方。年輕時的埃提烏斯曾被野蠻人押作人質，先是被阿拉里克（Alaric）統治下的哥德人，然後是匈奴人。羅馬與這些野蠻人的關係充分說明從共和以後情勢發生的變化。阿拉里克既是凶殘的敵人也是盟友，他在四〇五年被任命為羅馬軍隊最高階的將領之一。不過，這種安排沒有維持很久。到四〇八年，阿拉里克和羅馬人爭戰，入侵義大利，並洗劫羅馬。

匈奴人也是羅馬人的強大敵人兼經常的盟友。雖然他們也曾把埃提烏斯當作人質，不過後來他們在一場內戰中與他並肩作戰。但匈奴人並未長期支持一邊，四五一年在阿提拉（Attila）帶領下，他們與羅馬人隔著萊茵河展開一場重大戰役。這一次協助保衛羅馬人的是狄奧多里克（Theodoric）率領的哥德人。

這些都未阻止羅馬菁英嘗試安撫野蠻人的將領，通常不是為了保衛羅馬領土，而是為了在內鬥中取得優勢。例如，汪達爾人（Vandals）在國王蓋薩里克（Geiseric）率領下蹂躪伊比利半島大半地區，並在四二九年以後征服羅馬在北非的穀倉。羅馬人對此的反應是，提供皇帝瓦倫廷尼安三世的幼女給蓋薩里克當新娘。蓋薩里克當時已經娶了某位哥德人領袖的女兒，但這似乎阻止不了他。他以妻子企圖謀害他為藉口宣告婚姻無效，並在割掉她雙耳和鼻子、將她毀容後，送她回家族。幸運的是那位準新娘因為年幼而留在義大利，從未履行嫁給蓋薩里克的婚約。日後她嫁給另一位有權勢的將領馬克西穆斯（Petronius Maximus），他是瓦倫廷尼安三世謀害埃提烏斯背後的策劃者；瓦倫廷尼安三世不久後也遭馬克西穆斯策劃的陰謀殺害。馬克西穆斯後來自立為皇帝，但他的統治十分短暫，他在蓋薩里克率領汪達爾人大舉入侵義大利時身亡，羅馬淪陷並慘遭劫掠。

到五世紀初期，野蠻人實際上已兵臨城下。部分歷史學家認為這是羅馬人在帝國末期面對更強大對手的結果。但哥德人、匈奴人和汪達爾人對抗羅馬的成功，只是羅馬衰亡的徵兆，而非原因。在共和期間，羅馬曾面對更有組織、威脅更大的敵人，例如迦太基人。羅馬衰亡的原因與馬雅城邦滅亡很類似。羅馬愈來愈榨取性的政治與經濟制度帶來它的滅亡，因為它們導致內鬥和內戰。

衰亡的源頭至少可以回溯到奧古斯都取得大權，啟動了讓政治制度變得更具榨取性的改變。這些改變包括軍隊的結構，使「脫離」行動變得毫無可能，因而除去了讓一般羅馬人擁有政治表述權的關鍵因素。在西元十四年繼承奧古斯都的皇帝提庇留（Tiberius）廢除了平民會議，並將其權力轉移給元老院。羅馬公民現在失去了政治上的發言權，換得的是免費小麥發放，以及後來增加的橄欖油、葡萄酒和豬肉，並可享受競技場和格鬥士比武等娛樂。在奧古斯都的改革下，皇帝開始不再依賴公民士兵組成的軍隊，而是擁有禁衛軍（Praetorian Guard），即由奧古斯都創立的職業士兵菁英部隊。不久後禁衛軍本身也變成決定誰可以當皇帝的重要掮客，通常透過非和平的手段如內戰和陰謀。奧古斯都也強化了貴族與羅馬平民的對立，而曾經導致格拉古與貴族衝突的不平等繼續加深，可以說變本加厲。

中央權力的累積讓一般羅馬人的財產權更加沒有保障。國有土地也因為帝國沒收私有土地而擴增，達到在帝國許多地方有半數土地屬於國有的程度。財產權變得特別不穩定，因為權力集中在皇帝和他的親信手中。與馬雅城邦的模式類似，內戰逐漸增加，為的是爭奪這個掌控大權的地位。內戰頻繁發生，甚至在第五世紀野蠻人勢力達到顛峰的亂世之前就已如此。例如，塞維魯斯（Septimius

Severus）從尤利安努斯（Didius Julianus）奪得大權，而尤利安努斯則是在西元一九三年謀殺佩提納克斯（Pertinax）坐上大位。塞維魯斯是所謂五帝之年（Year of the Five Emperors）的第三位皇帝，他掌權後便對挑戰者發動戰爭，包括尼格爾（Pescennius Niger）和阿比努斯（Clodius Albinus）等將領，並在西元一九四年和一九七年分別打敗他們。塞維魯斯在緊接發生的內戰中打敗對手，並沒收他們的所有財產。雖然一些賢明的皇帝如圖拉真（Trajan，西元九十八年至一一七年）、哈德良（Hadrian）和下一個世紀的奧里略能止住羅馬帝國的衰頹，但他們無法或不願意解決根本的制度問題。這些皇帝都未曾提議放棄帝制，或重新創造像羅馬共和那樣有效的政治制度。儘管奧里略如此成功，繼承他的兒子康默得斯（Commodus）卻更像卡里古拉（Caligula）或尼祿（Nero）多過於像父親。

升高的不安定從帝國城鎮的規劃和地點就能明顯看出。到第三世紀，帝國裡每一個規模夠大的城市都有防護牆。許多紀念建築的石材被盜走，用來修築防禦工事。羅馬人在西元前一二五年抵達高盧之前，那裡的村落通常建在山頂上，因為那樣最容易防衛。羅馬人到來初期，村落遷移到平原，但到了第三世紀，這個趨勢又反轉。

伴隨著政治日趨不穩定的是，各項社會變動使經濟制度益加朝榨取性的方向發展。雖然公民權不斷擴大，到西元二一二年幾乎所有帝國居民都已是公民，但這項改變與公民地位的變化同時發生。可能存在的法律是公正的感覺逐漸崩壞，例如，在哈德良統治期間（西元一一七到一三八年），不同類別的羅馬公民適用的法律也有很清楚的差別。同樣重要的是，公民的角色已經與羅馬共和時代完全不同，當時他們可以透過在羅馬舉行的會議，對政治與經濟決策行使某種權力。

奴隸在羅馬各地仍然很普遍，雖然學者對奴隸占人口的比率在幾百年間是否下降有若干爭議。同樣重要的，隨著帝國發展，愈來愈多農業工作者淪落到與土地綁在一起的類奴隸身分。這種「佃農」（coloni）的地位在討論狄奧多西法典（Codex Theodosianus）和查士丁尼法典（Codex Justinianus）的法律文件經常被提到，而且可能最早出現於戴克里先（Diocletian）統治期間（西元二八四到三〇五年）。地主對佃農的權利不斷擴增，君士坦丁大帝（Constantine）在三三二年允許地主以鐵鍊加諸有脫逃之虞的佃農，而且從西元三六五年起，佃農未經地主同意不得出售自己的財產。

就像我們可以用沉船和格陵蘭的冰蕊來追蹤羅馬早期的經濟擴張，我們也可利用這些方法來追蹤它的衰亡。到西元五〇〇年，沉船數量已從一百八十艘的高峰減少到二十艘。隨著羅馬衰亡，地中海的貿易跟著劇減，部分學者認為一直到十九世紀才重新恢復到羅馬時代的高峰。格陵蘭的冰蕊訴說了類似的故事。羅馬人使用白銀當錢幣，而鉛則有許多用途，包括製作水管和餐具。在西元一世紀的高峰過後，鉛、銀和銅在冰蕊中的沉積逐漸減少。

羅馬共和時期經歷的經濟成長令人刮目相看，就像其他在榨取制度下的成長例子如蘇聯。但這種成長有其限制且無法長久持續，即使把發生在局部廣納制度下的成長考慮在內也一樣。當時的成長主要建立在相對較高的農業生產力、來自各省分的大量貢賦，以及長程貿易，但它未獲得科技進步或創造性破壞的支撐。羅馬人承襲了一些基本科技、鐵製工具和武器、文字、犁耕農業和建築技術。在共和早期，羅馬人創造出別的技術：水泥砌築、幫浦和水車。但此後科技在整個羅馬帝國時期停滯不前。例如在船運方面，船的設計或帆具少有改變，且羅馬人從未發明出船尾舵，而是以槳控制行船方向。

水車的散播十分緩慢，因此水車從未帶來羅馬經濟的大幅變革。即使像水渠和城市下水道這類偉大的成就也是使用既有的科技，羅馬人只是將它發揚光大。沒有創新而只是仰賴既有科技也能帶來經濟成長，但這種成長缺少創造性破壞，而且未能長久持續。隨著財產權變得愈來愈不安全，公民的經濟權利也跟隨政治權利日漸式微，經濟成長同樣也江河日下。

羅馬時期的新科技值得一提的是，它們的創造和散播似乎都由政府所推動。這是好事，直到後來政府決定不再把科技發展列為重要政策——原因正是最常發生的害怕創造性破壞。偉大的羅馬作家老普林尼（Pliny the Elder）提到下述的故事：在提庇留皇帝統治的時代，有一個人發明了打不破的玻璃，將它獻給皇帝，並期待獲得一筆大賞賜。他展示自己的發明，提庇留問他是否告訴過任何人。當那個人回答沒有後，提庇留下令將他拖出去處死，說「免得黃金變得像泥土那樣沒價值」。這則故事有兩個有趣的點，第一是那個人一開始就去見提庇留希望獲得賞賜，而非自己成立事業，藉出售玻璃賺錢。這顯示羅馬政府在控制科技上扮演的角色。第二，提庇留很願意摧毀那項創新，因為它會帶給經濟不利的影響，換句話說就是害怕創造性破壞的經濟效應。

還有直接證據可以顯示帝國恐懼創造性破壞的政治後果。蘇埃托尼烏斯（Suetonius）寫到有一個人晉見皇帝維斯帕先（Vespasian，西元六十九到七十九年在位），他發明了一項將圓柱運送到羅馬要塞丘比特神殿的方法，成本比較低廉。圓柱既大又重，很難運輸。把它們從製造的礦場搬動到羅馬需要成千上萬的工人，花費政府龐大的經費。維斯帕先沒有殺那個人，但他也拒絕使用這項創新，宣稱：「那我要用什麼方法養活這麼多人？」同樣的，發明家找上政府。也許在這個例子找政府比打不破的玻璃自然些，因為羅馬政府最常製造和運送石柱。同樣的，發明被拒絕，原因是創造性破壞的威脅，主要不是因為對經濟的衝擊，而是擔心政治上的創造性破壞。維斯帕先擔心，除非他讓人民快樂並受到控制，否則可能引發政治動亂。必須讓羅馬平民保持忙碌和溫順，所以有工作給他們是好事，例如搬運石柱。這彌補了麵包和競技場的不足，這兩者也是免費提供以滿足人民的工具。上述兩個例子都發生在羅馬共和崩潰後不久，或許這也透露出一些訊息，羅馬皇帝擁有比共和時期統治者更大的權力，足以阻礙改變。

另一個缺乏科技創新的重要原因是奴隸的普遍存在。隨著羅馬人的領土擴大，奴隸數量也大幅增加，他們往往被帶回義大利在大型物業裡工作。許多羅馬公民不需要工作：他們仰賴政府免費發放的物資過生活。那麼創新要從何而來？我們已闡述過創新來自新的人才想出新點子、針對舊問題發展新解決方法。在羅馬從事生產的人是奴隸，和後期的類奴隸佃農，他們沒有創新的動機，因為任何創新的受益者是他們的主人，不是他們。正如我們會在本書多次看到，建基在壓迫勞工的經濟體，以及奴隸和農奴這類制度都是出了名的缺少創新，從古至今都是如此。例如，在美國，北方各州參與了工業革命，而南方沒有。當然奴隸制和農奴制為擁有奴隸和控制農奴的人創造了龐大財富，但它並未替社會帶來科技創新或富裕繁榮。

沒有人從文都蘭達寫信

到西元四十三年，羅馬皇帝克勞迪烏斯（Claudius）已經征服英格蘭，但還未拿下蘇格蘭。羅馬總督阿古利可拉（Agricola）作了最後一次徒勞無功的嘗試後，在西元八十五年放棄征服蘇格蘭，並建立一系列城堡以保衛英格蘭北部的邊界。其中一個最大的城堡是文都蘭達（Vindolanda），位於新堡（Newcastle）以西三十五英里，即地圖11羅馬帝國最西北邊的地方。後來文都蘭達被併入哈德良皇帝興建的八十五英里防衛長城中，但是西元一〇三年羅馬百夫長坎迪達斯（Candidus）駐紮在這裡時，它是個孤立的城堡。坎迪達斯為了這個羅馬要塞的補給事務而與他的朋友歐克塔維爾斯（Octavius）接洽，並收到渥克塔維爾斯回給他的一封信：

歐克塔維爾斯向他的兄弟坎迪達斯問候。我已經數度寫信給你，說我已買了約五千莫迪（modii）的穀物，而我因此需要現金。除非你寄給我一些現金，至少五百迪納里厄斯（denarii），否則我會損失我先付的訂金大約三百迪納里厄斯，那會讓我很困窘。所以我要求你，盡快寄一些現金給我。你提到的獸皮在卡塔拉克托尼厄姆（Cataractonium）——你寫到這些是要給我的，還有你寫到的馬車。我原本應該已經出發去接收這些東西，但我不想因為道路情況惡劣而傷了牲畜。去問特提爾斯有關他從法塔利斯收到的八點五迪納里厄斯，他還沒有記入我的帳戶中。確定你會寄給我現金，我的打穀場才會有穀物。問候史貝克塔特斯和弗穆斯。再會。

坎迪達斯和歐克塔維爾斯之間的通信，顯示羅馬統治下的英格蘭經濟繁榮的一些重要面向：它透露出一個有金融服務的先進貨幣經濟。它透露當地有修築的道路，儘管有時候道路情況不佳。它透露有一套財政制度，藉課稅來支付坎迪達斯的薪資。最明顯的是，它透露出兩個人都識字，而且能利用某種郵政服務的便利。羅馬統治下的英格蘭也從大規模製造高品質的陶器獲利，尤其是在牛津郡（Oxfordshire）；城鎮中心有澡堂和公共建築；使用灰泥和瓦製屋頂的房屋建造技術。

到了第四世紀，一切都在衰退，西元四一一年以後，羅馬帝國終於放棄英格蘭。軍隊撤退；留下來的人沒有薪資可領，而隨著羅馬政府崩潰，行政官員也被當地人驅逐。到西元四五〇年，經濟繁榮的所有跡象都不見了。錢幣不再流通，城鎮地區人去樓空，建築變成石塊堆。道路被雜草湮沒，唯一還繼續製造的陶器是粗糙的手工陶器，不是由工廠生產。人們忘記如何使用灰泥，識字率大幅滑落。屋頂改由樹枝做成，不是磚瓦。再也沒有人從文都蘭達寫信。

西元四一一年後，英格蘭遭遇一次經濟崩潰，變成一個貧窮的邊陲地區——而且不是首次如此。在前面的章節我們已談過新石器革命在西元前九五〇〇年左右始於中東，當耶利哥和阿布胡瑞拉的居民住在小城鎮從事農耕時，英格蘭的居民仍以狩獵和採集維生，而且繼續過這種生活至少五千五百年。即使在五千五百年後，英格蘭人也未發明農耕或畜牧，它們是由數千年來從中東擴散到歐洲的移民帶來的。英格蘭人趕上這些重大創新時，中東人已經發明了城市、文字和陶器。到西元前三五〇〇年，大城市如烏魯克（Uruk）和烏爾（Ur）已在美索不達米亞（Mesopotamia，今日的伊拉克）崛起。烏魯克在西元前三五〇〇年的人口可能達到一萬四千人，不久後又增加至四萬人。陶匠的轉輪在美索不達米亞發明的時期大約與使用輪子運輸同時。埃及首都孟斐斯（Memphis）在後來不久興起成為大城市。文字在這兩個地區各自出現。埃及人在西元前二五〇〇年左右興建吉薩（Giza）的大金字塔時，英格蘭人正建構他們最有名的古紀念碑巨石陣（Stonehenge）。以英格蘭的標準來看這已經算不錯，但巨石陣的規模還不夠容納埋在古夫金字塔底下的一艘儀式用船。英格蘭持續落後，也持續向中東和歐洲其他地方借用發明，一直到羅馬時期結束。

儘管有這麼不堪的歷史，第一個真正廣納性的社會卻從英格蘭崛起，工業革命也在此開展。我們在前面談到，這是微小的制度差異與關鍵時期之間一連串交互作用的結果（關鍵時期的例子有黑死病和美洲的發現）。英格蘭的歧異發展有其歷史根源，但從文都蘭達的例子看來，這些根源並不深遠，更不是歷史命定的。這些歷史根源並非始自新石器革命，或甚至羅馬稱霸的時代。到西元四五〇年，也就是歷史學家慣稱的黑暗時代開始之時，英格蘭已退回貧窮和政治混亂中。英格蘭將經歷數百年缺乏有效的集權政府的歲月。

分歧的道路

廣納制度在英格蘭的興起和隨後的工業成長，並非因為效法羅馬（或更早以前）的制度。這並不表示西羅馬帝國衰亡並未帶來重大影響，因為那是影響絕大部分歐洲的重大事件。由於歐洲不同的地區出現共同的關鍵時期，它們的制度也以類似的方式漂移，甚至稱得上是以獨樹一幟的歐洲方式漂移。羅馬帝國衰亡是這個共同關鍵時期的重要部分。歐洲走的這條道路與世界其他地區的道路成鮮明對比，包括下撒哈拉非洲、亞洲和美洲都以不同於歐洲的方式發展，部分原因是它們並未面對相同的關鍵時期。

羅馬統治下的英格蘭徹底崩潰。在義大利或高盧（今日的法國）、甚至在北非，情況則沒有那麼嚴重，有許多舊制度以某種形式延續下來。但從羅馬單一國家的統治轉變成被法蘭克人（Franks）、西哥德人（Visigoths）、東哥德人（Ostrogoths）、汪達爾人和勃艮地人（Burgundians）等眾多國家統治，無疑是很重大的改變。這些國家的力量遠為薄弱，而且他們飽受周邊國家的長期侵犯。來自北方的入侵者有搭乘大船的維京人和丹麥人，來自東方的有騎馬的匈奴人。最後，伊斯蘭在西元六三二年穆罕默德死後崛起成為一股宗教和政治勢力，導致拜占庭帝國、北非與西班牙的大部分地區建立了許多新的伊斯蘭國家。這些共同的過程對歐洲帶來衝擊，並造成一種特定類型的社會興起，即通常所稱的封建社會。封建社會缺乏政治集權，因為強大的集權政府已經萎縮，即使一些統治者如查理曼嘗試重建集權也徒勞無功。

仰賴不自由、受脅迫的勞動力（農奴）的封建制度，顯然是榨取性的，而且造成歐洲在中古時代長期的緩慢榨取性成長。它們對後來的發展影響也很大，例如在農村人口逐漸淪落為農奴的過程中，奴隸也從歐洲消失了。由於菁英有能力將整個農村人口貶抑成農奴，似乎不再像以前的社會那樣需要另一個奴隸階級。封建制度也造成一個權力真空，讓專於生產和貿易的獨立城市得以繁榮發展。但是當權力平衡在黑死病之後產生了變化，以及西歐的農奴制開始崩潰，便為更加多元且沒有任何奴隸的社會架好了舞臺。

促成封建社會興起的關鍵時期很獨特，但它們並非完全局限於歐洲。一個相關的比較例子是現代非洲國家衣索比亞，起源於西元前四〇〇年左右在衣索比亞北部建立的阿克蘇姆王國（Kingdom of Aksum）。阿克蘇姆以當時的標準來看是一個相對已開發的王國，與印度、阿拉伯、希臘和羅馬帝國有國際貿易關係。從很多方面看，它的發展程度比得上當時的東羅馬帝國。阿克蘇姆使用錢幣、建造紀念性的公共建築和道路，擁有很類似的科技，如農業和船運。阿克蘇姆在意識形態上也與羅馬有類似的發展。羅馬皇帝君士坦丁在西元三一二年皈依基督教，阿克蘇姆國王埃札納（Ezana）大約在相同時間也改信基督教。地圖12顯示歷史上的阿克蘇姆王國在現代衣索比亞和厄利垂亞（Eritrea）的位置，並顯示它在沙烏地阿拉伯和葉門的的紅海岸邊建立的許多前哨村落。

和羅馬一樣，阿克蘇姆也步上衰亡的命運，而且其衰亡模式與西羅馬帝國類似。匈奴人和汪達爾人在羅馬衰亡扮演的角色在此被阿拉伯人取代；阿拉伯人在七世紀擴展至紅海，並順著阿拉伯半島而下。阿克蘇姆喪失了它在阿拉伯的殖民地和貿易路線。這帶來經濟衰退：錢幣停止鑄造，城市人口銳減，國家將重點轉向疆界內部，退至今日衣索比亞的高地。

在歐洲，封建制度隨著中央集權國家崩潰而興起。同樣的事發生在衣索比亞，其基礎是一套稱作古爾特（gult）的制度，由皇帝授與土地。這套體系在十三世紀的手稿中提到，但它的起源可能早得多。古爾特的名稱來自阿姆哈拉語（Amharic），意思是「他分派封地」。為了獲得土地，古爾特的持有者必須提供服務給皇帝，尤其是軍事服務。古爾特的持有者則有權從該土地的耕作者徵收貢賦。許多歷史

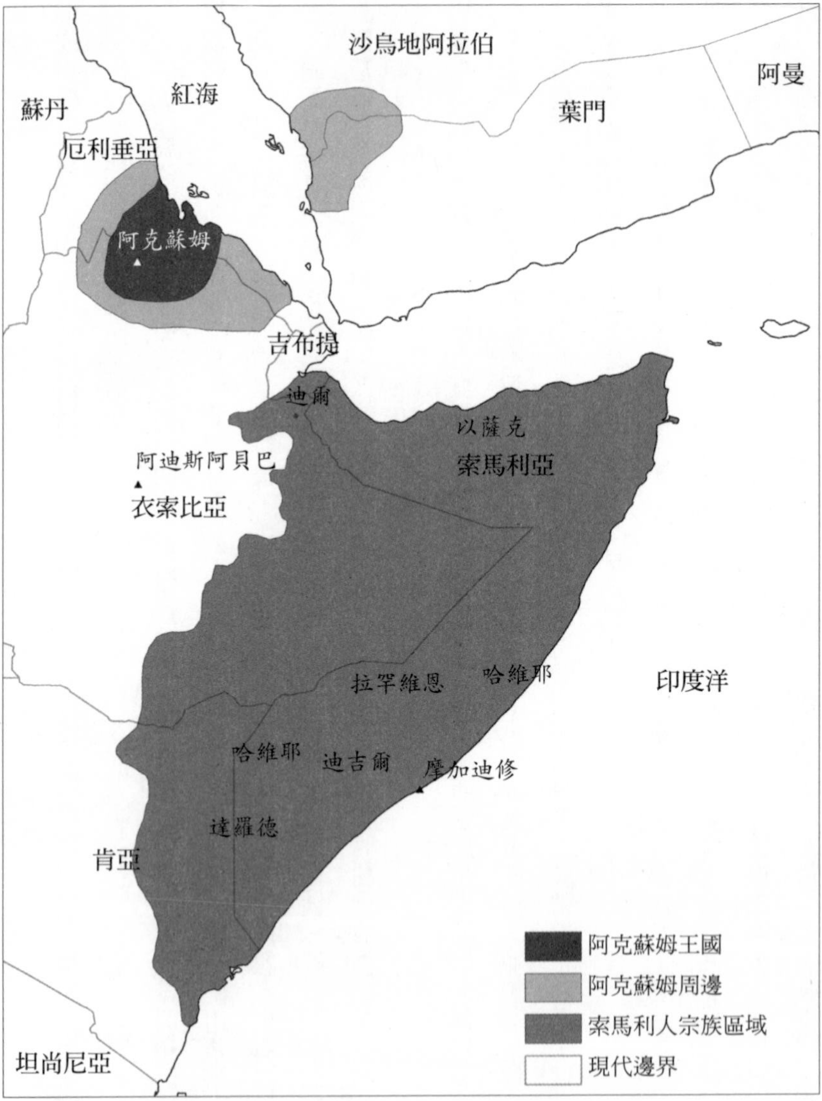

地圖12：阿克蘇姆帝國和索馬利亞宗族

來源顯示，古爾特持有者向農民徵收一半到四分之三的農業產出。這套制度雖然獨立發展出來，卻與歐洲的封建制度有引人注意的類似處，甚至比歐洲更具榨取性。在歐洲封建制度最盛時，農奴面對的徵收還比較輕，他們的產出大約一半必須以不同形式交給地主。

但衣索比亞在非洲不具代表性。在別的地方，奴隸制並未被農奴制取代；非洲奴隸制及支持它的制度還持續了許多世紀。甚至衣索比亞最後走的道路也大不相同。在西元七世紀之後，衣索比亞仍然孤立於非洲東部的山區，阻隔在後來影響了歐洲制度方向的過程之外，例如獨立城市的興起、對君王的節制，以及發現美洲後大西洋貿易的擴張。其結果是，衣索比亞版的專制制度大體上未曾受到挑戰。非洲大陸後來將以差距極大的能力與歐洲和亞洲互動。非洲東部變成供應阿拉伯世界奴隸的主要來源，而非洲西部和中部將在歐洲擴張中捲入世界經濟，在大西洋貿易中變成奴隸的供應區。大西洋貿易如何導致西歐和非洲走上分歧的路途，是關鍵時期與既有制度差異之間交互作用而導致制度分歧的另一個例子。在英國，奴隸貿易讓反對專制統治的人致富；而在非洲，它們卻有助於製造和強化專制統治。

在離歐洲更遠的地方，制度漂移的過程明顯有更大的自由度可以走自己的路。例如，在西元前一萬五千年左右，因為冰層融化而阻斷阿拉斯加到俄羅斯的通道，從而與歐洲切斷的美洲，那裡也有類似納圖夫人的制度創新，帶來了定居生活、階級制度和不平等——簡單的說，就是榨取制度。這最早發生在墨西哥和安地斯山脈的祕魯和玻利維亞，並帶來美洲的新石器革命，包括玉蜀黍的馴化。就是在這些地方發生了早期形式的榨取式成長，正如我們在馬雅城邦所見。但就像歐洲邁向廣納制度和工業成長的大突破不是發生在羅馬掌控最緊密的地區，美洲的廣納制度也沒有發生在這些早期文明的土地上。事實上，就像我們在第一章討論到，這些文明以一種反常的方式與歐洲殖民統治交互作用，製造出「命運逆轉」，使過去在美洲相對富裕的一些地方變成相對貧窮。過去遠遠落後墨西哥、祕魯和玻利維亞等複雜文明的美國和加拿大，如今變得比美洲其他國家富裕得多。

早期成長的結果

從西元前九五〇〇年開始的新石器革命，到十八世紀末英國工業革命之間的漫長期間，出現過許多次突發的經濟成長，這些突發的成長源自制度創新的刺激，終至後繼無力而結束。在古代羅馬，共和制度創造出某種程度的經濟活力，使羅馬足以建立龐大的帝國，這些制度在凱撒政變和奧古斯都建立帝國之後瓦解。羅馬帝國歷經幾個世紀才終於消失，衰亡的過程相當長；然而一旦相對廣納的共和制度被帝國更榨取性的制度取代，經濟倒退也就無可避免。

威尼斯的過程也類似。威尼斯的經濟繁榮是由具備重要廣納成分的制度所創造，但當既存的菁英關閉管道不讓新加入者進入體制，甚至廢除曾為共和國創造繁榮的經濟制度時，繁榮的基礎便遭到破壞。

不管羅馬經驗多麼顯赫，羅馬的遺緒並未直接導致英格蘭的廣納制度和英國工業革命興起。歷史因素塑造制度的發展方式，但這並不是一種單純、注定、累積的過程。羅馬和威尼斯的例子說明，早期邁向廣納性的腳步最後如何被逆轉。羅馬在歐洲和中東各地創造的經濟和制度環境，並未導致更根深柢固的廣納制度在其後數世紀無可避免地出現。事實上，這類制度最早、也以最強有力的方式出現在英格蘭，而英格蘭是羅馬掌控最弱、在西元五世紀勢力消失最徹底、幾乎不留痕跡的地方。正如我們在第四章討論過，歷史反而是透過制度漂移而在創造制度差異上扮演主要角色，雖然這種差異有時候很小，但當它們與關鍵時期交互作用時可能被擴大。正因為這些差異經常很小，它們可能被輕易反轉，而且不必然是單純累積過程的結果。

當然，羅馬對歐洲有深遠的影響。羅馬的法律和制度影響了西羅馬帝國崩潰後野蠻人所建王國的法律和制度。羅馬的崩潰也造成了集權瓦解的政治情勢，進而發展出封建秩序。奴隸的消失和獨立城市的崛起是這個過程的漫長副產品（當然就歷史來說是偶發的結果）。當黑死病搖撼封建社會時，這些發展就更顯得影響重大。從黑死病的灰燼中興起的是更強大的城鎮，以及不再被土地束縛和從封建義務解脫的農民。就是這些因為羅馬帝國衰亡而釋放的關鍵時期，導致一股強大的制度漂移，以一種下撒哈拉非洲、亞洲或美洲無法比擬的方式影響了歐洲。

到十六世紀，歐洲的制度已經與下撒哈拉非洲和美洲迥然有別。雖然比起大多數偉大的亞洲文明如印度或中國，歐洲並不特別富裕，但在一些關鍵方面卻與這些國家組織大不相同。例如，歐洲已發展出在其他地方未曾見過的代議制度。這些差異將在廣納制度的發展中扮演關鍵角色。正如我們將在下兩章中討論的，制度上的小差異將是真正影響歐洲的因素；而且這些差異對英格蘭有利，因為封建秩序就是在英格蘭最徹底讓位給有商業頭腦的農民，以及商人與工業家得以昌盛發展的獨立城市中心。這些群體已開始向他們的君王要求更安全的財產權、不同的經濟制度，以及政治發言權。這整個過程將在十七世紀達到轉折點。

7 轉折點

襪子問題

一五八三年，威廉．李（William Lee）從劍橋大學畢業回來，成為英格蘭卡弗頓（Calverton）的地方教士。伊莉莎白一世（一五五八至一六〇三年在位）前不久頒布了一項旨意，規定她的人民必須隨時戴著織帽。威廉記述說：「織工是製造此等衣物的唯一手段，但完成織品要花這麼長的時間。我開始思考。我看著母親和姊妹坐在晚上昏暗的燈光下操作她們的織針。如果衣物是由兩根針和一條線製作，為什麼不用好幾根針來操作那條線？」

這個重大的想法就是紡織生產機械化的肇始。威廉．李開始著迷於製造一部可以讓人從無盡的手工針織解放出來的機器。他回憶說：「我開始忽略對教會和家庭的職責。我對這部機器和製造它的想法啃噬我的心和腦。」

最後在一五八九年，他的「織襪機」已經完成。他懷著興奮的心情旅行到倫敦，覲見伊莉莎白一世，向她顯示這部機器多有用處，並要求授予專利，以便阻止別人仿造。他租下一棟建築來架設機器，並在他的地方國會議員帕金斯（Richard Parkyns）協助下會晤女王的樞密院（Privy Council）成員韓斯頓勛爵卡瑞（Henry Carey, Lord Hunsdon）。卡瑞安排伊莉莎白女王參觀機器，但她的反應卻很糟糕。她拒絕授予威廉．李專利，並表示：「你的理想遠大，李大人。你想這項發明對我窮困的人民會有什麼影響。它將因為搶走工作而毀了他們，令他們淪為乞丐。」受挫的威廉．李轉往法國試運氣，但在那裡也未能成功。他回到英國，要求繼承伊莉莎白的詹姆士一世（一六〇三至二五年在位）授予他專利。詹姆士一世也拒絕他，理由和伊莉莎白相同。兩位君王都擔心長襪生產機械化會造成政治動亂，因為它會讓許多人失去工作，製造失業和政治不安，危及王室權力。製襪機是保證能大幅提高生產力的一項創新，但也勢必帶來創造性破壞。

對威廉．李這項傑出發明的反應凸顯出本書的一個重要概念。害怕創造性破壞是新石器革命到工業革命間生活水準未能持續提升的主要原因。科技創新使人類社會變富裕，但也牽涉到汰舊換新，以及破壞某些人的經濟特權與政治權力。為了長久持續的經濟成長，我們需要新科技、做事情的新方法，而這些新創意往往來自像威廉．李這種新加入者。社會也許因而變富裕，但它啟動的創造性破壞過程會危及那些採用舊科技者的生計，例如因為威廉．李的科技而失業的手工編織工人。更重要的是，像威廉．李的織襪機這類重大創新也威脅到既有的政治權力。最後導致伊莉莎白一世和詹姆士一世反對授予專利給威廉．李的真正原因，不是擔心那些可能因為機械化而失業的人，而是擔心他們自己變成政治上的輸家——他們擔心因為新發明而失業的人製造政治動亂，危及他們自身的權力。正如我們在前面章節討論到的盧德派人士，要避開工人（例如編織工）的抗拒比較容易，但那些菁英（尤其是政治權力遭到威脅的菁英）對創新的阻礙力量更加強大。創造性破壞會帶給他們很大損失這個事實，意味他們不僅不會是引進創新的人，而且往往會抗拒並阻礙這類創新。因此社會需要新來者帶進最激進的創新，但這些新來者和他們引入的創造性破壞往往必須克服數個抗拒來源，包括來自握有權力的統治者和菁英的抗拒。

在十七世紀的英格蘭之前，榨取制度是歷史的常態。有時候榨取制度能夠創造經濟成長，例如前面兩章討論到的，尤其是當它們含有一些廣納元素時，如威尼斯和羅馬的例子。但它們不容許創造性破壞。它們創造的成長無法長久持續，並因為缺乏創新而走到盡頭，也因為想從榨取得利而引發政治內鬥，或因為初萌芽的廣納元素被徹底反轉，例如威尼斯的情況。

阿布胡瑞拉的納圖夫村落居民的預期壽命，可能與古羅馬公民的預期壽命差不多。一般羅馬人的預期壽命也類似十七世紀英格蘭居民的平均水準。從所得來看，羅馬皇帝戴克里先在西元三〇一年下達最高價格令（Edict on Maximum Prices），設定對各類勞工支付不同薪資的標準。我們不知道戴克里先的薪資和價格令的執行狀況如何，但經濟史學家艾倫（Robert Allen）利用這道命令，計算典型的非技術工人的生活水準，發現幾乎與十七世紀義大利的非技術工人一樣。往更北的英格蘭，那裡的薪資較高且持續增加，而且許多事物正在改變。這種改變如何發生就是本章的主題。

隨時存在的政治衝突

制度和資源分配引發的衝突在人類歷史上不斷發生。例如，我們看到政治衝突如何塑造古羅馬和威尼斯的演進，最後變成對菁英有利，使菁英得以擴增他們掌控的權力。

英格蘭歷史也充滿王權和臣民間的衝突、不同派系為權力而鬥爭，以及菁英與公民的對立。不過，其結果並非永遠強化既有掌權者的權力。在一二一五年，國王底下的貴族菁英，聯合起來對抗約翰王（King John），迫使他在倫尼米德（Runnymede）簽署大憲章（Magna Carta）。這份文件制訂了一些挑戰國王權威的基本原則。最重要的是，它確立國王必須諮詢貴族才能徵稅。爭論最大的是第六十一條，規定「貴族應依其意志遴選出國內二十五名貴族，他們將盡力遵守、維護並促成我們已經允許的和平與自由，並藉本憲章確認此等權利」。這些貴族基本上創造了一個議會以確保國王實施該憲章，而如果他不實施，這二十五名貴族有權占領城堡、土地和財產，「……直到他們判斷情況已經矯正」。約翰王不喜歡大憲章，等貴族一散會，他立即讓教皇宣告它無效。但貴族的政治權力和大憲章的影響力持續不墜。英格蘭已跨出遲疑的第一步，邁向政治多元化。

政治制度的衝突持續不斷，君王的權力遭到一二六五年首度選出的國會（Parliament）進一步限制。和羅馬平民會議或今日選出的立法機構不同，國會的成員剛開始都是封建貴族，後來則是騎士和最富裕的上層階級。儘管是由菁英組成，英格蘭國會發展出兩個獨特的性質，第一，它不只代表與國王緊密結盟的菁英，也代表各種不同的利益如商業和工業，以及後來的「紳士階級」(gentry）這個代表商人與往上移動農民的新階級。因此國會把權力賦予相當廣泛的社會階層——尤其是以當時的標準來看。第二、也是第一項特質的結果之一，許多國會成員持續反對君王擴權的嘗試，他們變成英格蘭內戰和後來的光榮革命中對抗君權的中流砥柱。

儘管有大憲章和第一個由選舉產生的國會，君王權力和誰擔任國王引發的政治衝突還是繼續發生。這種菁英間的衝突結局是玫瑰戰爭（War of the Roses），一場蘭開斯特家族（House of Lancaster）與約克家族（House of York）爭奪王位的長期對決。結果是蘭開斯特家族獲勝，其國王候選人都鐸（Henry Tudor）在一四八五年加冕成為亨利七世。

還有另外兩項相互關聯的過程發生，第一是由於都鐸王朝的推動而日益提高的政治集權。一四八五年以後，亨利七世解除貴族的武裝，實際上廢除了他們的軍事力量，因而大幅擴張中央政府的權力。他的兒子亨利八世接著透過首席大臣科倫威爾（Thomas Cromwell）在政府中展開一場革命。在一五三〇年代，科倫威爾採用了一套官僚政府體制，政府不再只是國王的御用家室，而是變成分隔開來的長期機構。這套制度搭配亨利八世與羅馬天主教會的決裂，以及亨利八世沒收所有教會土地的解散修道院（Dissolution of the Monasteries）政策。解除教會權力是讓政府更集權的做法之一。政府體制的集權化意味政治制度首度有可能變得更具廣納性。亨利七世和亨利八世推動的過程不僅讓政府體制集權化，也使政治代表性更加擴大的要求為之升高。政治集權的過程實際上可能導致某種形式的專制，因為國王和他的親信可以鎮壓社會中其他有權力的團體。這確實是有人反對政府集權的原因之一，正如我們在第三章曾討論的。不過，與這種反對力量相反，政府體制的集權化也可能激發出對某種政治多元化的要求，就像英格蘭都鐸王朝發生的情況。當貴族與地方菁英意識到政治權力將愈來愈集權化、且這個過程已經很難阻擋時，他們勢必要求對這種集中的權力如何行使擁有發言權。在十五世紀末和十六世紀的英格蘭，這意味這些群體更努力讓國會變成制衡王室的力量，並取得一部分控制國家運作方式的權力。因此都鐸氏的作為不僅建立了政治集權這根廣納制度的支柱，也間接促成另一根廣納制度的支柱——政治多元化。

這些政治制度的發展都發生在社會產生其他重大改變的背景下，尤其重要的是政治衝突擴大，導致有能力對王室和政治菁英提出要求的各類群體變得更廣泛。一三八一年的農民起義是一大關鍵，此後英格蘭菁英遭到一連串平民起義的打擊。政治權力的重分配不僅發生在國王與諸侯間，也從菁英階層流向平民。這些改變加上國王權力愈來愈受到局限，使得反對專制的廣泛聯盟能夠興起，進而為多元的政治制度奠定了基礎。

雖然受到挑戰，但都鐸王朝所繼承和維繫的政治與經濟制度顯然是榨取性的。亨利八世的女兒伊莉莎白一世在一五五八年繼承英國王位，一六〇三年死時沒有子嗣，都鐸王朝因而被斯圖亞特（Stuart）王朝取代。第一位斯圖亞特國王是詹姆士一世，他繼承的不只是制度，還包括制度引發的衝突。他渴望成為專制君王，雖然國家已變得更集權，社會變遷也使權力在社會中重分配，但政治制度尚未多元化。在經濟上，榨取制度不只表現在反對威廉．李的發明，也呈現為獨占、獨占和更多獨占。一六〇一年國會朗讀一份獨占清單，一位議員諷刺地問：「麵包有沒有列在清單中？」到一六二一年，獨占的項目多達七百項。正如英國歷史學家希爾（Christopher Hill）的描述：

一個人住在用獨占的磚頭蓋的屋子，窗戶……使用獨占的玻璃；以獨占的煤取暖（在愛爾蘭則用獨占的木柴），放在用獨占的鐵製造的壁爐裡燃燒……他用獨占的肥皂洗澡，衣服用獨占的澱粉上漿。他穿著獨占的飾帶、獨占的亞麻布、獨占的皮革、獨占的金線……他的衣服搭配獨占的腰帶、獨占的鈕釦、獨占的別針。它們以獨占的染料染整。他吃獨占的奶油、獨占的葡萄乾、獨占的燻青魚、獨占的鮭魚，和獨占的龍蝦。他的食物以獨占的鹽、獨占的胡椒粉、獨占的醋調味……他用獨占的筆，在獨占的書寫紙上寫字；（透過獨占的眼鏡，在獨占的蠟燭光照下）閱讀獨占的印刷書籍。

這些獨占項目以及其他更多項目，授予個人或團體控制許多貨品生產的獨家權力。它們阻礙了攸關經濟繁榮的人才配置。

詹姆士一世和他兒子兼繼任者查理一世都極力想要強化君權，削弱國會的影響力，並建立類似西班牙和法國的專制制度，以擴大他們自身和菁英對經濟的掌控，使制度變得更具榨取性。詹姆士一世和國會的衝突在一六二〇年代達到高點。這場衝突的核心在於海外和不列顛群島間的貿易掌控權。王室有能力授予獨占權是政府收入的主要來源，並且常被用來授予獨家權利給國王的支持者。不難想見，這種榨取制度阻絕了新進入者，妨礙市場的機能，同時對經濟活動和許多國會成員的利益極具破壞性。一六二三年，國會贏得一場明顯的勝利，通過獨占法案，禁止詹姆士一世授予新的國內獨占。不過，他還有權授予國際貿易的獨占權，因為國會的職權尚未延伸到國際事務。舊有的獨占權不受影響，不管是國際或國內的獨占。

國會並非定期召開會議，而必須由國王召集。大憲章以後召開的會議是因為國王必須召開國會以取得徵收新稅的許可。查理一世在一六二五年加冕，一六二九年後拒絕召開國會，並加強前任國王詹姆士一世對於建立更專制政權的努力。他採用強制借貸政策，意即人民必須「借錢」給他，而且他片面改變借貸條件，拒絕償還他的債務。他在獨占法留給他權力的領域創造並出售獨占權：海外貿易事業。他也削弱司法的獨立性，並嘗試干預法律案件的結果。他徵收許多罰款和規費，最引起議論的是徵收船稅（ship money）——在一六三四年向沿海的郡徵稅以支援皇家海軍，並在一六三五年擴大實施到內陸各郡。船稅每年課徵直到一六四〇年。

查理一世日益專制的行為和榨取性的政策，引起全國普遍的憎恨和抗拒。他在一六四〇年與蘇格蘭發生衝突，且因為沒有足夠的資金整備軍隊，被迫召開國會以要求徵收更多稅。那場所謂的短期國會（Short Parliament）會議只有三週，來倫敦開會的國會成員不但拒絕討論徵稅，而且散布許多不滿，直到查理將他們解散。蘇格蘭人發現查理沒有獲得國人支撐，決定入侵英格蘭，並占領新堡。查理展開談判，蘇格蘭要求國會也參與。這促成召開後來稱為長期國會（Long Parliament）的會議，因為它拒絕查理解散的命令，持續開會到一六四八年。

一六四二年，內戰在查理和國會間爆發，雖然國會裡有許多人站在王室這一邊。衝突的模式反映出經濟與政治制度上的鬥爭。國會想要終結專制的政治制度；國王希望加強它。這些衝突的根源是經濟。許多人支持王室是因為他們被授予有利可圖的獨占權，例如舒茲伯利（Shrewsbury）和歐斯維絲翠（Oswestry）勢力龐大的富商所控制的地方獨占權，受到王室的保護，可免於倫敦商人的競爭。這些富商與查理一世同一陣線。另一方面，冶金業在伯明罕一帶十分興盛，因為獨占在那裡較弱，而且新入行的人不必像國內其他地方那樣先當七年學徒。在內戰期間，他們為國會這一邊製作刀劍並提供志願兵。同樣的，沒有同業行會的管制使蘭開夏郡（Lancashire）得以在一六四〇年以前開發出「新布料」，是一種新型的輕質布匹。這類布匹的生產集中區，是蘭開夏唯一支持國會的部分。

在克倫威爾（Oliver Cromwell）領導下，國會派（以他們的髮型而被稱為圓顱黨〔Roundheads〕）打敗了被稱為騎士黨（Cavaliers）的保皇派。查理在一六四九年接受審判並被處死。不過他的失敗和君主政體遭廢除並未帶來廣納的制度，反而君權被克倫威爾的獨裁所取代。克倫威爾死後，君主政權在一六六〇年恢復，許多一六四九年取消的特權又被恢復。查理的兒子查理二世又企圖在英格蘭建立專制政權；一六八五年他死後，他的弟弟詹姆士二世繼承王位，更加強化這樣的企圖。詹姆士企圖重建專制導致一六八八年再度引發危機和另一場內戰。國會這一次更加團結也更有組織。他們邀請荷蘭執政奧蘭治親王威廉（William of Orange）和他妻子瑪麗（即詹姆士的清教徒女兒）來取代詹姆士。威廉將率領一支軍隊前來接受王位，並且不以專制君主的身分統治，而是根據國會創制的君主立憲制。威廉從得文郡布里斯罕（Brixham）登陸不列顛群島（參考地圖9），兩個月後，詹姆士的軍隊便已瓦解，他也逃到法國。

光榮革命

光榮革命得到勝利後，國會和威廉協商新憲法。威廉在入侵英格蘭之前不久發布的「宣言」，預告了變革的來臨。這些變革後來進一步在一六八九年二月國會制訂的權利宣言（Declaration of Rights）獲得確立。宣言在威廉加冕時對著他宣讀出來。從很多方面看，後來簽署成法律、稱作權利法案（Bill of Rights）的宣言還是曖昧不清。不過，關鍵的是它確實建立一些核心的憲政原則。它決定王位的繼承方法，且與當時普遍接受的世襲原則大不相同。如果國會可以罷黜一位國王、另立一位他們較喜歡的國王，那為什麼不能再來一次？權利宣言也主張君主不能暫停或廢除法律，並重申未經國會同意而徵稅為違法。此外，它規定未經國會同意，英格蘭不能有常備軍。曖昧不清的條款如第八條說「國會成員的選舉應該自由」，但未注明如何界定「自由」。更曖昧的是第十三條，其重點是國會應經常召開。由於國會應不應該召開、或多久召開一次一直是整個世紀以來備受爭議的問題，社會原本預期此一條款應該會更加明確。儘管如此，這種措詞的曖昧原因不難理解。法條必須執行，在查理二世統治期間已有三年法案（Triennial Act），規定至少每三年要召開國會一次。但查理置之不理，卻也沒有怎樣，因為沒有執行這項法律的方法。一六八八年以後，國會原本可以制訂一套執行該法條的方法，如同貴族們在約翰王簽署大憲章之後所做的那樣。國會沒有制訂執行方法是因為他們不需要，因為一六八八年後權威和決策權力已經轉移到國會。即使未制訂具體的憲法條文或法律，威廉也放棄許多以前國王的做法。他停止干預法律的決定，並放棄以前的「權利」，例如終身歸他所有的關稅。整體來看，這些政治制度上的改變代表國會凌駕國王的勝利，並因此終結英格蘭以及後來大不列顛的專制政體——英格蘭和蘇格蘭在一七〇七年的聯合法案（Act of Union）合而為一。從那時候起，國會緊緊控制國家政策。這是一個重大改變，因為國會的利益與斯圖亞特王室的利益大不相同。由於許多國會成員大舉投資在貿易和工業上，保障財產權攸關他們的利益。斯圖亞特王室經常侵害財產權，現在這些權利將受到保護。此外，過去斯圖亞特王室控制政府的支出時，國會反對課徵更多稅，並阻礙政府擴大權力。現在國會自己控制支出，它很樂意增稅和花錢在認為有價值的事情上。國會主要花錢的項目之一是強化海軍，以便保護許多國會成員的海外商務利益。

比國會議員利益更重要的是政治制度初萌芽的多元特質。英格蘭人現在有管道可以近用國會，和國會制訂的政策與經濟制度，這是以前由國王主導政策時無法企及的。當然，部分原因是國會成員由選舉產生，但由於英格蘭在這段時期還遠遠稱不上民主，這樣的近用只能提供有限的政治回應。眾多不平等中的一項是，在十八世紀只有不到二%的人可以投票，而且只限於男性。工業革命發生的城市，伯明罕（Birmingham）、里茲（Leeds）、曼徹斯特（Manchester）和謝菲爾德（Sheffield）在國會沒有獨立的代表人；相反的，農村地區的代表卻過多。同樣糟糕的是，農村地區（各郡〔counties〕）的投票權是以土地所有權為基礎，而許多城市地區（自治市鎮〔boroughs〕）則由一小群菁英把持，他們不允許新工業家投票或競選公職。以白金漢鎮為例，只有十三位自由民（burgess）擁有投票權。除此之外還有「衰廢市鎮」（rotten boroughs），即過去有權投票但已逐漸「衰廢」的市鎮，原因是人口遷出，或像英格蘭東岸的敦威治（Dunwich）那樣，因為海岸侵蝕而陷入海中。在這些衰廢市鎮，一小群選民可以選出兩名國會議員。老塞勒姆（Old Sarum）有七位選民，敦威治有三十二位，各可選出兩名國會議員。

還有其他方式可以影響國會、進而牽動經濟制度，最重要的是透過請願，而且這種方法對光榮革命後政治多元化興起的助力遠大於有限的民主。任何人都可向國會請願，而且很多人這麼做。重要的是，當有人請願時，國會會傾聽。這比任何情況都更能反映英格蘭在一六八八年後專制統治的挫敗、權力賦予相當廣泛的社會階層，以及政治多元化的興起。頻繁的請願活動顯示，社會中有權力影響國家運作方式的人十分廣泛，遠超過國會裡的議員或他們代表的選民。他們也確實使用了這樣的權力。

獨占權的例子最能說明這種情況。我們從前面的討論知道獨占是十七世紀榨取性經濟制度的核心，它們在一六二三年遭到獨占法的攻擊，而且在英格蘭內戰期間是激烈爭辯的議題。長期國會廢除了所有深刻影響人民生活的國內獨占。雖然查理二世和詹姆士二世無法挽回這些，但他們仍緊緊掌控授予海外獨占的權力。其中之一是皇家非洲公司（Royal African Company），其獨占權是一六六〇年查理二世所授與。這家公司掌控獲利豐厚的非洲奴隸貿易獨占權，公司的管理者和主要股東是查理的兄弟詹姆士，即不久後登基的詹姆士二世。一六八八年後，該公司失去的不只是管理者，也是在它背後撐腰的人。詹姆士向來不遺餘力地保護該公司的獨占權免於「無照營業者」的侵犯，就是那些嘗試在西非收購奴隸然後賣到美洲的獨立貿易商。這是一門暴利生意，皇家非洲公司面臨許多挑戰，因為英格蘭在大西洋上的其他貿易全都不受限制。該公司在一六八九年查扣一艘無照經營船夜鶯號的貨物，夜鶯號控告皇家非洲公司違法查扣貨物，主審法官霍爾特（Holt）判決皇家非洲公司的查扣行為違法，因為它執行的是由皇家創造的獨占權。霍爾特宣稱獨占權只能由法律創造，而只有國會能通過法律。霍爾特因而把所有未來的獨占權，不只是皇家非洲公司的獨占權，交到國會手中。若是在一六八八年以前，詹姆士二世會很快開革任何作這種判決的法官，但一六八八年以後情勢已經改觀。

國會現在必須決定該如何處理獨占權，而請願已經紛至沓來。有一百三十五份請願來自無照經營商，要求開放大西洋貿易。雖然皇家非洲公司也提出訴願，但在數量和規模上當然比不上要求關閉它的請願。無照經營商不僅從狹隘的自身利益出發，同時也從國家的利益出發，成功架構出他們的反對理由。其結果是，一百三十五份請願書只有五份是由無照經營商自己簽署；支持無照經營商的請願有七十三份來自倫敦以外的郡，相對於八份支持皇家非洲公司的請願。無照經營商從殖民地（也允許請願）蒐集到二十七份請願書，皇家非洲公司則只有十一份。無照經營商為他們的請願書蒐集的簽名也多得多，總共八千個，而支持皇家非洲公司的有二千五百個。這場爭鬥持續到一六九八年，皇家非洲公司的獨占權終於遭廢止。

一六八八年以後，國會除了獲得決定經濟制度的新權利，和積極回應社會的新做法外，國會議員也開始在經濟制度和政府政策上推行一連串重大改變，進而為日後的工業革命奠定基礎。在斯圖亞特王朝統治下遭削弱的財產權再度被強化。國會開始改革經濟制度以促進製造業，而不再以徵稅和其他方式阻礙它。「爐灶稅」（hearth tax）——所有壁爐或火爐每年必須繳納的稅，製造商受到的影響最大，也最激烈反對——在一六八九年威廉和瑪麗登基後不久就被廢除。停止課徵爐灶稅後，國會轉而開始課徵土地稅。

重新分配稅賦負擔不是國會支持製造商的唯一一個政策，一系列能擴大羊毛紡織業的市場和獲利的法案和立法也陸續通過。從政治上這完全可以理解，因為許多反對詹姆士的國會議員，大舉投資在這些新興的製造事業上。國會也通過立法，使得土地財產權能夠徹底重整，允許整合和取消許多古老形式的財產權和使用權。

國會的另一個優先要務是改革金融。雖然在光榮革命之前銀行與金融業已經逐步擴張，這個過程在一六九四年英格蘭銀行（Bank of England）創立後獲得進一步強化。英格蘭銀行扮演產業的融資來源之一，其建立是光榮革命另一個直接的結果，並為日後更廣泛的「金融革命」、導致金融市場與銀行業的大擴張奠定基礎。到十八世紀初，任何能提供必要擔保品的人都能取得貸款。倫敦一家規模較小的銀行霍爾氏銀行（C. Hoare & Co）的紀錄，完整保留了一七〇二至一七二四年的情況，足以說明這一點。雖然這家銀行也借錢給貴族和地主，但霍爾氏在這段期間的大貸款戶有三分之二並非來自享受特權的社會階層，而是商賈和生意人，包括一位取了英國最常見姓名的約翰．史密斯（John Smith），他在一七一五年到一七一九年間向這家銀行借貸了二千六百英鎊。

截至目前我們已強調，光榮革命如何改變英格蘭的政治制度，讓它們變得更多元化，並開始為廣納的經濟制度舖路。光榮革命還帶來另一個更重大的制度改變：國會繼續進行由都鐸王朝開始推動的政治集權化過程。集權化並不只是增加限制，或政府以不同方式管制經濟，或政府花錢在不同的事物上，它也包括政府在各方面的能力都增加。這再度顯示政治集權和政治多元化之間的關聯：在一六八八年之前，國會反對政府變得更有效率和擁有更多資源，原因是國會無法控制它。但一六八八年後，情況已經大不相同。

政府開始擴張，支出很快達到國民所得的一〇%左右。這種情況得到稅基擴大的支撐，尤其是針對一長串國內生產的商品課徵的特種銷售稅（excise tax）。這在當時是極龐大的政府預算，而且事實上比今日許多國家的預算都多。例如，哥倫比亞的政府預算直到一九八〇年代才達到類似的規模。在下撒哈拉非洲許多地方如獅子山，甚至到今日若沒有鉅額國外援助流入，政府預算占經濟規模的比率仍然遠小於此。

然而政府規模的擴大只是政治集權過程的一部分，比這更重要的是政府運作方式的特性，以及控制政府的人、和為政府工作的人行為的方式。英格蘭政府體制的建構可以溯源到中世紀，但正如前面討論過，亨利七世和亨利八世採取了明確的步驟，朝政治集權和現代管理的發展邁進。然而當時的政府仍然距離一六八八年後浮現的現代形式十分遙遠。例如，許多職務任命是根據政治因素決定，而非根據其才幹，而且政府的課稅能力仍非常有限。

一六八八年後，國會開始透過提升課稅能力來增加歲入，這種發展可從特種銷售稅的官僚體系明顯看出——這個官署從一六九〇年的一千二百一十一人迅速擴張，到一七八〇年達到四千八百人。特種貨物稅的檢查員駐在全國各地，在稅吏的監督下四處巡視，檢查和測量麵包、啤酒和其他必須繳納特種貨物稅的產品數量。從歷史學家布魯爾（John Brewer）重新整理特種貨物稅稽核員考伯斯韋特（George Cowperthwaite）的例行工作紀錄，可以看出這項作業規模的梗概。從一七一〇年六月十二日到七月五日，稽核員考伯斯韋特在約克夏的里奇蒙區旅行了二百九十英里，在這段期間他走訪了二百六十三家糧食供應商、七十一家麥芽廠、二十家雜貨零售商，和一家釀酒廠。整體來說，他對生產做了八十一種測量，並檢查九名為他工作的稅務員的工作。八年後他工作一樣辛苦，但巡視地區換成同樣是約克夏的威克菲爾德區（Wakefield），在這裡他平均每天要跑超過十九英里，每週工作六天，通常檢查四或五個場所。在他休息的週日，他就記錄自己的工作，我們因此可以看到他活動的完整紀錄。特種貨物稅系統確實有很精細的紀錄，稅務官員做三種不同的紀錄，每一種都應該彼此吻合，竄改這些紀錄是很嚴重的犯行。政府監管社會到如此精細的程度，遠超過今日大多數貧窮國家的政府所能做到，而當時是一七一〇年。同樣重要的是，一六八八年後，政府開始更仰賴人才而減少政治性任命，並且發展出一套強大的管理國家的架構。

工業革命

工業革命展現在英國經濟的每一個層面。在運輸、冶金和蒸汽動力方面出現重大的改進，但最重要的創新領域是紡織生產的機械化，以及生產這些紡織品的工廠的發展。光榮革命帶來的制度改變啟動了這個活力十足的過程，這不只是因為一六四〇年達成的廢除國內獨占權，或是課徵不同的稅或融資來源的普及；更重要的是因為經濟制度從根本上重新建構，變得對創新者和創業家更有利，而其基礎則是確立了更安全和更有效率的財產權。

舉例來說，安全而有效的財產權在「運輸革命」中扮演核心角色，也為工業革命的出現鋪路。運河和道路（所謂的收費公路〔turnpikes〕）的投資在一六八八年後大量增加，這些投資藉由降低運輸的成本，協助創造了工業革命的一個重大先決條件。在一六八八年以前，這類基礎建設的投資受到斯圖亞特王朝的獨斷措施的阻礙。一六八八年後情勢的改觀鮮明地呈現在英格蘭伍斯特郡（Worcestershire）薩爾韋伯河（Salwerpe）的例子。國會在一六六二年通過法案以鼓勵投資，要讓薩爾韋伯河變成可航行的河道；波德溫家族為此投資了六千英鎊，換得向航行於該河道的人收費的權利。一六九三年國會審議一項法案，準備把收取航行費的權利轉移給西魯斯貝里伯爵（Earl of Shrewsbury）和柯溫特里伯爵（Lord Coventry）。這個法案遭到波德溫爵士（Sir Timothy Baldwyn）挑戰，他立刻向國會請願，宣稱這項議案等於沒收他父親的財產，因為他父親投入許多資金在開發這條河上，為的就是可以收取費用。波德溫指出「這項新法案企圖取消舊法案，並奪走在過程中所有完成的工作和物資」。像這類重新分配權利的例子就是斯圖亞特王室常做的事。波德溫指出：「未經同意而奪走任何人根據國會的法案所購得的權利，將帶來危險的後果。」在這個事件中，新法案未能通過，波德溫的權利得以確保。財產權在一六八八年後更加安全，部分原因是確保它們的安全符合國會的利益，部分原因則是可以透過請願影響的多元化制度。我們從這裡看出，一六八八年後的政治制度變得遠為多元化，並在英格蘭創造出一個相對公平的競爭環境。

在運輸革命底下，還有更普遍發生在十八世紀的土地重新分派的背後，是國會的法案改變了財產權的性質。在一六八八年以前，對土地的法律假設甚至還是「所有英格蘭的土地最終歸皇室擁有」，是一個直接承襲自封建社會組織的概念。許多土地被無數古老的財產權形式和許多交叉的所有權主張所綑綁。還有許多土地以所謂的衡平法產權（equitable estates）的形式持有，意即地主不能抵押、租賃或銷售該土地。一般土地往往只能用於傳統用途，有無數障礙阻止人以合乎經濟理想的方式利用土地。國會開始改變這種情況，允許團體向國會請願，以便簡化和重新界定財產權，這些修改後來在國會整合進數百項法案。

經濟制度的重新建構，也表現在保護國內紡織品生產、對抗外國進口產品的努力。不足為奇的是，國會議員和他們的選民並未反對所有的跨入障礙和獨占，只要能擴增他們市場和獲利的就受到歡迎。但關鍵的是，多元化的政治制度——國會代表社會上頗大一部分人、賦予這些人權力並傾聽他們的意見——意味這些跨入障礙不會扼殺其他工業家，或像威尼斯的關閉措施那樣完全阻絕新進者。勢力龐大的羊毛製造商很快就發現這一點。

在一六八八年，英格蘭最大的進口產品之一是來自印度的紡織品，其中包括印花棉布（calico）和細棉布（muslin），約占所有進口紡織品的四分之一。同樣重要的是來自中國的絲織品。印花棉布和絲網都由東印度公司進口，這家公司在一六八八年以前享有政府授予的亞洲貿易獨占權，但東印度公司的獨占和政治權力是靠重金賄賂詹姆士二世來維持。一六八八年後，該公司處於不利的地位，且很快遭到攻擊，其形式是密集的請願戰爭，由想與遠東和印度做生意的貿易商向國會請願，要求允許與東印度公司競爭，而東印度公司則提出反請願，並提議借錢給國會。東印度公司輸了這場請願戰，一家新的東印度公司因而成立，開始與它競爭。但紡織製造商想要的不只是印度貿易有更多競爭，他們希望從印度進口的廉價紡織品（印花棉布）被課稅，甚至被禁止。這些製造商遭到廉價印度進口貨的激烈競爭。當時最主要的一些國內製造商生產的是羊毛紡織品，但棉質衣服製造商在經濟上已變得日益重要，在政治上也愈來愈有勢力。

羊毛產業從一六六〇年代就開始採取自保的行動，促成「禁奢法」（Sumptuary Laws），制訂不准穿輕質衣服等規定。該產業也遊說國會在一六六六年和一六七八年通過立法，禁止亡者下葬時穿著羊毛壽衣以外的衣物。兩項立法都保護羊毛產品市場，減少英格蘭製造商面對來自亞洲的競爭。儘管如此，東印度公司在這段期間勢力太過強大，以致難以限制進口亞洲紡織品。一六八八年後情勢開始改變，從一六九六年到一六九八年間，來自東安格利亞地區（East Anglia）和西南地區（West Country）的羊毛製造商，聯合來自倫敦、坎特伯雷的絲綢織工以及黎凡特公司（Levant Company），要求限制進口。黎凡特（編按：地中海東岸地區）的絲綢進口商雖然不久前才喪失獨占權，卻希望排除亞洲絲綢，為來自鄂圖曼帝國的絲綢創造利基。這個聯盟開始向國會提出議案，要求限制穿著亞洲的棉質與絲質產品，同時限制在英格蘭為亞洲紡織品從事染印加工。國會的回應是終於在一七〇一年通過「一項鼓勵本國製造商，以促進僱用更多貧民的法案」。根據法案規定，從一七〇一年九月起，「所有由波斯、中國或東印度生產的絲織品、孟加拉生絲、混紡絲或植物纖維的織品，所有進口至本國之繪、印、染或著色之棉布，都禁止穿著。」

在英國穿著亞洲絲綢與印花棉布現在已經違法，但仍然可以進口這些布料再轉出口到歐洲或其他地方，尤其是美洲殖民地。此外，素棉布可以進口到英國並加工為成品，細棉布則不在禁止之列。經過長期的抗爭後，國內羊毛紡織製造商眼中的這些漏洞已被一七二一年的棉布法案（Calico Act）堵住：

「從一七二二年十二月二十五日起，任何人若在大不列顛使用或穿著任何繪、印、著色或染製的棉布衣服或服裝，將屬違法。」雖然這項法案為英國羊毛去除來自亞洲的競爭，卻仍然保留一個活躍的國內棉質與亞麻紡織品產業，足以與羊毛競爭：他們將棉花和亞麻混紡，製成一種受歡迎的棉麻粗布（fustian）。排除了亞洲的競爭後，羊毛業現在轉向取締亞麻。亞麻主要在蘇格蘭和愛爾蘭製造，使英格蘭的聯盟有機會要求將它們逐出英格蘭市場。不過，羊毛製造商的力量是有限度的，他們的新嘗試遭遇曼徹斯特、蘭開斯特和利物浦等新興工業中心的棉麻粗布製造商激烈反對。多元的政治制度意味所有這些不同的團體現在都可透過選票、以及更重要的請願等管道，來參與國會的政策過程。雖然雙方陣營的請願書湧入，收集了許多贊成和反對的簽名，但這場衝突的結果是新利益打敗羊毛業的舊利益。一七三六年的曼徹斯特法案（Manchester Act）同意「過去幾年已有大量以亞麻紗和棉線製造的紡織品，在大不列顛王國內製造、染印和著色」。該法案進而聲稱「前述的（一七二一年）法案不應擴大或解釋為，在衣服、家用品、家具或其他物品上，禁止穿著或使用在大不列顛王國內以亞麻紗和棉線製造、染印或著色的紡織品」。

曼徹斯特法案是新興起的棉布製造商的重大勝利，但它的歷史與經濟意義實際上還更為深遠。第一，它展現出英國國會的多元政治制度所能容許的跨入障礙極限。第二，在接下來的半世紀，棉布製造的科技創新將在工業革命中扮演核心角色，並且因為採用工廠制度而從根本上改變社會。

一六八八年後，雖然國內出現了公平的競爭環境，但在國際層面國會仍然積極保護本國利益。這不僅從印花棉布法案可以明顯看出，從一六五一年首度通過的航海法（Navigation Acts）也可發現，而且這套法案的修訂版在後來的兩百年都還繼續施行。這套法案的目的是促進英格蘭在國際貿易上的獨占——雖然很重要的是，這不是由政府獨占而是民間業者。其基本原則是，英格蘭貿易應由英格蘭船隻載運。根據法案規定，外國船隻若從歐洲以外的地方載運貨物到英格蘭或其殖民地就屬違法；同樣違法的是，第三方國家的船隻從歐洲其他地方運送貨物到英格蘭。占有優勢的英格蘭貿易商和製造商自然能夠增加獲利，並可能進一步鼓勵這類高獲利的新活動的創新。

到一七六〇年，所有這些因素加起來——改善過的和新規定的財產權、改善的基礎建設、經過變更的財政制度、更容易取得的融資，以及對貿易商和製造商的積極保護——開始發揮功效。從這一年以後，專利發明的數量開始大幅躍增，工業革命核心的科技突飛猛進開始顯現。創新在很多方面發生，反映改善的制度環境。其中一個關鍵領域是動力，最有名的是使用蒸汽機的轉變，而這要歸功於瓦特在一七六〇年代的點子。

瓦特初期的突破是採用一個分開的蒸汽冷凝室，以便包著活塞的汽缸可以持續保持熱度，而不必不斷加熱和冷卻。他接著想出許多新點子，包括以更有效率的方法把蒸汽機的動作變成有用的動力，包括他著名的「太陽與行星」齒輪系統。所有這些領域的科技創新都建立在前人努力的基礎上，以蒸汽機為例，就包括英國發明家紐科門（Thomas Newcomen）以及法國物理學家兼發明家帕賓（Dionysius Papin）的研究成果。

帕賓的發明故事是害怕創造性破壞的榨取制度如何阻礙科技變革的另一個例子。帕賓在一六七九年開發出一個「蒸汽鍋爐」，並在一六九〇年改進成一具活塞引擎。一七〇五年，他用這具初具雛型的引擎打造出全世界第一艘蒸汽船。帕賓當時是德意志卡塞爾（Kassel）邦國馬堡大學（University of Marburg）的數學教授。他決定駕駛這艘蒸汽船順著富爾達河（Fulda）而下，進入威悉河（Weser）。任何走這趟航程的船隻都會被迫在明登市（Münden）停留。在當時，航行富爾達河和威悉河是船夫工會的獨占權。帕賓必定瞭解到可能會有麻煩。他的友人兼導師、也是著名的德意志物理學家萊布尼茲（Gottfried Leibniz）寫信給卡塞爾選侯，請求他允許帕賓「順利通過」卡塞爾。但萊布尼茲的請願遭到拒絕，他接到簡略的回答說：「選侯國委員會發現批准上述請願的障礙重重，且未說明理由即指示我通知你他們的決定，其結論是該要求未獲選侯殿下准許。」帕賓毫不氣餒，仍然決定展開航行。當他的蒸汽船抵達明登時，船夫先是嘗試要地方法官扣留該船，但未獲成功。於是船夫們攻擊帕賓的船，將它砸毀，蒸汽引擎化為碎片。帕賓死時身無分文，被葬在無名墓地。在都鐸或斯圖亞特王朝的英格蘭，帕賓可能會受到類似的敵視待遇，但這種情況在一六八八年後完全改觀。帕賓在船還沒被摧毀前，確實有意把船開到倫敦。

在冶金方面，柯特（Henry Cort）在一七八〇年代做出重大貢獻，他採用新技術處理鑄鐵中的雜質，製造出品質更好的鍛鐵。這對製造機器零件、釘子和工具極其重要。利用柯特的技術生產的大量鍛鐵，促成了達比（Albraham Darby）和他的兒子的創新，他們率先在一七〇九年使用煤炭來精煉鐵。這個製程在一七六二年又由於史密頓（John Smeaton）採用水力來操作汽缸鼓風爐製煤而進一步改善。從此以後，木炭從鐵的生產中消失，由煤炭取代，不但成本更低，而且更容易取得。

雖然創新顯然是慢慢累積的，但在十八世紀中葉卻呈現明顯的加速，尤其是在紡織品生產業最為顯著。紡織品生產最基本的步驟是紡紗，也就是使用植物或動物纖維如棉花或羊毛，將它們撚成紗線。紗線再被織成紡織品。中世紀最大的科技創新之一是紡車，取代了手工紡紗。這種發明約在一二八〇年出現於歐洲，可能是從中東傳入。此後紡紗的方法一直未變，直到十八世紀。一連串重大創新始於一七三八年保羅（Lewis Paul）取得一項新紡紗方法的專利，使用羅拉（Roller）取代手工抽出要紡製的纖維。不過，這套機器運作得不好，直到後來阿克賴特（Richard Arkwright）和哈格里維斯（James Hargreaves）的創新才真正帶來紡紗的革命。

一七六九年，工業革命的代表人物之一阿克賴特為他的「水力紡紗機」（water frame）取得專利，那是比保羅的機器改善許多的新發明。阿克賴特與針織品製造商斯圖特（Jedediah Strutt）和尼德（Samuel Need）成立合夥事業。一七七一年，他們在克羅姆福德（Cromford）興建全世界最早的一座工廠。新機器以水為動力，但阿克賴特後來做了關鍵的改變，改以蒸汽為動力。到一七七四年，他的公司僱用六百名工人，而且他積極擴張，最後在曼徹斯特、馬特洛克（Matlock）、巴斯，還有蘇格蘭的新蘭納克（New Lanark）建立工廠。阿克賴特的創新在一七六四年因為哈格里夫斯發明的珍妮紡紗機（spinning jenny）而更加完善，而這部紡紗機又由克隆普頓（Samuel Crompton）在一七七九年發展成「騾子」（mule），以及後來羅勃茲（Richard Roberts）的自動紡紗機（self-acting mule）。這些創新的效益確實是革命性的：在十八世紀稍早，手工紡紗要花五萬小時紡完一百磅棉花。阿克賴特的水力紡紗機只花三百小時，而自動紡紗機只需要一百三十五小時。

跟隨紡紗機械化出現的是編織的機械化。重要的第一步是凱伊（John Kay）在一七三三年發明的飛梭（flying shuttle）。雖然剛開始那只是增加手工編織的生產力，但它最長遠的影響是奠定了機械化編織的基礎。一七八五年，卡特萊特（Edmund Cartwright）又在飛梭的基礎上發明了動力織布機（power loom），跨出一連串創新的第一步，終至製造出取代手工編織的機器，如同那些取代手工紡紗的機器。

英國紡織業不只是工業革命背後的推手，也促成了世界經濟的革命。以棉紡織品為首的英國出口從一七八〇年到一八〇〇年增加一倍，這個產業的成長變成整個經濟體的火車頭。技術創新和組織創新的結合，提供了經濟進步的範本，改變了世界上那些變得富裕的經濟體。

新的人和新創意對這個轉變極其重要。以運輸創新為例，在英國出現了數波這類創新：先是運河，然後是公路，最後是鐵路。每一波創新都是新人貢獻的。運河一七七〇年後開始在英國發展，到一八一〇年他們已連接許多最重要的製造區。隨著工業革命展開，運河在降低運輸成本上扮演重要角色，可以把龐大數量的工業產品運到各地，例如棉紡織品；同時也可把原料運到工廠，尤其是棉花和蒸汽機使用的煤。早期開鑿運河的創新者包括布林德利（James Brindley），他受僱於布里奇沃特公爵（Duke of Bridgewater）以興建布里奇沃特運河，最後把工業大城曼徹斯特連接到利物浦港。布林德利生於達比郡農村，以水車工匠為業。他發明創新方法解決工程問題的名聲引起公爵的注意。在這之前他沒有解決運輸問題的經驗，而另外兩位傑出的運河工程師也是如此，一位是原本當砌石匠的泰爾福德（Thomas Telford），另一位是工具製作師兼工程師史密頓。

正如那些傑出的運河工程師之前沒有運輸的背景，卓越的公路和鐵路工程師也一樣。麥克亞當（John McAdam）在一八一六年左右發明碎石鋪路法，他是一位小貴族的次子。第一輛蒸汽火車由特里維西克（Richard Trevithick）在一八〇四年打造，他父親在康沃爾郡採礦，早年他也跟著父親從事這個行業，因而著迷於用來抽出礦產的蒸汽機。更重要的是史蒂芬生（George Stephenson）的發明，他的父母都不識字，但他發明了著名的「火箭號」（The Rocket）火車；史蒂芬生剛開始只是煤礦場的一名蒸汽機操作員。

新人也推動了重要的棉紡織業。這個新產業的一些開路先鋒是過去從事羊毛衣物生產與貿易的業者，例如福斯特（John Foster）在一八三五年轉向棉花並開設布列克染廠（Black Dyke Mills）之前，曾在羊毛業僱用七百名手工織布機工人。但像福斯特這類人是少數，當時只有五分之一的主要工業家過去從事與製造業有關的行業。這並不奇怪，因為第一，棉紡織業先從英格蘭北部的新城鎮發展，工廠是組織生產的全新方法，羊毛業的生產組織則大不相同，是把原料送到生產工人的家裡，讓他們自己紡紗和織布。因此大部分這類羊毛業者不具備轉換成棉紡織的條件，福斯特是例外。要發展和使用新技術需要有新人加入。棉紡織的快速發展宣告了羊毛業的沒落——這又是創造性破壞的作用。

創造性破壞不只重分配所得和財富，也重分配政治權力，正如威廉・李發現當權者因為害怕政治後果而排拒他的發明時所瞭解到的。隨著工業經濟在曼徹斯特和伯明罕的擴張，新工廠業主和新崛起的中產階級也開始抗議他們被剝奪的公民權利，以及違背他們利益的政府政策。他們的主要對象是穀物法（Corn Laws），這項法律規定所有穀物，尤其是小麥，價格過低時不准從國外進口，目的是保護大地主的高額獲利。這個政策對生產小麥的大地主有利，但對製造商不利，因為他們必須支付較高的薪資，以彌補較高的麵包價格。

由於工人集中在新工廠和工業中心，組織動員和暴動也變得更容易。到一八二〇年，對新製造商和製造中心的政治排拒已變得站不住腳。一八一九年八月十六日，曼徹斯特的聖彼得廣場準備舉行抗議政治制度和政府政策的集會。策劃者是當地的刷子製造商強森（Joseph Johnson），也是激進的《曼徹斯特觀察報》（*Manchester Observer*）的創辦人。其他策劃者包括棉紡織製造商兼改革家奈特（John Knight），和《曼徹斯特觀察報》編輯薩克斯頓（John Thacker Saxton）。六萬名抗議者聚集在廣場，許多人舉的標語牌上寫著「取消穀物法」、「普選權」和「投票選舉」（亦即祕密投票，而非像一八一九年時的公開投票）。當局對這次集會十分緊張，由六百名騎兵組成的第十五輕騎兵部隊嚴陣以待。當演說開始時，一名地方法官決定對演說者發出逮捕令。警察嘗試執行逮捕令時遭到群眾的抗拒，並爆發戰鬥。這時候輕騎兵衝進群眾中，在混亂的幾分鐘裡，十一位民眾被殺死，受傷者可能多達六百人。《曼徹斯特觀察報》稱之為彼得盧屠殺（Peterloo Massacre）。

然而在經濟與政治制度已經改變的情況下，長期壓制在英國不是解決問題的方法。彼得盧屠殺只是孤立事件，在這次暴動後，英國的政治制度不得不屈服於壓力和更廣泛的社會動亂威脅，尤其是在一八三〇年法國民眾反對查理十世的革命之後（查理十世嘗試恢復被一七八九年法國大革命摧毀的專制政體）。一八三二年，英國政府通過第一改革法案（First Reform Act），賦予伯明罕、里茲、曼徹斯特和謝菲爾德參政權，並擴大投票的基礎，讓製造商在國會可以有代表。隨之發生的政治權力轉移把政策推至有利於這些新代表的方向；他們在一八四六年終於成功廢止了廣受憎惡的穀物法，再次顯示創造性破壞不只帶來所得重分配，也帶來政治權力的重分配。當然，政治權力的重分配假以時日將導致進一步的所得重分配。英國制度的廣納性使這個過程得以發生，身受創造性破壞之害或害怕它的人，再也無法抵擋大勢所趨。

為什麼發生在英國？

工業革命在英國開始並大步邁進，原因是英國獨特的廣納性經濟制度。而這套制度建立的基礎則是光榮革命帶來的廣納性政治制度。光榮革命強化並使財產權合理化，改善金融市場，削弱政府掌控的國外貿易獨占權，同時去除了工業擴張的障礙。是光榮革命促成政治制度的開放，並積極回應經濟的需求和社會的渴望。這種廣納性的經濟制度讓有才幹和眼光的人如瓦特，有機會和誘因發展他們的技術和創意，進而以對他們和國家都有利的方式影響制度。一旦這些人成功後，他們自然和其他人有同樣的衝動，想阻礙別人進入他們的行業、與他們競爭，唯恐創造性破壞的過程可能使他們無法在行業中生存，就像他們曾經讓別人破產一樣。但是在一六八八年之後，要做到這一點已愈來愈困難。一七七五年阿克賴特曾拿出一項內容廣泛的專利權，希望讓他在快速擴張的棉紡織業取得獨占勢力，但他無法讓法院執行它。

為什麼這個獨特的過程在英國展開，還有為什麼在十七世紀發生？為什麼英格蘭發展出多元的政治制度，從此脫離榨取制度？正如我們已經討論過，光榮革命前的政治發展由幾個彼此關聯的過程所塑造，其核心是專制政權與反對者的政治衝突，這種衝突的結果不只阻止了專制政權在英格蘭復辟和強化的企圖，同時賦予那些渴望徹底改變社會制度的人權力。專制政權的反對者並不是想建立一種不同類型的專制政權。這不只是像蘭開斯特家族在玫瑰戰爭中打敗約克家族。相反的，光榮革命產生了一種建基於憲政和政治多元化的新政權。

這個結果是英格蘭的制度漂移、以及它們與關鍵時期交互作用的結果。我們在前一章看到西羅馬帝國崩潰後封建制度如何在西歐建立，並傳播到西歐和東歐的大部分地區，但就像在第四章談到的，西歐和東歐在黑死病後開始分道揚鑣。政治和經濟制度的小差異意味西歐的權力平衡導向制度的改善；反之在東歐，制度卻逐漸惡化。但這並不是一條必然且堅決邁向廣納制度的道路。還有許多關鍵的轉折必須在這條路上出現。雖然大憲章嘗試為憲政建立根本的制度基礎，但歐洲許多國家、甚至東歐也出現類似的抗爭和類似的文獻。然而在黑死病之後，西歐大幅漂離東歐。像大憲章這類文獻開始對西歐產生更大影響。但在東歐，它們顯得無足輕重。在英格蘭，即使是在十七世紀的衝突之前，國王未經國會同意不得課徵新稅的慣例已經建立。同樣重要的是，權力緩慢而漸進地漂離菁英，轉向更普遍的公民，這從農村社區政治動員的例子可見一斑，例如一三八一年英格蘭的農民暴動。

這種制度漂移此時與另一個由大西洋貿易大幅擴張促成的關鍵時期交互影響。正如我們在第四章中談到，影響未來制度發展的重要因素之一是王室有沒有能力獨占這項貿易。權力較大的英格蘭國會意味都鐸和斯圖亞特王朝沒有能力這麼做。這個情況創造出一個商人和企業人士的新階層，他們積極反對在英格蘭建立專制統治的計畫。例如，在一六八六年的倫敦，有七百零二名商人出口到加勒比海，進口的商人有一千二百八十三名。北美有六百九十一名出口商，六百二十六名進口商。他們僱用倉庫看守員、水手、船長、碼頭工人、行員——這些人也與他們有廣泛的共同利益。其他生意盎然的港口如布里斯托（Bristol）、利物浦和樸茨茅斯（Portsmouth）也充滿這類商人。這些新人想要並且要求建立不同的經濟制度，而且隨著他們透過貿易變得更富裕，影響力也變得更大。同樣的力量也在法國、西班牙和葡萄牙運作，但這些國家的國王都更有能力控制貿易及其獲利。改變英格蘭的那種新階級也在這些國家興起，但他們的勢力遠為微小。

當長期國會開議而內戰在一六四二年爆發時，這些商人主要站在國會這一邊。他們在一六七〇年代與輝格黨（Whig Party）的形成關係密切，是反對斯圖亞特專制統治的中堅，並在一六八八年罷黜詹姆士二世中扮演關鍵角色。因此，美洲提供的擴大貿易機會、英格蘭商人大舉跨入這些貿易、殖民地的經濟發展，以及他們在這個過程創造的財富，使得王室與反專制者之間鬥爭的勢力失去平衡。

也許最重要的是，多樣的利益群體崛起和獲得權力——從紳士階級（在都鐸時期崛起的商業農人階級）、各類製造商，到大西洋貿易商——意味反對斯圖亞特專制統治的聯盟勢力既強且廣。這個聯盟在一六七〇年代輝格黨形成後勢力還更加強大，因為輝格黨提供一個爭取其利益的組織。這個聯盟取得權力就是光榮革命之後支撐政治多元化的支柱。如果對抗斯圖亞特王朝的所有人都有相同的利益和相同的背景，推翻斯圖亞特國王可能會比較像蘭開斯特家族對抗約克家族重演，變成一個群體對抗另一個狹隘的利益集團，最後取而代之，並重新創造相同或不同形式的榨取制度。但一個廣泛的聯盟意味他們對創造多元政治制度有更大的需求。如果沒有某種政治多元化，將出現不同利益集團中的一個群體壓倒其他人而奪取權力的危險。一六八八年後的國會代表了廣泛的聯盟，是促使國會議員傾聽請願的關鍵因素，即使請願是來自國會之外、甚至是沒有投票權的人。這是避免某個群體企圖犧牲他人而壟斷利益的關鍵因素，例如羊毛業在曼徹斯特法案之前的嘗試。

光榮革命是劃時代的事件，正是因為它由一個聲勢浩大的廣泛聯盟所領導，而革命又使得這個聯盟獲得更大的權力；這個聯盟成功建立了限制執政者與聯盟中任何一個成員的權力的憲政制度。例如，正因為這種限制，使得羊毛製造商無法壓抑棉花與棉麻粗布製造商的潛在競爭。因此這種廣泛聯盟對一六八八年後建立一個強大的國會是不可或缺的，但它同時也意味國會內部有制約的力量，以免任何單一群體變得太過強大而濫用其權力。這是多元政治制度興起的關鍵要素。這類廣泛聯盟獲得權力，對於廣納式經濟與政治制度的延續與強化也扮演了重要角色，我們將在第十一章談到這個主題。

這些條件仍不必然帶來真正的多元政治制度，而多元政治制度的出現部分來說只是歷史偶然發展的結果。一個很相似的聯盟曾經從對抗斯圖亞特王朝的英格蘭內戰勝出，結果只是帶來克倫威爾的獨裁統治。這個聯盟的力量也不保證能打敗專制統治，詹姆士二世原本可能打敗奧蘭治親王威廉。重大制度改變往往出於偶發，跟其他政治衝突的結果沒有什麼兩樣。即使有創造出反專制廣泛聯盟的制度漂移，以及為反對斯圖亞特王朝蓄積力量的大西洋貿易機會帶來的關鍵時期，偶發性在其中扮演的角色仍然一樣重要。因此，在這個例子裡，偶發性和一個廣泛聯盟就是支撐政治多元化和廣納制度崛起的決定性因素。

8 別在我們的領土：發展的障礙

禁止印刷

一四四五年在德意志城市美因茲（Mainz），古騰堡（Johannes Gutenberg）公開了一項對後來的經濟史帶來深遠影響的創新：活字印刷機。在那之前的書籍都是由抄寫員以手工抄寫，速度緩慢且極耗人工，或是以整片木刻版逐頁印刷。書籍很少見，價格十分昂貴。在古騰堡的發明之後，情況開始改變。書籍都以印刷出版，且更容易取得。如果沒有這項發明，廣大民眾的識字和教育將不可能辦到。

在西歐，印刷機的重要性很快被認識。一四六〇年，已有一部印刷機越過邊界，在法國史特拉斯堡出現。到了一四六〇年代，這種科技已傳遍義大利，羅馬和威尼斯都有印刷廠，佛羅倫斯、米蘭和杜林緊隨在後。一四七六年，卡克斯頓（William Caxton）在倫敦設立印刷廠，兩年後牛津也有一家。

在同一時期，印刷傳遍低地國（Low Countries），進入西班牙，甚至傳進東歐，一四七三年一家印刷廠在布達佩斯開張，一年後波蘭克拉科夫（Cracow）也開了一家。

然而不是每個人都把印刷當成可喜的創新。早在一四八五年鄂圖曼蘇丹巴耶塞特二世（Bayezid II）就明令禁止穆斯林印刷阿拉伯文。這個規定在一五一五年由塞利姆一世（Selim I）蘇丹進一步強化。一直到一七二七年第一部印刷機才得到允許出現在鄂圖曼的領土。當時阿赫美特三世（Ahmed III）蘇丹頒布命令，允許穆特菲利卡（İbrahim Müteferrika）設立印刷廠。即便是這個遲來的措施也由於保險起見而受到限制。雖然命令指出「此等西方技術在這個幸運的日子，將像新娘那樣被掀開面紗，從此不再隱藏」，但穆特菲利卡的印刷將受到嚴密監視。命令上說：

> 為了印製的書籍免於印刷錯誤，睿智、受人尊敬、備受讚譽且專精於伊斯蘭律法的宗教學者，優秀的伊斯坦堡法官伊薩克、塞蘭尼克（Selaniki）的法官沙希伯、加拉達（Galata）的法官阿薩德，願他們的美德增長，以及來自傑出的教團，正義的宗教學者支柱、卡辛帕薩蘇非僧院（Kasim Paşa Mevlevihane）的長老穆薩，願他的智慧和知識增長，將肩負校對職責。

穆特菲利卡獲准成立印刷廠，但他印的任何東西必須由三名宗教兼律法學者（法官）組成的小組審查。如果印刷機更加普及，也許法官的智慧和知識就能更加快速增長，正如所有人一樣。但情況並未如此發展，即使在穆特菲利卡獲准設立印刷廠後。

不足為奇的是，穆特菲利卡最後只印了少數幾種書，從他的印刷廠開始營運的一七二九年，到他停止工作的一七四三年，只印了十七種。他的家族嘗試持續這個傳統，但直到一七九七年終於放棄時只多印了七種。在鄂圖曼帝國核心的土耳其以外，印刷落後甚至更久。以埃及為例，第一家印刷廠直到一七九八年才由法國人成立，這些人是拿破崙企圖占領該國的隨行人員。直到十九世紀下半葉，鄂圖曼帝國的書籍生產主要仍是由抄寫員抄寫既有的書籍。在十八世紀初，據稱伊斯坦堡有八萬名忙碌的抄寫員。

反對印刷機對於識字率、教育和經濟成功有明顯的影響。在一八〇〇年，鄂圖曼帝國識字的公民可能只有二％到三％，相較於英國有六〇％成人男性和四〇％成人女性識字。在荷蘭和德意志，識字率甚至更高。鄂圖曼各地甚至遠遠落後於這段期間教育普及率最低的歐洲國家，例如葡萄牙，那裡可能只有二〇％的成人能閱讀和書寫。

在高度專制和榨取性的鄂圖曼制度下，蘇丹對印刷機的敵視不難理解。書籍會散播觀念，讓人民更難控制。有些觀念可能是促進經濟成長的好方法，但其他觀念可能會顛覆和挑戰既有的政治和社會現狀。書籍也會削弱控制口傳知識者的力量，因為書籍讓任何識字的人隨時可以取得知識。這對既有的狀況帶來威脅，因為知識是由菁英掌控。鄂圖曼的蘇丹和宗教當局擔心可能帶來的創造性破壞，他們的解決辦法是禁止印刷。

工業革命創造的關鍵時期影響了幾乎所有國家，部分國家如英國，不只允許而且還積極鼓勵商務、工業化和創業精神，並因而快速成長。許多國家如鄂圖曼帝國、中國和其他專制政權，因為阻礙或至少未鼓勵工業的擴展而落後。政治與經濟制度塑造了對科技創新的回應方式，再度製造出既有制度與關鍵時期之間交互作用的熟悉模式，帶來了制度與經濟結果的分歧。

鄂圖曼帝國直到第一次世界大戰末期崩潰時仍是專制政權，因此一直能成功反對或阻礙像印刷機這類創新及其帶來的創造性破壞。在英國發生的經濟改變未在鄂圖曼帝國發生的原因，是榨取性專制政治制度與榨取性經濟制度間自然而然的連結。專制統治不受法律或他人願望的節制，雖然在現實中專制統治者仍得靠一些小群體或菁英的支持。以十九世紀的俄羅斯為例，沙皇是專制統治者，獲得約一%總人口的貴族支持。這個狹窄群體建立的政治制度是為了永久延續他們的權力。俄羅斯社會在一九〇五年之前沒有國會或其他群體的政治代表，沙皇在那一年成立了議會杜馬（Duma），但很快又削弱他賦予杜馬的權力。不足為奇的是，當時的經濟制度是榨取性的，建構的目的是讓沙皇和貴族盡可能富裕，其基礎與許多榨取性經濟制度如出一轍，是一套大規模的脅迫勞動和控制的制度，而且是特別惡性的俄羅斯農奴制形式。

專制並非唯一會阻礙工業化的政治制度。雖然專制政權不具備多元性，而且害怕創造性破壞，不過許多專制政權擁有集權的政府體制，或至少集權到足以禁止像印刷機這類創新。即使到今日，像阿富汗、海地和尼泊爾這類民族國家還缺乏政治集權，在下撒哈拉非洲情況還更糟。正如我們先前討論過，沒有集權政府提供秩序和執行規範與財產權，廣納制度將無法出現。我們將在本章看到，在下撒哈拉非洲的許多部分（例如索馬利亞和蘇丹南部），工業化的重大阻礙之一是缺少任何形式的政治集權。

若不具備這些先決條件，工業化沒有機會起飛。

專制和缺乏政治集權（或只有微弱的政治集權），是阻止工業擴散的兩種不同障礙。但它們之間也有連結，兩者都因為害怕創造性破壞而僵化不變，同時因為政治集權的過程往往會製造往專制發展的傾向。抗拒政治集權的原因很類似抗拒廣納性政治制度：害怕失去政治權力，但這次是害怕被新的集權化政府和掌控政府的人搶走。我們在前一章討論到英格蘭都鐸王朝統治下政治集權的過程，以及這個過程如何提高不同地方菁英對於他們在全國性政治機構能有人代表與發聲的要求，以彌補喪失的政治權力。這創造出更強大的國會，最後使廣納的政治制度得以出現。

但在許多別的例子裡，發生的情況剛好相反，政治集權的過程引導到更專制的制度。俄羅斯專制政權的發源就是一個例子，這是彼得大帝從一六八二年到他一七二五年死亡期間建立的。彼得在聖彼得堡建立新都，奪走舊貴族（Boyars）的權力，以便建立一個現代官僚政府和現代軍隊。他甚至廢除立他為沙皇的貴族杜馬（Boyar Duma）。彼得採行職級表（Table of Ranks），建立一套全新的社會階層，其核心精神是報效沙皇。他也控制教會，就像英格蘭的亨利八世將政府集權化時的做法。彼得透過這個政治集權的過程奪走其他人的權力，並將權力導向自己。他的軍事改革引發傳統皇家衛隊斯特列爾奇（Streltsy）的反叛。其他人也加入叛亂，例如中亞的巴什基爾人（Bashkirs）和布拉溫之亂（Bulavin Rebellion），但這些反叛都未成功。

雖然彼得大帝的政治集權計畫很成功，也克服了反對勢力，但因權力受到威脅而反對政府集權的這類勢力（例如斯特列爾奇），在世界上許多地方獲得勝利，其結果是缺乏政府集權導致另一種榨取的政治制度持續不墜。

在本章，我們將看到在工業革命創造的關鍵時期，許多國家如何錯過機會並失去工業擴散帶來的益處。這些國家往往有專制的政治制度和榨取的經濟制度，就像鄂圖曼帝國；或者它們缺乏政治集權，像索馬利亞。

小差異卻有大影響

專制統治在十七世紀的英格蘭瓦解，但在西班牙卻變得更強大。等同於英格蘭國會的西班牙柯爾蒂司徒具虛名。西班牙在一四九二年透過伊莎貝拉女王和費迪南國王聯姻，合併卡斯提亞（Castile）和阿拉貢（Aragon）王國而形成。那一年正好是收復失土運動（Reconquest）結束，驅逐了從八世紀以來就長期占領西班牙南部，建立格拉納達（Granada）、科爾多瓦（Cordova）和塞維亞（Seville）等大城市的阿拉伯人。伊比利半島上最後一個阿拉伯國家格拉納達被西班牙征服的時候，正好是哥倫布抵達美洲、開始為資助他航行的伊莎貝拉女王和費迪南國王占據領土的時候。

卡斯提亞王室與阿拉貢王室合併，及隨後一連串的王朝聯姻與繼承，在歐洲創造出一個超級大國。伊莎貝拉在一五〇四年去世，她女兒胡安娜（Joanna）加冕成為卡斯提亞女王。胡安娜嫁給哈布斯堡家族的腓力（Philip of the House of Habsburg），他是神聖羅馬帝國皇帝馬克西米利安一世（Maximilian I）的兒子。一五一六年，胡安娜與腓力的兒子查理（Charles）加冕成為哈布斯堡與阿拉貢王國的查理一世。當他父親去世，查理繼承荷蘭與法蘭什孔泰（Franche-Comté），併入他在伊比利和美洲擁有的領土。一五一九年，馬克西米利安一世去世，查理也繼承哈布斯堡在德意志地區的領土，並成為神聖羅馬帝國皇帝查理五世（Charles V）。原本只是兩個西班牙王國在一四九二年的合併，變成一個跨洲的帝國，而查理則繼續壯大由伊莎貝拉和費迪南開創的專制國家。

建立並鞏固西班牙專制政權的努力，因為在美洲發現的貴金屬而大獲助益。到一五二〇年代，墨西哥瓜納華托（Guanajuato）已發現大量白銀，不久後在墨西哥薩卡特卡斯（Zacatecas）又再度發現。一五三二年征服祕魯後，為王室帶進了更多財富。這些財富以抽成的方式取得：任何征服得來的掠奪品和礦產收入都得貢獻「五分之一給皇室」。正如我們在第一章談到，一五四〇年代在波托西發現一座銀山，使西班牙國王的財庫湧進更多財富。

在卡斯提亞和阿拉貢合併時，西班牙是歐洲經濟最成功的地區之一。在它的專制政治體系獲得鞏固後，經濟開始相對變弱，接著在一六〇〇年之後，經濟更是陷於絕對的衰退。伊莎貝拉和費迪南在收復失土運動後，緊接著採取的措施就是徵收猶太人財產。約二十萬名西班牙的猶太人得在四個月內離開，他們必須以極低的價格變賣土地和資產，且不准攜帶任何黃金或白銀離開西班牙。類似的人間悲劇約在一百多年後再度重演，從一六〇九年到一六一四年，腓力三世驅逐西班牙南部前阿拉伯國家人民的後裔摩爾人。和猶太人一樣，摩爾人只能攜帶隨身的東西離開，且不准帶走黃金、白銀和其他貴金屬。

在哈布斯堡王朝統治下的西班牙，其他方面的財產權也不安全。一五五六年繼承父親查理五世王位的腓力二世，在一五五七年就發生債務違約的情況，一五六〇年又再度倒債，前後毀了富格（Fugger）和威瑟（Welser）銀行家族。這兩個德意志銀行家族的角色改由熱內亞的銀行家族承接，但後者也被哈布斯堡統治的西班牙一連串的倒債摧毀；倒債發生的時間分別在一五七五、一五九六、一六〇七、一六二七、一六四七、一六五二、一六六〇和一六六二年。

與西班牙專制統治下財產權的不穩定同樣重要的是，專制統治對貿易的經濟制度和西班牙殖民帝國發展的影響。我們在前一章已經討論到，英格蘭的經濟成功建基在快速的商務擴張。與西班牙和葡萄牙比較起來，雖然英格蘭是大西洋貿易的後來者，但它允許相對較廣泛的階層參與貿易和殖民機會。在西班牙，財富流入王室的財庫；在英格蘭，財富則散布到新興的商人階級。就是這個商人階級形成了早期英格蘭經濟活力的基礎，並建立了反專制政治聯盟的堡壘。

在西班牙，這些引導到經濟進步和制度改變的過程並未發生。在發現美洲後，伊莎貝拉和費迪南透過塞維亞的商人行會，組織新殖民地與西班牙間的貿易。這些商人控制所有貿易，並確保王室分到美洲財富的一杯羹。所有殖民地都未開放自由貿易，而每年都有一支大船隊會從美洲回到西班牙，載運貴金屬和寶貴的貨物到塞維亞。這種貿易狹隘而獨占的基礎，意味不會有廣泛的商人階級從殖民地的貿易機會興起。即使是美洲內的貿易也受到層層管制，例如在新西班牙（大約是現在的墨西哥）這類殖民地的商人，不能直接與新格拉納達（現在的哥倫比亞）直接貿易。西班牙帝國內部的貿易限制減損了帝國的經濟富裕，並間接降低西班牙可以透過與其他更富裕的帝國貿易而獲得的潛在利益。儘管如此，這些限制很有吸引力，因為它們可以保證白銀和黃金不斷流進西班牙。

西班牙的榨取性經濟制度，是專制政權的建立以及政治制度步上與英格蘭不同道路的直接結果。卡斯提亞王國和阿拉貢王國都有自己的柯爾蒂司，亦即王國中不同群體的代表組成的國會。和英格蘭的國會一樣，卡斯提亞的柯爾蒂司必須由國王召開，以同意開徵新稅。不過，卡斯提亞和阿拉貢的柯爾蒂司主要由大城市推派代表，不像英格蘭國會兼顧城市和農村地區。到十五世紀，柯爾蒂司只有十八個城市參與，每個城市各派兩名代表。其結果是，柯爾蒂司不像英格蘭國會那樣代表更廣泛的群體，而且從未發展成一個匯聚了想限制專制政權的多樣利益的樞紐。它不能立法，甚至在同意開徵新稅方面的權力也很有限。這些都讓西班牙國王更容易在鞏固其專制統治時，讓柯爾蒂司邊緣化。即使有來自美洲的白銀，查理五世和腓力二世仍要求愈來愈重的稅收，以支應一連串昂貴的戰爭。一五二〇年，查理五世決定向柯爾蒂司提出加稅的要求。城市菁英利用這個機會要求讓柯爾蒂司及其權力有更大幅的改變，這場抗爭變成暴動，很快成為所謂的平民叛亂（Comunero Rebellion）。最後查理靠忠心的軍隊鎮壓反叛。不過，在十六世紀其餘時候，抗爭仍然持續不斷，因為國王仍嘗試奪走柯爾蒂司的權力，以便課徵新稅和提高舊稅。雖然抗爭時熱時冷，國王還是贏得最後的勝利。一六六四年後，柯爾蒂司就不再開會，一直到將近一百五十年後拿破崙入侵期間它才重新創建。

一六八八年專制統治在英格蘭的失敗不僅帶來多元政治制度，也進一步發展出更有效率的集權政府。在西班牙，專制政權的勝利造成相反的結果。雖然國王削弱柯爾蒂司並去除對自身行為的所有潛在限制，王室卻變得愈來愈難徵稅，甚至嘗試直接與個別的城市協商也徒勞無功。當英格蘭致力於建立一個有效的現代稅務官僚體系時，西班牙再度往相反方向發展。王室不僅未能為創業家確保財產權同時更獨占了貿易權，反而還賣官（往往容許世襲）、包收租稅，甚至出售司法豁免權。

西班牙出現這些榨取性政治與經濟制度是可以預料的。十七世紀英格蘭邁向經濟成長和快速工業化之際，西班牙卻快速墜落廣泛的經濟衰退。在十七世紀初，西班牙每五個人中有一個住在城市地區，到世紀結束時，這個數字已減半到每十個有一個，與西班牙人口變貧窮的速度一致。在英格蘭人變富裕時，西班牙人普遍變窮。

西班牙專制統治的持續與強化，而英格蘭的專制政權卻被推翻，這又是一個說明小差異在關鍵時期關係重大的例子。小差異是代議制度的強度和性質，關鍵時期則是發現美洲。兩者的交互作用把西班牙帶往一個與英格蘭截然不同的制度道路。英格蘭出現的相對廣納的經濟制度，創造了史無前例的經濟動力，並以工業革命達到其高峰，而工業化在西班牙卻無法生根發展。等到工業科技擴散到世界許多地方時，西班牙經濟已衰退到甚至不需要西班牙王室或地主菁英來阻擋工業化。

對工業的恐懼

如果沒有經歷類似一六八八年之後英格蘭出現的政治制度與政治權力的改變，專制國家幾乎沒有機會從工業革命的創新和新科技獲益。例如，在西班牙，財產權沒有保障和普遍的經濟衰退，意味人們完全沒有誘因去從事必要的投資和犧牲。在俄羅斯和奧匈帝國，阻止工業化的不只是菁英的忽略和錯誤管理，以及榨取制度下經濟的節節衰退，而是統治者積極阻礙任何引進這類科技的企圖，並禁止對鐵路等基礎建設的投資，這類基礎建設正好可以是工業化的觸媒。

在十八世紀和十九世紀初的工業革命時期，歐洲的政治版圖與今日大不相同。由超過四百個政治體拼湊成的神聖羅馬帝國（大部分最後併入德國）占據大部分中歐，哈布斯堡王室仍是一股龐大的政治勢力，它掌控的哈布斯堡帝國或奧匈帝國即使不再包括西班牙（從波旁家族一七〇〇年接管西班牙王位後），仍然跨越約二十五萬平方英里的廣大地區。以人口看，它是歐洲第三大國家，占歐洲人口的七分之一。在十八世紀末，哈布斯堡的土地從西起包括今日的比利時，在當時稱為奧屬尼德蘭（Austrian Netherlands），不過最大的部分是奧地利和匈牙利及其周圍的土地，包括北邊的捷克共和國和斯洛伐克，南邊的斯洛維尼亞、克羅埃西亞，和義大利與塞爾維亞的一部分。往東邊看，它也包括今日羅馬尼亞和波蘭的許多地方。

哈布斯堡領土上的商人影響力遠比英國商人小，而東歐的土地則盛行農奴制。正如我們在第四章討論到，匈牙利和波蘭位於東歐二次農奴制的心臟地帶。不同於斯圖亞特王朝，哈布斯堡王朝在維繫嚴厲的專制統治上很成功。一七九二年到一八〇六年統治神聖羅馬帝國的最後一位皇帝、接著又成為奧匈帝國皇帝直到一八三五年去世的法蘭西斯一世（Francis I），是一位絕對的專制皇帝。他不承認對他權力的任何限制，特別是他希望保持政治現狀。他的基本策略就是反對改變——任何形式的改變。他在一八二一年的演說中清楚表達這一點，並以哈布斯堡統治者典型的方式對萊巴赫（Laibach）一所學校的教師說：「我不需要博學的人民，只要善良、誠實的人民。你們的工作是教育年輕人成為這種人。為我工作的人必須照我的命令教導。如果任何人做不到這一點，或想到新想法，他可以離開，或者我會讓他走。」

一七四〇年到一七八〇年在位的特蕾莎女皇（Maria Theresa）經常回答有關改善或改變制度的建議說：「一切保持原狀就好。」儘管如此，她和她兒子約瑟夫二世（Joseph II，一七八〇至九〇年任皇帝）曾嘗試建立更強大的集權政府和更有效的行政體系。但他們在一個完全無法節制其行為並且政治多元化也很少的政治體系下進行這個工作，沒有國會能稍微控制君王，只有一套過去曾有一些課稅權和募兵權的地方階級（estate）與議會的制度。奧匈哈布斯堡君王受到的節制比西班牙君王還更少，而且政治權力集中在少數人手中。

隨著哈布斯堡專制統治在十八世紀進一步強化，所有非皇室機構的權力也進一步被削弱。當奧地利提洛省（Tyrol）的市民代表向法蘭西斯一世請願創制憲法時，他的回應是：「原來你們想要一部憲法！……聽著，我不喜歡憲法，我會給你們一部憲法，但你們必須知道士兵服從我的命令，如果我需要錢我不會徵詢你們的意見……無論如何我勸你們小心自己想說的話。」聽到他的回應後，提洛省的領導人回答：「如果你這麼想，那最好是沒有憲法。」法蘭西斯對此的反應是：「這也是我的意見。」

特蕾莎用來跟官員諮詢的國務委員會（State Council）遭法蘭西斯解散，從那時候起國王的決定就再也沒有諮詢官員意見或公開討論。法蘭西斯建立了一個警察國家，嚴密監視任何可能被視為略微激進的人。他的長期幫手哈提希伯爵（Count Hartig）形容他的統治哲學是「永不停止地維護統治權威，並排拒任何人民參與此等權威的主張」。他的一切作為得到一八〇九年被他任命為外交大臣的梅特涅親王（Prince von Metternich）的協助。梅特涅親王的權力和影響力實際上比法蘭西斯持續更久，他擔任外交大臣長達近四十年。

哈布斯堡經濟制度的核心是封建秩序和農奴制度，在帝國境內愈往東邊走就愈發現，封建秩序變得更加嚴密，這反映出我們在第四章討論的更加傾斜的經濟制度。勞工流動受到極大限制，法律不允許遷移。當英國慈善家歐文（Robert Owen）嘗試說服奧地利政府推動社會改革以改善貧苦人民的生活時，梅特涅的助理馮艮茨（Friedrich von Gentz）回答：「我們不希望所有人民都過好日子和獨立……否則我們怎麼統治他們？」

除了完全阻礙勞動市場興起、並消滅農村廣大人民的經濟誘因或努力的農奴制外，哈布斯堡的專制統治也靠獨占和其他對貿易的限制而興盛。都市經濟由行會（guilds）支配，而行會則限制新進者跨入。在一七七五年以前，奧地利境內要收內部關稅，這種情況在匈牙利還延續到一七八四年。進口產品的關稅很高，許多貨物完全禁止進口和出口。

壓制市場和建立榨取性經濟制度當然是專制政權的特質，但法蘭西斯做得更徹底。這裡的情況不只是榨取性經濟制度消滅了個人創新或採用新科技的誘因。我們在第二章曾討論到剛果王國嘗試提倡使用耕犁卻不成功，原因是經濟制度的榨取性質。剛果國王知道如果他可以勸誘人民使用犁，農耕生產力將提高，創造出更多財富而使他受益。這是所有政府的潛在誘因，甚至專制政府也相同。剛果的問題出在人民瞭解不管他們生產什麼，都可能被專制的國王沒收，因此他們沒有投資或利用更好科技的誘因。在哈布斯堡，法蘭西斯不鼓勵人民採用更好的科技；相反的，他反對這麼做，並阻礙新科技傳播，而這些新科技是人民仍可能願意採用的，即使是在既有的這種經濟制度下。

反對創新以兩種方式呈現，第一，法蘭西斯一世反對工業發展。工業帶來工廠，而工廠會在城市聚集貧窮的勞工，尤其是在首都維也納。這些工人可能變成反對專制政權的支持者。他的政策目標是鞏固傳統的菁英還有政治現狀與經濟現狀，他希望保持一個以農業為主的社會。法蘭西斯相信，達到這個目的最好的方法是一開始就阻止興建工廠。例如，他在一八〇二年直接下令禁止在維也納蓋工廠。他禁止進口和採用能為工業化打基礎的新機器，直到一八一一年為止。

第二，他反對興建鐵路，而這又是工業革命帶來的關鍵新科技之一。當有人向法蘭西斯一世提出興建北部鐵路的計畫時，他回答：「不，不，我不想跟它有任何關係，免得國內發生革命。」

由於政府不允許興建蒸汽鐵路，帝國境內興建的第一條鐵路不得不採用馬匹拉的車廂。這條鐵路從多瑙河畔的林茲（Linz）連接莫爾道河（Moldau River）畔的波西米亞城市布德威斯（Budweis），沿途有許多坡道和轉角，這意味以後不可能改成使用蒸汽機，因此它持續使用馬力直到一八六〇年代。所羅門．羅特希爾德（Salomon Rothschild）是大銀行家族在維也納的代表，他很早就發現在帝國裡發展鐵路有很大的經濟潛力。所羅門的兄弟納森（Nathan）住在英國，對史蒂芬生的蒸汽機「火箭號」和蒸汽動力的潛能很感興趣。他連絡並鼓勵他的兄弟探尋在奧地利發展鐵路的機會，因為他相信家族可以從資助鐵路發展獲得龐大利益。但這個計畫無疾而終，因為法蘭西斯皇帝再度說不。

反對工業和鐵路是因為，法蘭西斯擔心伴隨現代經濟發展而來的創造性破壞。他的優先目標是確保自己統治下的榨取制度的穩定，以及保護支持他的傳統菁英的優勢。工業化對他來說不僅獲益有限，還會因為吸引農村的勞工聚集到城市而削弱封建秩序，而且法蘭西斯看出重大的經濟改變會對他的政治權力帶來威脅。因此他阻擋工業和經濟進步，使經濟持續落後。這呈現在許多方面，例如，直到一八八三年，全世界九〇%的鐵都以煤煉製時，哈布斯堡領土上有一半的鐵仍使用效率較低的木炭煉製。同樣的，直到第一次世界大戰結束帝國崩潰時，紡織尚未完全機械化，而仍然採用手工生產。

奧匈帝國不是唯一恐懼工業的政權。再往東走，俄羅斯有一套同樣專制的政治制度，由彼得大帝所建立。和奧匈帝國一樣，俄羅斯的經濟制度具有高度榨取性，農奴制把至少一半人口綁在土地上。農奴必須每週為地主的土地免費工作三天，他們不能遷住，沒有職業自由，而且地主可以任意販賣農奴給其他地主。近代無政府主義的創立者之一、激進哲學家克魯泡特金（Peter Kropotkin），生動地描述了農奴制在一八二五年到一八五五年統治俄羅斯的沙皇尼古拉一世（Nicholas I）下運作的情形。他回憶自己的童年故事：

男人和女人從家庭和村莊被拆散然並販售，在賭博中輸掉，或被用來交換兩條獵犬，然後運送到俄羅斯某個偏遠的地方……小孩被從父母身邊帶走，賣給殘酷或浪蕩的主人；每天在馬廄中發生殘暴至極的鞭打；一個女孩發現她唯一的救贖是溺死自己；一個老人為他主人服務到頭髮斑白，最後上吊死在主人的窗口；農奴的叛亂，最後被尼古拉一世的將領鎮壓，方法是每十個或五個男人就拉出一個鞭打至死，並且摧毀整個村莊……至於我在遊歷某些村莊所看到的貧窮，尤其是在屬於皇室的村莊裡，沒有言語足以向未親眼見過的讀者描述。

就像在奧匈帝國的情況，俄羅斯的專制政權不只是製造出一套阻礙社會富裕的經濟制度，對創造性破壞以及工業和鐵路也懷著類似的恐懼。尼古拉一世統治期間的核心人物之一，是一八二三年到一八四四年擔任財政大臣的坎克林伯爵（Count Egor Kankrin），他在反對促進經濟繁榮所需的社會改變中扮演關鍵角色。

坎克林的政策目標是強化政權的傳統政治支柱，特別是地主貴族，同時保持農業社會的形態。坎克林在當上財政大臣後，很快就反對並逆轉前任財政大臣古瑞夫（Gurev）的提議，也就是成立政府擁有的商業銀行以借款給工業。相反的，坎克林重新啟用拿破崙戰爭期間關閉的國家貸款銀行。這家銀行最初設立是為了以補貼的利率借款給大地主，坎克林贊同這種政策。申請貸款者必須以農奴作為「保險」或擔保，因此只有封建地主能利用這種貸款。為了提供資金給國家貸款銀行，坎克林從商業銀行轉移資產，一石二鳥地達成他的目的：減少貸款給工業的資金。

坎克林的態度是基於對經濟改變勢必帶來政治改變的恐懼，而沙皇尼古拉的態度也一樣。尼古拉在一八二五年十二月取得的權力，差點在一場軍方將領的政變中被推翻，這些被稱為十二月黨人（Decebrists）的軍官對社會有一套激進的改革計畫。尼古拉寫信給米哈伊大公（Grand Duke Mikhail）說：「革命已經打到俄羅斯的門口，但我發誓只要一息尚存絕不讓它穿透我的國家。」

尼古拉畏懼建立現代經濟會帶來的社會改變。他在莫斯科一場工業展覽上會見製造業者所發表的演講中說：

政府和製造業者必須把注意力轉向一件事，否則每一座工廠將變成邪惡而非祝福，這件事就是關注數量逐年增加的工人。他們的道德需要積極且父親式的監督；若不如此，如此眾多的人民將逐漸腐化，最後變成一個悲慘且對他們的主人很危險的階級。

和法蘭西斯一樣，尼古拉害怕現代工業經濟釋放的創造性破壞將動搖俄羅斯的政治現狀。在尼古拉的要求下，坎克林採取具體的措施以減弱工業的潛力。他禁止數項過去定期舉行、用於展示新科技並推廣其採用的工業展覽會。

一八四八年，歐洲受到一連串革命爆發的衝擊。負責維持公共秩序的莫斯科軍政首長薩克瑞夫斯基（A. A. Zakrevskii）寫信給尼古拉：「為了維護目前僅有俄羅斯保有的安定與繁榮，政府不應允許無家可歸者和行為不檢者集會，因為他們可能共同行動，摧毀社會或私人的和平。」他的建議被呈報到尼古拉的大臣，於是一項新法律在一八四九年開始施行，嚴格限制在莫斯科各地可以設立的工廠數量。該法律特別禁止新設立羊毛或棉紡紗廠與鑄鐵工廠。其他產業如織布或染布業如果想開新工廠，必須向軍政首長申請。最後棉紡業完全被禁止。這項法律意在阻止城市裡可能造反的工人進一步集中。

反對鐵路緊跟著反對工業而來，和奧匈帝國的情況如出一轍。在一八四二年以前，俄羅斯只有一條鐵路，即沙皇村鐵路（Tsarskoe Selo Railway），長十七英里，從聖彼得堡連接到沙皇村和帕甫羅夫斯克（Pavlovsk）的皇宮。和反對工業的理由一樣，坎克林認為沒有發展鐵路的必要，鐵路會帶來危及社會的流動性：「鐵路不一定是自然需求的結果，而是出於人為的需要或奢侈。它們鼓勵人從事不必要的旅行，這正是我們時代的寫照。」

坎克林拒絕無數興建鐵路的申請，直到一八五一年只有一條連接莫斯科和聖彼得堡的鐵路興建。出任運輸與公共建築管理局首長的克林密契伯爵（Count Kleinmichel）延續了坎克林的政策。這個機構變成鐵路建設的主管單位，而克林密契利用它做為阻止鐵路發展的平臺。一八四九年之後，他甚至利用自己的職權來檢查有關鐵路發展的報紙討論。

地圖13顯示出這種邏輯的結果。雖然英國和大部分西北歐在一八七〇年時已經鐵路交織，穿越俄羅斯廣大領土的鐵路卻很少。直到俄羅斯在一八五三至五六年的克里米亞戰爭中被英國、法國和鄂圖曼的軍隊擊潰後，反對鐵路的政策才反轉，俄羅斯人才瞭解運輸網路的落後是俄國安全的重大弱點。奧匈帝國境內除了奧地利和帝國西部外，鐵路發展也相當落後，雖然一八四八年的革命為這些地方帶來了改變，尤其是廢除農奴制。

禁止船運

專制統治不只出現在歐洲許多國家，許多亞洲國家也是，而且同樣在工業革命創造的關鍵時期阻礙了工業化。中國的明朝和清朝以及鄂圖曼帝國的專制統治，充分展現這種模式。從西元九六〇年到一二七九年的宋朝，中國在許多科技創新上領先世界。中國人發明時鐘、羅盤、火藥、紙和紙幣、磁器，並且比歐洲更早利用鼓風爐來製造鑄鐵。中國人也獨力發展出轉輪和水力，與這些發明出現於歐

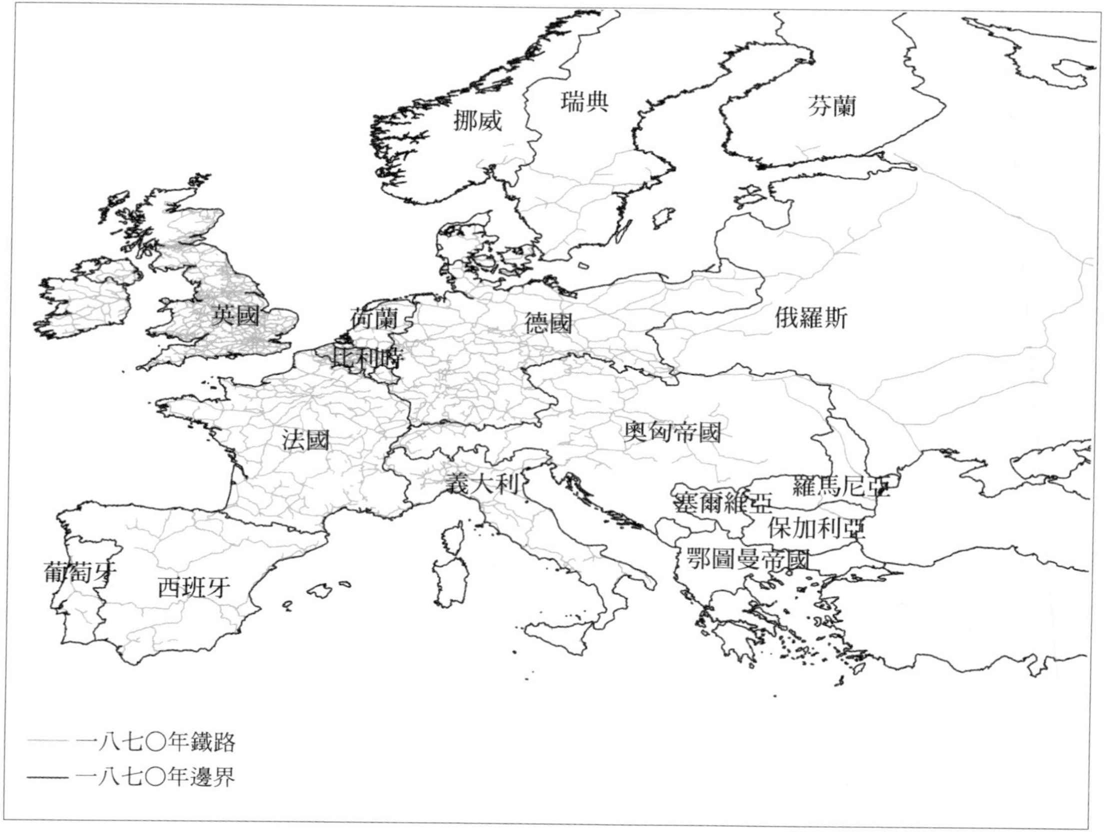

地圖13：一八七〇年的歐洲鐵路

亞大陸另一端大約同時。中國在一五〇〇年時的生活水準至少和歐洲一樣高。許多世紀以來中國就已是集權國家，採行以才幹為任用標準的文官制度。

然而中國也是專制統治，而宋朝期間的成長也是在榨取制度下的產物。社會上除了君主外，各種群體沒有政治代表，也沒有類似英格蘭國會或西班牙柯爾蒂司的機構。商人在中國的地位向來不確定，且宋朝偉大的發明並非市場誘因的結果，而是透過政府贊助、甚至命令而產生。這些發明很少被商業化。宋朝之後的明朝和清朝，政府的掌控更進一步加強。所有這一切的基礎仍然是不變的榨取制度邏輯。和大多數控制榨取制度的統治者一樣，中國的專制君主反對改變、要求穩定，且基本上畏懼創造性破壞。

這從國際貿易的歷史可窺其一斑。正如我們已討論過，發現美洲和國際貿易進行的方式，在現代歐洲早期的政治衝突和制度改變中扮演關鍵角色。在中國，民間商人通常從事國內的貿易，海外貿易則由政府獨占。明朝在一三六八年創立後，第一位皇帝洪武帝統治三十年，他擔心海外貿易會帶來政治和社會的動亂，因此只允許政府主持的國際貿易，而且僅限於招徠納貢而非商業活動。洪武帝甚至處死數百名被指控企圖把納貢任務改變成商務冒險的人。在一三七七年到一三九七年間，政府未批准任何海上納貢任務。他禁止民間個人與外國人貿易，且不許中國人航行到海外。

一四〇二年，明朝永樂帝即帝位，並展開中國歷史上最輝煌的時期之一，重新啟動政府贊助的大規模海外貿易活動。永樂帝派鄭和從事六次航行到東南亞、南亞、阿拉伯和非洲的重大任務。中國人從悠久的貿易關係知道這些地方，但以前從未有過如此規模的行動。第一支艦隊有二萬七千八百人參與，有六十二艘大寶船，伴隨一百九十艘較小的船，其中包括有些專門載運淡水、有些載運補給品，以及載運軍隊的船。但六次任務後，永樂帝在一四二二年暫停派遣任務，繼位的洪熙帝（一四二四到二五年在位）則永久停止派遣任務。洪熙帝猝死之後，宣德帝登基，起初他允許鄭和在一四三三年進行最後一次出使，但此後所有海外貿易都遭禁止。到一四三六年，建造遠洋海船甚至被視為違法。海外貿易的禁令直到一五六七年才解除。

這些事件都為了禁止被視為可能造成不穩定的經濟活動，雖然只是榨取制度的冰山一角，卻對中國的經濟發展產生根本的影響。正當國際貿易和發現美洲從根本上改變英格蘭的制度時，中國在這個關鍵時期卻斷絕對外關係，轉而向內，一直持續到一五六七年。明朝在一六四四年被女真人推翻，清朝取而代之，接著是一段政治極度動盪的時期。清朝大規模沒收財產與資產。在一六九〇年代，罷官文人兼不得意的商人唐甄寫道：

> 從清朝建立五十多年來，整個國家變得日益貧窮。農人窮困，工匠窮困，商人窮困，官員也窮困。穀物價格低廉，卻沒錢吃飽。布匹價格低廉，卻沒錢買布穿衣。滿船的貨物從一個市場運到另一個市場，但貨物必須賠本才能賣完。即將退休的官員發現，他們沒有足夠的錢可以養家。士農工商全都一貧如洗。*

＊編注：出自唐甄《潛書．存言》，原文是：「清興五十餘年矣。四海之內，日益貧困：農空、工空、市空、仕空。穀賤而艱於食，布帛賤而艱於衣，舟轉市集而貨折貲，居官者去官而無以為家，是四空也。」

一六六一年，康熙帝下令，從越南到浙江所有居住在沿海地區的人——基本上是整個南部海岸，也就是過去中國商業最活絡的地區——必須往內陸遷移十七英里遠。海岸有軍隊巡邏來執行這項命令，直到一六九三年各地沿岸都禁止航行。這個禁令在十八世紀不時再度頒布實施，很徹底地壓制中國海外貿易興起。即使部分貿易有發展，但很少人願意大舉投資，因為皇帝可能突然改變心意而禁止貿易，使船隻、設備和貿易關係的投資變得毫無價值，甚至付出更慘重的代價。

明朝和清朝反對國際貿易的原因現在大家已經很熟悉：恐懼創造性破壞。皇帝的首要目標是政治安定，國際貿易可能帶來不穩定，因為商人將變得富有和大膽，正如大西洋擴張時期的英格蘭商人。不只是明朝和清朝的統治者這麼認為，宋朝的皇帝雖然願意贊助科技創新和允許更大的商業自由，卻也局限於他們能控制的範圍內。情況在明朝和清朝變得更惡化，政府對經濟活動的控制日益緊密，海外貿易則遭到禁止。明朝和清朝國內有一些市場和貿易，且政府對國內經濟課稅很輕，不過對創新卻很少支持，並且發展商業或工業的目的是為了政治安定。所有這些對經濟的專制控制結果都不難預測：整個十九世紀和二十世紀初，當其他經濟體展開工業化時，中國經濟卻陷於遲滯。到毛澤東一九四九年建立共產黨政權時，中國已變成全世界最貧窮的國家之一。

祭司王約翰的專制統治

專制的政治制度及其帶來的經濟後果並不局限於歐洲和亞洲，而也出現在非洲，例如我們在第二章討論到的剛果王國。另一個持續更久的非洲專制政權例子是衣索比亞（或阿比西尼亞〔Abyssinia〕），其根源我們在第六章討論阿克蘇姆王國衰亡、封建制度崛起時曾經提及。阿比西尼亞專制政權甚至比歐洲的同類延續更久，因為它在關鍵時期面對大不相同的挑戰。

在阿克蘇姆國王埃札納皈依基督教後，衣索比亞人一直信仰基督教，到十四世紀時，他們成了祭司王約翰（King Prester John）傳說的焦點。約翰是一位信仰基督教的國王，在中東伊斯蘭教崛起後與歐洲的往來便斷絕。起初這個王國被認為位於印度，但隨著歐洲人對印度的知識增長，人們發現那不是事實。衣索比亞國王因為是基督徒，於是成了傳說的目標。事實上，歷來的衣索比亞國王都極力嘗試與歐洲的君主國結盟以對抗阿拉伯人的侵略，至少從一三〇〇年開始就派遣外交使節到歐洲，甚至說服葡萄牙國王派遣士兵。

這些士兵以及外交使節、耶穌會教士和商旅曾經晉見約翰，留下許多對衣索比亞的記述。其中最有趣的記述之一是阿爾瓦雷斯（Francisco Álvares）採取經濟觀點的札記，他是跟隨葡萄牙外交使節的牧師，從一五二〇年到一五二七年在衣索比亞遊歷。此外還有耶穌會教士阿爾梅伊達（Manoel de Almeida）的筆記，他從一六二四年住在衣索比亞；旅人布魯斯（John Bruce）從一七六八年到一七七三年也住在這個國家。這些人的寫作提供了詳細的紀錄，呈現衣索比亞當時的政治和經濟制度，證明衣索比亞毫無疑問是一個完美的專制政權。那裡沒有任何形式的多元制度，國王的權力也未受任何節制和束縛，他們統治權的基礎來自於宣稱自己是傳奇的所羅門王（King Solomon）和示巴女王（Queen of Sheba）的後代。

衣索比亞專制統治的結果是，國王的政策造成財產權的極度不安全。例如，布魯斯說：

所有土地都歸屬於國王；他可以在高興時送給他喜歡的人，並隨時任意收回土地。他死後王國的所有土地立即任由新王處置；不僅如此，任何現在的土地擁有者死後，他擁有的土地不管持續多久都恢復為歸屬於國王，而不由長子承繼。

阿爾瓦雷斯描述，「如果不是大人虐待人民」，人民會生產更多「果實和耕種更多土地」。阿爾梅伊達對社會運作情況的記述也很一致，他寫道：

國王交換、改變和取走土地的例子如此常見，使得每個人擁有土地只持續兩、三年，有時候只有一年，甚至不到一年，而人們一點也不覺得奇怪。經常一個人犁了田，另一個人播種，再另一個人收成。因此這導致沒有人照顧他擁有的土地；甚至沒有人種樹，因為他知道種樹者很少能收成果實。不過，對國王來說，人們如此依賴他卻是極為有用。

這些描述暗示了衣索比亞的政治與經濟結構與歐洲專制政權極其類似，雖然可以明顯看出衣索比亞的專制更加嚴厲，且經濟制度更具榨取性。此外，正如我們在第六章強調的，衣索比亞並未經歷削弱英格蘭專制統治的同一關鍵時期。衣索比亞被隔絕於塑造現代世界的許多過程之外；即使它未被隔絕，以其專制的嚴厲程度可能也會導致專制統治更加強化。例如，和西班牙一樣，衣索比亞的國際貿易由國王控制，包括獲利豐厚的奴隸貿易。衣索比亞並非完全隔絕：歐洲曾經尋找祭司王約翰，衣索比亞也必須與環伺的伊斯蘭國家作戰。然而歷史學家吉朋相當正確地指出：「在四周被宗教上的敵人圍繞下，衣索比亞沉睡了近千年，忘記了忘記他們的世界。」

當歐洲人十九世紀開始殖民非洲時，衣索比亞是一個由卡薩公爵（Ras Kassa）統治的獨立王國。卡薩在一八五五年加冕成為皇帝特沃德羅斯二世（Tewodros II），他開始推動政府現代化，建立一個中央集權的官僚及司法體系，和一支能控制國家、甚至與歐洲人打仗的軍隊。他設置管理各省的軍事首長，負責課稅，並把稅金繳交給他。他與歐洲強權的談判屢遭挫折，惱怒之下囚禁談判的英國官員。英國在一八六八年派遣遠征軍，攻陷衣索比亞首都，特沃德羅斯自殺身亡。

儘管如此，特沃德羅斯重新建構的政府仍然在十九世紀對抗義大利人的戰爭中，獲得歷史上最大的反殖民勝利之一。一八八九年，王位傳承給孟尼里克二世（Menelik II），他立即面對義大利有意在衣索比亞建立殖民地。一八八五年，德國首相俾斯麥（Bismarck）在柏林舉行會議，歐洲列強醞釀「瓜分非洲」的構想，亦即決定如何把非洲劃分成不同的勢力範圍。在會議中，義大利取得在衣索比亞沿海的厄利垂亞和索馬利亞殖民的權利。衣索比亞雖然未派代表出席會議，卻避過這場災難。不過，義大利人繼續籌劃，並在一八九六年派遣一支軍隊從厄利垂亞南下。孟尼里克的反應和歐洲中古世紀的國王一樣，他號召貴族聚集各自的武裝戰士，組成一支軍隊。這個辦法無法讓軍隊長期留在戰場，但可以在短時間內集結一支龐大的軍隊。這段很短的時間剛好夠打敗義大利人，人數一萬五千人的義大利軍隊在一八九六年的阿杜瓦戰役（Battle of Adowa），完全被孟尼里克的十萬大軍的聲勢所淹沒。那是未殖民的非洲國家對抗歐洲強權最大的一場軍事勝利，衣索比亞因而確保了又四十年的獨立。

衣索比亞最後一位皇帝塔法里公爵（Ras Tafari）在一九三〇年加冕成為皇帝塞拉西（Haile Selassie），他的統治延續到一九三五年義大利第二度入侵後被推翻，但一九四一年在英國協助下結束流亡回到國內。後來他繼續統治，直到一九七四年被一群馬克思主義軍官組成的「委員會」所推翻，並由委員會繼續榨取和蹂躪這個國家。衣索比亞專制帝國採用的基本榨取性經濟制度，例如第六章討論到的古爾特制度，以及阿克蘇姆衰亡後建立的封建制度，一直持續到一九七四年革命後才被廢除。

今日的衣索比亞是世界上最貧窮的國家之一，衣索比亞人平均所得只有英國人的約四十分之一。大多數衣索比亞人住在農村地區，以僅能餬口的農業維生。他們缺少清潔的水源、電力，學校和醫療設施極其匱乏。預期壽命只有約五十五歲，且只有三分之一的成人識字。比較英國和衣索比亞就能瞭解世界不平等的差距有多大。衣索比亞變成今日的樣子是因為，和英國不同，衣索比亞的專制統治持續到晚近的年代。專制統治伴隨著榨取的經濟制度，以及衣索比亞人普遍的貧窮，雖然皇帝和貴族能從中獲得龐大利益。然而專制統治最大的影響是，衣索比亞社會未能掌握住十九世紀和二十世紀初工業化的機會，造成今日該國人民過著悲慘的貧窮生活。

薩馬利人的後代

世界各地的專制政治制度如果不是透過其建構經濟的方式間接阻礙工業化，就是像我們討論過的奧匈帝國和俄羅斯那樣直接抑制工業化。但專制不是廣納性經濟制度崛起唯一的障礙。在十九世紀初，世界上許多地方，尤其是在非洲，都缺少可以提供最起碼程度的治安的政府，而治安是現代經濟的先決條件。很少國家像俄羅斯的彼得大帝先是推動政治集權，繼而建立俄羅斯的專制統治；更不用說像英格蘭的都鐸王朝打造出集權政府，卻未能完全摧毀——或更貼切地說，卻沒有能力摧毀——國會和其他節制他們權力的機制。如果沒有某種程度的政治集權，即使那些非洲政權的菁英張開雙臂擁抱工業化，也起不了多大作用。

位於非洲之角（Horn of Africa）的索馬利亞凸顯出缺少政治集權的嚴重後果。索馬利亞向來由六個宗族掌控，其中四個最大的宗族迪爾（Dir）、達羅德（Darod）、以薩克（Isaq）和哈韋耶（Hawiye）的淵源都追溯到同一個神祕的祖先薩馬利（Samaale）。這些宗族來自索馬利亞北方，並逐漸散布到南方和東方，即使到今日主要仍以放牧為生，帶著他們的山羊、綿羊和駱駝逐水草而居。在南方，另兩個宗族迪吉爾（Digil）和拉罕維恩（Rahanweyn）則是是定居的農耕者。這些宗族的領土可以在地圖12上看到。

索馬利亞人首先認同的是他們的宗族，但這些宗族範圍很廣，包括許多次級族群，其中首要的是一些祖先上溯到那些大宗族的家族。更重要的是一些稱作支付「迪亞」（diya，意即「血錢」，家族成員遭殺害的補償金）的族群，由關係緊密且支付和收受血錢的親族組成。索馬利亞宗族和支付迪亞族群為了爭取稀少資源的掌控權，長期以來就爭鬥不休，特別是競逐水源和豐饒的牲口放牧地。他們也不斷突襲毗鄰宗族與支付迪亞族群的畜群。雖然宗族有稱作蘇丹的領袖，也有長老，但這些人沒有實質權力。政治權力極其分散，每一個索馬利亞成人都有權對可能影響宗族或族群的決定發言，而決定是透過一個由所有成年男性組成的非正式會議做成。沒有以文字記載的法律、沒有警察，也沒有具體的司法體系，除了伊斯蘭律法（Sharia law）被用作非正式法律的架構。這些血錢支付族群的非正式法律將化為一套稱作希爾（heer）的規範，明確地表述互動的族群應遵守的義務、權利和責任。從殖民統治開始後，這些希爾開始被寫下，例如烏加斯（Hassan Ugaas）的後裔形成一個約一千五百名男性的血錢支付族群，是英屬索馬利蘭（Somaliland）迪爾宗族的次級家族。一九五〇年三月八日，英國地區行政長官將他們的希爾記載下來，前三個條款如下：

一、若烏加斯的男人被外部族群殺害，他最近的血親將接受二十頭駱駝的血錢（總數是一百），其餘八十頭駱駝將由所有烏加斯人均分。

二、若烏加斯的男人遭外人傷害，他的受傷價值三十三又三分之一頭駱駝，其中十頭駱駝必須給他，其餘的駱駝則給他的吉弗族群（jiffo-group，血錢族群的次級族群）。

三、烏加斯成員間的兇殺必須補償三十三又三分之一頭駱駝，只支付給死亡者最近的血親。如果被告無法支付全部或部分，他的後裔必須協助他。

希爾十分強調殺害和傷害，反映出血錢支付族群和宗族之間幾乎隨時處於戰爭狀態。這種情形的核心是血錢與長期的流血仇怨。對特定人的犯罪等同於對整個血錢支付族群的犯罪，因此必須支付集體賠償。如果不支付血錢，犯罪者所屬的血錢支付族群必須面對受害者的集體懲罰。當現代運輸傳到索馬利亞時，血錢擴大到在車禍中死亡或受傷的人。烏加斯的希爾牽涉的不只是謀殺，條款六規定：「如果一個烏加斯人在烏加斯會議上侮辱另一個烏加斯人，他必須支付受辱方一百五十先令。」

在一九五五年初，哈巴塗加洛（Habar Tol Ja'lo）和哈巴尤尼斯（Habar Yuunis）兩個宗族的羊群，在杜姆伯瑞利（Domberelly）地區毗鄰的草地放牧，一名尤尼斯族男人在與塗加洛族人的爭端中受傷，尤尼斯族立即展開報復，攻擊塗加洛族並殺害一名男人。死亡事件導致尤尼斯族根據血錢法向塗加洛族提議賠償，且提議被接受。血錢必須親自送交對方，且遵照習俗採取駱駝的形式。在送交血錢的儀式中，一名塗加洛人誤把一名尤加斯人當成血錢支付族群的兇手而殺害。這引發一場全面戰爭，在接下來的四十八個小時內，十三名尤尼斯人和二十六名塗加洛人慘遭殺害。戰爭持續一年，直到英國殖民行政官署召集兩個宗族的長老，協調出一個讓雙方都滿意的交易（交換血錢），並在之後三年內支付。

血錢的支付在暴力威脅和世仇的陰影下進行，即使支付了血錢也未必能停止衝突。通常衝突會暫時平息，隔一段時間又復燃。

因此政治權力在索馬利亞社會極為分散，幾乎是多元性的，但缺乏集權化的政府來確保秩序，也沒有財產權，無法產生廣納的制度。沒有人尊重其他人的權威，也沒有人有能力帶來秩序，包括最後進入的英國殖民當局。缺乏政治集權使索馬利亞不可能從工業革命獲益。在這種局勢下，幾乎無法想像投資或採用從英國傳播來的新科技，或建立任何能投資和採用新科技的組織。

索馬利亞複雜的政治對經濟進步還有更微妙的影響。我們前面提到非洲歷史上一些科技的大謎團，在十九世紀末殖民統治擴張之前，非洲社會不使用輪子運輸或用犁耕種，而且只有少數地方使用文字。我們已討論過衣索比亞使用文字，索馬利亞也有書寫手稿，但和衣索比亞不同，一般索馬利亞人不使用文字。我們在非洲歷史上見過這種例子，非洲社會可能不使用輪子或耕犁，但他們知道這些東西。在我們討論過的剛果例子裡，基本上是因為經濟制度未提供人民採用這些科技的誘因。但同樣的問題也影響文字的採用嗎？

我們可以從位於索馬利亞西北方、南蘇丹奴巴山（Nuba Hills）的塔加利王國（Kingdom of Taqali）窺知一二。塔加利王國在十八世紀末由一群戰士建立，領導者叫伊斯瑪伊爾（Isma'il）；該王國保持獨立直到一八八四年被併入大英帝國。塔加利的國王和人民可以使用阿拉伯文，但並未使用──除了國王以外，且僅用來與外面其他政治實體和外交使節通信息。起初這種情況似乎令人很困惑，美索不達米亞文字起源的傳統解釋是，政府發明了文字以便記錄訊息、控制人民和課稅，但塔加利王國對這些事不感興趣嗎？

這些問題在一九七〇年代由歷史學家伊華德（Janet Ewald）著手調查，當時她正嘗試重建塔加利王國的歷史。部分原因是人民抗拒使用文字，因為擔心文字被用來控制資源，例如政府宣告擁有寶貴的土地。他們也害怕文字導致更有系統的徵稅。伊斯瑪伊爾建立的王朝未凝聚成強大的政府。即使王朝當初希望如此，政府也不夠強大到足以壓倒人民的反對。但還有更隱晦的其他因素產生影響。例如，各類菁英也反對政治集權，寧可以口語而不用文字與人民互動，因為如此可以擁有最大的權宜便利。明文規定的法律或命令無法撤銷或否認，也較難改變；它們立下的基準將使統治菁英難以變更。因此，塔加利的被統治者或統治者都認為採用文字對他們不利。被統治者害怕統治者會如何用它，而統治者本身也認為沒有文字有利於他們鞏固對權力的掌控。塔加利的政治阻礙了文字被採用。雖然索馬利亞人的菁英階層比塔加利王國更難定義，但很可能是相同的原因阻止他們使用文字和採用其他基本技術。

索馬利亞的例子顯示缺少政治集權對經濟成長的影響。歷史文獻並未記錄索馬利亞曾經嘗試建立政治集權的例子。政治集權意味部分宗族將必須受其他宗族控制，但他們拒絕集權勢必會帶來的控制或被迫交出權力；社會中的軍事力量的均衡態勢也使集權體制難以實現。事實上，很可能任何族群或宗族嘗試集權不僅會招致激烈抗拒，還可能喪失既有的權力和特權。因此，缺少政治集權以及其隱含的連最基本的財產權安全也沒有，使索馬利亞人社會從未創造出誘因讓他們投資在提升生產力的技術。在十九世紀和二十世紀初世界其他部分進行工業化時，索馬利亞人則忙著爭鬥和護衛他們的生活，經濟落後也變得更加根深柢固。

持久的落後

工業革命在十九世紀以後為全世界創造一個轉變的關鍵時期：允許並提供誘因給人民投資新技術

的社會，就能快速成長。但世界各地的許多國家沒有這麼做——或明確地選擇不這麼做。受榨取性政治與經濟制度掌控的國家未能創造這種誘因。西班牙和衣索比亞提供的例子是政治制度受到專制掌控，以及隱含的榨取性經濟制度早在十九世紀前很久就已扼殺了經濟誘因。其結果與其他專制政權的情況類似——例如奧匈帝國、俄羅斯、鄂圖曼帝國和中國，雖然在這些例子中統治者是因為畏懼創造性破壞而不僅未鼓勵經濟進步、還公開採取阻礙工業普及和能促進工業化的新科技的措施。

專制統治不是榨取性政治制度的唯一形式，也不是阻礙工業化的唯一因素。廣納的政治與經濟制度需要某種程度的政治集權，以便政府能維護治安，維繫財產權，並鼓勵經濟活動和投資在公共服務。然而即使到今日，許多國家如阿富汗、海地、尼泊爾和索馬利亞，政府仍然無法維持最基本的秩序，而且經濟誘因已完全遭摧毀。索馬利亞的例子顯示為什麼工業化的過程也略過這些社會。政治集權遭到抗拒，其理由和專制政權抗拒改變一樣：害怕改變會帶來政治權力的重分配，從今日掌權的階層轉移到新崛起的個人和集團。因此，正如專制政權阻礙了朝向政治多元化和經濟變革的措施，在缺乏政府集權的社會掌控大局的傳統菁英和宗族同樣也阻礙了這種發展。其結果是，在十八和十九世紀仍然缺乏政治集權的社會在工業時代特別居於劣勢。

雖然從專制統治到低度集權政府的各種榨取制度都未能利用工業普及的機會，工業革命帶來的關鍵時期在世界其他地方卻造成大不相同的影響。我們將在第十章討論到，已經跨出廣納性政治與經濟制度腳步的社會，如美國和澳洲，以及其他專制統治遭遇較大挑戰的社會，如法國和日本，都把握住新的經濟機會，展開快速經濟成長的過程。因此，關鍵時期和既有的制度差異交互作用、導致進一步制度分歧與經濟分歧的常見模式，在十九世紀再度展現，而且這一次對國家的富裕和貧窮造成更大的衝擊和更根本的影響。

9 倒退發展

香料與滅族

今日印尼境內的摩鹿加群島（Moluccan Archipelago）由三大島群組成。十七世紀初葉，北摩鹿加分屬三個獨立王國：蒂多雷（Tidore）、特那提（Ternate）及巴坎（Bacan）。中摩鹿加則由安汶（Ambon）王國獨據。南邊的班達（Banda）群島幅員雖小，政治上卻未統一。所有這些地方，今天看來雖然遠在天邊，但當時卻是世界貿易的焦點，因為當地乃是珍貴的香料如丁香、豆蔻及肉豆蔻的唯一產地，其中，肉豆蔻及豆蔻甚至只有班達群島才出產。島民生產並輸出這些珍稀的香料，用以交換食糧及手工製品，貿易對象則包括爪哇島、馬來半島的港市麻六甲、印度、中國及阿拉伯。

島民與歐洲人的第一次接觸是在十六世紀，對象是前來購買香料的葡萄牙水手。在此之前，香料輸往歐洲，都必須經過鄂圖曼帝國控制的中東貿易路線。為了直接與香料群島從事香料貿易，歐洲人繞過非洲或橫渡大西洋尋找出路，一四八八年，葡萄牙人狄亞士（Bartolomeu Dias）繞過好望角；一四九八年，達伽馬經由同一路線抵達印度。從此，前往香料群島，歐洲人不再仰人鼻息，終於有了自己的路徑。

葡萄牙人立刻著手部署，企圖一手控制香料貿易，並於一五一一年占領了麻六甲。麻六甲位於馬來半島西部，地處要津，整個東南亞地區的商人雲集於此，將香料賣給印度、中國及阿拉伯商人，再由他們轉運至西方。誠如葡萄牙旅行家派爾斯（Tomé Pires）一五一五年所言：「麻六甲為各國商旅必至之地……誰要是主宰了麻六甲，誰就掐住了威尼斯的咽喉。」

麻六甲到手，葡萄牙人便有系統地展開行動，企圖壟斷價值不菲的香料貿易。但失敗了。他們所面對的對手並不好惹。十四至十六世紀間，東南亞地區的許多經濟發展全都有賴於香料貿易，城邦如亞齊（Aceh）、萬丹（Banten）、麻六甲、望加西（Makassar）、勃固（Pegu）及婆羅乃（Brunei，按：今汶萊）均發展迅速，香料之外，也生產及輸出硬木之類的產品。

一如同一時期的歐洲，這些國家都實行專制統治，甚至連發展過程中所受到的刺激都相同，這裡面包括作戰方法的科技變革及國際貿易，政府體制則愈來愈趨向於集中化，以君主為中心，集絕對權力於一身。如同歐洲專制政權的統治者，東南亞的君主也高度依賴營利所得，不僅自己大做買賣，也把獨占權特許給本國及外國的菁英階級。一如專制統治的歐洲，這種情形雖然造就了某些經濟成長，但相較於那些可以促進經濟繁榮的理想經濟制度，相去卻不可以道里計，大體上來說，不僅進場的通

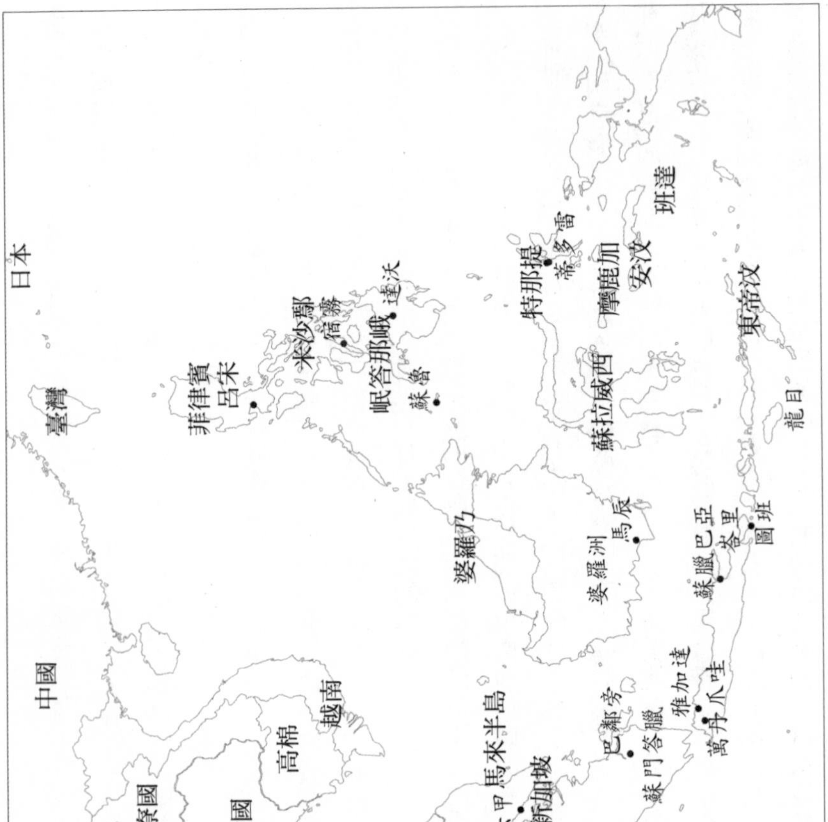

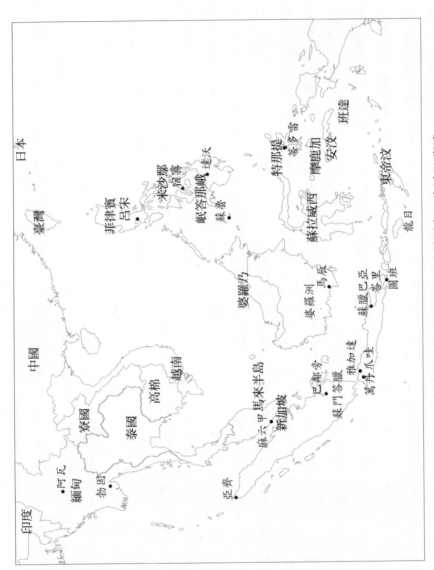

圖14：一六〇〇年的東南亞、香料群島、安汶及班達

路障礙重重，財產權的保障也付之闕如。儘管如此，隨著葡萄牙人對印度洋的掌控，商業化的進程還是展開了。

緊接著，歐洲人開始大量出現，荷蘭人的影響尤其重大。荷蘭人很快就明白，與其跟當地及其他歐洲商人競爭，徹底壟斷摩鹿加香料的供應才是更大的利潤所在。一六〇〇年，荷蘭人說服安汶統治者，簽訂一紙獨家協議，取得安汶的丁香貿易獨占權。一六〇二年，荷蘭東印度公司（Dutch East India Company）成立，連拐帶騙，排除了所有的競爭者，拿下整個香料貿易，此舉固然為荷蘭帶來了更大的利益，東南亞卻從此益趨淪落。繼英格蘭東印度公司之後，荷蘭東印度公司是歐洲第二個聯合股份公司，兩者在現代公司的發展中堪稱重要的里程碑，隨後並在歐洲的工業發展中扮演重要角色。該公司也是第二個自身擁有軍隊，有力量發動戰爭並殖民外國領土的公司。隨著公司武力的得逞，荷蘭著手排除任何可能的外來勢力，強化他們與安汶統治者之間的條約。一六〇五年，占領了葡萄牙人的一處要塞之後，開始向北摩鹿加擴張勢力，強制蒂多雷、特那提及巴坎同意不在本國領土內種植或買賣丁香。條約甚至強迫蒂多雷同意，國境之內只要發現任何丁香樹，荷蘭人都可以將之摧毀。

安汶的統治方式，和當時多數歐洲及美洲政權相似，人民不僅要向統治者納貢還要服勞役。荷蘭占領該島之後，強化此一制度，榨取更多的勞力及丁香。荷蘭人沒來之前，島上的大家族以丁香向安汶的統治階層納貢。荷蘭人來了之後，便明文規定每一家戶都配給一定的土地，種植定量的丁香樹，還要為荷蘭人服強制性的勞役。

同時，荷蘭人又控制班達群島，企圖壟斷肉豆蔻及豆蔻。但班達群島的組成大異於安汶，是由許多小型的自治城邦構成，無論社會或政治結構都沒有階層之分。這些小國實際上無異於小城鎮，由老百姓所組成的村里大會治理。由於沒有中央集權的政權，荷蘭人沒有對象強制簽訂專賣條約，又因為沒有納貢的制度，想要全面掌控肉豆蔻及豆蔻的供應也變得無從下手。這樣一來，擺明了必須跟英格蘭、葡萄牙、印度及中國商人競爭，如果又不肯出高價，就只有敗下陣來一途。獨占肉豆蔻及豆蔻如意算盤落空了，荷蘭巴達維亞（Batavia）總督科昂（Jan Pieterszoon Coen）開始想別的辦法。一六一八年，他在爪哇島上建立巴達維亞，將之定為荷蘭東印度公司的新首府，並於一六二一年率領一支艦隊航向班達，展開屠殺，幾乎滅絕全部島民，為數約一萬五千人。除了少數懂得肉豆蔻及豆蔻生產的人，所有的領袖人物及其他人等無一倖免。完成滅族之舉後，科昂著手建立計劃中的政治及經濟架構：農園社會。全島分成六十八個區塊，分給六十八個荷蘭人，大部分都是荷蘭東印度公司前任及現任員工。新的農園園主向少數倖存下來的班達人學習生產技術，同時向東印度公司購買奴隸，運至空無一人的島上生產香料，再以固定價格回銷公司。

荷蘭人在香料群島建立的榨取制度取得了既定的效果，其代價卻是班達島上一萬五千條無辜的生命，以及一套從此使這個群島淪於低度發展的經濟及政治制度。至十七世紀末葉，荷蘭人把香料的世界供應量減少六〇％，豆蔻的價格隨之倍增。

荷蘭人在摩鹿加得逞，於是將相同的策略推廣到整個區域，在東南亞其餘地區雷厲風行。此一區域有好幾個國家，十四世紀以來開展的商業規模就此大幅衰退，即使沒有直接受到荷蘭東印度公司殖民與壓榨的政體也轉而內縮，放棄對外貿易。東南亞的經濟及政治剛剛要開始改變，因此也就戛然而止。

為避開荷蘭東印度公司的威脅，好幾個國家放棄外銷作物的生產並停止商業活動。自給自足總比面對荷蘭人的威脅來得安全。一六二〇年，爪哇島上的萬丹國就將境內的胡椒樹全數剷除，指望荷蘭人就此放他們過平安日子。一六八六年，一名荷蘭商人走訪菲律賓南部的馬昆答那峨（Maguindanao），當地人跟他說：「豆蔻和丁香在這裡長得和摩鹿加一樣好，但現在卻全沒了，因為已故國王擔心荷蘭公司的侵略，生前已經將之全數剷除。」一六九九年，又有一名商人到了馬昆答那峨，談起統治者，所聽到的依然如出一轍：「他禁止繼續種植胡椒，以免自己捲入到（荷蘭）公司或其他統治者的戰爭中去。」整個結果是，都市化倒退，甚至連人口也跟著減少。一六三五年，緬甸人就將國都從沿海的勃固遷往亞伐（Ava），遠遠藏到伊洛瓦底江上游去了。

如果沒有荷蘭人的侵略，東南亞國家的經濟及政治發展會走上什麼道路，我們無從知悉，它們有可能發展出自有特色的專制政體，也有可能維持它們在十六世紀末葉時的狀態，也或許會漸進地採納更為廣納的制度繼續進行商業化。但如同摩鹿加的例子，荷蘭的殖民政策卻是從根本上改變了經濟與政治的發展，使東南亞國家停止了對外貿易，轉而內縮，專制統治也為之變本加厲，以致在接下來的兩個世紀中，儘管工業革命的創新如火如荼，此一地區卻只能置身事外，完全無緣參與。弄到最後，退出對外貿易不但沒有保住它們免於歐洲的侵略，到了十八世紀末葉，反而全都成了歐洲殖民帝國的囊中之物。

在第七章，我們看到，歐洲向大西洋的擴張刺激了廣納性制度在英格蘭興起。但荷蘭人統治摩鹿加的經驗顯示，強行實施或進一步強化現行的榨取式制度，卻在世界各個角落撒下了低度發展的種子。這種擴張行為，無論其為間接或直接，所到之處，不僅商業及工業活動的幼苗毀於一旦，而且使得阻擋工業化的制度更加長命百歲。其結果是，工業化雖然在世界的某些部分擴散，多數歐洲殖民帝國卻沒有用新的科技帶來新的福祉。

司空見慣的制度

現代的早期，東南亞本來大有機會迎接一個經濟擴張及制度改變的新時代，但歐洲海軍及商業力量的擴散卻活生生將之截斷。就在荷蘭東印度公司進行擴張的同時，另一種迥然不同的貿易則在非洲如火如荼進行，那就是奴隸的買賣。

在美國，一說到南方的奴隸制度，往往都說是「特殊制度」（peculiar institution）。但從歷史的角度觀察，誠如大古典學家芬雷（Moses Finlay）所言，奴隸制度絕非特例，幾乎在每個社會都曾出現過。本書早先也曾指出，這在古羅馬及非洲都是地方性的傳統，後者長期以來更是歐洲的奴隸來源，只不過並非唯一來源。

古羅馬時期，奴隸都是斯拉夫人（Slavic people），來自黑海四周、中東，也有來自北歐。但到一四〇〇年代，歐洲人不再奴役自己人。至於非洲，如本書第六章所言，並未像中世紀歐洲那樣從奴隸制度轉變成為農奴制度。現代時期來臨之前，東非奴隸貿易活絡，有大量奴隸越過撒哈拉運往阿拉伯半島。此外，西非大國馬利（Mali）、迦納及桑海（Songhai），中世紀時就已經在政府、軍隊及農業上大量使用奴隸，它們和北非穆斯林國家從事奴隸貿易，同時也採用它們的組織型態。

十七世紀初期，加勒比海地區殖民地的糖業種植不僅導致國際間的奴隸貿易量劇增，同時也使奴隸在非洲內部受到前所未有的重視。十六世紀時，大西洋的奴隸貿易為數約三十萬名，多數來自中非洲，與剛果及葡萄牙人有著密切的關係，後者的根據地在偏南方的羅安達（Luanda），現今安哥拉（Angola）的首都。此一時期，橫越撒哈拉的奴隸貿易量仍然龐大，北上為奴的非洲人為數約五十五萬。到了十七世紀，整個情況反轉過來。在大西洋貿易中，出售為奴的非洲人多達一百三十五萬，絕大多數都是用船送往美洲。至於撒哈拉的交易數量，大體上沒有什麼改變。十八世紀又有另一波的暴增，乘船橫渡大西洋的奴隸多達六百萬，橫越撒哈拉的奴隸則在七十萬之譜。如果把各個時期及非洲各地加總起來，從非洲大陸運送出去的奴隸，數量起碼超過一千萬。

地圖15約略可以說明奴隸貿易的規模。用今天的國界標示，粗略估計一四〇〇年至一九〇〇年間的累積人數，及其在一四〇〇年人口數中所占百分比。深暗色部分表示奴隸的密度較高，例如安哥拉、貝寧（Benin）、迦納及多哥（Togo），累計輸出的奴隸數量超過該國一四〇〇年總人口數。

歐洲人突然出現在西非海岸及中非，迫不及待地收購奴隸，對非洲的改變自有其重大影響。大部分要用船運到美國的奴隸都是戰俘，且立刻就送往海岸。槍枝彈藥的大量進口刺激了戰爭的增加，歐洲人便是拿這些東西來交換奴隸。一七三〇年代，沿著西非海岸，每年進口槍枝約十八萬，到了

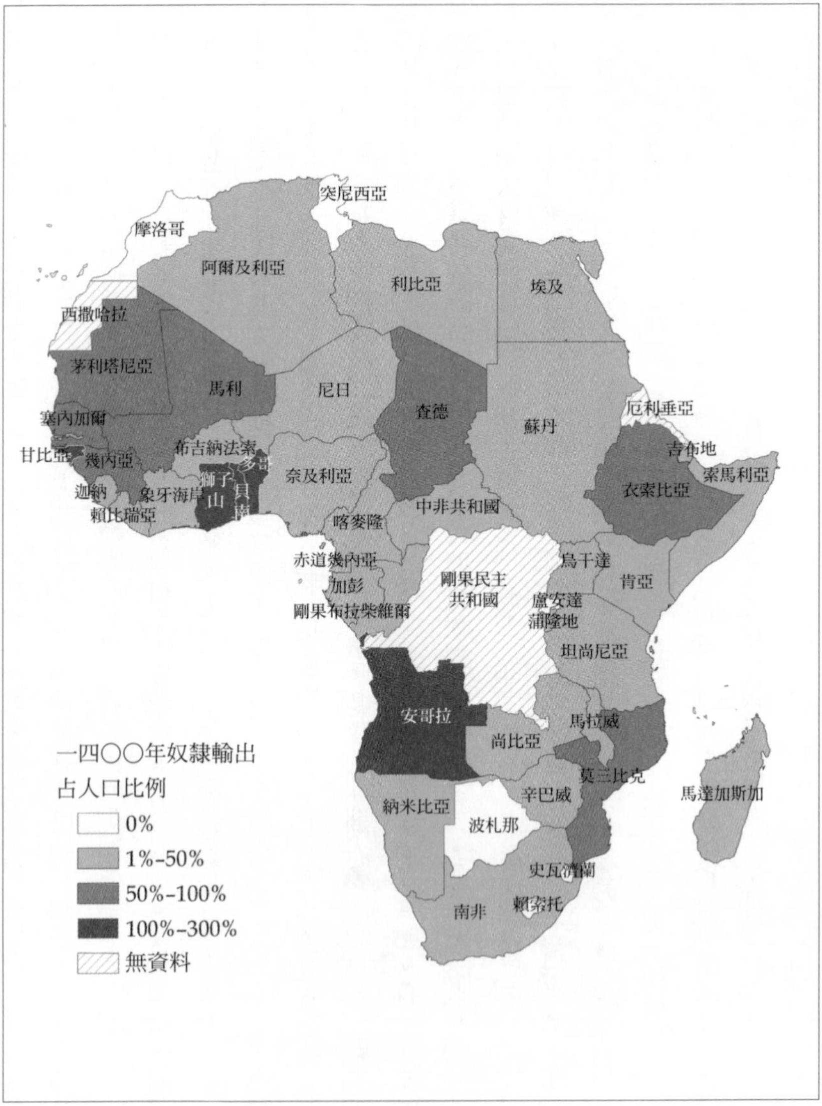
突尼西亞
摩洛哥
阿爾及利亞
利比亞
埃及
西撒哈拉
茅利塔尼亞
馬利
尼日
查德
蘇丹
厄利垂亞
塞內加爾
甘比亞
幾內亞
布吉納法索
多哥
獅子山
貝南
吉布地
奈及利亞
索馬利亞
衣索比亞
迦納
象牙海岸
賴比瑞亞
中非共和國
喀麥隆
赤道幾內亞
烏干達
加彭
剛果民主共和國
肯亞
剛果布拉柴維爾
盧安達
蒲隆地
坦尚尼亞
安哥拉
馬拉威
尚比亞
莫三比克
辛巴威
馬達加斯加
納米比亞
波札那
史瓦濟蘭
南非
賴索托
一四〇〇年奴隸輸出
占人口比例
0%
1%-50%
50%-100%
100%-300%
無資料

地圖15：非洲奴隸輸出

一七五〇及十九世紀初年間，單單英國，一年所賣的槍枝就在二十八萬三千至三十九萬四千之間。一七五〇至一八〇七年間，英國另外還賣了二萬二千噸的火藥，平均每年約三十八萬四千公斤，外加每年九萬一千公斤的鉛。更往南邊去，交易也同樣火熱。在剛果北部的盧安果（Loango）沿海，歐洲人一年賣出五萬枝槍。

所有這些戰爭不僅造成生命的喪失及人生的苦難，同時也推動非洲在制度發展上走出一條另類的道路。現代時期萌發之前，相較於歐洲及亞洲，非洲社會在政治上極少中央集權，大部分政體都是小格局，由部落酋長或所謂的國王控制土地及資源。許多地方，如本書提到過的索馬利亞，政治上根本沒有層級分明的權力結構。在政治上，奴隸買賣啟動了兩種有害的進程。其一，許多原本就比較專制的政權，奴役別人並將之賣給歐洲的奴隸主變成了國家的唯一目標。其二是因此產生的結果，但卻很矛盾：為對抗第一種進程，到頭來，戰爭與奴役卻徹底摧毀了下撒哈拉非洲國家的秩序與法治權威。戰爭之外，奴隸也有綁架奪來的，甚至連法律都變成了取得奴隸的工具。無論犯的是什麼罪，刑罰都可以將之打為奴隸。一七三〇年代，在非洲西岸的塞內甘比亞（Senegambia），英國商人摩爾（Francis Moore）就注意到了這種情形：

> 自從奴隸買賣派上用場，所有的處罰就都變成了奴隸制度的一環；這種刑罰有個好處，他們打擊犯罪從此不遺餘力，因為罪犯可以賣為奴隸，有利可圖，而且不只是殺人、竊盜、通姦會被處以賣為奴隸之罪，連小案子也照樣處以同罪。

為了抓捕並販賣奴隸，甚至連宗教制度都遭到扭曲。奈及利亞東部的艾羅恰夸（Arochukwa）神諭就是一例。當地三個主要族群，伊喬族（Ijaw）、伊比彼歐族（Ibibio）及伊格波族（Igbo）都相信，神諭是一位普受敬仰的地方神祇的發言，請神諭的目的則是要排難解紛。前往艾羅恰夸請神諭的人，必須從鎮裡下到克羅斯河（Cross River）的一個峽谷，進入一個高大的洞穴，神諭就放在裡面，洞穴前則排列著人的骷髏。分配神諭的祭師和艾羅恰夸的奴隸主及商人勾結，這中間大有文章，經常發生有人被神諭給「吞掉」的事，說穿了，其實是請神諭的人穿過洞穴之後，就被帶到克羅斯河，而歐洲人的船早已等在那兒。整件事情裡面，法律和風俗都遭到濫用及破壞，成了抓捕奴隸的幫兇，這樣的事情對於政治集權化具有致命的效應，雖然在某些地方確實促成了強勢政府的興起，其存在的目的竟然就只是掠奪與奴役。剛果王國是第一個質變為奴隸國家的非洲國家，後來終因內戰而覆亡。其他奴隸國家主要集中在西非，包括今天奈及利亞境內的奧約（Oyo）、貝寧境內的達荷美（Dahomey），以及後來迦納境內的艾森地（Asante）。

舉例來說，十七世紀中葉奧約國的擴張，就和沿海奴隸輸出的增加有著直接關係。至於國力的強盛則是軍事改革的結果，其中包括從北方輸入馬匹，組成強大騎兵，能夠徹底殲滅反對勢力。奧約向南方海岸擴張之際，遭到其他政治體的干預，奧約一一予以擊敗，並將其住民出售為奴。一六九〇至一七四〇年這段期間，奧約一手壟斷了號稱奴隸海岸（Slave Coast）的貿易。據估計，在此一海岸賣出去的奴隸，征戰所俘者占約八至九成。戰爭與奴隸供應之間存在著顯著的關係，另外一個例子則發生在東非，亦即現今迦納境內的黃金海岸（Gold Coast）。一七〇〇年之後，艾森地從內陸向外擴張，其模式與之前的奧約如出一轍。十八世紀前半葉，擴張引發了史稱的艾肯戰爭（Akan Wars），艾森地各個擊破，並於一七四七年征服最後一個國家頡門（Gyaman）。一七〇〇至一七五〇年間從黃金海岸輸出的奴隸約三十五萬七千人，其中多數是戰俘。

這種大規模的人口抽離，影響最大的可能就屬人口統計。現代時期之前，非洲人口到底有多少，根本無從知道，倒是奴隸貿易對人口的衝擊，不少學者所做的估計卻相當值得參考。歷史學者曼寧（Patrick Manning）估計，十八世紀初，供應奴隸輸出的非洲西部及中西部，人口數約在二千二百萬至二千五百萬之間。但按照保守的假設，十八世紀與十九世紀初期這段期間，如果沒有奴隸貿易的話，以這些地區人口成長一年約為〇．五%計，曼寧估算，到一八五〇年，這一區域的人口數至少應為四千六百萬至五千三百萬。但事實上，卻只有一半的數目。

為何會出現這樣巨大的差異，一七〇〇至一八五〇年之間，從此一區域輸出的奴隸多達八百萬人固然是原因之一，但為了抓捕奴隸，征戰連年，死亡數以百萬計也難辭其咎。此外，奴隸制度與奴隸貿易進一步破壞了家庭與婚姻，或許也降低了生育率。

十八世紀末葉，廢止奴隸貿易的運動興起，並在領袖魅力十足的威伯佛斯（William Wilberforce）領導下，開始在英國獲得動力。經過多次失敗，一八〇七年，廢止派終於說服國會，通過法案，將奴隸貿易列為非法。次年，美國繼踵其後。但英國政府推行得更徹底，為積極推動此一禁令，在大西洋上部署海軍艦隊，企圖徹底掃除奴隸貿易。所有這些措施真正見到效果卻花了相當長的時間，直到一八三四年，奴隸身分才在大英帝國境內絕跡，當時奴隸貿易的最大一部分——大西洋奴隸貿易——

總算走到了日暮窮途。

一八〇七年後，奴隸貿易告終雖然減少了外界對非洲奴隸的需求，但這並不表示奴隸制度對非洲社會及制度的影響也就此跟著消失。許多國家的組成都是以奴隸為中心，就算英國終結了這方面的交易，但卻沒改變此一現實。尤其重要的是，奴隸制度在非洲已經根深柢固。所有這些因素加起來，也就形成了非洲發展的道路，一八〇七年之前如此，其後亦然。

奴隸制度之後，取而代之的是一個新詞：「合法生意」，指的是一切從非洲出口但無關於奴隸貿易的新商品。所有這些新貨品包括棕櫚油、果仁、花生、象牙、橡膠及阿拉伯樹膠。歐洲人及北美洲人的收入因工業革命的推展而成長，對於這類熱帶產品的需求也隨之急遽升高。非洲人一如當年卯足了勁利用奴隸貿易帶來的商機，對於這些合法生意，他們也一頭栽入。但他們利用這波新商機的方式有一個特殊的背景：奴隸的存在早已司空見慣，但外界對奴隸的需求卻突然消失。奴隸既然不能再賣給歐洲人，他們又能做什麼呢？答案很簡單：可以強制他們在非洲工作，生產合法生意的新產品，利潤好得很。

有紀錄可稽的最佳例子之一在艾森地，亦即今天的迦納。一八〇七年之前，艾森地帝國大搞抓奴賣奴的勾當，將人帶到海岸，賣給設在開普海岸（Cape Coast）及艾爾米納（Elmina）的奴隸堡。一八〇七年之後，這行業眼看沒了搞頭，艾森地的政治菁英階層在經濟上便另起爐灶。但不管怎麼說，奴役與奴隸制度根本沒有結束。相反的，奴隸全都給圈進了大型農園，剛開始只在首都庫馬西（Kumase）周圍，後來又擴張到整個帝國（相當於迦納大部分的內地），受僱生產出口用的黃金及可樂果，但也種植大量的糧食，並從事密集的搬運工作，因為艾森地根本不使用輪子運輸。同樣的變通也發生在更往東的地方。舉例來說，達荷美國王在懷達（Whydah）及波多諾伏（Porto-Novo）的港岸地區擁有大片棕櫚園，用的就全是奴工。

因此，奴隸貿易的廢止並沒有使奴隸制度在非洲銷聲匿跡，充其量只是把奴隸換了個地方使用，以前是用在美洲，如今則是用在非洲境內。尤其重要的是，過去兩個世紀為因應奴隸貿易所形成的政治制度並沒有改變，因此其行為模式依然。舉例來說，在奈及利亞，一八二〇至三〇年代一度強大的奧約王國之所以崩潰，除了內戰的關係，還因為南邊約魯巴人（Yoruba）的城邦興起，諸如伊洛林（Ilorin）及伊巴丹（Ibadan），這些都是直接涉入奴隸貿易的國家。一八三〇年代奧約飽受劫掠，之後，約魯巴諸城又與達荷美角逐該地區的支配權，整個十九世紀的前半，戰火連綿，製造了無數奴隸。除此之外，日常生活中，綁架有之，神諭的詛咒有之，小規模的打家劫舍也照樣發生。在奈及利亞某些地方，綁架嚴重到父母親不准孩子到外面遊戲，唯恐子女就此淪落成為奴隸。

其結果是，整個十九世紀，在非洲大肆擴張的並不是商業合同而是奴隸制度。精確的數字儘管不易取得，根據當時許多旅行者及商人現存的記述，西非的艾森地王國及達荷美王國，以及約魯巴諸城邦，奴隸人數都超過人口的半數。比較精確的資料則存在於早期法國殖民地的紀錄中，其中包括西蘇丹，以及西非一大片帶狀地帶，從塞內加爾（Senegal）經馬利、布吉納法索（Burkina Faso）到尼日（Niger）及查德（Chad）。到一九〇〇年，在這一區域，奴隸仍占全部人口的三〇%。

對於消滅非洲的奴隸制度，合法生意的出現固然無能為力，同樣的，列強瓜分非洲之後的殖民統治照樣無濟於事。歐洲人入主非洲，儘管正氣凜然，擺出一副對抗並廢止奴隸制度的架式，但現實情況卻非如此。殖民統治下的非洲，絕大部分的地方，直至二十世紀奴隸制度依然延續不絕。舉例來說，獅子山（Sierra Leone）的奴隸就是直到一九二八年才完全根絕，儘管首都自由城（Freetown）在十八世紀末葉建立之初，還被視為是美洲遣返奴隸的天堂，並成為英國反奴艦隊的重要基地，也是奴隸被英國海軍從奴隸船上解救下來、重獲自由後的新家。儘管具有這樣的象徵意義，奴隸制度在獅子山還是延續長達一百三十年之久。一八四〇年代，就在獅子山的南邊，同樣也是為美洲重獲自由的奴隸而成立的賴比瑞亞（Liberia），情況亦復如此。甚至到了二十世紀，奴隸制度仍然陰魂不散，遲至一九六〇年代，據估計，勞動人口中仍有四分之一是強制性的，生活上與工作上的條件都無異於奴隸。由於經濟與政治制度的建立都是以奴隸貿易為基礎，是榨取式的，因此工業化也沒有擴及到下撒哈拉非洲；相較於世界其他部分的經濟正在轉型，這一地區的經濟不僅停滯不前甚至是倒退的。

打造二元經濟

「二元經濟」的典型最初由路易士爵士（Sir Arthur Lewis）於一九五五年提出，至今許多社會科學家思考低度開發國家的經濟問題時，仍然是從這個角度切入。按照路易士的說法，許多低度開發國家的經濟都是雙元結構，其一為現代部門，另一為傳統部門。現代部門相當於經濟中發展得較高的部分，與之相關的如都市生活、現代產業及先進技術的應用。與傳統部門相關的則是農村生活、農業，以及「落後的」制度及技術。落後的農業制度包括土地所有權公有，這表示私人沒有土地財產權。按照路易士的觀點，在傳統部門，勞動力的使用非常沒有效率，大可將之重新配置，轉用到現代部門，這樣做也不至於降低農業部門的生產量。好幾個世代下來，發展經濟學者無不以路易士的觀點為依歸，所謂「發展問題」，無非就是把人和資源從傳統部門、農業及農村移轉給現代部門、工業及都市。一九七九年，路易士因經濟發展理論獲諾貝爾獎。

以他的理論為基礎，路易士和發展經濟學者所指出的二元經濟，確實有其道理。南非就是最明顯的例子，一是傳統部門，落後而貧窮，一是現代部門，活躍而繁榮。時至今日，二元經濟在這裡仍然到處可見。若要見識這種狀況，最好的辦法莫過於開車到夸祖魯—納塔爾（Kwazulu-Natal）省（以前的納塔爾省）與特蘭斯凱（Transkei）省的邊界去走一趟。邊界沿著大凱河（Great Kei River）而行。納塔爾境內的河東，沿海所見，盡是濱海高檔房產，沙灘綿延，景緻優雅。內陸則是甘蔗園，綠意遍野。道路美不勝收，整個地區散發著富裕的氣息。但一過了河，彷彿就進入了另外一個時代和國家，觸目荒涼。放眼大地，四野褐黃，不見綠意。自來水、衛生間，以及現代豪宅的一切現代設施，全都消失，人們所住，無非簡陋的草寮，炊煮都在露天。生活當然是傳統的，跟河東比起來，相差可謂十萬八千里。目睹此一情景，一河之隔的差異，繫於兩岸經濟制度的大不相同，這也就不足為奇了。

河東的納塔爾，人民擁有私有財產權、運作良好的法律體系、市場、商業化農業，以及工業。但在河西的特蘭斯凱，直到最近仍然是土地公有，部族首領大權在握，唯我獨尊。透過路易士二元經濟的理論之鏡，特蘭斯凱與納塔爾之間的對比充分說明了非洲的發展問題。事實上，更進一步觀察不難發現，就歷史來說，整個非洲其實和特蘭斯凱如出一轍，無非是貧窮加上前現代的經濟制度、落後的技術及部族首領統治。按照這個看法，只要經濟發展了，特蘭斯凱應該也能夠變成納塔爾。

但此一看似成理的觀點卻忽略了一點，亦即二元經濟之存在及其與現代經濟的關係之間自有其邏輯。特蘭斯凱的落後並非完全是非洲本土落後的歷史殘餘。特蘭斯凱與納塔爾之間的二元經濟其實是相當晚近的事，絕非原來就存在的，而是南非白人菁英階層刻意打造出來，其目的無非是要為他們自己的事業製造一個廉價勞工的儲備庫，並以此降低非洲黑人的競爭力。因此，二元經濟是低度發展乃人為造就的又一個例子，而不是低度發展乃自然發生並持續多個世紀的例子。

南非與波札那就避免了奴隸貿易以及為此引發戰爭的不利效應，這一點本書稍後將會談到。荷蘭東印度公司一六二五年在臺伯灣（Table Bay，現在的開普敦〔Cape Town〕）建立基地，是南非人與歐洲人的第一次重要互動。當時，南非西部人口稀少，多數以狩獵採集為生，人稱科伊科伊人（Khoikhoi）。偏東的部分則是今天的希斯凱（Ciskei）及特蘭斯凱，為人口密集的農業社會。剛開始時，這些非洲人與新來的荷蘭殖民者互動並不頻繁，也與奴隸的貿易無關。南非沿海地區距離奴隸市場遙遠，希斯凱及特蘭斯凱的居民，亦即廓薩人（Xhosa），則地處內陸深處，都未引起太多的注意。因此，橫掃西非及中非的倒退發展並未波及此一地區。

到十九世紀，這些地方的封閉開始有了改變。對於南非的氣候及環境，歐洲人開始發生興趣。西非地處熱帶，熱帶疾病如霍亂及黃熱病，使大部分的非洲變成了「白人的墳場」，歐洲人不僅不願意定居，甚至不願意設置永久性的駐地。南非卻不同，不僅氣候溫和，而且完全沒有霍亂及黃熱病這類熱帶疾病，比較適合歐洲人定居。拿破崙戰爭期間，英國從荷蘭人手上奪下開普敦之後，歐洲向南非內陸的擴張於焉展開，隨著開拓不斷朝內地深入，引發了一連串的長期戰爭，是為廓薩之戰。一八三五年，歐洲人之深入南非內地達到高潮。當時，荷蘭裔歐洲人，亦即後來的歐洲裔南非人（Afrikaners）或波爾人（Boers），展開集體遷移，史稱「大遷徙」，遷離英國控制下的沿海及開普敦地區，後來在非洲內陸建立了兩個獨立國家，一為奧蘭治自由國（Orange Free State），一為德蘭士瓦（Transvaal）。

一八六七年，金伯利（Kimberly）發現巨大鑽石礦藏，一八八六年，約翰尼斯堡（Johannesburg）發現豐富金礦，南非開發的第二階段隨之展開。巨大的礦產財富使英國大為心動，決心全面占領整個南非。奧蘭治自由國與德蘭士瓦起而抵抗，導致一八八〇至一八八一年及一八九九至一九〇二年著名的波爾戰爭（Boer Wars）。最初雖然失利，英國終究將歐裔南非人國家的版圖併入了開普省（Cape Province）與納塔爾，一九一〇年成立南非聯邦（Union of South Africa）。礦產經濟的發展與歐洲人的大舉擴張，除了引發波爾人與英國人之間的戰爭外，對此一地區的發展另有其他的意義，其中最值得注意的是，他們因此製造了食糧及其他農業產品的需求，進而在農業及貿易上為非洲原住民製造了新的機會。

根據歷史學者邦迪（Colin Bundy）所收錄的文獻，對於此一經濟機會，希斯凱及特蘭斯凱的廓薩人很快就做出回應。早在一八三二年，甚至礦業尚未起飛前，這些地區新生的經濟活力，特蘭斯凱一位莫拉維亞教會（Moravian）傳教士就已經看在眼裡，同時也注意到，對於歐洲人帶來的新消費商品，非洲人也產生了需求。他寫道：「為了要得到這些東西，他們用自己的雙手付出勞力，賺取金錢，購買衣服、鏟子、犁頭、車輛及其他有用的商品。」

民政專員海明（John Hemming）一八七六年走訪希斯凱的芬戈埔（Fingoland），所做的描述同樣傳神：

> 芬戈人短短幾年間的進步非常之大，令我十分驚訝……茅草屋子、磚造或石造的居所全都有模有樣，無論走到哪裡都看得到。許多地方蓋起了頗具規模的磚房……種植了水果樹；不管哪裡，只要有溪水可用，引水耕地便到哪裡；丘陵山坡地甚至高山頂上，只要犁頭可到之處，無不耕遍。翻耕土地之廣，令人驚訝；耕地如此廣大，多年未見。

如同下撒哈拉非洲的其他部分，在農業上，犁的使用雖屬新事，但只要給他們機會，非洲農民很快就能接受新的技術，並在車輛及灌溉方面做好投資準備。

隨著農業經濟的發展，僵化死板的部落制度也開始讓路。許多證據顯示，土地財產權出現了改變。一八七九年，東格里克蘭（Griqualand East）昂金谷盧（Umzimkulu）的地方行政官這樣寫道：「原住民想要擁有土地的欲望愈來愈強烈，他們已經買了三萬八千畝地。」三年之後，他又寫道，區內約有八千個非洲農民買了九萬畝地，並開始在其上耕作。

說到工業革命，非洲或許言之過早，但真正的改變卻已經上路。土地私有弱化了部族首領的地位，使一般人也能夠購買土地生財，這在數十年前根本是無法想像的事。這也充分顯示，榨取式制度及專制體系的衰落很快就能帶來新的經濟活力。這中間成功的故事非常多，希斯凱的桑吉卡（Stephen Sonjica）只是其中之一而已。一九一一年，這位白手起家的農民在一次演說中指出，他第一次向父親開口說要買土地時，父親回答說：「買土地？你怎麼會想到要買土地呢？所有的土地都屬於神，祂也只賜給酋長，這你難道不知道？」桑吉卡父親的反應是可以理解的。但桑吉卡不氣餒，他到威廉國王鎮（King William's Town）去找了一份工作，說道：

用了一點手腕，到銀行開了一個私人帳戶，把一筆儲蓄存了進去……一直存到八十鎊……（買了）一隻牛，連帶軛、犁、工具及其他的農具……又買了一小塊田……至於我的鄉親，我並不十分建議他們也從事農耕……但不管怎麼說，總要用現代的法子去賺點錢才是正途。

衛理公會傳教士戴維斯（W. J. Davis）一八六九年寫的一封信，最可以見出這個時代非洲農民的活力與富裕。在這封寄到英格蘭的信中，他喜不自勝地說，他為「蘭開夏郡棉花救濟基金（Lancashire Cotton Relief Fund）」募集到了四十六鎊現金。這個時代，富裕的非洲農民可以捐錢救濟貧窮的英國紡織工人。

一點也不令人驚訝的是，這種經濟活力惹惱了傳統的酋長，在他們眼裡，這是我們已經熟悉的模式，這簡直就是在侵犯他們的財富與權力。一八七九年，特蘭斯凱地方行政長官布萊斯（Matthew Blyth）注意到，有人反對測量土地，因為唯有這樣才能將土地分割成為私人財產。他的記述寫道：「有些部族首領……反對，但多數人都樂觀其成……部族首領都明白，承認個人的名分地位，有損他們部族首領的威望。」

部族首領也抗拒土地改良，諸如挖掘灌溉溝渠或建築圍籬。他們明白，這些改良措施只不過是個人擁有土地財產權的前奏，那也就是他們自己末日的開始。歐洲觀察家甚至注意到，部族首領以及其他傳統權威人士，譬如巫醫，就企圖禁止所有的「歐洲花樣」，包括新的種子、犁之類的工具，以及各種商品。但隨著希斯凱與特蘭斯凱併入英國殖民政府，傳統的部族首領與權威人士一蹶不振，再也無法阻擋新的經濟活力在南非興起。一八八四年在芬戈埔，一名歐洲觀察家指出：

> 老百姓轉而向我們效忠。酋長變成一種地主頭銜……不再有政治權力。酋長或……巫醫的嫉妒發作起來，足以致命，容不下富有的牛隻主人、能幹的謀士、新商品的引進、技術高超的農業專家，因為這一切都會使他們淪落為凡夫；然而，芬戈人不再顧忌這些……他們是進步人士。儘管仍然是一介農夫……他卻有車有犁，開渠灌溉，並擁有一大群綿羊。

廣納性的制度，加上部族首領權力的衰退，縱使只是星星之火，卻足以在非洲引發沛然的經濟繁榮。但好景不常。一八九〇至一九一三年間，一切戛然而止，進入了倒退。這段期間，兩股力量合流，過去五十年非洲人創造的農村財富與活力隨之盡付東流。其一是歐洲農民與非洲人競爭所引發的對抗。由於非洲農民的成功，歐洲人所生產的同類穀物價格跟著下降。對此，歐洲人做出的回應是將非洲人逐出市場。第二股力量更為邪惡。歐洲人需要廉價勞工以供剛興起的礦業所用，為了確保此一目標的實現，就只有把非洲人貧窮化。於是，接下去的數十年，此一策略便按部就班執行。

一八九七年，礦業協會理事長奧布（George Albu）在調查委員會（Commission of Inquiry）作證，對貧窮化非洲人以得到廉價勞工的做法提出了有力的描述。他說，他「對那些下人什麼都不必說，只要告訴他們減薪就成了」。他的證詞如下：

委員會：假定有卡非爾（kaffirs，指非洲黑人）辭職不幹回牛棚去了呢？你贊成要求政府強迫他們出來做工嗎？

奧布：當然……我會斷然採取強迫……為什麼要讓一個黑鬼遊手好閒呢？依我的看法，應該強迫他們工作以養活自己。

委員會：如果有人不工作也能生活，你又怎麼強迫他工作呢？

奧布：徵他的稅，然後……

委員會：所以你不會讓卡非爾在鄉下擁有土地，卻必須為白人工作讓他發財？

奧布：幫助鄰人，那是他該做的。

掃除白人農民的競爭對手，開發大規模的低價勞力，雙管齊下，一九一三年隨著原住民土地法（Natives Land Act）的立法，兩大目標同時完成。此一法案預言了路易士二元經濟的概念，把南非一分為二，一是現代的富裕部門，一是傳統的貧窮部門。這項法案除了落實貧富的二分外，同時規定，八七%的土地都交給只占人口二〇%的歐洲人，剩下的十三%才歸於南非黑人。當然，在這項法案之前，早已經有了許多前例，歐洲人一直都在限制非洲人，將他們保有的土地愈圈愈小。但直到一九一三年法案定案，整個情勢才制度化，也為南非的種族隔離制度設下了舞臺，從此政治與經濟的權利全歸少數白人，黑人雖為多數，卻是兩者皆空。法案特別規定，保留某些土地，包括特蘭斯凱與希斯凱，做為非洲人的「原鄉」。後來這些地方成為所謂的班圖斯坦（Bantustans），也成了南非種族隔離制度的另一個藉口，說什麼南非黑人並不是這一地區的原住民，而是班圖（Bantu）人後裔，是一千多年前從東奈及利亞遷移過來的。如此一來，講到對這片土地的權利，他們不見得比歐洲人多，實際上當然還更少。

地圖16顯示，一九一三年的土地法及其一九三六年的修正案分配給南非黑人的土地實在少得可憐。此外，此圖也可以看出一九七〇年類似的土地分配也發生在辛巴威，是另一個二元經濟體的建立。這一部分我們將在第十三章再做討論。

一九一三年的立法還包括了一些條款，旨在阻止小佃農及流動農民在白人擁有的土地上耕作，頂多只能短期打工。負責原住民事務的書記說明：「法案的目的在於終止未來任何涉及歐洲人與原住民之間有關土地及土地收成的交易行為，所有與原住民簽訂的新合約都必須是工作合約。所有這類秉持誠心簽訂的合約，雇主當初於善意不計一切給付原住民，或特准其耕種指定的一塊土地……但原住民不得給付主人任何東西以換取占有土地的權利。

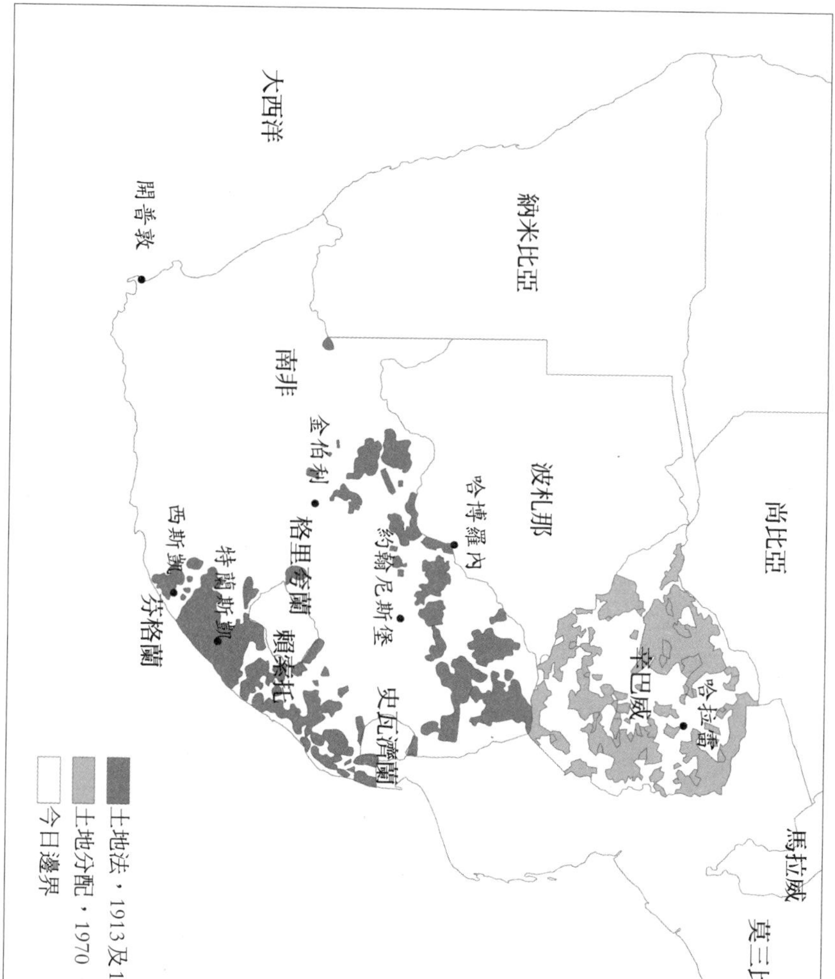

圖16：在南非及辛巴威占少數的白人分配給非洲人的土地數量

一九五〇年代與六〇年代，發展經濟學正在成形，路易士的理論也正走紅，對當時走訪南非的發展經濟學家來說，原鄉經濟與白人富裕的現代經濟之間形成強烈對比，正是二元經濟理論所討論的核心。經濟中屬於歐洲人的部分是都市的、受過教育的，使用的是現代技術。原鄉則是貧窮的、鄉村的及落後的，勞動生產力極低，人民未受過教育，落後如故，彷彿完全沒有受到時間的影響。

但撇開這些不談，二元經濟並非自然發生，也不是不可避免，而是歐洲殖民主義的產物。沒錯，原鄉是貧窮的，技術上是落後的，人民沒有受過教育。但始作俑者卻是政府的政策。政府強勢打壓非洲的經濟成長，以便為歐洲人所控制的礦場及土地製造沒有受過教育的廉價勞工。一九一三年之後，白人侵占非洲人的土地，大量非洲人被迫離鄉背井，湧入原鄉，卻又因為空間太小，不足以讓他們養活自己。一如所料，在這種情況下，他們只能廉價出賣自己的勞力，到白人的公司去找一口飯吃。隨著經濟動機的瓦解，之前五十年所成就的進步全都退回原點。耕田時放棄了犁，重新拾起鋤頭，當然，那還得他們有地可耕。更常見的情形是，只能委身做個廉價勞工，而那正是當初劃定原鄉所要達到的目的。

事實上，毀掉的不只是經濟動機而已，已經開始的政治變化也轉而倒退。之前，部族首領及傳統統治者的力量已經式微，如今卻死灰復燃，因為製造廉價勞工的陽謀得逞，土地私有財產制胎死腹中。於是部落首領的土地控制權重新獲得認可。一九五一年，政府通過班圖人管理機構法（Bantu Authorities Act），所有這些措施乃達到最高點。早在一九四〇年，范德里（G. Findlay）就已經明白點出了此一問題：

部落的保有權，無異於保證土地永遠無法得到適當的使用，也永遠無法屬於原住民。要有廉價的勞工，就要有一個廉價的繁殖場，所以這是以非洲人自己做為代價。

土地遭到剝奪，導致非洲農民陷入赤貧，不僅為落後的經濟打造了制度基礎，而且還製造了窮人塞滿這個經濟。

一九一三年原住民土地法實施之後，原鄉生活水準倒退，證據信手可得。特蘭斯凱與希斯凱陷入經濟衰退，持續不斷。歷史學者威爾森（Francis Wilson）從金礦公司那裡蒐集到的僱用資料顯示，整個南非經濟的衰退非常廣泛。繼土地法及其他立法之後，一九一一至一九二一年之間，礦工的薪資下降達三〇%。到一九六一年，儘管南非的經濟維持相當穩定的成長，但相較於一九一一年，薪資反而下降了十二%。這段期間，南非無疑是全世界最不公平的國家。

但話又說回來，儘管環境如此，在歐洲人的現代經濟中，非洲黑人難道就不能走自己的道路，開始自己的事業，或是接受教育力爭上游嗎？答案是，政府的作為讓所有這些事情都不會發生。在歐洲人的經濟勢力範圍內——八七%的土地——所有的黑人都不准擁有財產或經營事業。種族隔離政權清楚得很，讓黑人受教育只會使他們成為白人的競爭者，而不會為礦業或白人擁有的農業提供廉價勞工。早在一九〇四年，礦業界就實施了一套制度，為歐洲人保留工作權，舉凡混汞人、試金人、礦坑監工、鍛工、鍋爐工、銅匠、銅鑄工、泥水匠……長長一份清單，沒完沒了，一直到木匠，全都不准黑人擔任。總而言之，在礦業界，黑人禁止從事任何技術性的工作。這就是惡名昭彰的「有色人種障礙」（color bar），為南非政權所發明的各項種族隔離措施開了先例。一九二六年，有色人種障礙擴及全部經濟活動，直到一九八〇年代。黑人沒受教育一點也不令人驚訝。南非政府不僅排除任何在經濟上有利於黑人的教育，同時還拒絕投資黑人學校，壓抑黑人教育。此一政策於一九五〇年代達到高峰，當時，在種族隔離政策主要構劃者維沃爾德（Hendrik Verwoerd）的帶頭下，政府通過了班圖人教育法（Bantu Education Act）。此一法案背後的哲學，維沃爾德在一九五四年的一次演講中，毫不避諱地公諸於世：

> 班圖人必須弄清楚，無論在哪一方面，他都只能在自己的社會裡做事。在歐洲人的社會裡，高於某些層面的工作，他是沒份的……因此，接受一種訓練以便投入歐洲人社會這種事情，於他是沒有需要的，更何況，他既不能也不會被歐洲人社會吸收。

當然，維沃爾德口中的二元經濟顯然大不同於路易士的二元經濟理論。在南非，二元經濟並不是發展過程不可避免的結果，而是政府製造出來的產物。在南非，窮人不可能隨著經濟發展從落後部門晉身到現代部門。相反的，反而是落後部門的存在促成了現代部門的成功，利用非技術性黑人勞工的低廉工資，白人獲得了巨大的利益。按照路易士的看法，出身傳統部門的非技術性工人將會逐漸變成受過教育的技術性勞工，但在南非，此一過程完全不存在。事實上，黑人勞工停留在非技術層面，並禁止擔任高階技術的職位，完全是出於故意，其目的無非是要讓有技術的白人勞工不致遭到競爭並繼續享受高薪。在南非，黑人完全「困處」於原鄉，困處於傳統經濟。但這並不是有利於發展的經濟成長所造成的問題。白人的經濟發展靠的是原鄉。

在白人以剝削黑人為基礎所建立的榨取式制度下，南非的經濟發展模式到頭來成就有限，其實一點也不令人意外。南非白人擁有財產權，他們投資教育，又能夠開採黃金及鑽石，以高利潤出售到世界市場。但高達八〇％的人民卻遭到邊緣化，令人稱羨的經濟活動絕大部分都把他們排除在外。生為黑人，有天資也沒有用，完全不可能成為技術性工人、商人、企業家、工程師或科學家。經濟制度是榨取式的，白人靠榨取黑人致富。的確，南非白人擁有西方歐洲國家相同的生活水準，但南非黑人呢？比起下撒哈拉非洲的那些人民，他們一點也不富有，同樣一貧如洗。沒有創造性的破壞，這種光是肥了白人的經濟成長，只要黃金及鑽石的收入增加便可以繼續不斷。然而，到了一九七〇年代，經濟停止成長了。

同樣不令人意外的是，這套榨取式經濟制度是建立在一套高度榨取式的政治制度上。一九九四年垮臺之前，南非政治制度把一切的權力都交到白人手上，只有白人才能投票及競選公職。白人支配警察、軍隊及所有的政府機構，而這些機構又置於白人的軍事統治之下。一九一〇年南非聯邦成立時，奧蘭治自由國與德蘭士瓦等政治實體就已經是徹頭徹尾的種族特權，完全禁止黑人參與政治。殖民地納塔爾與開普雖然准許黑人投票，但前提是他們必須擁有足夠的財產，而這明顯是他們無法做到的。一九一〇年時，殖民地納塔爾與開普仍然維持原有制度，但到了一九三〇年代，南非境內所有的地方，黑人的投票權完全遭到剝奪。

一九九四年，南非的二元經濟告終，但不是基於路易士爵士的理論所提出的原因。結束有色人種障礙與原鄉的並非經濟發展的自然過程。一個政權既不承認人民的基本權利又不同他們分享經濟成長的利得，南非的黑人終於起而抗爭。一九七六年索威托（Soweto）起義之後，抗爭行動愈來愈有組織，也愈來愈強大，最後終於打倒了這個種族隔離國家。南非黑人集結奮起所凝聚的力量，終於終結了南非的二元經濟，同樣也終結了南非白人從一開始就製造了這種經濟模式的政治力量。

發展的倒退

今日世界之所以存在著不平等，關鍵在於十九與二十世紀有些國家能夠利用工業革命、科技及組織方法取得優勢，而其他國家卻沒有。科技變革雖然只是繁榮的引擎之一，但或許也是最為關鍵的。沒有利用新技術的國家，即使擁有其他促進繁榮的引擎也屬枉然。在這一章和前一章我們都已經看到，國家之所以失敗，問題出在其制度是榨取式的，而這有可能是長期專制的結果，也有可能是因為缺乏集權的政府。但在這一章裡面我們也看到好幾個例子，同樣的一種過程：歐洲人的商業與殖民擴張，對歐洲固然是成長的燃料，對別的地方卻造成或至少是強化了榨取式制度，成了國家貧窮落後的癥結。事實上，歐洲殖民帝國的財富累積，往往都是建立在侵略上，摧毀世界各地獨立的政治實體及本土經濟，要不然就是一手扶植榨取式的制度，譬如加勒比海群島，在原住民幾乎蕩然無存之後，進口非洲奴隸，建立大規模的農園區。

如果沒有歐洲人的介入，班達群島、亞齊，或緬甸的那些城邦會變成什麼樣子，我們無從知道。他們或許會有自己的光榮革命，也有可能以香料或其他有價值的商品進行貿易，以經濟成長做為基礎，逐漸走向比較廣納性的政治經濟制度。但荷蘭東印度公司的擴張卻勾銷了此一可能性，其滅族行動徹底扼殺了班達群島本土發展的希望，其威脅也使東南亞其他許多地方的城邦在商業上全面撤退。

印度是亞洲最古老的文明之一，一路走來，情形如出一轍，不同的是，導致其發展倒退的不是荷蘭而是英國。十八世紀時，印度是世界上最大的紡織品製造國及出口國。印度的印花布與細棉布充斥歐洲市場，而且銷遍亞洲甚至東非，將其帶進不列顛群島的代理商則是英格蘭東印度公司。英格蘭東印度公司成立於一六〇〇年，早荷蘭東印度公司兩年，整個十七世紀都在經營印度，企圖獨攬當地重要的出口品，但必須面對葡萄牙及法國的競爭。前者在果阿（Goa）、吉大港（Chittagong）及孟買（Bombay）都已經建立了根據地，後者在彭地治利（Pondicherry）、昌德納加（Chandernagore）、亞南（Yanam）及開利開爾（Karaikal）也早已有所部署。但如我們在第七章所說，對東印度公司來說，更大的麻煩是光榮革命。該公司的獨占權為斯圖亞特王室所特許，但一六八八年之後立刻遭到了挑戰，甚至被取消超過十年。特權一失，影響重大，如我們之前所見，英國的紡織業者說服了國會，禁止印花棉布進口，而這正是東印度公司最賺錢的商品。到了十八世紀，在克里夫（Robert Clive）的領導下，東印度公司改變策略，開始發展一個大陸帝國。當時，印度四分五裂，互相競爭的政治實體林立，儘管其中仍有不少在名義上還隸屬於德里的蒙兀兒王朝。東印度公司首先在東邊的孟加拉擴張，分別在一七五七年普拉西（Plassey）及一七六四年布克薩爾（Buxar）的戰鬥中將地方勢力剷除殆盡，劫掠地方財富，接管甚至強化德里蒙兀兒王朝榨取式的稅捐機構。此一擴張進行之際，則是對印度紡織業的大規模壓縮，不管怎麼說，反正這類商品早已經失去英國的市場，但如此一來，導致城市凋敝，貧窮增加，為印度開啟了長時期的倒退發展。不久之後，印度人自己不再生產紡織品，而是向英國人購買，並開始為東印度公司種植鴉片，銷往中國。

大西洋奴隸貿易也在非洲重複同樣的模式，即使是從比東南亞及印度更落後的狀態展開。許多非洲國家為了要捕捉奴隸並販賣給歐洲人，變成了戰爭機器。不同政治實體與國家之間的衝突演變成連年的戰火，又由於政治權力始終未能集中，非洲大部分的政府體制乃土崩瓦解，使歷久不衰的榨取制度以及今天的失序狀態趁虛而入——這一方面，我們還會再談到。至於非洲少數得以免於奴隸貿易的地方，譬如南非，歐洲人則強加了另一套制度，為自己的礦場及農場設計並製造了一個廉價勞工的儲備庫。為此，南非政府製造了一個二元經濟體系，舉凡技術性的職業、商業性的農業，以及創業，八○%的人民全都沒份。所有這一切，不僅可以解釋世界大部分地區之所以錯過了工業化的原因，同時也概括說明了一種現象：有的時候，經濟發展是以國內其他地區或世界其他地區的經濟低度發展為養分，或甚至創造了這種低度發展。

10 富裕的擴散

盜賊之光

十八世紀，英國——或說得更恰當一點，一七〇七年英格蘭、威爾斯與蘇格蘭合併之後的大不列顛——在罪犯處理的問題上做了一個簡單的決策：為了眼不見，心不想，或者至少是省得麻煩，乾脆將罪犯流放到帝國的罪犯殖民地去。獨立戰爭前，判決定讞的罪犯主要都是送往美洲殖民地。一七八三年之後，獨立的美國不再歡迎英國的罪犯，英國當局只好為他們另覓新家。第一個想到的就是西非。但氣候加上致命的疾病如霍亂及黃熱病，歐洲人根本沒有抵抗力，環境太過於惡劣，當局於是決定，縱使是罪犯，把他們送到「白人的墳場」去，還是有所不宜。第二個選項則是澳洲。這塊帝國東邊的海上疆域已經由大航海家庫克船長（James Cook）發現。一七七〇年四月二十九日，庫克登陸一處美麗的海灣，因當地物種豐盛，隨行博物學家譽之為博特尼灣（Botany Bay）。對英國的政府官員來說，這塊地方正是再好不過，氣候溫和之外，由於其遠在天邊，的確是可以令人眼不見心不煩。

一七八八年一月，一支由十一艘船舶組成的船隊滿載罪犯，在船長菲利浦（Arthur Phillip）的指揮下首途。一月二十六日，亦即今天的澳大利亞日（Australia day），他們紮營雪梨灣（Sydney Cove），也就是今日雪梨市的核心，並將此一殖民地命名為新南威爾斯（New South Wales）。其中一船名為亞歷山大號（Alexander），船長為辛克萊（Duncan Sinclair），船上有一對罪犯夫婦，亨利與蘇珊娜．凱博（Henry and Susannah Cable）。蘇珊娜犯的是竊盜罪，最初被判死刑，後來改判十四年，流放美洲殖民地，但因美國獨立而作罷。同一時間，在諾維奇堡（Norwich Castle）監獄，蘇珊娜與獄友亨利相戀。一七八七年，蘇珊娜被選中移送澳洲新的罪犯殖民地，並將隨第一支船隊前往。但亨利並不在其列。此時，蘇珊娜與亨利已經育有一子，名字也叫亨利。當局的決定意味著一個家庭行將遭到拆散。蘇珊娜移監到一艘停泊在泰晤士河的囚船上時，慈善家凱德根女士（Lady Cadogan）獲悉了這段悲慘故事，立刻發起一項促成凱博夫妻重聚的活動並獲得成功。於是，兩夫妻得以帶著小亨利一同移送澳洲。同時，凱德根女士募得二十英鎊，為他們購置物品，於抵達澳洲時取貨。但抵達博特尼灣時，貨品包裹卻不翼而飛，至少辛克萊船長是這樣說的。

凱博夫婦能怎麼樣呢？按照英國法律，能做的事情不多。縱使在一七八七年，英國就有廣納的政治與經濟制度，但此一廣納性並未包含罪犯，罪犯實際上完全沒有權利。他們既不能擁有財產，當然也不能訴諸於法院。事實上，他們甚至連向法院提交證據都不能。辛克萊清楚這一點，並有可能竊取了包裹。儘管他從未承認，但他的確放過話，說凱博夫婦根本告不了他。按照英國法律，他說的一點都沒錯，而且，若是在不列顛，整件事情就會到此結束。但在澳洲卻不然。當地軍法官柯林斯（David Collins）收到了一紙書狀：

> 茲有亨利．凱博及其妻子，此地之新住民，離開英格蘭之前，有一包裹載運於鄧肯．辛克萊船長之亞歷山大號，內有衣物及其他供彼等使用之品項，全係眾多慈善人士收集及購買，以備上述亨利．凱博及其妻兒之用。為請求現停泊本港之亞歷山大號船長返還上述包裹，雖已行文數次卻均無效果，除上述包裹所包括的幾本書外，其餘較為貴重的物品仍然留在前述所說的亞歷山大號上，該船船長似乎有意忽視，不使原物交付前述可敬之物主。

由於亨利與蘇珊娜都不識字，無法在書狀上簽名，只能在底下畫上「十字架」。「此地之新住民」幾個字後來被塗銷掉，但意義重大。有人把話說在前頭，凱博夫婦如果被說是罪犯，這個案子根本就連法院的大門都進不去。於是有人出點子，說他們是新住民。這對柯林斯法官來說可能有點棘手，那幾個字很有可能都是他給槓掉的。但那份書狀有效。柯林斯沒把案子給丟掉，而是召集開庭，還有陪審團，全部都由軍人擔任。辛克萊出庭應訊。儘管柯林斯並不是十分熱心，陪審團的成員又都是派到澳洲來看守凱博夫婦這類人犯的，但凱博夫婦贏了。辛克萊以凱博夫婦是罪犯為由力爭，但裁決成立，他必須付十五英鎊。

柯林斯法官做出這項裁決，並非根據不列顛法律；事實上，他完全不理會英國的法律。這是澳洲的第一樁民事判決。至於澳洲的第一樁刑事案件，對不列顛本島的子民來說恐怕也是同樣怪異。一名罪犯偷竊另一名罪犯的麵包被判有罪，麵包價值二便士。在那個時代，這種案子根本上不了法庭，因為罪犯無權擁有任何東西，偷竊罪無由成立。但澳洲不是不列顛，法律不光只是照著英國的走。不久，澳洲在民刑法以及許多政經制度上也都和英國分道揚鑣。

新南威爾斯的流放殖民地，最初只有罪犯和看守他們的守衛，多數是軍人。一八二〇年代之前，澳洲的「自由住民」少之又少，在新南威爾斯，罪犯的移送雖然到一八四〇年代已經停止，但在西澳，卻一直持續至一八六八年為止。罪犯必須從事「強制工作」，實際上就是強迫勞動的另一說法，而警衛則從中撈錢。最初，罪犯都沒有酬勞，做工所得就只是一日三餐，所有產品盡歸警衛所有。但一如維吉尼亞公司在詹姆斯鎮所做的實驗，這套制度並不怎麼有效，由於罪犯缺乏動機，工作起來既不求多也不求好。但無論是鞭打或驅逐到諾福克島（Norfolk Island）——方圓只有十三平方英里，位於澳洲以東一千英里的太平洋當中——照樣起不了作用，只有另起爐灶，給他們誘因。這對軍人和警衛來說並不是一種自然而然的主意，罪犯就是罪犯，再怎麼說他們既不能出賣勞力也不能有自己的財產。但在澳洲，就沒有其他的人可以做活了。雖然有原住民，當時在新南威爾斯，為數可能多達一百萬，但卻散布在廣袤的大陸上，以新南威爾斯的人口密度，光靠剝削他們根本不足以創造出經濟效益。這也就是說，拉丁美洲的那一套在澳洲行不通。因此，警衛走自己的路，最後搞出來的制度，廣納性甚至比不列顛國內的還高。每個罪犯都分派有工作，但若有多餘時間，便可以做自己的事，生產的東西可以拿出來賣錢。

罪犯得到了新的經濟自由，但警衛也得到好處。產品增加了，但罪犯想要買東西，則由警衛掌握獨占權。其中最有賺頭的就是蘭姆酒。這時候的新南威爾斯和英國其他殖民地一樣，由英國政府任命的總督統治。一八〇六年，英國任命的是布萊（William Bligh）。十七年前，一七八九年，在著名的「慷慨號叛變事件」中，此人即是慷慨號（H.M.S. Bounty）的船長。布萊非常重視紀律，叛變之所以發生，極有可能正是他的這種特質造成的。這一次，他脾氣依然未改，一上任便向蘭姆酒獨占者開戰。這一來又引起一次叛變，主角則是獨占者，領導者是退役軍人麥卡瑟（John Macarthur）。在這次人稱蘭姆酒之變（Rum Rebellion）的事件中，布萊再度淪為叛軍手下敗將，只不過這次是在陸上而不是在船上。麥卡瑟囚禁布萊。英國當局隨即派遣大軍前來處理叛變，逮捕麥卡瑟，遣送回英國，但不久便獲釋，重返澳洲，並在此一殖民地的政治與經濟上扮演重要角色。

蘭姆酒之變的禍根是經濟性的。讓罪犯有工作的動機，這一策略讓麥卡瑟這類人賺飽了錢。一七九〇年隨第二支船隊抵達澳洲，麥卡瑟還只是一介軍人。一七九六年自軍中辭職，專心做生意，當時已經擁有自己的第一批羊群，深知蓄養羊隻及出口羊毛的商機無限。從雪梨往內陸走，中間有藍色山脈（Blue Mountains），一八一三年終於跨越山脈，發現了另一邊廣袤空曠的草原。那兒是羊群的天堂。麥卡瑟很快就成為澳洲首富，但他和他那些蓄羊巨頭卻都成了所謂的占地戶（Squatters），因為他們放牧的土地並不是他們的，而是屬於英國政府的。但剛開始時，這些都還只是小事一樁。占地戶畢竟都是澳洲的菁英階層，或說得更恰當一點，堪稱是占地貴族（Squattocracy）。

即使有占地貴族，新南威爾斯卻一點都不像東歐或南美殖民地的那些專制政權，不像奧匈帝國及俄羅斯有農奴，也不像在墨西哥及祕魯有大量原住民可供剝削。在許多方面，新南威爾斯反而像維吉尼亞的詹姆斯鎮，菁英階層到頭來發現，唯有創造比奧匈帝國、俄羅斯、墨西哥及祕魯更為廣納的經濟制度，才是自己的利益所在。罪犯是唯一的勞動力，而唯一能讓他們有工作動機的，則是付工資給他們。

很快的，罪犯也可以創業，並僱用其他罪犯。更重要的是，服完刑期後，他們甚至分得土地，並恢復所有的權利。其中有些人開始致富，甚至不識字的亨利．凱博都不例外。到一七九八年時，他擁有一家旅館，命名為瘋馬（Ramping Horse），還有一間店鋪，又買了一艘船，做海豹皮買賣。到一八〇九年，他至少擁有九處農場，面積約四百七十英畝，同時在雪梨擁有多處店面及房屋。

接下來，新南威爾斯爆發了新一波的衝突，一方是菁英階層，另一方則是罪犯、服刑期滿的罪犯，以及他們的家人。菁英階層帶頭的都是過去的警衛及軍人，諸如麥卡瑟之類，另外就是一些自由住民，都是因為羊毛經濟發達受到吸引而來到殖民地的人。多數的財富仍然掌握在菁英階層手中，更生人及他們的後代所要的，包括停止流放、有機會由自己同類的人組成陪審團，以及無償使用土地。然而，菁英階層一概不予同意。他們關心的是為自己占用的土地取得合法地位。整個情況有點類似兩個多世紀前北美洲發生的那次事件。如我們在第一章所見，契約工反抗維吉尼亞公司獲得了勝利，接著，鬥爭便在馬里蘭及卡羅萊納發生。在新南威爾斯，麥卡瑟及占地戶分別扮演的就是巴爾的摩男爵及艾胥黎古柏的角色，英國政府這一次照樣站在菁英階層這邊，但他們也擔心，有朝一日麥卡瑟與占地戶有可能也會宣布獨立。

一八一九年，英國政府特派比格（John Bigge）針對當地的發展主持一個調查委員會。比格對罪犯所享有的權利大感震驚，此外，對此一流放殖民地的經濟制度竟然如此之廣納也大感驚訝。他建議來一次徹底的整頓：罪犯不得擁有土地，任何人從此不得付工資給罪犯，赦免不得浮濫，應有限制，刑期服滿，更生人不得配給土地，違者加重處罰。在比格眼裡，占地戶簡直成了澳洲現成的貴族，放眼未來，他則看到了一個由他們支配的專制社會。這還得了。

比格想要倒轉時鐘，更生人及他們的兒女卻要求更多權利。最重要的是，又和美國的情形一樣，他們瞭解，若要充分鞏固自己的經濟及政治權利，就需要建立一種政治制度，將他們也包含在決策過程中。因此，他們要求能夠公平參與的選舉，要求代議制度以及他們能夠獲得席位的議會。

領導更生人及其子女的是溫瓦茲（William Wentworth），一個人生多采多姿的作家、探險家兼新聞記者。第一支穿越藍色山脈的探險隊，他也是領隊之一，從此為占地戶打開了廣袤的草原，群山中有一個小鎮迄今仍以他為名。他之所以同情罪犯，或許是因為他自己的父親曾經被控公路搶劫，為了逃避受審，免掉可能的牢獄之災，才自願流放到澳洲來。這時候，溫瓦茲大力主張比較廣納的政治制度，包括選舉產生的代表大會、由更生人及其家人組成的陪審團裁判，以及停止將罪犯流放到新南威爾斯。他辦了一份《澳洲人報》（*Australian*），大肆攻擊現行政治制度。麥卡瑟討厭溫瓦茲，對他的主張更是深惡痛絕，並將他的支持者列一份清單，其特徵表列如下：

被判絞刑，流落至此者
拖行車後，飽嚐鞭撻者
倫敦猶太人
最近被撤銷資格的猶太稅務員
因買賣奴隸流放至此的拍賣人
在此地飽嚐鞭撻者
雙親皆罪犯的兒子
負債累累的騙子
美洲投機分子
品行不端的訟棍
最近落魄至此賣唱的異鄉人
岳父母皆為罪犯的人
娶以前為鈴鼓女郎的罪犯做妻子的人

儘管有麥卡瑟及占地戶的反對，澳洲的這股潮流卻擋不住。要求代議制度的呼聲強大到無法壓制。一八二三年之前，統治新南威爾斯的總督簡直可以為所欲為，但到了那一年，英國政府任命的地方議會成立，他的權力從此受到了限制。剛開始，英國政府任命的都是占地戶及非罪犯的菁英階層，麥卡瑟即為其中一員，但這情形並不長久。一八三一年，總督伯爾克（Richard Bourke）向壓力屈服，首度讓更生人坐上了陪審團的席位。更生人，事實上還要加上許多新來的自由住民也希望停止從英國流放罪犯，因為那會增加勞力市場的競爭，導致工資下降。占地戶喜歡的是低工資，但他們未能如願。一八四〇年，流放罪犯至新南威爾斯的措施停止，一八四二年，立法機構成立，其中三分之二成員由選舉產生（其餘為任命）。更生人有選舉權也有被選舉權，條件是必須擁有相當財產，在這方面，符合資格的人極多。

到了一八五〇年代，澳洲已經實施成年男性白人參政。公民、更生人及其家人的要求當時已經遠遠超出溫瓦茲最初所能想到的程度。事實上，他那時反倒是站在保守派的一邊，堅持上議院（Legislative Council）應為非民選的。但正如之前的麥卡瑟，溫瓦茲也阻擋不了潮流，大勢之所趨，政治制度乃益趨廣納。一八五六年，維多利亞省（Victoria，一八五一年自新南威爾斯分離出來）及塔斯馬尼亞省（Tasmania）成為全世界第一個實行選舉祕密投票的地方，買票及強制投票的行為因而為之遏止。直到今天，提到選舉祕密投票的規矩，仍然稱之為「澳洲式投票」（Australian ballot）。

在新南威爾斯的雪梨，最初的情況非常類似一百八十一年前維吉尼亞的詹姆斯鎮，唯一不同的是，詹姆斯鎮的新住民多數是契約工而非罪犯。在這兩個地方，最初的情況都沒有為榨取式的殖民制度提供空間。兩個殖民地都沒有稠密的原住民可供剝削，沒有可以輕易取得的貴金屬如金礦或銀礦，也沒有可供奴隸經濟運作的土壤與作物。一八七〇年代，奴隸貿易仍然活躍，如果有利可圖的話，新南威爾斯可能早就充滿了奴隸。但事實上並沒有。無論是維吉尼亞公司或新南威爾斯的軍人及自由新住民都向壓力低頭，逐步打造了廣納性的經濟制度，進而與廣納性的政治制度串連成為一體。尤有甚者，此一發展在新南威爾斯引發的鬥爭程度比維吉尼亞更低，而隨後企圖撲滅此一趨勢的倒退也未能得逞。

澳洲之走上廣納性的制度，其歷程同美國一樣，卻異於英格蘭。在英格蘭，內戰及後來的光榮革命都曾動搖英格蘭的國本，但在美國及澳洲，就不需要這類的革命，因為這兩個國家立國的情形不同，當然這並不表示，廣納性制度的建立未曾經歷任何衝突，事實上，美國就是推翻了英國的殖民主義才走出來的。在英格蘭，專制統治歷史悠久，根深柢固，需要革命才能予以剷除。在美國及澳洲，就沒有這種情形。儘管馬里蘭的巴爾的摩男爵及新南威爾斯的麥卡瑟有可能都有這樣的雄心想建立專制統治，但若要實現，他們卻都力有不及。在美國及澳洲，廣納性的制度一旦建立，意味著工業革命將會快速在這些土地上發芽，繁榮也就隨之而來。而這些國家所走的道路，殖民地如加拿大及紐西蘭亦步亦趨跟了上來。

當然，要到達廣納制度還有別的道路。西歐大部分地方走的就是第三條道路，在法國大革命的刺激下，走上了廣納制度。法國大革命推翻了法國的專制政權，接著又製造了一系列的國際衝突，將制度的改革散布到西歐大部分地區。至於改革所產生的經濟結果，則是西歐大部分地區開始出現廣納性經濟制度、工業革命及經濟成長。

衝破障礙：法國大革命

一七八九年之前，專制王朝統治法國長達三個世紀。法國社會分成三個部分，亦即所謂的階級。第一階級是教士，第二階級是貴族，其他所有人則是第三階級。不同的階級遵行不同的法律，前兩個階級擁有權利，其餘的人則一無所有。貴族及教士不必納稅，而老百姓卻要繳納苛捐雜稅，一如所有榨取式政權之所為。事實上，教會不僅免稅，本身還擁有大量土地，可以向農民徵稅。君王、貴族及教士享受奢華的生活，而大部分第三階級則活在悲慘的貧窮之中。不同的法律不僅保證貴族及教士擁有極度優越的經濟地位，而且也賦予他們政治權力。

十八世紀法國的城市生活既艱難又病態。製造業由強大的行會把持。行會除了為自己的會員謀取良好的收入，同時不准外人進入自己的行業，或經營新的生意。此一所謂的「舊制度」(ancien régime)很以自己的持續性及穩定性自豪。任何大生意人及有才能的人開創新的行業都會製造不穩定，是無法容忍的。城市生活固然艱難，農村生活猶有過之。就我們所知，當此一時期，農奴制度最極端的形式——把人跟土地綁在一起，強迫他們為封建主勞動，收成還要上繳——在法國已經沒落多時，但遷移還是受到限制，封建負擔依然龐大，法國農民仍然要向君主、貴族及教會納貢。

在這樣的背景下，法國大革命是根本的大事。一七八九年八月四日，國民制憲會議（National Constituent Assembly）頒訂了一部新憲法，法國的法律徹底改頭換面。第一條明定：

國民會議特此完全廢除封建制度，特令所有現行的權利與收益，包括領地及租稅，一切與土地及農奴制度相關者均無償予以廢止。

第九條繼續申明：

稅負方面，無論人或土地，所有特權一律廢止。所有公民、所有土地皆應一體一式納稅。制度設計應著眼於稅賦由全體人民按比例分擔，即便今年剩下的六個月亦然。

如此這般，法國革命一舉廢除了封建制度，將其強加於人民的所有義務與規費掃進歷史灰燼，並取消了貴族與教士的免稅。但其中最激進的卻是第十一條，當時甚至根本無法想像，其申明如下：

所有公民，不分出身，均得以出任任何公職或名分，無論其為教會的、文官的或軍方的；任何行業均應杜絕腐化墮落。

所以，法律之前如今人人平等，日常生活上如此，商業上如此，政治上也如此。八月四日之後，革命的改革持續推動，其結果是取消教會徵收特別稅的權利，教士改吃政府薪俸。根深柢固的政治及社會角色既遭拔除，經濟活動的障礙隨之根絕，行會及一切的職業限制都廢止，城市中開始出現比較良性的競爭。

所有這些都是終結法國專制王朝的第一步。八月四日人權宣言公諸於世，接下來雖然是數十年的動盪與戰爭，但無可逆轉的一步已經踏出，從此擺脫了專制及榨取制度，走上了廣納的政治及經濟制度，隨之而來的則是其他的政經改革，並於一八七〇年的第三共和達到顛峰，而且一如光榮革命之於英格蘭，它為法國帶來了議會制度。法國大革命固然製造了不少的暴力、痛苦、動盪與戰爭，但不可否認的，法國卻也因此跳脫了榨取制度的陷阱，不至於像東歐的專制政權如奧匈帝國及俄羅斯，斷絕了經濟的成長及繁榮。

法國的專制王朝怎麼會走上了一七八九年的革命呢？儘管經濟停滯，社會動盪，許多專制政權畢竟還是存活了很長的時間。一如歷史上多數的革命與巨大變革，法國大革命之所以水到渠成，乃是多種因素匯集所致，而所有這些又與英國的快速工業化有著密切的關係。當然，一如往常，發展是難以預知的，儘管君王努力想要穩住政權卻失敗了，結果證明，無論在法國或歐洲其他地方，在制度的改變上，革命都比一七八九年的人所能想像的還要成功。

法國的許多法律及特權都是中古時期的殘餘，相較於絕大多數的百姓，不僅對第一及第二階級較為有利，而且也讓他們擁有可以與君王分庭抗禮的特權。太陽王路易十四（Louis XIV）統治法國五十四年（自一六六一年至一七一五年逝世，但實際上他在一六四三年五歲時即已登基），在位期間鞏固王權，更進一步強化數個世紀前就已經確立的專制統治。在過去，許多君王通常都還會召開顯貴會議（Assembly of Notables）諮商國政。由君王親自挑選重要貴族組成的顯貴會議，大體上雖然僅備諮詢，但對王權仍然具有小幅的牽制作用。基於此一理由，路易十四乾脆不召開會議。在他的統治下，法國透過某些手段，諸如大西洋及殖民地貿易，在經濟成長上的確達成了某些成就。當時才幹過人的財政大臣柯貝爾（Jean-Baptiste Colbert）又非常留心政府創辦的或政府控制的產業，但這些都是典型的榨取式成長，而所有這些數量有限的成長，受益的幾乎又全都是第一及第二階級。另一方面，為了支應經常的戰爭、大量的常備部隊，以及君王自己的豪華排場、消耗及宮室，政府財政也常常吃緊，因此，路易十四也有意將法國的稅制合理化。但王室的徵稅能力低落，甚至連小貴族都掐住了國庫的收入。

一七七四年路易十六就位，當時雖然已有小幅經濟成長，但社會的變化卻非常巨大。此外，之前的財務問題已經演變成財務危機，一七五六至一七六三年之間的英法七年戰爭尤其所費不貲，還讓法國丟掉了加拿大。為了重整債務及增加稅收以平衡王室的收支，許多重量級人士都參與其事，包括當時最有名的經濟學家之一杜爾戈（Anne-Robert-Jacques Turgot）、革命後同樣也扮演了重要角色的內克爾（Jacques Necker），以及加隆（Charles Alexandre de Calonne）。但全都沒有成功。加隆的策略之一是說服路易十六召開顯貴會議。國王和他的謀士都寄望顯貴會議支持改革，一如查理一世一六四〇年召開英格蘭國會，寄望他們同意撥款組織一支軍隊征討蘇格蘭。沒想到顯貴會議卻決議，唯有一個具有代表性的團體，也就是三級會議（Estates-General），才能夠為這類改革背書。

三級會議迥然不同於顯貴會議。後者是由貴族組成，大體上都是國王欽點的主要貴族，前者則包括所有三個階級的代表，最後一次召開是在一六一四年。一七八九年，三級會議在凡爾賽召開，一開議就知道根本不可能達成任何協議。因為其間存在著無可妥協的分歧。第三階級把這次會議視為增加自身政治權力的機會，要求在三級會議中擁有更大的表決權，而貴族與教士則堅決反對。會議在一七八九年五月五日結束，沒有達成任何決議，唯一的決定是召開權力更高的國民會議，因此更加深了政治上的危機。第三階級，特別是店家、商人、技師及工匠這些要求更大權力的人，無不把此一發展視為增加自身影響力的機會，因此在議程中要求更多發言的機會，在大會中要求更多的權利。全國人民在這些發展的鼓勵之下，更是風起雲湧，走上街頭，成為他們的後盾，結果導致三級會議改組，並於七月九日成立國民立憲會議。

同時，整個國家，尤其是巴黎，民情愈趨極端。路易十六身邊的保守派展開反撲，說服他罷黜改革派財政大臣內克爾，此舉加深了街頭的激進，結果就是一七八九年七月十四日著名的攻占巴士底監獄（Bastille）。從此開始，革命一發不可收拾。內克爾重獲任用，革命分子拉法葉（Marquis de Lafayette）奉命出掌巴黎國家衛隊。

但還有比攻占巴士底監獄更為重要的，那就是國民立憲會議的衝勁，一七八九年八月四日，立憲會議鼓起剛建立的信心，通過新憲法，廢除了封建制度以及第一、第二階級的一切特權。此一極端的演變卻導致立憲會議內鬨，因為，對於社會究竟應該採取何種形態，衝突的意見紛陳。第一步是地方性的社會團體先後成立，其中最有名的是激進的雅各賓俱樂部（Jacobin Club），後來甚至拿下了革命的主控權。同時，貴族開始大批逃亡，亦即所謂的流亡者（émigrés）；另有許多人鼓動國王解散立憲會議，採取行動，自行奮起或尋求外國協助，譬如奧地利——王后瑪麗．安東尼（Marie Antoinette）的母國，也是多數流亡者逃亡的地方。街頭的群眾眼看過去兩年的革命成果受到威脅，激進的步調開始加速。

一七九一年九月二十九日，國民立憲會議通過新憲法的最後版本，把法國變成一個君主立憲國，全民一律平等，沒有封建義務與規費，行會所規定的一切限制全都終止。法國仍然是一個君主國，但國王既沒有地位，事實上，甚至沒有自己的自由。

但是，一七九二年法國與以奧地利為首的「第一次反法同盟」（first coalition）爆發戰爭，無可逆轉地扭轉了革命的衝勁。戰爭加強了革命分子及群眾的決心與激進（群眾又稱為「無套褲漢」〔sans-culottes〕，因為他們買不起那種當時正時髦的及膝短褲），其結果就是史稱的恐怖時期，在羅伯斯比（Robespierre）及聖茹斯特（Saint-Just）的領導下，處決了路易十六及瑪麗王后之後，雅各賓黨有如脫韁野馬，不僅大肆處決數十名貴族及反革命派，甚至連革命陣營中幾名重量級人物也一併遭到不測，包括之前普受愛戴的領袖布里索（Brissot）、丹頓（Danton）及德穆蘭（Desmoulins）。

恐怖很快一發不可收拾，到了一七九四年七月，連自己的領袖包括羅伯斯比及聖茹斯特都遭到處決才告一個段落。接下來的時期相對安定許多，先是一七九五至一七九九年之間的督政府（Directory），然後是權力更為集中的三人執政團（Consulate），由杜寇（Ducos）、希艾耶（Sieyès）及拿破崙組成。督政府時期，年輕將軍拿破崙就已經因戰功而揚名，一七九九年之後，影響力更是有增無減。沒有多久，執政團便成為拿破崙的個人統治。

從一七九九年到一八一五年拿破崙王朝結束前，法國獲得一連串重大的軍事勝利，包括奧斯特里茲（Austerlitz）、耶拿—奧斯泰德（Jena-Auerstedt）及華格姆（Wagram）等戰役，整個歐洲望風披靡，拿破崙的意志、改革及法典暢行無阻。一八一五年，拿破崙徹底失敗後，法國走了一段時期的回頭路，政治權利遭到較大的限制，王室復辟，路易十八登基。但所有這一切都只是延遲廣納性政治制度的出現而已。

一七八九年的革命衝垮並終結了法國的專制統治，儘管在時間上慢了些，仍然無可避免地走向廣納性制度。除了法國本身，再加上革命改革輸出之處，部分歐洲乃於十九世紀加入了已然上路的工業革命。

革命輸出

一七八九年法國大革命前夕，整個歐洲都對猶太人施以重重限制。以德意志城市法蘭克福為例，規範猶太人的法令可以追溯到中世紀。在法蘭克福，猶太人家庭為數不足五百，全都必須住在猶太人區「猶太巷」(Judengasse）的圍牆內，夜裡不准踏出圍牆一步，禮拜日或任何基督教的節慶亦然。

猶太巷之狹隘令人難以想像，長四分之一英里，寬卻只有十二英尺，有些地方僅十英尺而已。猶太人經年生活在壓迫與管制之下。每一年最多只有兩戶人家准許住進猶太人區，最多只有十二對新人准許結婚，而且兩人都要超過二十五歲才行。猶太人不准務農，也不准買賣武器、香料、酒類或穀物。一七二六年之前，每個人都必須配戴特定的標誌，男人是兩個黃色的同心圓，女人則是條紋面罩。所有猶太人都必須付人頭稅。

法國大革命爆發時，一個成功的年輕商人羅特希爾德（Mayer Amschel Rothschild）住在猶太巷。

一七八〇年代早期，他已經是法蘭克福首屈一指的錢幣、金屬及骨董生意人。但和城內所有的猶太人一樣，猶太人區以外的地方，他不僅不准做生意，甚至連居住都不准。

但很快的，一切都改變了。一七九一年，法國國民會議解放了法國猶太人，同時，法國軍隊則占領了萊茵蘭（Rhineland），解放了德意志西部的猶太人。至於法蘭克福，其結果卻顯得比較突然，甚至有點無心插柳。一七九六年，法國炮擊法蘭克福，過程中，猶太巷半遭摧毀，約有兩千猶太人無家可歸，不得不搬出猶太人區。一旦脫離了牢籠，又擺脫了不准創業的重重限制，他們大展鴻圖的機會來了。這裡面包括一項供應奧地利軍隊穀物的合約，若在以前，這根本就是無法想像的事情。

十年不到的時間，羅特希爾德不僅已是法蘭克福最富有的猶太人，而且也成了知名的商人。一八〇六年，拿破崙改組德意志，戴伯格（Carl von Delberg）被任命為法蘭克福大公；在他手裡，完全的解放終於完成，時在一八一一年。羅特希爾德當時對兒子說：「現在，你是一個公民了。」

但為解放猶太人所做的努力到此並未結束，因為接下去仍然有反動出現，特別是一八一五年維也納會議（Congress of Vienna）所打造的後拿破崙時代政治局勢。儘管如此，羅特希爾德並沒有重回猶太人區；沒有多久，他和他幾個兒子已經擁有了十九世紀歐洲最大的銀行，在法蘭克福、倫敦、巴黎、那不勒斯及維也納都設有分行。

這種情形並非特例。法國革命軍及拿破崙先後侵入的歐洲大陸大部分地區，當時的制度幾乎全是中世紀的殘餘，權力全都在國王、親王及貴族的手中，並嚴格限制貿易，包括城市及鄉村的貿易。在這些地區的許多地方，農奴制度及封建制度的重要性遠高於法國本身。在東歐，包括普魯士及奧匈帝國的匈牙利部分，農奴是跟土地綁在一起的。在西歐，這種形式的農奴制度早已經消失，但農民還是要向封建領主繳交各式的規費、稅賦並服勞務。舉例來說，在拿騷—烏辛根（Nassau-Usingen），農民名下要繳付的各種費用、規費及要做的勞務就多達二百三十種。以規費來說，連宰殺一隻動物都繳稅，稱為血稅，另外還有蜜蜂稅及蜂蠟稅。買賣一項資產，領主也有錢要拿。在城市裡，行會管制著一切經濟活動，其強大的程度也遠超過法國。在德意志西部城市科隆（Cologne）及阿亨（Aachen），行會禁止採用紡織機器。從瑞士的伯恩（Berne）到義大利的佛羅倫斯，許多城市都是被少數幾個家族把持。

法國大革命的領袖，以及後來的拿破崙，都向這些地方輸出革命，推翻專制，終結封建的土地關係，廢除行會，實行法律之前的平等，亦即非常重要的法治觀念，關於這方面，下一章還會詳談。因此，法國大革命不僅是為法國，更是為歐洲其他地方做好了準備，迎接即將萌芽的廣納性制度及經濟成長。

如前所述，法國的發展導致警訊頻傳，以奧地利為核心，好幾個歐洲強國組織了起來，於一七九二年對法國展開攻擊，表面上是要解救路易十六，實際上卻是要粉碎法國大革命，指望臨時湊合上陣的革命軍很快就會兵敗如山倒。但經過起頭的幾次失敗之後，新成立的法蘭西共和國（French Republic）軍隊初期採取守勢，卻在戰鬥中取得勝利。儘管嚴重的組織問題有待克服，但法國卻走在其他國家前面，實施一項新的創舉：大規模徵兵。一七九三年八月開始實施的大規模徵兵，甚至在拿破崙著名的軍事謀略還沒上場之前，就已經使法國能夠部屬大規模的部隊，進而發展出近乎超強的軍事優勢。

初期的軍事成功鼓舞了共和國的領導階層，企圖擴大法國的疆界，打算在新共和國與敵對的君主國普魯士及奧地利之間建立一個有效的緩衝。很快的，法國就拿下奧地利轄下的尼德蘭（Netherlands）及聯合七省（United Provinces），基本上是今天的比利時及荷蘭，同時也奪下了今日瑞士的大部分地區，並在整個一七九〇年代穩穩控制這三個地方。

剛開始時，德意志人還雄心勃勃，但到了一七九五年，法國牢牢地控制住萊茵蘭，亦即德意志西部萊茵河左岸的部分，普魯士人不得不簽下巴塞爾條約（Treaty of Basel）承認此一事實。一七九五至一八〇二年間，法國雖然占領了萊茵蘭，但並未握有德意志其他地區。一八〇二年，萊茵蘭正式併入法國。

一七九〇年代後半，義大利仍然是主要的戰爭場所，對手則是奧地利。一七九二年，薩瓦（Savoy）為法國所併，雙方陷入僵局，直到拿破崙一七九六年入侵才改觀。一七九七年年初，拿破崙發動首次歐陸戰役，幾乎征服了整個北義大利，唯一例外的是威尼斯，當時是由奧地利占領。到一七九七年十月，法國與奧地利簽訂坎波佛米奧條約（Treaty of Campo Formio），結束了第一次反法同盟戰爭，並承認了義大利北部許多由法國控制的共和國。合約雖然簽訂，法國卻繼續控制義大利，並侵入教皇國，於一七九八年三月建立羅馬共和國（Roman Republic）。一七九九年一月又占領那不勒斯，建立帕特諾柏共和國（Parthenopean Republic）。至此，整個義大利半島都成為法國的囊中之物，有的是直接控制，如薩瓦，有的則是透過衛星國家，如南阿爾卑斯（Cisalpine）、利古里亞（Ligurian）、羅馬及帕特諾柏（Parthenopean）等共和國，唯有威尼斯仍然為奧地利人所據。

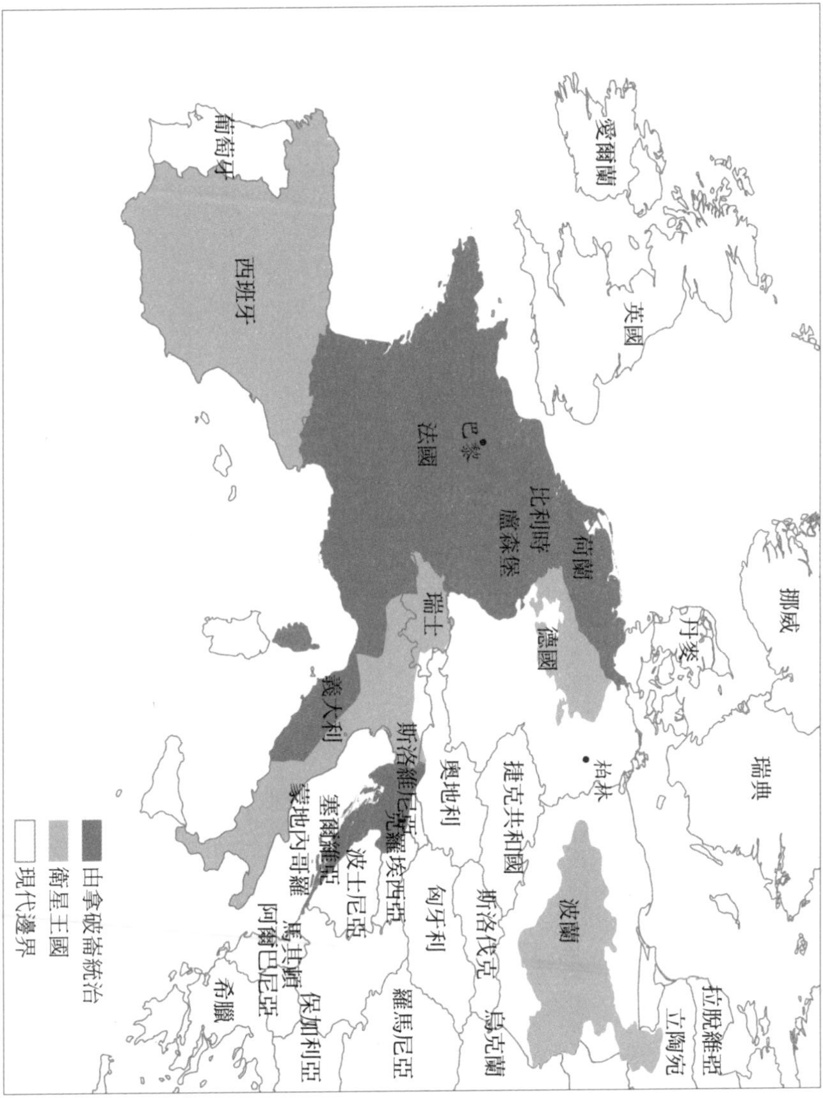

地圖17：拿破崙帝國版圖

一七九八至一八〇一年間的第二次反法同盟戰爭，雙方進一步折衝，到頭來仍然是法國主控全局。法國革命軍迅速在他們所征服的地方動手改革，掃除農奴制度的殘餘及封建的土地關係，落實法律之前人人平等。教士的特殊地位與權勢遭到拔除，城市地區的行會不是徹底湮滅就是苟延殘喘。一七九五年的入侵之後，在法國建立巴達維亞共和國（Batavian Republic）的奧屬尼德蘭及聯合七省，這種情形馬上就發生，其政治制度幾乎和法國如出一轍。瑞士的情況也一樣，行會、封建領主及教會一敗塗地，封建特權取消，行會瓦解崩盤。

法國革命軍之所為，拿破崙繼之，方式則不盡相同。拿破崙最感興趣的莫過於把自己征服的地方玩弄於股掌之上，有時候他假手於當地的菁英，有時候則是交給家人及同僚，像他短暫控制西班牙及波蘭的時期就是如此。但是，長期深化革命的改革也是他的真心所願。最重要的是，他把羅馬法及法律之前人人平等的理念加以法制化，編入法典，亦即著名的拿破崙法典（Code Napoleon），並將這部法典視為自己最偉大的遺產，希望落實到每一處他控制的領土。

當然，法國革命軍及拿破崙所實施的改革並非無可逆轉。有些地方，如德意志的漢諾威（Hanover），拿破崙一跨臺，舊時的菁英階層便重新掌權，大部分的法國建樹從此消聲匿跡。但在其他許多地方，封建制度、行會及貴族倒真的是就此完全消失或一蹶不振。即使法國人退走，拿破崙法典依然通行的也不乏其例。

總而言之，在歐洲，法國軍隊固然製造了不少苦難，但也激烈改變了生態。在歐洲許多地方，從此消失的包括封建的關係、行會的力量、君主及親王的專制，以及以出身定人高下的不平等「舊制度」。有了這些改變，廣納式的經濟制度才得以產生，也才使這些地方得以工業化。十九世紀中葉，凡是法國控制過的地方，工業化幾乎都已經上路，至於法國未能征服的地方，如奧匈帝國及俄羅斯，或法國僅短暫或局部控制的地方，如波蘭及西班牙，大體上則仍然處於停滯狀態。

追求現代化

一八六七年秋，日本封建幕府薩摩藩的重臣大久保利通，從首府江戶（現在的東京）前往地方城市山口。他在十月十四日會見了長州藩的領袖，提出一個建議：共同發兵江戶，推翻日本的統治者幕府將軍。當時，大久保利通已經連絡好土佐藩及肥前藩的領袖，一旦強大的長州同意，祕密的薩長同盟便宣告組成。

一八六八年的日本，在經濟上仍然是一個低度開發國家。德川家族一六〇〇年開始統治日本，一六〇三年取得將軍的頭銜，日本天皇則被邊緣化，成為純粹儀式性的角色。德川將軍為眾封建領主之首，封建領主則各領其藩地並徵稅，其中統治薩摩的為島津家族。領主又各擁武裝家臣，亦即武士，管理一個類似中世紀歐洲的社會，行業界限分明，貿易限制重重，農民稅負沉重。幕府以江戶為都城，壟斷並管制外國貿易，禁止外國人入國。政治與經濟制度皆為榨取式的，國家是貧窮的。

但幕府的統治並非完全。德川家族雖然在一六〇〇年接管了國家，卻無法管到每一個人。國之南邊，薩摩藩的自主性就非常高，可以從琉球群島跟外面世界獨立從事貿易。一八三〇年，大久保利通就是出生在薩摩的首府鹿兒島。身為武士之子，他後來也成為一名武士。由於自幼聰穎，很早就受到薩摩領主島津齊彬的注意，也特意拔擢。當時，島津齊彬已經成竹在胸，準備以薩摩軍推翻幕府，最終的目的則是要跟亞洲及歐洲進行貿易，廢除老舊的封建經濟制度，建立一個現代的日本國。一八五八年，島津齊彬驟逝，這個計畫胎死腹中。他的繼承人島津久光較為謹慎，至少初期如此。

這時候，大久保利通愈來愈相信，日本只有推翻封建的幕府才有明天，最後他也說服了島津久光。為了師出有名，他們以不滿天皇被邊緣化為包裝。大久保利通與土佐藩簽署的協約強調：「一國無二君，一家無二長，政府只交付給一個統治者。」但真正的目的並非只是恢復天皇的權力，而是要徹底改變政治與經濟的制度。土佐那邊，坂本龍馬為簽約人之一。正當薩摩與長州動員軍隊時，坂本龍馬向將軍提出一項為數八點的計畫，敦促將軍辭職下野以避免內戰。計畫極為激進，儘管第一點明言：「國家的政治權力應回歸皇室，一切號令應出於皇室。」但其內容遠不止於天皇復位，第二、三、四、五點分別申明：

二、建立兩個立法機構，一上院，一下院，政府一切措施均應本諸民意。

三、賢能之士，無分王公、貴族、平民皆得為國建言，已經失去作用的傳統機構則予廢除。

四、外交事務之執行應依循適當規範，並以民意為基礎。

五、過時之立法與規範應予廢止，擇取一部新而完備的法典。

德川慶喜將軍同意下野，一八六八年一月三日，宣布明治維新；孝明天皇逝世後一個月，其子明治復位。這時候，薩摩及長州的軍隊雖然已經占領江戶及皇城京都，卻仍擔心德川幕府奪權並回復將軍統治。按照大久保利通的希望，德川幕府最好就此走入歷史，於是說服天皇廢除德川藩並沒收其領地。一月二十七日，前將軍德川慶喜對薩摩及長州軍隊發動攻擊，內戰爆發，雙方纏戰至夏天，德川幕府覆滅。

明治維新之後，日本進入制度改革的過程。一八六八年，封建制度廢除，政府接管三百處封地，改劃為府縣，任命官員治理。稅務由中央集中管理，現代化的官僚體系取代舊有的封建體系。一八六九年，法律之前所有社會階級一律平等開始實施，遷移及貿易限制取消。武士階級廢除，此舉不無防止叛亂的作用。私有土地財產權開始實施，人民可以自由就業並從事任何買賣。政府開始投入基礎建設，一反專制政權對鐵路的態度，一八六九年，日本當局開闢了東京至大阪的輪船航線，並在東京與橫濱間興建第一條鐵路。製造工業也開始發展，大久保利通時任大藏大臣，負責工業化之推動。在這方面，薩摩藩主早已領袖一方，興建工廠，生產陶器、大炮及棉線，進口英國紡織機，一八六一年就創辦了全日本第一家棉紡工廠，還興建兩座現代化造船場。一八九〇年，日本成為亞洲第一個接受成文憲法的亞洲國家，產生了君主立憲、民選的國會及獨立的司法。在亞洲，這些改變是使日本成為工業革命主要受惠者的關鍵因素。

十九世紀中葉，中國與日本都是貧窮國家，因專制統治而積弱不振。多個世紀以來，中國的專制君主一直忌憚改變。中國與日本之間雖有相似之處——德川幕府在十七世紀也禁止海外貿易，一如更早時期的中國皇帝，抗拒經濟及政治的改變——但也有顯著的政治差異。中國是一個由皇帝統治的集權官僚帝國，但在權力上，皇帝也有力所不能之處，而其中最重要的是叛亂的威脅。一八五〇至一八六四年之間，整個中國南方遭受太平天國之亂肆虐，戰爭加上饑荒，死亡數以百萬計。但皇帝所遭到的反對並非制度面的。

日本政治制度的結構則不同。幕府將天皇邊緣化，但如前面所說，德川的權力並非絕對，諸如薩摩藩這樣的地方不僅維持獨立，還能按照自己的利益大做外國生意。

和法國一樣，對中國及日本來說，英國工業革命一項重要的結果就是彰顯了他們在軍事上的不堪一擊。一八三九至一八四二年間，第一次鴉片戰爭，英國的海上力量讓中國人擡不起頭來，同樣地，一八五三年美國海軍艦隊司令官培里（Matthew Perry）率領戰艦駛入江戶灣，對日本人來說，何嘗不是如此。經濟的落後導致軍事上的落後，此一現實不僅刺激島津久光推翻幕府將軍，同時也推動改變，最後導致明治維新。薩摩藩的領袖們明白，經濟的成長——乃至日本的生存——唯有賴制度改革才足以達成，但幕府將軍卻抗拒改革，因為他知道自己的權力與現行制度是不可分的。既要改革，就必須推翻幕府將軍，而他確實被推翻了。中國的情況相同，但政治機制卻有別，推翻皇帝談何容易，事情也只有等到一九一一年才成功。中國人不思制度的改革，只想要進口現代武器跟英國人一較高下；日本人卻不同，他們建立了自己的軍火工業。

對於十九世紀的挑戰，由於些初始的差異，每個國家的回應也就不同，因此，面對工業革命所帶來的關鍵時期，日本與中國便出現了巨大的差別。當日本的制度正在轉型，經濟正在快速成長之際，在中國，推動制度改變的力量卻相對薄弱，榨取制度持續當道，最後在一九四九年毛澤東的共產革命下轉向更糟的方向。

世界不平等的根源

這一章和前面三章告訴我們一項事實：英國先有了廣納的經濟及政治制度，才會有工業革命，同時又跟我們解釋了一個現象：為什麼有的國家會受惠於工業革命並走上成長的道路，而有的國家卻沒有，甚至從一開始就堅決排斥工業化。一個國家是否走上工業化，大體上取決於它的制度。以美國來說，經歷了類似光榮革命的轉型，到了十八世紀末葉，在經濟及政治上已經發展出獨特的廣納制度，因此才會成為利用英倫群島新技術的第一個國家，而且很快就超越了英國，成為工業化及技術變革的領先者。澳洲是另一個典型。儘管在時間上晚了一點，也比較不受到注意，澳洲同樣走上了廣納制度的道路，而且和英美一樣，也是靠人民奮力爭取才得來的。一旦廣納制度到位，經濟成長就水到渠成。澳洲和美國能夠工業化及快速成長，都得力於制度具有足夠的廣納性，唯其如此，才不致阻斷新的技術、創新或創造性破壞。

至於歐洲其他殖民地，絕大多數卻非如此。這些地方的發展條件大不同於澳洲及美國。在澳洲和美國，由於本土沒有原住民及資源可供榨取，殖民政策也迥不相同，雖然政治的權利及廣納的制度還是靠人民自己艱苦奮鬥才贏得的。但在摩鹿加，一如亞洲其他地方、加勒比海及南美洲的許多歐洲殖民地，人民就算是想要戰鬥，卻也沒有贏的機會。在這些地方，歐洲殖民者不是強力實施新的榨取制度，就是順理成章接手舊有的榨取制度，其目的無非榨取有價值的資源，從香料、糖到白銀及黃金，所到之處，大幅變更制度，徹底封殺了廣納制度出現的可能。有些地方，眼看已經有工業或廣納性的經濟制度在萌芽，但殖民者擺明了就是要將之打壓滅絕。像這些地方，十九世紀乃至於二十世紀工業化的好處於他們是沒份的。

在歐洲其他部分，發展動力也迥然不同於澳洲及美國。十八世紀末葉，正當工業革命在英國加速啟動時，多數歐洲國家卻是在專制政權統治之下，君主及貴族大權在握，其主要收入的來源若非土地所得，就是靠進入障礙所建立起來的貿易特權。工業化過程所產生的創造性破壞，會侵蝕領導階層的利益，並奪走他們的土地資源及勞力。因此，工業化使貴族成為經濟的輸家。更重要的是，工業化的過程勢必破壞舊有秩序，造成不穩定，並對政治權力的壟斷形成挑戰，他們也將在政治上淪為輸家。

但是，英格蘭的制度轉型及工業革命還是為歐洲國家帶來了新的機會和挑戰。西歐儘管是專制當道，但一千年來影響過英格蘭的制度漂移，這個地區也曾經歷過。倒是東歐、鄂圖曼帝國及中國的情況則大不相同。也正是這些不同，大大影響了工業化的傳布。就和黑死病或大西洋貿易的興起一樣，工業化所產生的關鍵時期加深了許多歐洲國家始終都存在的制度矛盾，其中一個主要因素是一七八九年的法國大革命。專制政權解體為法國的廣納制度開了路，終於走上工業化及快速的經濟成長。事實上，法國大革命的成就並不止於此。隨著法軍的侵略，法國的新制度跟著輸出，強迫幾個鄰近國家改革其榨取制度。因此，法國大革命不僅是在法國為工業化開路，在比利時、荷蘭、瑞士，以及德意志部分地區及義大利，也扮演了相同的角色。更往東邊則不同，如同黑死病之後所做出的回應，封建制度非但沒有崩潰，反而更得到強化。奧匈帝國、俄羅斯及鄂圖曼帝國，經濟上雖然變得更為落後，其專制王朝卻安穩如故，一直存在到第一次世界大戰。

和東歐一樣，世界其他地方的專制政權也堅決抗拒。中國尤其如此，明清兩朝交替，建立了一個穩定的農耕社會，根本敵視國際貿易。但在亞洲，還是有不同的制度發生了作用。如果說中國對工業革命的回應與東歐如出一轍，那麼日本的回應則類似西歐。跟法國一樣，日本採取的是改革制度的革命手段，但不同於法國，日本的主角是貴族，是來自薩摩、長州、土佐及肥前的封建領主。叛亂的領主們推翻幕府將軍，促成了明治維新，將日本帶上了制度改革及經濟成長的道路。

同樣的，專制政權在孤立的衣索比亞也是抵死抗拒。至於這塊大陸的其他地方，同樣一股在十七世紀幫助英格蘭制度轉型的力量——國際貿易——卻把西非洲及中非洲都五花大綁起來，透過奴隸貿易成為高度榨取的制度，在某些地方，社會因此變成廢墟，有些地方則產生榨取的奴隸國家。

哪些國家利用了十九世紀以來的大好機會，哪些國家卻沒能這麼做，這一切都取決於我們所闡述的制度因素。今天我們所看到的世界不平等，其根源就在於此一分歧：今天的富裕國家，十九世紀時都走上了工業化及科技變革的道路，而貧窮國家則都是那些沒有走上這條道路的，而且絕少例外。

11 良性循環

黑面法案

溫莎堡（Windsor Castle）位於倫敦之西，是英國最堂皇的王家宅邸。十八世紀初期，城堡周圍曾是一大片森林，林中多鹿，但今已存留無幾。一七二二年，一名森林守衛南恩（Baptist Nunn）陷入了一場暴力衝突。他在六月二十七日寫下紀錄：

晚上有黑面進來，開了我三槍，兩顆子彈射中房間窗戶，我答應三十日到克勞索恩（Crowthorne）給他們五基尼金幣。

南恩日記裡面的另一次入侵這樣寫道：「又一次恐嚇，一個偽裝的人送來一張揚言破壞的字條。」

槍擊南恩、索取金錢、要脅恐嚇，這些神祕的「黑面」都是些什麼人呢？他們其實都是當地人，把臉「塗黑」，趁著夜色掩藏容貌，這一段時期經常在英格蘭南部一帶出沒，宰殺肢解鹿隻及其他動物，焚燒草堆穀倉，破壞圍牆魚池。表面看來，這些都只是違法行為，但其實不然。狩獵（盜獵）國王或貴族土地上的鹿隻早已有之。一六四〇年代內戰時期，溫莎堡的鹿群就幾乎遭到全數殺盡。一六六〇年復辟之後，查理二世登基，鹿園才又復養。但黑面盜獵鹿隻並不光只是為了食其肉，更是要遂行破壞，但目的何在呢？

國會代表的各種利益具有多元性，乃是一六八八年光榮革命的關鍵基石之一。因此，無論是商人、實業家、社會名流，或與奧蘭治的威廉及一七一四年繼承安妮女王（Queen Anne）的漢諾威王室站在一條陣線上的貴族，都不可能具有足夠的力量片面貫徹自己的意志。

整個十八世紀，斯圖亞特王朝復辟的努力未曾停止過。一七〇一年詹姆士二世去世後，法國、西班牙、教宗，加上英格蘭和蘇格蘭斯圖亞特王室的支持者（所謂的詹姆士黨人〔Jacobites〕）都承認其子詹姆士．法蘭西斯．愛德華．斯圖亞特（James Francis Edward Stuart，亦即「老僭王」〔Old Pretender〕）為英國王位的合法繼承人。一七〇八年，老僭王在法國軍隊的支持下企圖奪回王位，但沒有成功。接下來的十年間，詹姆士黨發動過好幾次革命，其中以一七一五及一七一九年兩次最為重大。一七四五到四六年間，老僭王之子查理．愛德華．斯圖亞特（Charles Edward Stuart，稱為小僭王〔Young Pretender〕）又企圖奪回王位，但遭英軍擊敗。

前面提到過的輝格黨成立於一六七〇年代，代表的是新興起的商人及經濟利益，也是光榮革命背後的主要團體，並在一七一四至一七六〇年間主導國會。一旦得勢之後，該黨便利用新建立起來的地位掠取別人的權益，搶奪別人手上的大餅，其行徑與斯圖亞特諸王無異，但其權力遠非絕對。他們的權力一方面受到國會內部競爭團體的制衡，尤其是為了對抗輝格黨而成立的托利黨（Tory），另一方面也受到他們過去奮鬥得來的制度所限制，這些制度是為了強化國會、避免新的專制出現，以及防止斯圖亞特王室復辟而設立。光榮革命成就了社會的多元性質，同時也表示大部分老百姓獲得了權力，縱使在國會中沒有正式代表亦然，因此，一般民眾眼看自己的權益遭到輝格黨人侵害，「黑面」群起其實是對此情況的反應。

輝格黨人因侵犯老百姓的權益而導致黑面四起，最好的例子就是卡多根（William Cadogan）將軍。卡多根在一七〇一至一七一四年的西班牙王位繼承戰爭及剿平詹姆士黨人叛亂立有戰功，兩度受英王喬治一世冊封，一七一六年受封男爵，一七一八年再封伯爵，並在上議院輔政會議（Regency Council）中位居要津，職司總理，過問重大國政。他在溫莎堡西邊約二十英里的凱佛夏姆（Caversham）買下大片地產，占地約一千畝。他建了一幢大宅與林蔭庭園，又設置一個廣達二百四十畝的鹿園。但如此一來卻侵犯了莊園周圍住戶的權益。老百姓被迫遷離，放牧牲畜、收集泥炭及柴火的權益遭到剝奪。為此乃觸怒了黑面。先是一七二二年元月一日，然後在七月，騎馬武裝的黑面劫掠了鹿園。第一次攻擊殺死了十六隻鹿。但遭殃的並不只有卡多根伯爵，許多顯赫的地主及政治人物，莊園也受到黑面的劫掠。

輝格黨政府當然不會坐視。一七二三年五月，國會通過黑面法案（Black Act），判處絞刑的罪新增加五十條，不僅攜帶武器有罪，就連把臉塗黑也犯法。事實上，這項法律很快就做了修正，連把臉塗黑也可處以絞刑。輝格黨的菁英階層大張旗鼓準備實施這項法律。南恩在溫莎森林建立了一個線民網，揭發黑面的身分，沒多久就逮捕了好些人。從逮捕再到絞死，事情應該很單純。畢竟黑面法案已經上路，輝格黨掌握了國會，而國會又掌握國家，至於一干黑面，不過是跟某些大權在握的輝格黨人作對而已。更何況，連當時的首相華波爾（Robert Walpole）——他也跟卡多根一樣，身居上議院輔政會議之要津——也都牽涉其中。華波爾在倫敦西南方的里奇蒙庭園（Richmond Park）就擁有既得利益，而里奇蒙庭園則是查理一世利用公有地弄出來的，同樣也侵犯了當地居民放牧牲畜、狩獵野兔和兔子，以及收集柴火的固有權益。只不過這些規矩並未嚴格執行，放牧狩獵照常，直到華波爾安排自己的兒子出任庭園管理，事情才急轉直下。庭園關閉，新的圍牆建立起來，並布置了捕捉入侵者的陷阱。華波爾自己喜歡獵鹿，又在園內的霍頓（Houghton）為自己蓋了一間獵屋。這一切立刻點燃了當地黑面的怒火。

一七二四年十一月十日，庭園外面一個名叫罕特里奇（John Huntridge）的當地居民，被控協助盜鹿者並鼓動黑面生事，兩項罪名都可處以絞刑。指控是直接從上面交下來，帶頭的是由華波爾及卡多根掌握的上議院輔政會議。華波爾一不作二不休，親自訊問告密者布萊克本（Richard Blackburn），套取罕特里奇的犯罪證據。罪名應該早已經預定，但結果卻非如此。經過八或九個小時的審訊，法官裁決罕特里奇無罪，部分理由是程序上的，因為蒐證的方式違法。

但並非所有的黑面或同情他們的人都跟罕特里奇一樣幸運。儘管也有人獲得開釋或減刑，許多人還是遭到絞死，或者被流放到北美洲殖民地；事實上，這項條例一直都保留在英國法律中，至一八二四年才廢止。然而，罕特里奇的勝利還是非比尋常。陪審團並不是同罕特里奇一幫的，而是大地主及士紳名流，照講應該是站在華波爾那一邊，但時代畢竟不再是十七世紀，當年的法院會直接依照斯圖亞特諸王的想法處理，形同他們打擊對手的壓迫工具，國王若不滿意判決，還可以免除法官的職務。如今，輝格黨人也得遵守法治，亦即法律之使用不應有選擇性、不得主觀專斷，以及任何人都不得凌駕法律之上的原則。

環繞著黑面法案所發生的種種情事，充分顯示光榮革命已經建立了法治，同時也凸顯此一觀念在英格蘭及不列顛更形強烈，菁英階層受到此一觀念的制約遠遠超過了他們自己的想像。值得注意的是，法治（rule of law）有別於依法統治（rule by law）。輝格黨縱使可以通過嚴刑峻法鎮壓老百姓的抗爭，但因為法治，他們卻必須應付重重的制約。光榮革命以及隨之而來的政治制度變遷拆毀了「神授」的君權及菁英階層的特權，個人的權利已經確立，而輝格黨的法律與這種權利乃是背道而馳的。在這種情形下，法治就意味著菁英及非菁英階層都會抗拒這種法律的實施。

從歷史的角度思考，法治乃是一個極為陌生的概念。法律之前為什麼應該人人平等？既然國王與貴族政治大權在握，其他人一無所有，國王與貴族當然可以予取予求，至於其他人必須受到禁止或處罰，這乃是極其自然的事。專制政治制度之下，法治的確是無法想像的事。法治是多元政治制度以及支持此種政治多元化的廣大結盟的產物。唯有許多個人及團體在決策上擁有發言權，也擁有政治權力可以在檯面上有其位置，大家都應該受到公平對待的理想才有意義。到十八世紀初葉，英國已經逐漸充分多元化，輝格黨發現法律及制度也會制約他們，如同法治的觀念所確立的。

但輝格黨人及國會議員為什麼要接受這類約束？為什麼不利用自己對國會及政府的控制，毫不妥協地強制執行黑面法案，並推翻不合己意的法院判決呢？答案要歸諸光榮革命的本質——為什麼它不是以一個新的專制政權取代舊有的政權——亦即政治多元化與法治的結合，另外加上良性循環的動力。如同我們在第七章所見，光榮革命並不是由一個菁英階層推翻另一個菁英階層，而是仕紳名流、商人及實業家，加上輝格黨人及托利黨人的團隊，組成一個廣大的聯盟，對專制政權所發起的革命。多元政治制度的出現就是此一革命的結果。法治則是此一過程中出現的副產物。既然檯面上有許多黨派分食權力，為了避免一黨一派集太多的權力於一身，到頭來破壞了政治多元化的基礎，大家就都必須受到法律的制約乃是極其自然的事。因此，統治者必須受到限制與約束的理念——這是法治的精髓——乃是出於政治多元化的邏輯理路，而這政治多元化則是各方人馬為反對斯圖亞特專制統治而組成廣大聯盟所造就的。

從這個角度看，若說法治的原則，加上君權並非神授的理念，實際上乃是反抗斯圖亞特專制統治的關鍵，這絕非意外。誠如英國歷史學家湯普森（E. P. Thompson）所說，在反抗斯圖亞特王朝的鬥爭中，

竭盡所能……打造一種形象，亦即統治階級自願接受法治，其合法性則是建立在平等以及一切

依法行事的基礎上。嚴格地說，統治者無論願意或不願意，全都要對自己的承諾負責；行使權力必須嚴守法律分際，不可破壞規矩，否則就會打亂了陣腳。

打亂陣腳的結果則是制度失衡，將會為廣泛結盟中的小團體打開專制之路，甚至有導致斯圖亞特復辟的危險。國會之所以無法防止新的專制，用湯普森的話來說，那是因為：

法律出現真空，王室特權……有可能捲土重來，淹沒人民的財產和生命。

此外，

他們（那些跟王室作對的貴族、商人等）為保護自己所選擇的手段，其本質是不會喪失的。法律就其形式與傳統而言，需要的是平等及普適性……並必須擴及各式各樣人等。

法治的觀念一旦落實，不僅可以防止專制，同時可以造成一種良性循環，這也就是說，如果法律之前人人平等，那麼，任何個人或團體，不論其為卡多根或華波爾，都不可能凌駕於法律之上，老百姓就算被控侵犯私人產業，也有接受公平審判的權利。

廣納的經濟及政治制度是如何出現的，我們已經談過了。但它們為何能夠持續存在呢？黑面法案以及限制其執行的故事充分顯示，在這些制度面臨破壞的企圖時，良性循環，亦即一股沛然的正向回饋機制便會出而維護，事實上，甚至會鼓動風潮，開創更大的廣納性。良性循環之所以可能，部分原因在於廣納制度建立在兩個事實上，其一是權力的行使受到制約，其二是社會上政治權力的分配是多元的，這一點內含在法治裡。一個團體若能強加其意志於他人而不受到任何制約，即使這些他人是罕特里奇之類的小老百姓，制衡也就遭到了威脅。農民抗議菁英階層侵犯了他們的公有地，如果不馬上處理，又怎麼保證下一次不會再被擱置？既然下一次又遭到了擱置，又怎麼能夠防止王權與貴族捲土重來，拿回實業家、商人及仕紳名流介入半個世紀所得到的成果呢？事實上，下一次的擱置，有可能就是政治多元化整個進程的土崩瓦解，因為一套狹隘的利益將會因此成為刀俎，而廣大的聯盟則將就此淪為魚肉。但政治的機制並不會走上此一險境，反而會使政治多元化及其所含蘊的法治成為英國政治制度持久不衰的特色。我們也將看到，政治多元化及法治一旦建立，對於政治多元化及政治參與的要求只會變得更大。

良性循環不僅是政治多元化及法治的必然趨勢，更是因為廣納性政治制度很自然地會支持廣納性經濟制度，如此一來，將導致所得的分配更為平等，社會中更多的人將因此而獲得權利，進而使政治場域也更趨於平等。這將限制想以篡奪政治權力而出頭的人，也可以打消復辟榨取式政治制度的企圖。英國之所以會出現真正民主的政治制度，這些都是重要因素。

政治多元化也創造了一個更為開放的系統，使獨立的媒體得以繁榮滋長，也比較容易使關心廣納制度能否延續的團體提高警覺，組織起來對抗各種威脅。一六八八年之後，英格蘭政府停止審查媒體，意義極為重大。在賦予人民權力上，以及良性循環在美國制度發展上的持續不斷，媒體也都扮演了同樣重要的角色，這一方面本章將會討論。

良性循環雖然有利於廣納制度的持續存在，但這卻非必然也不是不可逆轉的。無論在英國或美國，廣納的經濟及政治制度都遭遇過許多挑戰。一七四五年，小僭王就曾一路殺到達比，距倫敦僅百英里之遙，意圖顛覆光榮革命時期所建立的政治制度。比這種外來挑戰更為嚴峻的則是來自內部的潛在挑戰，同樣也有可能導致廣納制度的崩解。例如在前面提過的一八一九年曼徹斯特彼得盧屠殺，以及接下來將更詳細討論的事件中，英國的政治菁英階層就曾經想要以高壓手段遏止政治系統的進一步開放，但到頭來都懸崖勒馬。同樣的，廣納的經濟及政治制度在美國也遭遇過嚴峻的挑戰，而且大有成功的機會，但卻沒有。當然，所有這些挑戰並非注定失敗。英國及美國的廣納性制度能夠存活並隨著時間益趨壯大，不只是良性循環的結果，同時也有其歷史的偶然。

民主的緩慢進程

對黑面法案所做出的回應讓英國老百姓明白，他們所擁有的權利其實比自己以前所瞭解的要多。透過請願與遊說，他們可以在法院及國會捍衛自己的權利與經濟利益。但是，這樣的多元政治還沒有產生實際有效的民主。多數的成年男人還不能投票；婦女也不行；在當時的民主政治結構中仍然存在著許多的不平等。所有這一切都會改變。廣納制度的良性循環不僅保留了已經成就的成果，而且對更大的廣納性敞開了門戶。十八世紀的英國菁英階層未嘗遭遇過嚴重的挑戰，仍然緊緊抓著權力不放，但情勢卻對他們不利。這一批菁英階層的崛起，靠的是挑戰君權神授，並打開了人民參政的大門，但當時他們只把這種權利給了極少的少數人。當然，愈來愈多老百姓要求參與政治的權利只是時間問題而已。等時間來到一八三一年，他們就起而要求了。

十九世紀的前三個十年，英國的社會動盪不斷增加，其起因則是不斷增加的經濟不平等，以及公民權遭到剝奪的民眾要求更大的政治參與權。一八一一至一八一六年的盧德派暴亂（Luddite Riots），起因是工人相信新技術的引進將減少他們的收入，因此起而抗爭；接下來的暴亂，包括一八一六年的倫敦史巴廣場暴亂（Spa Fields Riots）及一八一九年的彼得盧屠殺，則明顯是政治權利的要求。一八三〇年，農業勞工抗議生活水準下降及新技術的引進，發生了史溫暴亂（Swing Riots）。同一時間在巴黎，一八三〇年的七月革命爆發。菁英階層開始形成共識，認為不滿已經達到了沸點，若要緩解社會的不安並防止革命發生，唯一的方法就是滿足群眾的要求，進行國會改革。

一點都不令人意外，一八三一年的選舉幾乎只有一個議題：政治改革。在華波爾爵士死後將近一百年，輝格黨對老百姓的希望做出了較大的回應，以擴大投票權為競選的主要訴求。但實際上只是要小幅增加選民而已。普選，甚至只是男性，根本還談不上。結果輝格黨贏得選舉，黨魁格雷伯爵（Earl Grey）成為首相。說到激進，格雷還差得遠。他和輝格黨推動改革，並不是認為放寬公民資格是該做的事，也不是想要分權。英國的民主並不是靠菁英階層的施捨得來，而是英格蘭及英國其他地區的平民百姓，從過去幾個世紀的政治洗禮中得到了力量，奮力爭取得來的。光榮革命促成了政治制度的質變，他們因此而受到鼓舞。同時，改革被認為是可行的，因為菁英階層知道，要延續自己的統治，唯一的道路就是改革，即使只是稍微放寬一點也行。格雷伯爵在國會發表他支持政治改革的著名演講，就把這一點說得很清楚：

> 說到反對國會每年一選、普選及投票，沒有人比我更堅決的。我的目標不在於支持，而是要打消這樣的希望及念頭……我的改革原則，無非是避免走上革命……改革，為的是要保存而不是推翻。

人民當然不會以投票為足，而是要取得席位以保護自己的利益。對此，憲章運動（Chartist movement）知之甚深。這一派人馬在一八三八年之後推動普選，因採納人民憲章（People's Charter）而以憲章為名，並欲以此與大憲章媲美。普選及全民投票，對人民之所以意義重大，憲章派的史帝芬斯（J. R. Stephens）做了生動說明：

> 普選的問題……是一個刀子和叉子的問題，一個麵包和奶酪的問題……說到普選，我要說的是，一如身上有一件好外套、頭上有一頂好帽子、為家人遮風蔽雨有一個好屋頂、桌上有一頓好晚飯，乃是這塊土地上每個勞動者的一項權利。

史帝芬斯再清楚不過，要使英國老百姓擁有更大的權利，保證每個勞動者都有一件外套、一頂帽子、一個屋頂及一頓晚飯，普選乃是最為可長可久的辦法。

最後，格雷伯爵的兩個如意算盤都得逞了，一方面通過了第一改革法案（First Reform Act），另一方面，毋須大費周章弄什麼普選就緩解了革命的浪潮。一八三二年的改革算是最溫和的，公民投票人數雖然加倍，卻只是從八%的男性成人增加到十六%（從總人口的二%增加到四%）。另外則是取消了有名無實的選區，把獨立代表給了新興工業城市如曼徹斯特、里茲及謝菲爾德。但沒有解決的問題還是一籮筐。沒過多久，要求更大投票權的呼聲以及更進一步的社會動盪便隨之而來。為了做出回應，進一步的改革隨之而來。

英國的菁英階層為什麼會向這些要求讓步？格雷伯爵為什麼會覺得局部改革——真的很局部——是保存現行制度的唯一辦法？他們為什麼會兩害相權——改革或革命——取其輕，而不是一意孤行，不做任何改革，繼續維持自己的權力？西班牙征服者在南美洲的所作所為；數十年後，當改革的要求興起時，奧匈帝國及俄羅斯君王的所作所為；以及英國自己在加勒比海和印度的所作所為，亦即用武力鎮壓這些要求，他們難道做不到嗎？所有這些問題，答案只有一個：良性循環。經濟及政治改變在英國已經發生，對菁英階層來說，武力鎮壓已經毫無吸引力，可行性也愈來愈低。誠如湯普森所說：

一七九〇至一八三二的抗爭放出了信號，均勢已然改變，英格蘭的統治者面對了緊要的抉擇，要麼把法治擺到一邊，拆掉他們精心設計的憲法架構，撤回他們的承諾，遂行武力統治，要麼就是交出統治，放下霸權……舉步之初雖然不免躊躇……但到了最後，他們總算沒有糟蹋自己的形象，不曾踐踏一百五十年的憲法合法性，而是在法律面前俯首。

從另一方面來看，在黑面法案時期，同一股使英國菁英階層不致推倒法治大廈的力量，也曾經使他們迴避了鎮壓及武力統治，才沒有使整個體系陷入動盪的險境。當時，如果破壞法治，強制實施黑面法案，勢必削弱由商人、實業家及仕紳名流在光榮革命中建立起來的制度，同樣的，一八三二年如果樹立的是一個高壓的獨裁政權，其結果必然也是一樣。事實上，法治的重要性，以及法治在那段期間對英國政治制度的象徵意義，當時支持國會改革、組織推動抗爭的人心中非常清楚，並不餘遺力地闡明這一點。在追求國會改革的第一波中，有一個組織名叫漢普敦社（Hampden Club），用的是一個國會議員的名字。如本書第七章所述，當年，漢普敦第一個跳出來反對查理一世的船稅（ship money tax），結果導致反抗斯圖亞特專制統治的第一次起義。

此外，廣納性經濟與政治制度之間具有正向反饋的動能，使這一類的行動具有吸引力。廣納性經濟制度使廣納性市場得以發展，進而促成更有效率的資源分配，成為一種更大的動力，鼓勵人們接受教育、學習技術，並進一步創新技術。到一八三二年時，在英國，所有這些力量都動了起來。打壓公眾的要求，對廣納性政治制度進行政變，都會毀掉這些成就，而菁英階層反對更大的民主化及更大的廣納性，到頭來則可能發現，自己的富貴也將一併埋葬於廢墟之中。

這種正向的反饋還有另一個面向，亦即在廣納性經濟及政治制度之下，權力的控制比較不集中。在奧匈帝國與俄羅斯，如本書第八章所述，由於未能工業化及改革，到頭來，君王及貴族所失去的更多。相反的，十九世紀初的英國，廣納性經濟制度得以發展，加上沒有農奴，勞力市場的強制性相對比較小，受到入行障礙保護的壟斷也不多，情況就沒有那麼嚴重。就英國的菁英階層而言，抓著權力不放其實沒有什麼價值。

良性循環還有另外一層道理，亦即高壓手段的可行性愈來愈低，這也是因為廣納性經濟及政治制度之間的正向反饋的結果。在資源的分配上，廣納性經濟制度比榨取性制度來得公平。就此而言，便有利於公民的壯大，因而創造了一個比較公平的競爭場域，即使角逐的是權力亦然。這樣一來，少數的菁英就比較不容易欺壓人民大眾，反而會對他們的要求讓步，或至少做某些退讓。英國的廣納制度也孕育了工業革命，這又使得英國高度都市化。都市人集中居住，多少有其組織及自主性，這樣的一群人，相較於農民或沒有自主性的農奴，想要施予壓制自是困難得多。

因此，良性循環在一八三二年為英國帶來了第一改革法案。但這還只是開頭而已，真正的民主還有很長的一段路要走，因為菁英階層一八三二年所交出來的東西，都是他們心目中不得不放手的，至於其他的則免談。國會改革的議題要到一八三八年才由憲章運動提出，他們的人民憲章包括以下條款：

凡年滿二十一歲、心智正常、不在服刑中的男性，皆擁有投票權。

投票——保障選舉人選舉權的行使。

國會議員無任何資格限制——唯其如此，選民得以不論貧富選出自己中意的人選。

國會議員為有給職，唯其如此，才得以使誠實的商人、勞動者或其他人等服務選區，放下自己的事業，專心於國家利益。

選區平等，確保同樣數量的選舉人擁有相同數量的代表，不致使小選區吞掉大選區。

國會每年一選，唯其如此，才能最有效地檢驗賄賂及恫嚇，以免收買選民一買就是七年（甚至連選票一起），十二個月的任期（在普選制度下），任誰的錢包都買不起一個選區；如此一來，任期只有一年，國會議員便不至於像現在這樣蔑視並出賣選民。

這裡的「投票」，指的是祕密投票，終結亮票行為，以免選民遭到收買或脅迫。

憲章運動發起了一系列群眾示威，這段期間，國會則在不斷討論未來改革的可能。一八四八年之後，憲章運動雖然分裂，但一八六四年及一八六五年先後有國家改革同盟（National Reform Union）及改革聯盟（Reform League）繼起。一八六六年七月，海德公園舉行支持改革的活動，演變成重大暴亂，再度將改革權利拉擡到政治議程的首位，所造成的壓力全都成了一八六七年第二改革法案（Second Reform Act）的紅利：選民總數加倍，勞工階級選民成為所有都市選區的多數。不久之後，祕密投票實施，並大力掃除腐敗的選舉行為，譬如「招待」（主要是買票，以選民接受招待做為交換，通常包括金錢、食物或酒類）。到一八八四年的第三改革法案（Third Reform Act），選民數又加倍，六〇%的成年男性獲得了選舉權。隨著一次世界大戰結束，一九一八年的人民代表法（Representation of the People Act）明定，所有年滿二十一歲的成年男性都具有投票權，年滿三十的女性納稅人或嫁給納稅人的女性亦同。到了一九二八年，所有女性的投票權條件終於與男性完全相同。大戰期間，一九一八年的各項措施付諸協商，這中間反映了政府與勞工階級之間的交換，因為在從軍打仗及軍火生產上，政府都需要後者。另一方面，政府或許也警覺到了俄國革命的激進主義。

隨著廣納性政治制度的逐漸發展，更為廣納的經濟制度也在同步向前。第一改革法案的重大結果之一是穀物法於一八四六年廢除。如本書第七章所述，穀物法禁止穀類及麥類進口，使這類食品價格居高不下，大地主乃有暴利可圖。曼徹斯特及伯明罕選出的國會議員要的是廉價的穀物及低價的勞工，他們的獲勝，使地主利益蒙受重大損失。

十九世紀一路下來，選舉及其他政治制度的改變相繼發生，更多的改革隨之而來。一八七一年，自由黨（Liberal）首相格拉斯頓（Gladstone）開啟公開招考公務人員的大門，人事任用是依照才能，都鐸時期即已開始的政治集權過程及政府體制建構也因此延續。這段時期中，自由黨及托利黨政府在勞動市場方面都訂定了相當多的法律。舉例來說，雇主依法可以限制工人流動的主人與僕役法（Masters and Servants Acts）遭到廢除，就此改變了勞動關係，變成對工人有利。一九〇六至一九一四年間，在阿斯奎茲（H. H. Asquith）及勞合．喬治（David Lloyd George）的領導下，自由黨開始運用政府的力量提供更多的公共服務，包括健康及失業保險、政府出資的養老年金、最低薪資，並承諾重新分配稅負。這些財政改革的結果，在十九世紀的最後三十年中，稅收在國民產值中所占比例增加超過一倍，而且在二十世紀的最初三十年再度加倍。稅制也隨之「進步」，比較富有的人稅負較高。

同時，原來的教育體系不是由宗教派別經營、僅供菁英階層就讀，就是窮人子弟必須繳費，到後來才對平民百姓比較開放；一八七〇年的教育法（Education Act）首次明定政府實施全民教育。一八九一年，教育成為免費。一八九三年將畢業年齡定為十一歲，一八九九年增至十二歲，並為窮困家庭兒童訂定特別條款。這些改變的結果是，十歲兒童的入學比例從一八七〇年令人失望的四〇%，到一九〇〇年增加為一〇〇%。最後到了一九〇二年的教育法大幅擴充學校資源，並引進文法學校（Grammar school），後來成為英國中級教育的基礎。

事實上，英國的例子充分展示了廣納制度的良性循環，並為「漸進的良性循環」提供了一個範例，其政治改變是朝更廣納的政治制度邁進，而且是人民力量展現的結果。但這一切改變也是漸進的。每十年一步，有的大，有的小，朝民主前進。每一步的踏出都有衝突，其結果都因各自的情況而異。但不管怎麼說，良性循環產生的力量降低了權力爭奪所衍生的風險，同時有利於法治的落實，因此，當老百姓要求菁英階層自己曾經向斯圖亞特王朝要求的東西時，動用武力的可能性就比較低，衝突不太可能演變成全面攤牌的革命，以更大的廣納收場反而比較可能。這種漸進的改變有極大的好處。就菁英階層而言，相較於全盤推翻整個體系，其威脅性小得多。由於每踏出去的一步都不大，面對要求時，讓步的可能性才大於全面攤牌。穀物法的廢除未曾造成重大衝突，部分原因在此。到了一八四六年，地主再也無法控制國會立法，這就是第一改革法案的結果。但話又說回來，在一八三二年的選舉權擴大中，如果把自治市的改革及穀物法的廢除同時搬上檯面，地主的抗拒可能就會強烈得多。正是因為第一次的改革幅度不大，穀物法的廢除後來列入議程時才沒有釀成衝突。

漸進的改變也可以避免冒險闖入未經探勘的領域。既然是用暴力推翻一個體系，那就意味著要建立一個全新的東西來取代已經拔除掉的。法國大革命就是一個例子，第一次的民主實驗結果演變成了恐怖統治，然後又開倒車，兩度退回專制君主，直到一八七〇年才有法國第三共和。俄羅斯革命也是如此。大家心裡想要的，不過是一個比俄羅斯帝國更公平的新體系，結果卻來了一個一黨專政，其暴力、血腥及邪惡尤勝於遭到取代的專制王朝。在這些社會中，漸進的改革之所以有其困難，主要原因在於，這類社會既沒有政治多元化，其制度又是高度榨取式的。至於英國，漸進的改革之所以可行而且可欲，則要歸功於光榮革命所帶來的政治多元化，以及因此而建立的法治。

英國保守派政論家柏克（Edmund Burke）堅決反對法國大革命，他在一七九〇年這樣寫道：「一幢大廈，長久以來勉強還可以滿足社會的共同目標，而眼下又還沒有證明可靠的典型及模範時，居然有人敢冒風險將之拆除或重建，不管是誰，都應千萬小心謹慎才對。」若就大處著眼，柏克此言差矣。法國大革命所廢掉的畢竟是一幢破敗的大廈，更何況還為廣納性制度開出了一條道路，使法國乃至大部分的西歐都得到好處。但話又說回來，柏克的提醒卻也不無道理。英國的政治改革就是漸進的，這個過程從一六八八年開始，到柏克死後三十年才加快腳步，但也正因為是漸進的，所以才更有力量，更難阻擋，也才更為持久。

粉碎托拉斯

在美國，廣納制度源自於殖民時期維吉尼亞、馬里蘭及卡羅萊納的抗爭，後來又經美國憲法加強，輔之以制衡及分權。但憲法並不是廣納制度發展的終點，和英國一樣，以良性循環為基礎的正向反饋過程，仍然不斷在強化廣納制度。

在美國，到了十九世紀中葉，雖然不包括婦女及黑人，全部的白人男性都已經可以投票。經濟制度愈來愈廣納，舉例來說，一八六二年通過的公地放領法案就容許拓墾者占有新開闢的疆土，而不是把這些土地分配給政治菁英。但也和英國一樣，廣納性制度所遭遇的挑戰從來未曾停止過。美國內戰結束，北方開啟了飛躍的經濟成長。隨著鐵路、工業及商業的擴展，頗有一些人發了大財。挾著經濟成功的優勢，這些人及他們擁有的公司愈來愈肆無忌憚，「流氓大亨」（Robber Barons）之名不脛而走。因為這些精明務實的生意人目標是鞏固壟斷局面，不讓任何潛在的競爭者進入市場，或站在平等的地位做生意。其中最惡名昭彰的是范德比爾特（Cornelius Vanderbilt），他就說過一句名言：「我幹嘛在乎法律？權力難道不是在我的手裡？」

另外一個是洛克菲勒（John D. Rockefeller），一八七〇年成立標準石油公司（Standard Oil Company），很快就將克利夫蘭的競爭對手排除，企圖壟斷運輸、石油零售與石化產品。到了一八八二年，他創造了一個壟斷怪獸，用當時的話來說叫做托拉斯（trust）。到一八九〇年，標準石油控制了八八％在美國流通的汽油，一九一六年，洛克菲勒成為世界上第一個身價十億美金的富翁。同時代的漫畫把標準石油畫成一隻章魚，緊緊抓著的不僅是石油工業，還包括美國的國會山莊。

幾乎同樣惡名昭彰的還有摩根（John Pierpont Morgan），他是J．P．摩根銀行集團創始人，經過數十年的併購之後，最後成了J．P．摩根大通（J. P. Morgan Chase）。一九〇一年，摩根與卡內基（Andrew Carnegie）成立了美國鋼鐵公司（U. S. Steel Company），是為第一個資本價值超過十億美元的公司，也是當時有史以來世界最大的鋼鐵公司。一八九〇年代，幾乎每個行業都開始出現大托拉斯，當中有許多都控制著該行業七〇%以上的市場，其中包括好幾個家喻戶曉的名字，譬如杜邦（Du Pont）、柯達（Eastman Kodak）及國際收割機（International Harvester）。就歷史來說，美國，至少是北部及中西部的美國，擁有相對競爭的市場，而且比起該國其他部分，尤其是南部，要平等得多。但在這個時期，競爭讓位給了壟斷，財富的不平等迅速加大。

對於這種侵犯，美國的多元政治系統已經使社會的一大部分壯大，具備了對抗的能力。飽受流氓大亨壟斷行為欺凌，或反對他們肆無忌憚獨霸業界的人，開始組織起來，平民派（Populist）於焉出現，然後則是進步運動（Progressive movements）。

平民運動之出現，肇因於一八六〇年代後期即已肆虐中西部的長期耕地危機。全國農業保護協會（National Grange of the Order of Patrons of Husbandry），人稱「田莊兄」（Granger），成立於一八六七年，展開農民的動員，對抗不公不義的商業行為。一八七三及一八七四年，田莊兄控制了中西部十一個州的州議會，隨著農村的不滿達到高峰，一八九二年組成人民黨（People's Party），並在一八九二年的總統大選中贏得八．五%的選票。接下來兩屆選舉，平民派支持民主黨候選人布萊恩（William Jennings

Bryan），布萊恩將他們的議題納入自己的政見，但兩次均告失敗。這時候，反對托拉斯擴散的草根力量已經組織起來，全力反制洛克菲勒及其他流氓大亨對國家政治的影響力。

漸漸的，這些政治運動發揮了效果，開始對政治態度乃至於立法產生影響，特別是對於政府在規範壟斷上應該扮演的角色。一八八七年，第一項重要的立法州際商業法案（Interstate Commerce Act）通過，州際商業委員會（Interstate Commerce Commission）成立，開始執行聯邦對產業界的規範。緊接著，一八九〇年通過謝爾曼反托拉斯法案（Sherman Antitrust Act），成為打擊流氓大亨托拉斯的根本，至今仍是美國反托拉斯的主力規範。而連續數任總統，包括羅斯福（Theodore Roosevelt，綽號泰迪〔Teddy〕，一九〇一至〇九年在任）、塔虎脫（William Taft，一九〇九至一三年在任）及威爾遜（Woodrow Wilson，一九一三至二一年在任），也都承諾改革並遏止流氓大亨坐大，選後都大力展開反托拉斯行動。

反托拉斯背後的關鍵力量及推動聯邦規範業界的動能，主要還是農村的選票。一八七〇年代早期，各州分別對鐵路所做的規範就是來自農民團體。事實上，謝爾曼法案實施前，五十九件送進國會有關托拉斯的陳情案，幾乎全都來自農業州，推廣的工作也都是農民同盟（Farmer's Union）、農民聯盟（Farmer's Alliance）、農民互助協會（Farmer's Mutual Benefit Association）及牧業保護協會（Patrons of Animal Husbandry）這類團體。農民在反對產業界的壟斷中找到了共同的利益。

平民派傾全力支持民主黨後，本身實力大幅衰落，殘餘分子另組進步派，繼續推動許多相關議題的改革。剛開始，進步運動以泰迪．羅斯福為核心。泰迪是麥金萊（William McKinley）的副總統，並在麥金萊遭刺身亡後接任總統，時在一九〇一年。躋身中央之前，羅斯福曾任紐約州長，作風強硬，掃除貪腐與「機器政治」(machine politics)*不遺餘力。在首次國會演講中，他把注意力轉移到托拉斯上，強調美國的富裕是立基於市場經濟及商人的靈活，但同時，

> 其間不乏邪惡之輩……而且美國人民的心中都相信，以托拉斯聞名的大公司，就其特質與傾向來說，皆有害於全民福祉。這並非出自嫉妒或惡意，也不是不以大產業的成就為榮，無視於他們為國家之商業力量領先諸國所付出的努力，更不是因為無知而不曉得有必要以新方法迎合不斷變化的貿易情勢，也不是明知世界的進步有賴大事業的成就，而故意忽視集結資本乃努力完成大事業之必不可少。所有這一切只是因為深信，集結與集中不是該予以禁止，而是應該置於理性控制的監督之下，且依我個人的判斷，此一信念乃是正確的。

接下去，他說道：「凡為追求社會更為美好者，都應該消弭商界巧取豪奪之惡，一如整個國家之消彌暴力之惡。」他的結論是：

> 為了全民之利益，政府的力量固然不宜介入，但也應該運用監督的力量規範所有從事州際業務

*編注：十九世紀末到二十世紀中期，美國都會區的政治組織（政治機器）以各種方式掌握了許多底層民眾的選票，而投票對象則由領導組織的大老決定，稱為「機器政治」。

的公司，特別是那些在生意上以壟斷手段或傾向而致富的公司。

羅斯福建議國會設立一個聯邦局署，賦予調查大公司業務的權力，必要時不惜通過憲法修正案，藉以成立此一單位。一九〇二年，羅斯福動用謝爾曼法案解散北方證券公司（Northern Securities Company），影響到摩根大通的利益，接下來又對杜邦、美國菸草公司（American Tobacco Company）及標準石油提出訴訟。一九〇六年，羅斯福以海普伯恩法案（Hepburn Act）補強州際商業法案，以此提升州際商業委員會的權力，特別准許其檢查鐵路的財務帳目，並將其權力擴張到其他領域。繼羅斯福出任總統的塔虎脫對托拉斯的整治更不留情，並以一九一一年解散標準石油公司達到高峰。塔虎脫同時也推動其他重大改革，例如聯邦所得稅的實施就是一九一三年憲法第十六修正案批准的結果。

隨著威爾遜在一九一二年當選，進步運動的改革達到高峰。威爾遜在他一九一三年出版的《新自由》（*The New Freedom*）中寫道：「如果壟斷繼續存在，政府將為壟斷所宰制。我可不希望看到壟斷依然故我。這個國家裡面，如果有人真的大到足以擁有美國政府，他們遲早會將之占為己有。」一九一四年，威爾遜促成了克雷頓法案（Clayton Act）的通過，並成立聯邦貿易委員會（Federal Trade Commission）落實這項法律。此外，在路易斯安那州眾議員普喬（Arsene Pujo）領導下，普喬委員會（Pujo Committee）對「金融托拉斯」（money trust，亦即壟斷擴張進入金融業）展開調查，威爾遜乃趁勢加強了對金融界的規範，一九一三年成立聯邦儲備委員會（Federal Reserve Board），負責規範金融業的壟斷活動。

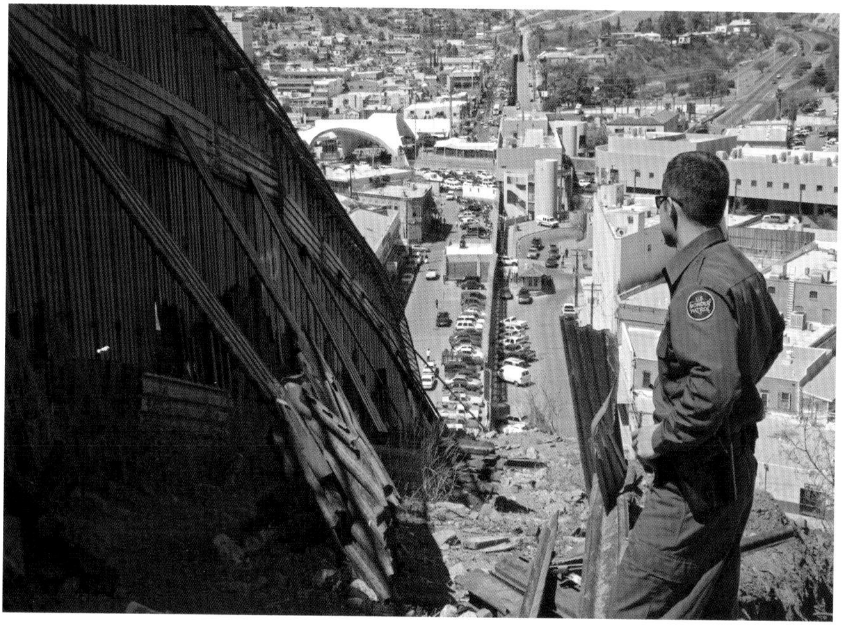

牆北，美國亞利桑納州的諾加雷斯
Jim West/imagebrocker.net/Photolibrary

牆南，墨西哥索諾拉省的諾加雷斯
Jim West/age fotostock/Photolibrary

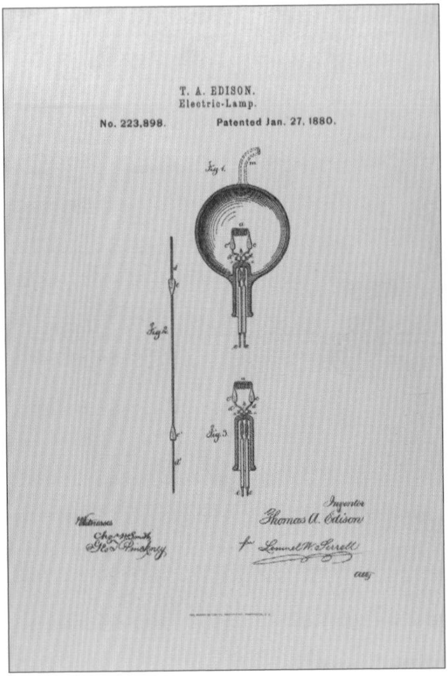

公平競爭場域的結果：
愛迪生一八八〇年的燈泡專利

Records of the Patent and Trademark Office;
Record Group 241; National Archives

創造性破壞的輸家：十九世紀初英國搗毀機器的盧德派

Mary Evans Picture Library/Tom Morgan

索馬利亞完全缺乏政治集權的下場
REUTERS/Mohamed Guled/Landov

剛果榨取式制度的受惠者：
剛果王
© CORBIS

利奧波德二世國王
The Granger Collection, NY

剛果民主共和國總統蒙博托

推翻蒙博托的卡畢拉

光榮革命：奧蘭治威廉三世於國會為其加冕為英格蘭君主前宣讀權利法案

After Edgar Melville Ward/The Bridgeman Art Library/Getty Images

十四世紀黑死病製造了一次關鍵時期。圖為畫家老布魯格爾（Brueghel the Elder）以黑死病為主題所畫的《死神的勝利》

The Granger Collection, NY

制度創新的受惠者：庫巴國王

Eliot Elisofon/Time & Life Pictures/Getty

農耕社會前的階層組織與不平等：納圖夫人（Natufian）的殉葬物
http://en.wikipedia.org/wiki/File:Natufian-Burial-ElWad.jpg

榨取式成長：蘇維埃古拉格勞工修建白海運河
SOVFOTO

不列顛瞠乎其後：羅馬帝國的文都蘭達遺跡

Courtesy of the Vindolanda Trust and Adam Stanford

創新，廣納式經濟成長的本質：瓦特的蒸汽機

The Granger Collection, NY

ARKWRIGHT'S FIRST COTTON FACTORY AT CROMFORD.

組織的改變，廣納式制度的結果：阿克賴特（Richard Arkwright）位於克羅姆福德（Cromford）的工廠

The Granger Collection, NY

榨取式成長無法持久：鄭和的船舶與哥倫布的聖瑪利亞號

Gregory A. Harlin/National Geographic Stock

南非二元經濟的鳥瞰：特蘭斯凱的貧窮與納塔爾的繁榮

Roger de la Harpe/Africa Imagery

工業革命的結果：巴士底獄的淪陷

Bridgeman-Giraudon/Art Resource, NY

廣納式制度的挑戰：標準石油公司

Library of Congress Prints and Photographs Division Washington, D.C.

非創造性破壞：獅子山通往波城途中廢棄的哈斯汀車站

© Matt Stephenson: www.itsayshere.org

今日的榨取式制度：在棉花田工作的烏茲別克兒童

Environmental Justice Foundation, www.ejfoundation.org

打破窠臼：三名前往倫敦的茨瓦納酋長

Photograph by Willoughby, courtesy of Bostwana National Archives & Records Service

打破另一個窠臼：羅莎・帕克斯挑戰美國南方的榨取式制度

The Granger Collection, NY

吃人的榨取式制度：中國文化大革命與「墮落的知識分子」

Weng Rulan, 1967, IISH Collection, International Institute of Social History (Amsterdam)

如本書第三章所見，十九世紀末、二十世紀初，流氓大亨與托拉斯之興起充分說明一項事實：市場本身並不保證會有廣納性制度。市場可以被少數幾家公司宰制，索取過高的價格，阻擋更有競爭力的對手及新的技術進入。在他們的擺布之下，市場將不再廣納，只會愈來愈成為經濟與政治霸權的囊中之物。廣納性經濟制度需要的不只是市場而已，更需要的是能為大多數人創造公平競爭場域及經濟機會的廣納性市場。在菁英階層的政治權力支持下，無孔不入的壟斷與此完全背道而馳。但對壟斷托拉斯所採取的反制也說明了一個現象，那就是，只要政治制度是廣納的，對於偏離廣納市場的經濟動作，政治制度會產生反作用力。這就是良性循環在發揮作用。廣納性經濟制度可以為廣納性政治制度的繁榮打下基礎，但經濟活動偏離廣納性經濟制度時，廣納性政治制度又會反過來發揮約束的效果。在美國，托拉斯遭到了遏阻，對照於墨西哥的情況，便充分說明了良性循環的作用。在墨西哥，政府體制無能約束電信鉅子施林的壟斷，但在美國，謝爾曼及克雷頓法案卻在上個世紀反覆發揮效果，嚴加管束托拉斯、壟斷及卡特爾，確保市場的持續廣納。

二十世紀上半葉的美國經驗，同時也凸顯了自由媒體在壯大社會大眾及促進良性循環上所扮演的角色。一九〇六年，羅斯福取材自班揚（Bunyan）《天路歷程》（*Pilgrim's Progress*）中一個「喜歡揭人醜事」（muckrake）的角色，創造了「扒糞客」（muckraker）一詞，用來形容他口中那種侵略性強的新聞記者。這個詞就此留了下來，同時也象徵新聞記者雖然無孔不入但也有效揭發了流氓大亨的過分行徑，以及地方與聯邦政客的腐敗。最有名的扒糞客當推塔貝爾（Ida Tarbell），一九〇四年出版的《標準石油公司史》（*History of the Standard Oil Company*）使他成為輿論反對洛克菲勒及其公司利益的關鍵角色，最後導致標準石油在一九一一年解體。另一個重要的扒糞客是律師兼作家布蘭迪斯（Louis Brandeis），後來被威爾遜總統提名為最高法院大法官。在《銀行家怎麼用別人的錢》（*Other People's Money and How Bankers Use It*）一書中，他鋪陳了一系列的金融醜聞，影響普喬委員會至深。此外，報業巨頭赫斯特（William Randolph Hearst）扮演的扒糞客角色也相當突出。在他辦的《大都會》（*The Cosmopolitan*）雜誌中，一九〇六年發表了一系列由菲力普（David Graham Phillips）執筆的文章，名為「參議院的背叛」（The Treason of Senate），拉擡了推動參議院直選的聲勢，促成一九一三年美國憲法第十七修正案的通過，是為進步運動另一次重要的改革。

政治人物採取行動反對托拉斯，扒糞客扮演了重要的角色。對流氓大亨而言，扒糞客有如眼中釘肉中刺，但美國的政治制度卻使他們無法將這些人拔除或噤聲。廣納性政治制度容許自由的媒體繁榮發展，但回過頭來，自由的媒體也比較能夠讓有害於廣納制度的威脅廣為人知，並對之採取抗拒行動。相對地，在榨取性政治制度、專制政權或獨裁統治下，這類的自由根本就不可能，因為它們動輒壓制反對力量的形成。自由媒體所提供的訊息在二十世紀上半葉的美國顯然關係重大。如果沒有這類訊息，流氓大亨的肆無忌憚及胡作非為，美國老百姓將無從知道，也就無法動員起來反對托拉斯了。

買通法院

民主黨候選人富蘭克林・羅斯福（Franklin D. Roosevelt）是泰迪・羅斯福的表兄弟，他在一九三二年於大蕭條中當選總統，帶著全民的託付上任，準備拿出一套對抗大蕭條的大方略。一九三三年年初就任時，四分之一的勞動人口沒有工作，許多人淪為赤貧。自一九二九年大蕭條以來，工業生產下降逾半，投資完全崩潰。為對抗此一情勢，羅斯福祭出了所謂的「新政」（New Deal）。他所贏得的勝利是壓倒性的，獲得五七％的選票，民主黨在眾議院及參議院又都是多數，足夠讓新政通過立法。但其中有些法案卻引發了憲法爭議，在最高法院觸礁，羅斯福因勝選所獲得的授權沒有發生作用。

新政的主要支柱之一是國家工業復甦法案（National Industry Recovery Act），第一條開宗明義，闡明工業復甦的要旨。羅斯福總統及其團隊認為，抑制工業競爭，賦予勞工組織工會的更大權利，以及調整工作標準，乃是致力復甦的關鍵。第二條是成立公共工程署（Public Works Administration），提出基礎建設計畫，包括好幾項劃時代的建設，諸如費城第十三街火車站、紐約三區大橋（Triborough Bridge）、大古力水壩（Grand Coulee Dam），以及連接佛羅里達基威斯特（Key West）與美國本土的跨海公路。一九三三年六月十六日，羅斯福簽署法案，工業復甦法案正式上路，但很快就面臨法院的挑戰。一九三五年五月二十七日，最高法院一致通過，法案的第一條違憲，裁決文鄭重指出：「非常情況或許需要非常方法解決，但……非常情況並不等於創造或擴大憲法的權力。」

法院裁決尚未出爐，羅斯福便已踏出下一步，簽屬了社會安全法（Social Security Act），將現代的福利國家引進美國，包括退休年金、失業津貼、有子女家庭補助，以及公共衛生照顧及殘障津貼，同時，又簽署了國家勞動關係法（National Labor Relation Act），進一步加強勞工組織工會、參與集體談判及對雇主發動罷工的權利。所有這些措施同樣也都遭到最高法院的挑戰。就在司法程序進行的過程中，羅斯福一九三六年獲選連任，而且是大獲全勝，得票率高達六一%。

挾高人氣的新紀錄，羅斯福實在不願意讓最高法院打亂他的既定政策。一九三七年三月九日，在他定期現場播出的收音機節目「爐邊談話」（Fireside Chats）中，他和盤托出自己的計畫，開宗明義指出，在他的第一任期中，極端迫切的政策就只差沒過最高法院這一關。他繼續說道：

這讓我想起四年前，我首次在收音機中向大家提出報告的那個三月的夜晚。那時候我們正處於重大金融危機。沒過多久，得到國會的授權，我們要求整個國家把私人擁有的黃金全都交給美國政府換成美元。今天的復甦，證明那項政策完全正確。但幾乎就在兩年之後，案子送到了最高法院，它的合憲性卻只得到五票對四票的支持。只要一票改變，就會將這偉大國家的一切全都拋回絕望的大混亂。事實上，四位法官所裁定的是，私人契約所規定的權利即使不合理但卻合法，其神聖性甚至更勝過憲法的主要目標：建立一個可長可久的國家。

話講得再明白不過，這種事情不應該再犯。羅斯福繼續說道：

上星期四，我曾經說過，美國政府的形式是憲法為美國人民準備的一個三匹馬團隊。當然，這三匹馬就是政府的三個分支，亦即立法、行政及司法。其中的兩匹，立法與行政，今天已經協同一致向前，第三匹則尚未。

羅斯福接著指出，美國憲法並未賦予最高法院挑戰法律合憲性的權利，但最高法院卻在一八〇三年挑起了此一角色。當時，布希洛・華盛頓（Bushrod Washington）法官裁定，最高法院「在未經證明（一條法律）確定違憲之前」必須「從其合法性做為推定」。羅斯福隨即反擊：

法令的效力優先於一切合理的懷疑，過去四年中，此一良善的規定已經遭到棄置，法院已經不是裁判單位，而成了一個決策單位。

羅斯福宣稱，他有選民授權改變此一狀態，「經過深思之後，唯一合憲的改革方法……就是給我國的法院注入新血」。同時他辯稱，最高法院法官工作過重，對年長的法官而言，其負擔實在太過——而打擊他立法的正是這些人。於是他提案，所有法官年滿七十歲都必須強迫退休，並由他提名六名新的法官。羅斯福這個司法重組議案（Judiciary Reorganization Bill），將可以移除那些早先由保守政府任命並堅決反對新政的法官。

為了贏得民意支持，羅斯福施出渾身解數，但民調結果只有四〇%贊成。這時候，布蘭迪斯已經是最高法院法官，他雖然同情羅斯福的許多法案，但對於總統要削最高法院的權力，以及他的法官工作過重之說卻不表同意。羅斯福的民主黨在參眾兩院雖然都是多數，但眾議院卻不太買他的帳。羅斯福於是轉向參議院。法案送進參議院司法委員會，會中引發高度爭議，意見分歧。最後決議送回參議院院會，附帶一份不利的報告，指稱該法案「棄憲法原理於不顧，沒有必要，沒有效果，且十足危險……既無先例也無正當理由」。院會以七十票對二十票將之退回委員會修改，「最高法院改造」（court packing）方案撤銷，最高法院加諸羅斯福的權力約束依然紋風不動。儘管如此，其間仍有折衷，社會安全法及國家勞工關係法雙雙由法院裁定合憲。

兩個法案雖然過關，但更重要的是整件事情帶來的教訓。嚴重偏離廣納經濟制度的現象一旦出現，廣納性政治制度不僅會加以阻止，而且會對任何想要破壞其本身延續性的企圖加以抗拒。法院塞人並確保新政的法案得以過關，攸關民主黨參眾兩院的利益。但十八世紀初碰到同樣情形時，英國的政治菁英就瞭解，擱置法治將會危及他們好不容易從君主政體那裡爭來的權益，參眾兩院也瞭解，如果總統能夠破壞司法獨立，制度內的權力制衡也就為之瓦解，從此不但他們會被總統控制，多元政治制度的延續也將失去保障。

羅斯福或許會認為，爭取立法機關的多數，既要做太多讓步而且曠日廢時，因此以後就可能訴諸行政命令，完全破壞政治多元化及美國的政治制度。國會當然不會同意，但到時候，羅斯福可以訴諸國民，說國會企圖阻撓對抗大蕭條的必要措施。他可以動用警察關閉國會。聽起來似乎不太可能？但一九九〇年代，這種情形卻真的在祕魯及委內瑞拉發生了。總統藤森（Fujimori）及查維茲（Chávez）訴請國民授權，關閉不合作的國會，接下去便修改憲法，大幅增加總統的權力。正是因為多元政治制度下的分權者擔心會發生這種災難性的陡降，一七二〇年代華波爾才不至於擅自推翻英國法院的判決，美國國會也才沒有支持羅斯福的「最高法院改造」計畫。羅斯福遭遇的是良性循環的力量。

但這個邏輯未必永遠行得通，在具有某些廣納特質但榨取性卻相當廣泛的社會中尤其如此。這樣的動力我們已經看過羅馬及威尼斯的先例，羅斯福企圖在法院塞人結果失敗，阿根廷也做過非常類似的努力，背景是阿根廷基本上榨取性的經濟及政治制度。

根據一八五三年阿根廷憲法所產生的最高法院，其職權類似美國最高法院。一八八七年通過一項決議，容許阿根廷法院扮演和美國最高法院相同的角色，裁決個別的法律是否合憲。理論上來說，在阿根廷，最高法院可以發展成為一個廣納性政治制度的重要單位，但該國其他政治及經濟體系仍然處於高度榨取狀態，而且缺乏政治多元化，也沒有在社會廣泛分配權力。和在美國一樣，最高法院在阿根廷的憲法角色也受到了挑戰。一九四六年，裴隆（Juan Domingo Perón）經過民主選舉當選為阿根廷總統。裴隆原為上校軍官，一九四三年軍事政變後首次成為全國知名人物，並獲任命為勞工部長。在此一職務上，與工會及勞工運動組成聯盟，成為他後來角逐總統的關鍵。

獲勝之後不久，裴隆在下議院裡的支持者提案彈劾最高法院五名法官中的四人，針對最高法院的指控有數項，其中一項是承認一九三〇年及一九四三年兩次軍事統治的正當性違憲——諷刺的是，裴隆在後面那次政變中扮演關鍵角色。另一項針對的則是法院對法律的否決——一如美國最高法院之所為。特別的是，就在裴隆競選總統之前，最高法院發表一項決議，裁定裴隆新成立的全國勞資關係委員會違憲。一如羅斯福在一九三六年競選連任活動中對最高法院的強烈批判，裴隆在一九四六年的競選活動中對此也炮火猛烈。彈劾提出九個月之後，下議院彈劾了三名法官，第四個人則已經辭職。上議院通過動議，接著裴隆便任命了四名新法官。最高法院的變天顯然有效解除了裴隆的政治約束，從此大可施展其無限制的權力，與他任職總統前後的軍事統治如出一轍。譬如他新任命的大法官就依憲法裁定裴隆的主要反對黨激進黨（Radical Party）黨魁包斌（Ricardo Balbín）有罪，罪名則是蔑視國家元首裴隆。實際上，裴隆的統治就是獨裁。

由於裴隆成功把人塞進了最高法院，在阿根廷，任何新任總統親自挑選自己的最高法院法官也就成為常態。如此一來，一種本來可以制衡行政權的政治制度也就隨之死亡。裴隆政權一九五五年被另一次政變推翻，接下來的一段長時間，是軍事與文人統治之間的轉移。但無論軍事或文人統治，法官都是任命自己的人。但在阿根廷，即便不是軍事與文人統治之間的轉移，挑選最高法院法官的情形照常。一九九〇年，阿根廷終於經歷了一次兩個民選政府之間的轉移，接在一個民選政府之後的是另一個民選政府。但這一次的民選政府碰到最高法院時，其作為與軍事政權並沒有太大差異。新任總統是裴隆黨的梅尼姆（Carlos Saúl Menem）。現任的最高法院是一九八三年轉移給民選政府後由激進黨總統艾方辛（Raúl Alfonsín）任命的。由於這次的政權轉移是民主轉移，梅尼姆沒有必要任命自己的最高法院。但籌備競選期間，梅尼姆就已經露出狐狸尾巴。儘管並不成功，他不斷鼓勵（甚至威脅）法院的成員辭職。他以大使的職位賄賂法官費特（Carlos Fayt），但遭到拒絕，費特的回應是送他一本自己寫的書《法律與倫理》（*Law and Ethics*），題詞是：「請注意，這是我寫的。」但梅尼姆絲毫不見氣餒，就任不到三個月就向下議院提交了一項法律，建議擴大最高法院，將成員從五名增加至九名，其論調則和一九三七年羅斯福所用的如初一轍：最高法院法官工作過重。很快地，法律在上院與下院都通過了，梅尼姆得以任命四名新法官，因此也擁有了多數。

梅尼姆抗衡最高法院獲得勝利，也啟動了我們之前講過的災難性陡降的動能，他的下一步就是修憲，拿掉限制他競選連任的條款。再度當選後，他又要修憲，但這一次遭到了阻止，不是因為阿根廷的政治制度，而是栽在裴隆黨內的派系，他們對他的個人統治展開反擊。

拉丁美洲所受的制度問題之苦，阿根廷自獨立以來幾乎全都嚐到了，陷在一種惡性而非良性的循環中。其結果是，正向的發展如建立一個獨立的最高法院，始終連第一步都不曾站穩。在政治多元化之下，就不會有任何團體企圖或膽敢推翻別人的權力，因為害怕自己的權力將會隨之遭到挑戰。另一方面，權力的廣泛分布也會使這種推翻變得困難。如果有來自社會各方面的大力支持，最高法院自會具備力量，並願意推開任何想要敗壞其獨立性的企圖。美國的情況就是如此，但阿根廷則否。立法者明明知道，破壞了司法終會危及自己的地位，但他們卻樂此不疲。原因之一是，在榨取性制度之下，削弱了最高法院，獲利將會更多，其潛在利益值得冒險一試。

正向回饋與良性循環

廣納的經濟與政治制度不會自己出現。菁英階層抗拒經濟成長及政治變革，另一方面則有人想要限制菁英階層的經濟及政治權力，兩者之間因此發生重大衝突，才會產生廣納性的經濟與政治制度。通常在重大的關鍵時期，諸如英格蘭的光榮革命，或詹姆士鎮殖民地在北美洲建立，一連串因素弱化了菁英階層對權力的掌握，強化了他們的對手，為多元社會的形成製造了動因，廣納性的制度乃應運而生。許多歷史事件，事後觀察似是不可避免，但政治衝突的結果往往不確定，歷史的道路是不可預知的。然而一旦成了氣候，廣納性的經濟與政治制度往往會形成良性循環，亦即一種正向回饋的過程，使這類制度得以持續甚至擴張。

良性循環的運作有賴於數種機制。其一，在多元政治制度的邏輯之下，獨裁者、政府內部派系，甚至大有為總統，想要獨攬大權都會變得比較困難，例如富蘭克林・羅斯福想要消除最高法院加諸他的權力限制，以及華波爾企圖草率執行黑面法案時所發現的。兩個個案都是想要把權力更進一步集中到個人或小團體的手上，其結果勢將破壞多元政治制度的基礎，而政治多元化正是防止這類企圖的最佳利器。政治多元化也保障了法治的觀念，這種觀念認為法律之前人人平等，而在君主專制統治下，這是絕對不可能的事。而法治還意味著，法律不能僅由一個團體掌控並用來侵犯別人的權利。更重要的是，法治原則不僅強調法律之前的平等，也特別注重政治體系中的平等，因此乃為更大的政治參與及更大的廣納開啟了大門。整個十九世紀，英國的政治體系之所以很難阻擋強力要求更大民主的呼聲，打開了逐步向所有成年人開放選舉權之路，法治原則居功厥偉。

其次，如我們之前所見，廣納性政治制度與廣納性經濟制度是互為支持的。由此乃產生了良性循環的另一個機制。廣納性經濟制度可以掃除最惡名昭彰的榨取式經濟關係，譬如奴隸及農奴制度，減少獨占的重要性，創造有活力的經濟，所有這些，至少短期內，可以減少政治權力竊奪者的經濟獲利。英國到了十八世紀，由於經濟制度已經足夠廣納，菁英階層靠抓取權力所能獲取的利益已經不多，事實上，對要求更大民主的人施壓，損失反而更大。這種良性循環使民主政治在十九世紀英國得以漸進發展，不僅對菁英階層的威脅較小，其成功的機會也較大。相對於專制政權，如奧匈帝國或俄羅斯帝國，其經濟制度仍然是榨取式的，結果便是十九世紀末要求較大的政治廣納時就遭到了壓制，因為菁英階層分享權力會蒙受的損失實在太大。

最後，廣納性的政治制度使自由媒體得以興盛，而自由的媒體往往會提供相關的資訊，並動員反對力量抗衡對廣納制度的威脅，譬如美國十九世紀的最後二十五年及二十世紀的最初二十五年，流氓大亨的經濟宰制力大增，對廣納經濟制度構成根本性的威脅時，自由媒體就發揮了力量。

衝突始終都存在，儘管其結果無法預知，良性循環透過這些機制將會產生一種追求廣納制度持久延續的強烈傾向，對抗各種挑戰，並將廣納制度持續擴張，如我們在英、美兩國所見。不幸的是，下一章我們將看到，榨取式制度同樣也產生了無與倫比的驅動力，持續其惡性循環的過程。

12 惡性循環

再也沒有火車通往波城

西非國家獅子山在一八九六年整個淪為英國的殖民地。首都自由城建於十八世紀末葉，原本的目的是要收容被遣返及獲釋的奴隸。但自由城成為英國殖民地時，獅子山的內陸仍然有許多小王國。十九世紀下半葉，透過與當地的非洲統治者簽訂一連串條約，英國逐漸將其統治擴張至內陸。一八九六年八月三十一日，根據這些條約，英國宣布此一殖民地為它的保護國，並撿出重要的統治者，給以新的頭銜，封之為大酋長（Paramount Chief）。舉例來說，在獅子山東部當今的鑽石礦區柯諾（Kono），有個勇猛好戰的國王蘇魯古（Suluku）。蘇魯古王被封為大酋長，保護國的行政單位則設在杉德爾（Sandor）。

像蘇魯古這類的國王雖然和英國當局簽了條約，卻不明白這些條約其實就是全權委託英國人建立殖民地。一八九八年一月，英國人開徵茅屋稅——每一家徵收五先令——地方上的酋長群起抗爭，演變成內戰，爆發了所謂的茅屋稅之亂（Hut Tax Rebellion）。戰事從北部開始，但最嚴重且持續更久的則是南部，尤以曼德族（Mende）為主的曼德蘭（Mendeland）為最。茅屋稅之亂雖然很快平息，卻無異於警告英國留意獅子山內陸地區的統治。當時，英國已經開始建造從自由城通往內陸的鐵路。工程始於一八九六年三月，一八九八年十二月開通至桑溝鎮（Songo Town），正值茅屋稅之亂期間。英國國會一九〇四年的文件有這樣的記載：

> 獅子山鐵路建造期間，一八九八年二月爆發土著叛亂，導致工程完全停頓，人員解散。叛軍攻擊鐵路，全部人員不得不撤退到自由城……鐵路沿線的羅第方克（Rotifunk），距自由城五十五英里，完全落入叛軍之手。

其實按照一八九四年的興建計畫，鐵路並不經過羅第方克。由於叛亂爆發，路線才改變，從原來的東北向轉而往南，經過羅第方克前往波城（Bo），再進入曼德蘭。英國想要盡快開抵叛亂的核心曼德蘭，並前往內陸其他潛在的動亂地區，擔心另外的地方爆發叛亂。

一九六一年，獅子山獨立，英國人把政權交給米爾頓．馬蓋爵士（Sir Milton Margai）及他的獅子山人民黨（Sierra Leone People's Party），該黨的主要支持者在南部，特別是曼德蘭，以及東部。米爾頓爵士之後，由其弟亞伯特爵士（Sir Albert Margai）於一九六四年接任總理。一九六七年，獅子山人民黨以些微票數在選舉中敗給由史蒂芬斯（Siaka Stevens）領導的反對黨全民國會黨（All People's Congress Party）。史蒂芬斯為北部林巴族人（Limba），全民國會黨的主要支持者全來自北部族群：林巴人、坦姆尼人（Temne）及羅科人（Loko）。

英國興建鐵路最初的目的在於統治獅子山，但到一九六七年，其角色已經變成經濟性的，主要在於運輸該國的大宗出口，包括咖啡、可可及鑽石。咖啡及可可的種植戶都是曼德人，而鐵路則是曼德蘭對世界的窗口。一九六七年的選舉，曼德蘭的選票大舉倒向亞伯特．馬蓋。史蒂芬斯的興趣在於抓權，至於促進曼德蘭的出口，則非他所關心。他的理由很簡單：凡是對曼德人好的就有利於獅子山人民黨，不利於史蒂芬斯。因此，他停止興建通往曼德蘭的鐵路，而且一不做二不休，乾脆把鐵軌和車輛全部拋售，使事情再也無法逆轉。今天，從自由城向東行，就會經過廢棄的哈斯汀（Hastings）及滑鐵盧（Waterloo）車站，再也不會有火車通往波城了。當然，史蒂芬斯的激烈動作對獅子山最有活力的經濟地區造成了嚴重的傷害。但就和許多獨立後的非洲領袖一樣，如果要史蒂芬斯在鞏固自己的力量與促進經濟發之間做選擇，他會毫不猶疑地選擇前者。今天，如果想要前往波城，根本沒有火車可搭，因為如同沙皇尼古拉一世害怕火車會把革命帶到俄羅斯，史蒂芬斯相信鐵路將會增強對手的力量。如同許多掌控榨取式制度的統治者，由於害怕自己的政治權力遭到挑戰，他寧願犧牲經濟成長以阻止挑戰的發生。

史蒂芬斯的策略乍看之下是與英國的相牴觸。但事實上，在英國的統治與史蒂芬斯政權之間有著相當顯著的延續性，惡性循環的邏輯盡在其中。史蒂芬斯統治獅子山，榨取人民的資源，其手法與英國人如出一轍。他之所以能夠在位直到一九八五年，並不是因為他受到選民的愛戴，而是因為他在一九六七年之後就建立了一個獨裁暴政，殺害與侵擾政敵，尤其不放過獅子山人民黨。一九七一年，他把自己弄上總統的位子，一九七八年之後，全民國會黨成為獅子山唯一的政黨。如此一來，史帝芬斯成功鞏固了自己的權力，只不過代價竟是把內陸地區搞得一窮二白。

殖民地時期，英國治理獅子山，一如他們治理大部分非洲殖民地，用的是一套間接統治的體系，其基礎則是大酋長。收稅、司法、治安，全都交給大酋長。至於涉及可可及咖啡農民的事，則由殖民部成立的產銷協議會統籌，這個單位號稱是來協助農民的。農產品的價格始終處於波動狀態。以可可為例，今年若是高價，次年就降低，因此，農民的收入也就隨之起伏。產銷協議會的作用，說得好聽一點，是由他們而非農民來吸收波動的價格。當世界價格高漲時，產銷協議會付給獅子山的價格便低於此一價格，但當世界價格下跌時，他們的做法就便正好相反。基本上來看，這套辦法似乎很好，但實際上並不是這麼回事。獅子山的產銷協議會成立於一九四九年。當然，單位要運作就需要有收入。至於這筆錢的來源，最方便的，無論年頭好壞，就是從農民應得的報酬中扣一點下來，做為單位經常開支及行政管理之用。但沒有多久，扣一點卻成了扣很多。產銷協議會變成殖民國對農民課徵重稅的工具。

許多人都以為，下撒哈拉非洲殖民統治的劣政可以在獨立後告一段落，利用產銷協議會課徵農民重稅的情形也可以劃下句點。但兩者都落空了。事實上，利用產銷協議會榨取農民的情況更加嚴重。

一九六〇年代中期，透過產銷協議會，棕櫚仁農民可以獲得世界價格的五六%，可可農民四八%，咖啡農民四九%。到一九八五年，史帝芬斯辭職，由他親手提拔的繼承人馬摩（Joseph Momoh）出任總統時，上述的數字分別變成了三七%、十九%及二七%。但低歸低，比起之前，農民的所得還算高的；史蒂芬斯當權期間，甚至往往低至一〇%；換句話說，農民九〇%的收入都被史帝芬斯政府征斂，全都進了他自己及權貴的口袋，用來收買政治支持，沒有一絲一毫用於公共建設，諸如道路及教育。

隸屬於英國的間接統治，殖民當局規定大酋長為終身職，必須要是所謂的「王室」成員才夠資格。酋長地位具有王室身分是逐漸形成的，但基本上乃是某一地區的王族世系，而且是在十九世紀末與英國簽約的菁英家族。大酋長由選舉產生，但並非透過民主的機制。誰來當大酋長，是由一個名為「部落署」(Tribal Authority）的機構來決定，其成員為大酋長委任的低階村長、村長或英國官員。大家或許會想，獨立之後此一機構若不是已經取消，至少也經過了改革。但就和產銷協議會一樣，事實並非如此，而且毫無變化。時至今日，大酋長仍然主管稅收，茅屋稅雖然已經不再徵收，但卻有了人頭稅。二〇〇五年，杉德爾的部落署選出了一名新任大酋長。唯一夠資格的候選人是法蘇魯古（Fasuluku）王室，也是當前僅存的王室。當選人為歇庫・法蘇魯古（Sheku Fasuluku），蘇魯古王的玄孫。

獅子山和下撒哈拉非洲的農業生產之所以如此低落，其癥結全在於產銷協議會的行事作風，以及傳統的土地所有制。一九八〇年代，政治學者貝茲（Robert Bates）前往非洲，想要瞭解非洲農業生產低落的原因，即使按照經濟學教科書，這裡應該是最有活力的經濟地區。他明白，這裡之所以會如此，既與地理無關，也跟我們在第二章討論過的那些認為農業生產力之所以低落的內在因素無關。問題其實很簡單，產銷協議會的價格政策抹煞了農民的企圖心，使他們失去了投資、使用肥料及保護土壤的動機。

產銷協議會的政策極端不利於農村的利益，關鍵在於這些利益缺乏政治力量。價格政策與其他根本因素互動，結果使得所有權很不安全，更進一步瓦解了投資動機。在獅子山，大酋長不僅管治安、法規及司法，還兼徵稅，同時也是「土地管理人」。儘管家族、氏族及王室擁有土地使用權及傳統上的權利；但到頭來，誰可以在那裡種田，只有酋長說了算。只有跟酋長有關係，或許出身同一王室，土地所有權才可靠。土地不能買賣，也不能抵押貸款，如果出身不是酋長世家，不可以種植多年生作物如咖啡、可可或棕櫚，以防這樣一來將會讓人獲得「實質上的」財產權。

英國在獅子山發展出來的榨取性制度，與它在其他殖民地（如澳洲）發展出來的廣納性制度，兩者形成強烈的對比，可以從礦產資源的管理上得到充分說明。一九三〇年一月，獅子山東部的柯諾發現鑽石。鑽石不是深藏於地下的礦脈，而是沖積礦床，因此，主要的開採方法是在河中淘洗。類似的情形，某些社會科學家稱之為「民主鑽石」，因為這可以讓許多人加入，製造一種潛在的廣納性機會。但在獅子山卻不然。淘洗鑽石在本質上的民主特性，英國政府樂得故作不見，整個將之納入保護，予以獨占，名之為獅子山精選信託（Sierre Leone Selection Trust），並轉讓給南非的鑽石開採公司戴比爾斯（De Beers）。一九三六年，戴比爾斯獲得授權，成立了鑽石警衛團（Diamond Protection Force），是一支比獅子山殖民地政府部隊還大的私人武力。儘管如此，鑽石沖積礦床隨處都可以淘洗，警力不免顧此失彼。到了一九五〇年代，成千上萬的非法淘鑽者湧入，鑽石警衛團疲於奔命，成為衝突與動盪之源。一九五五年，英國政府開放部分礦場給獅子山精選信託以外得到特許的掘礦者，但公司仍保有岩吉馬（Yengema）、科伊度（Koidu）及堂溝（Tongo）等礦藏最豐富的礦場。獨立之後，情況益發惡化。一九七〇年，史帝芬斯實際上將獅子山精選信託國營化，成立國家鑽石礦業公司（National Diamond Mining Company），政府（實際上就是指史帝芬斯）擁有五一％的股份。但這不過是史帝芬斯計劃接收國家鑽石礦業的開始而已。

十九世紀的澳洲，引起廣泛注意的不是鑽石，而是一八五一年在新南威爾斯及剛成立的維多利亞州（Victoria）發現的黃金。和獅子山的鑽石一樣，這裡的黃金也是沖積礦床，如何加以開發必須有所決策才行。有些人，例如傑出的占地戶領袖約翰．麥卡瑟之子詹姆斯．麥卡瑟（James Macarthur），提議在礦區周圍建立圍牆，拍賣獨占權。他們想要搞的是一個獅子山精選信託的澳洲版。但另有許多人卻希望開放黃金礦區。結果，廣納模式獲勝，澳洲當局不僅不設立獨占事業，而且只要每年繳交特許費，任何人都可以從事黃金的探尋及採掘。很快的，在澳洲的政治上，這些充滿冒險精神的淘金人發展成為一股力量，尤其是在維多利亞，在推動普選及祕密投票上扮演重要角色。

我們已經看到，歐洲在非洲所進行的擴張及殖民統治產生了兩種惡性結果。其一，大西洋奴隸貿易鼓勵非洲在政治及經濟走上榨取式的制度；其二，殖民地的立法及制度，使本來可以與歐洲競爭的非洲農業喪失了商業化的機會。在獅子山，奴隸確實是一股力量。殖民時期，內陸地區並沒有足夠強大的中央集權國家，有的只是許多小王國，互相敵對，侵伐不斷，彼此互擄對方的男女。實際上，奴隸早已經是一種地方性的現象，人口之中，以奴隸身分工作的可能占了五〇％。和南非一樣，由於環境容易致病，白人不太可能大規模在獅子山定居，因此並沒有白人與非洲人競爭。另一方面，由於礦業經營缺乏約翰尼斯堡那樣的規模，農業上又不存在需要大量黑人勞力的白人農場，因此，南非那種種族隔離式的榨取式勞力市場制度無以形成。

儘管如此，別種力量卻也存在。在獅子山，咖啡及可可農民雖然沒有白人和他們競爭，但他們的收入仍然會遭到產銷協議會這個政府獨占單位的剝削。另一方面，獅子山還要受間接統治之害。在非洲許多地方，英國當局都屬意於間接統治，他們發現，任何部族只要沒有中央集權體系，他們都可以加以接管。舉例來說，十九世紀，英國人在東非的奈及利亞遭遇到沒有酋長的伊格波人（Igbo）時，馬上就為他們設置了酋長，稱為委任酋長。在獅子山，英國人的間接統治則是建立在本土現存的權力體系上。

然而，儘管一八九六年受封的那些大酋長各有其歷史淵源，間接統治及其授予大酋長的權力卻完全改變了獅子山既存的政治狀況。舉例來說，英國當局設置了一個社會層級制度——王室——一個過去不存在的階層。在過去，酋長需要獲得民意支持，政治流動性比較大。但間接統治實施後，世襲的貴族取代了原有制度，僵化的制度隨之出現，弄出一批終身職的酋長，他們要負責的對象是在自由城或英國的庇護者，而非轄內的百姓。另一方面，英國也樂得用其他方式顛覆制度，譬如說，用比較合作的人取代合法的酋長。事實確實如此，獅子山獨立後出過兩名總理的馬蓋家族，就是在茅屋稅之亂中支持英國，反對當時在位的酋長尼亞馬（Nyama），因此取得下班塔（Lower Banta）大酋長的位置。尼亞馬下臺後，馬蓋家族從此把持大酋長的位置直至二〇一〇年。

特別值得注意的是，殖民地獅子山與獨立國獅子山之間不乏制度上的延續。英國設置產銷協議會向農民徵稅，後殖民地政府依樣葫蘆，而且變本加厲，稅率更高。英國利用大酋長建立間接統治，獨立後的政府不僅未將此一殖民制度廢止，而且繼續用於鄉村的治理。英國建立鑽石獨占事業並企圖排除非洲人參與，獨立後的政府依舊如此。英國認為建鐵路有利於治理曼德蘭，史帝芬斯卻不以為然。英國信任自己的軍隊，曼德蘭如果叛變，大可以派他們去應付；碰到同樣情況，史帝芬斯卻不這樣認為。和許多非洲國家一樣，強大的軍隊往往成為統治者的威脅，基於這個理由，史帝芬斯削弱軍方力量，壓制軍隊，並建立只效忠於他的準軍事單位而將武力私人化，也因此使得本已微弱的政府權力加速萎縮。取軍隊而代之的，最先是國家安全局（Internal Security Unit），簡稱ＩＳＵ，成了獅子山受苦受難的人民口中的I Shoot U（我斃了你）。再來是特別安全局（Special Security Division），簡稱ＳＳＤ，到了人民口中，成了Siaka Stevens' s Dog（賽卡．史帝芬斯的狗）。但沒有軍隊的支持，到頭來反而為政權的垮臺埋下了禍根。一九九二年四月二十九日，在史特拉瑟上尉（Captain Valentine Strasser）的領導下，一群為數不過三十名的軍人就把全民國會黨的政權給拉了下來。

獅子山的發展，也可以說是倒退，是惡性循環的最佳寫照。首先是英國殖民當局建立了榨取式制度，獨立後，非洲的政客又樂得接棒，整個模式與下撒哈拉非洲如出一轍。迦納、肯亞、辛巴威，以及其他許多非洲國家，獨立後都懷著相同的希望，然而，惡性循環卻使這些國家只是榨取式制度的一再重演，而且其惡性隨著時間愈演愈烈。舉例來說，在所有這些國家，英國人建立的產銷協議會及間接統治均持續不變。

惡性循環有其本質性的癥結。榨取式的政治制度導致榨取式的經濟制度，肥了少數瘦了多數。因榨取制度而得利的人一旦擁有了資源，便可以建立（自己的）軍隊及傭兵，收買司法，操縱選舉，如此一來，不僅可以繼續掌權，更可占盡優勢保護體系的運作。因此，我們可以說，榨取式經濟制度為榨取式政治制度的延續製造了平臺，而在榨取式政治制度中，權力無價，因為權力可以無往不利，可以中飽私囊。

榨取式政治制度也可以讓權力的濫用無所限制。權力是否導致腐敗容或有辯論的餘地，但艾克頓爵士（Lord Acton）說「絕對的權力導致絕對的腐敗」，則是千真萬確。在前一章我們已經看到，富蘭克林・羅斯福總統縱使是為了造福社會，不惜運用總統的權力打破最高法院的限制，但廣納性的美國政治制度卻不容許，打消了他想要解除自己權力限制的企圖。在榨取式政治制度之下則不然，權力的運用，不論其如何扭曲及反社會，都難以予以節制。一九八〇年，獅子山中央銀行總裁班古拉（Sam Bangura）批評史帝芬斯的政策漫無節制，沒過多久就慘遭謀殺，從中央銀行大樓的頂樓被推落至一條名叫「賽卡・史蒂芬斯街」的馬路上。因此，榨取式政治制度往往造成惡性循環，原因無他，對於想要竊取及濫用政府權力的人，這種制度絲毫無法加以遏阻。

還有一種力量也會帶來惡性循環，那就是榨取制度製造了沒有限制的權力以及巨大的所得差距，其結果將會增加政治賭博的賭注。不管是誰，一旦掌控了政府，就會使他成為過度的權力及財富的受益者，因此為了掌控權力及利益，榨取式制度製造了內鬥的誘因，這股推動力在馬雅城邦及古羅馬就曾經上演過。由這個角度來看，從殖民政權繼承了榨取式制度，許多非洲國家便撒下了權力鬥爭及內戰的種子，一點都不令人驚訝。相較於英格蘭內戰及光榮革命的衝突，這種鬥爭大不相同。鬥爭的目的不是為了改變政治制度、限制權力的行使，也不是要產生政治多元化，而是要抓權自肥，以其他人為芻狗。在安哥拉、布隆迪（Burundi）、查德、象牙海岸（Côte d'Ivoire）、剛果民主共和國、衣索比亞、賴比瑞亞、莫三比克、奈及利亞、剛果共和國（Republic of Congo Brazzaville）、盧安達（Rwanda）、索馬利亞、蘇丹及烏干達，當然還有獅子山，我們將會在下一章更詳細地看到，這種衝突轉變成血腥的內戰，製造了慘重的經濟破壞，以及人類空前的痛苦——同時也導致了國家的失敗。

從賜封到強占土地

一九九三年一月十四日，卡比歐（Ramiro De León Carpio）宣示就任瓜地馬拉總統，並任命卡司第羅（Richard Aitkenhead Castillo）為財政部長，西尼巴迪（Recardo Castillo Sinibaldi）為發展部長。這三個人全都有一個共同點：他們的祖先都是十六世紀初來到瓜地馬拉的西班牙征服者。卡比歐著名的先人是卡多納（Juan De León Cardona），卡司第羅則與貝納爾・卡司第羅（Bernal Díaz del Castillo）有血緣關係，後者親身參與征服墨西哥，所寫的紀事是最著名的見證之一。柯爾特斯為酬賞他的功勞，任命他出任聖地牙哥（Santiago de los Caballeros，現今的瓜地馬拉安提瓜市〔Antigua〕）總督。卡司第羅與卡多納兩個人都跟其他征服者如阿瓦拉多（Petro de Alvarado）一樣，建立了自己的王朝。瓜地馬拉社會學家阿爾竺（Marta Casaús Arzú）的分析指出，瓜地馬拉有一個由二十二個家族組成的核心群體，並透過婚姻與核心以外的二十六個家族結合。她所做的系譜及政治研究顯示，這些家族從一五三一年起就掌控了瓜地馬拉的經濟與政治。若將哪些家族屬於這個菁英階層的定義再放寬一點，那麼在一九九〇年代，這些人占了總人口數的百分之一強。

在獅子山以及多數下撒哈拉非洲，獨立後，領導人承接了殖民政權所建立的榨取式制度，惡性循環於焉成形。但在瓜地馬拉，如同我們在大部分中美洲地區所看到的惡性循環，其形式更為簡單也更為赤裸：擁有經濟及政治力量的人直接架構制度，確保其權力得以延續，而且無往不利。這種形式的惡性循環不僅使榨取制度得以持續不墜，使統治階層的同一批人得以持續當權，也使得低度發展持續不變。

西班牙征服時期，瓜地馬拉已經居民稠密，馬雅人的總人口數約在兩百萬之譜。但和其他地方一樣，在中南美洲，疾病與剝削同樣導致大量死亡，總人口數直至一九二〇年代才又回復到此一水平。和西班牙帝國的其他地方一樣，在賜封制度下，征服者都可以分配到原住民。如同我們在墨西哥及祕魯所看到的殖民情況，賜封是一套強迫勞役制度，後來由產品配銷制度取代，這在瓜地馬拉又稱為「誡命」(mandamiento）制度。菁英階層的組成包括征服者後裔及少數原住民，不但享有各種強迫勞役所帶來的福利，而且透過名叫貿易領事館（Consulado de Comercio）的商業行會組織來掌控貿易，實行獨占。大部分瓜地馬拉人住在高山上，遠離海岸。由於運輸費用高昂，以致出口經濟不振，剛開始時，土地並沒有什麼價值，絕大部分還是掌握在原住民手裡，這些人擁有的大片稱為「合作農場」(ejidos）的共有土地，其餘部分則多屬無主之地，名義上為政府所有。如此一來，控制貿易並徵收賦稅當然要比掌控土地更能生財。

和在墨西哥一樣，瓜地馬拉的統治階層也把加的斯憲法看成眼中釘，恨不得跟墨西哥的統治階層一樣早日宣布獨立。在與墨西哥及中美洲聯邦（Central American Federation）短暫結盟後，一八三九至一八七一年間，瓜地馬拉處於卡瑞拉（Rafael Carrera）的獨裁統治之下。這段時期內，征服者後裔與原住民菁英階層大多因循殖民時代的榨取式經濟，貿易領事館並未隨著獨立而有所改變。雖然這是當初西班牙王室設立的機構，但共和政府卻樂得將它保留下來。

如同墨西哥一樣，獨立不過是當地既有菁英發動的一場政變，他們一如往常繼續掌控讓他們獲利良多的榨取式制度。諷刺的是，這段期間貿易領事館依舊主掌國家的經濟發展事務。但一如獨立之前，貿易領事館考慮的是自身的利益而非國家的利益，它雖然負有基礎建設如港口及道路的開發責任，但就和奧匈帝國、俄羅斯及獅子山一樣，這種事往往會帶來創造性破壞，可能動搖到制度的穩定。因此，對於基礎建設的開發，抗拒總是多於落實。舉例來說，當時可用的港口都在加勒比海，而且全都被貿易領事館掌控。瀕臨太平洋的蘇奇特佩克斯（Suchitepéquez）計劃開闢一個港口，但領事館根本不願意碰太平洋這一邊，因為這個地區一旦有了港口，就會為高原城市如馬薩特南戈（Mazatenango）及克薩爾特南戈（Quetzaltenango）提供更方便的出口，並為貨物打開新的市場，如此一來，勢將威脅到貿易領事館對海外貿易的壟斷。全國的道路興建本來也是貿易領事館的責任，但道理也一樣。因此，開路根本免談，以免強化了競爭者，或在未來危害到本身的壟斷。瓜地馬拉西部及洛薩多（Los Altos）地區的克薩爾特南戈也有同樣的交通要求。但洛薩多與蘇奇特佩克斯之間的交通一旦獲得改善，就會產生新的商人階級，成為競爭者，威脅到首府地區的貿易領事館商人。道路於是沒有獲得改善。

這種菁英統治的結果是，當世界其他地方都在快速改變時，瓜地馬拉卻陷入了時光扭曲，停頓在十九世紀。但瓜地馬拉終究逃不過外面世界的影響。拜科技創新之賜，如蒸汽火車、鐵路及更快速的新型船隻，運費因而降低了，更重要的是，西歐及北美人民的所得大幅提高，為許多產品創造了大量的需求，而瓜地馬拉這樣的國家正是這些產品的潛在產地。

十九世紀初，靛青跟胭脂兩種天然染料是主要的出口產品，但咖啡顯然更有利潤。瓜地馬拉有許多適合咖啡的土地，咖啡栽種乃開始擴散，而且完全未經貿易領事館的協助。等到世界的咖啡價格看漲，國際交易擴張，有暴利可圖時，瓜地馬拉的菁英階層開始對咖啡產生興趣。隨著自由主義運動在世界各地風起雲湧，長期統治的獨裁者卡瑞拉終於在一八七一年遭到推翻，舉事者就自稱是自由黨（Liberals）。自由主義（liberalism）的含義或許因時而異，但在十九世紀的美國及歐洲，它的含義類似今天所謂的放任自由主義（libertarianism），支持個人的自由、有限的政府，以及自由貿易。但在瓜地馬拉，情況稍微不同。最初由格拉納多（Miguel García Granados）領導，一八七三年之後由巴里奧斯（Justo Rufino Barrios）接手，瓜地馬拉的自由黨人多半並非懷抱自由派理想的新人，大體上來說，當權的仍然是那些舊家族。他們維持榨取式的政治制度，重整經濟體系，大肆開發咖啡。他們的確在一八七一年廢除了貿易領事館，但整體的經濟環境已經改變。這時候，咖啡的生產及輸出成了榨取式經濟制度的核心。

咖啡生產需要土地及勞工。為了弄到土地開闢成咖啡田，自由黨大力推動土地私有化，但事實上根本就是強占土地，任他們奪取原來共有的或政府的土地。儘管抗爭激烈，但由於瓜地馬拉的高度榨取式政治制度與高度集中的政治權力，菁英階層還是獲得了勝利。一八七一至一八八三年間，將近一百萬畝土地，大部分是原住民共有地及荒地，落入菁英階層手裡，從此咖啡產業迅速發展，目的是要成就巨大的產業。私有化土地的拍賣，買主通常都是傳統的菁英階層以及跟他們有關係的人。至於協助大地主取得勞工，則是透過自由黨政府的強制力量，將各種勞役體系加以改組或強化。一八七六年十一月，總統巴里奧斯行文瓜地馬拉各省省長，做成指示：

> 國家現有廣大區域的土地有待耕耘開發，需要用到迄今仍然置身國家生產行列之外的勞工，閣下當盡力協助農業的外銷：
>
> 一、凡有轄內農田地主要求勞工，所需無論五十或一百，請閣下自轄區內的印地安人鄉鎮供應。

獨立之後，強制徵用勞工的產品配銷制度始終沒有廢除，但現在它的範圍及時間都增加了。一八七七年一七七號行政命令規定，產業若在同一管區，雇主可申請並接受政府派遣最多六十名勞工，為期十五天，若在管區之外，為期三十天。雇主若有需要，可重新提出申請。勞工召集屬強制性，除非勞工出示工作簿，顯示最近已服過此類勞役，且工作表現良好。所有鄉村勞工強制攜帶工作簿（libreta），裡面記載的包括服務過的對象，以及欠工紀錄。許多鄉下勞工都欠雇主的工，欠工的勞工未經允許不得脫離現任雇主。一七七號命令進一步規定，唯一可以免召的理由就是出示欠工的紀錄。

勞工完全被綁死。這些規定之外，還通過了許多遊民法，任何人如果無法證明自己有一份工作，馬上就會根據產品配銷制度或其他類型的強制勞役制度加以徵召，或強制他接受農場的雇傭。如同十九及二十世紀的南非，一八七一年的土地政策，目的就是要破壞原住民的生計，迫使他們屈就低工資的工作。配銷制度一直存在到一九二〇年；工作簿以及全套遊民法則要到一九四五年才廢除；那一年，瓜地馬拉第一次嚐到短暫的民主滋味。

一八七一年之前，瓜地馬拉菁英階層的統治都是透過軍事強人，咖啡產業起飛後，他們依舊如此。烏維科（Jorge Ubico）在一九三一至一九四四年擔任總統，任期最長。一九三一年贏得總統選舉時，烏維科完全沒有對手，因為沒有人會笨到跟他作對。和貿易領事館一樣，任何事情，只要會促成創造性破壞，或危及他的政權以及他與菁英階層的利益，他都反對到底。因此，他反對工業的理由和奧匈帝國的法蘭西斯一世及俄羅斯的尼古拉一世如出一轍：工業勞工會製造麻煩。在一項堪稱空前絕後的立法中，他的壓迫偏執狂表露無遺，禁止使用某些文字，諸如obreros（勞工）、sindicatos（工會）及buelgas（罷工），任何人如果用了這類字眼，便有牢獄之災。烏維科儘管有權，但菁英階層才是幕後藏鏡人。一九四四年，反對力量崛起，叛逆的大學生帶頭，開始組織示威，民眾的不滿高漲，六月二十四日，有三百三十一人，其中不乏菁英階層，簽署了一封譴責該政權的公開信「三三一備忘錄」（Memorial de los 331）。七月一日，烏維科辭職下臺。一九四五年，繼之而起的是一個民主政權，但在一九五四年遭到政變推翻，並導致一場血腥內戰，直到一九八六年瓜地馬拉才重獲民主。

對於自己建立的榨取式政治及經濟制度，西班牙的征服者一點都不感到良心不安，他們不遠千里來到新世界，無非也是抱著同樣的心思。但也正因為如此，他們所建立的制度大多缺乏長遠打算。舉例來說，給予勞工徵用權的賜封制度只是一時之計。如何建立一套能夠再持續四百年制度，他們根本沒有完整的計畫。事實上，他們所建立的制度一路下來曾經有過重大改變，但始終不變的則是制度的榨取式本質，其結果就是惡性循環。榨取的形式有變，但制度的榨取式本質及菁英階層的認同沒變。在瓜地馬拉，賜封、產品配銷及貿易獨占讓位給了工作簿及強占土地，但多數的馬雅原住民仍然繼續扮演低工資的勞工角色，沒受教育，沒有權利，沒有公共服務。

如同中美洲大部分地區，瓜地馬拉是典型的惡性循環，榨取式政治制度支持榨取式經濟制度，回過頭來為榨取式政治制度服務，並延續菁英階層同一批人的權力。

從奴隸到吉姆·克勞

在瓜地馬拉，在菁英階層的嚴密控制下，榨取制度一直從殖民時代持續到現代。制度的任何改變，都是適應環境改變的結果，譬如強占土地就是咖啡產業起飛帶動起來的。美國南方的經濟制度同樣也是榨取式的，直到內戰為止。經濟與政治任由南方的菁英階層宰制，就是那些擁有大片土地及奴隸的莊園地主。奴隸沒有政治權利，也沒有經濟權利，事實上，他們什麼權利都沒有。

到了十九世紀中葉，美國南方因榨取式的經濟及政治制度而比北方貧窮許多。南方缺少工業，基礎建設的投資極少。一八六〇年，南方製造業的總產出還比不上賓夕法尼亞、紐約或麻薩諸塞一個州。

相較於東北部有三五%的人生活在都市，南方只有九%。鐵路的密度（鐵道里程數除以土地面積），北方高出南方三倍，運河里程數的比率亦同。

地圖18所示為一八四〇年美國各郡奴隸占人口的百分比。很明顯，在南方的某些郡，奴隸占極大比例，譬如密西西比河沿岸各郡，奴隸占人口的比例高達九五%。地圖19所示則是這種情形所造成的結果之一，一八八〇年製造業就業人口的百分比。當然，如果拿二十世紀的標準來看，這根本算不了什麼，但卻清楚說明了北方與南方的差異。在東北方多數地區，製造業的就業人數都超過一〇%。相對的，在南方，尤其是奴隸高度集中的地區，製造業的人口基本上是零。

甚至在南方專精的領域上，它的創新表現也乏善可陳。從一八三七年至一八五九年，和玉米及小麥相關的發明，平均每年發表的專利分別是十件及十二件；和南方最重要的作物棉花相關的專利，平均每年只有一件。工業化及經濟成長何時會起步，一點跡象都沒有。但內戰失敗之後，經濟及政治的基本改革上路，奴隸制度廢除，黑人也有了投票權。

這些重大的改變為南方開啟了徹底的轉型，從榨取式制度轉變成廣納性制度，並將南方帶上經濟繁榮的道路。但惡性循環再一次展現。榨取式制度陰魂不散，這一次不再是奴隸，而是「吉姆・克勞」(Jim Crow）在南方湧現。吉姆・克勞一詞源自十九世紀初期一齣諷刺劇「強普・吉姆・克勞」(Jump Jim Crow），由戴「黑面」的白人飾演黑人，這個詞後來指的是一八六五年之後南方為種族隔離所制定的各種法律。這些法律一直持續了整整一個世紀，直到另一波巨浪——民權運動——興起。同一時期，在權力上，黑人持續遭到排擠與壓迫，以低工資及教育貧乏的勞力為基礎的農園式農業仍然普遍，南

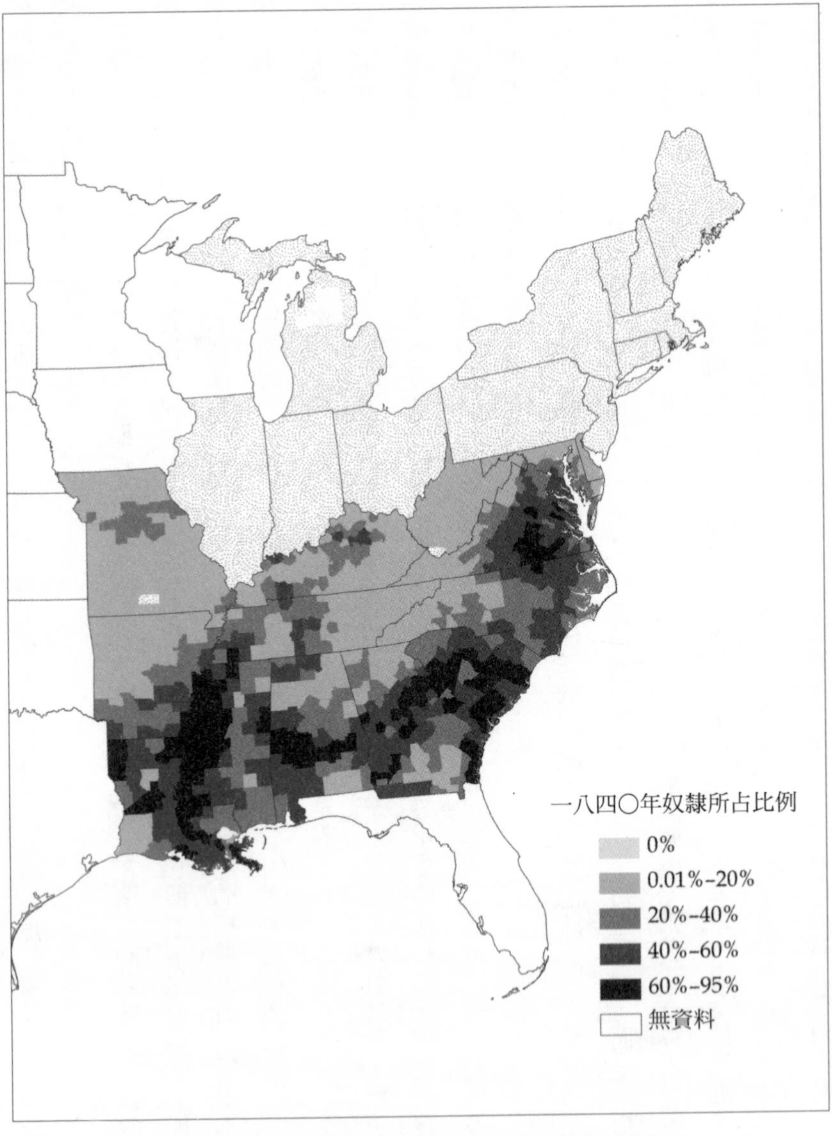

地圖18：一八四〇年美國各郡奴隸所占比例

方的所得遠低於美國的平均所得。榨取式制度的惡性循環，頑強程度遠超過眾人預期。

儘管奴隸制度已經廢除，黑人也擁有了投票權，南方的經濟及政治軌道卻未改變，關鍵在於黑人的政治力量過於薄弱，經濟又無法獨立。南方的種植大戶雖然打了敗仗，卻賺得了和平。這些地主仍然極有組織，也仍然擁有土地。內戰期間，解放的奴隸曾經得到承諾，只要奴隸制度廢除，他們就可以獲到四十畝土地及一匹驢子，有的人甚至在謝爾曼將軍（General William T. Serman）的著名戰役期間就已經得到了。但在一八六五年，強森（Andrew Johnson）總統撤銷了謝爾曼將軍的命令，期待中的土地重分配從來沒有發生。國會針對此一問題辯論時，眾議員朱利安（George Washington Julian）頗有先見之明地說：「如果貴族力量的舊農業基礎仍然存在……國會又有什麼辦法完全廢除奴隸制度呢？」這就是舊南方的「恢復」以及舊南方地主菁英階層持續不墜的開始。

社會學家偉勒（Jonathan Wiener）研究阿拉巴馬州南部棉花主要產地黑人帶（Black Belt）五個郡的種植大戶。他利用美國的人口普查資料追蹤當地家族，將不動產價值一萬美元以上的列入考量，結果發現，一八五〇年的二百三十六個種植大戶中，到一八七〇年仍有一百零一個存留。有趣的是，此一存留的比例和內戰前的情形非常相近：一八五〇年時二百三十六個最富有的種植大戶家族，十年之後僅一百一十個存留下來。然而，一八七〇年時二十五個擁有最多土地的種植大戶中，有十八個家族（占七二％）在一八六〇年就已經名列菁英階層；其中十六個在一八五〇年就已經屬於菁英集團。內戰時期，死亡人數超過六十萬，種植大戶的傷亡卻只是少數。法律由種植大戶設計，也為種植大戶服務，奴隸主擁有的奴隸只要達到二十個，就有兵役豁免權。當成千上萬的人為保衛南方的農園經濟而陣亡

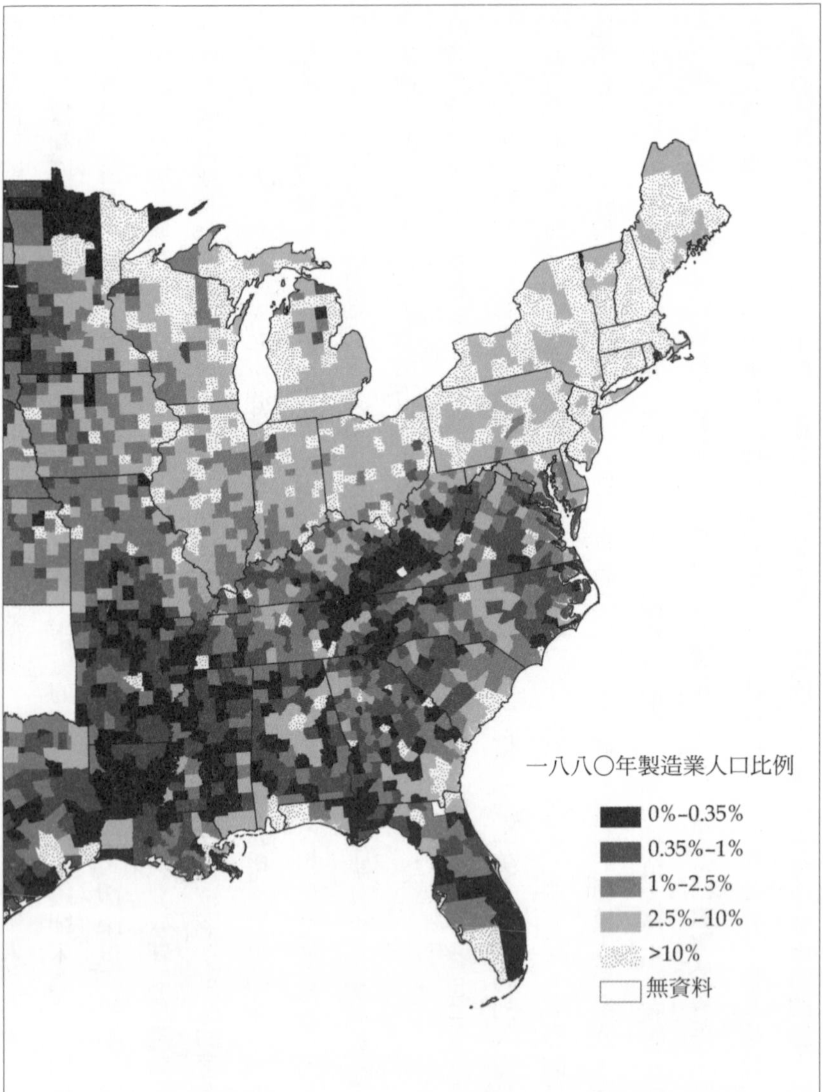

地圖19：一八八〇年美國製造業就業人口比例

時，許多大奴隸主和他們的兒子卻置身事外，因此也才能夠確保農園經濟的持續不墜。

戰爭結束後，控制土地的種植大戶還是能夠控制勞動力。儘管奴隸經濟制度已經廢除，證據顯示，南方以農園式農業及廉價勞工為基礎的經濟體系仍然持續存在，並透過各種管道維持不墜，其中包括把持地方政治及運用暴力。其結果是，用美國非洲裔學者杜博斯（W. E. B. Du Bois）的話來說，南方變成「一處恐嚇脅迫黑人的武裝營區」。

一八六五年，阿拉巴馬州議會通過黑人法（Black Code），為壓迫黑人勞工豎立了一個重要的里程碑。與瓜地馬拉的一七七號行政命令如出一轍，阿拉巴馬黑人法的內容包含遊民法規，以及禁止「誘拐」勞工的法規，主要目的是要阻止勞工的流動並消除勞力市場的競爭，確保南方種植大戶繼續擁有可靠的廉價勞工來源。

內戰之後，從一八六五年至一八七七年是所謂的「重建」時期。這段期間，在聯邦軍的協助下，北方的政治人物在南部推動了一些社會改革。但南方菁英階層卻以支持所謂的「恢復派」（Redeemers，尋求恢復南方）為掩飾，有系統地展開反撲，重建了舊體系。一八七七年總統選舉，海耶斯（Rutherford Hayes）需要南方在選舉人團中的支持。沿用至今的選舉人團制度，是美國憲法規定總統間接選舉制度的核心。公民的選票並不直接選出總統，而是選出選舉人，再由選舉人在選舉人團中選出總統。南方人同意支持，但提出交換條件，要求聯邦軍隊退出南方，一切交由南方自行處理。海耶斯同意。在南方的支持下，海耶斯當選，如約撤出軍隊。一八七七年之後的這一段時期，內戰前的大種植戶捲土重來。南方的「恢復」包括開徵新的人頭稅，以及投票需接受識字測驗，目的無非是要有系統地剝奪黑人的公民權，連貧窮的白人也不例外。所有這一切都順利得逞，結果造成民主黨一黨執政，政治權力大半落入種植大戶菁英階層手裡。

吉姆．克勞法（Jim Crow laws）製造了黑白隔離而且品質較差的學校。舉例來說，一九〇一年阿拉巴馬修改州憲，目的就是為此。令人驚訝的是，阿拉巴馬州憲第二五六條雖然已經不再施行，卻仍陳述如下：

> 立法機構有責任建立及維持公立學校體系，分配公立學校經費，區隔白人及有色人種孩童的學校。
>
> 立法機構應在州內建立、組織及維持自由開放的公立學校體系，造福七至二十一歲的孩子。公立學校經費應按學齡學生人數的比例分配各郡，並應按照此一比例分配郡內各地區或城鎮的學校，盡其所能提供地區或城鎮同樣的學期長度。必須提供白人與有色人種孩童不同的學校，不同種族的孩童不得進入另一種族的學校就讀。

二〇〇四年，修改州憲第二五六條的修正案在州議會中以些微票數落敗。

剝奪公民權、諸如阿拉巴馬州黑人法的遊民法規、各種吉姆．克勞法，乃至三K黨（Ku Klux Klan）的暴力行為，往往都有菁英階層的資助與支持，這些事情將內戰之後的南方變成為一個實際上的種族隔離社會，白人與黑人生活在不同的世界。如同南非一般，所有這些法令與措施的目的，無非就是要控制黑人及其勞動力。

南方出身的政治人物在華盛頓也使出渾身解數，確保南方的榨取式制度得以持續存在。舉例來說，任何聯邦計畫或公共建設，只要會危及南方菁英階層對黑人勞動力的控制，他們必會全力阻當，不令通過。結果是，儘管進入了二十世紀，南方大體上仍是一個農業社會，教育水平低落，工業技術落後，沒有機械設備的協助，仍然使用手工操作及驢子的力量。都市人口的比例雖然增加，但卻遠低於北方。舉例來說，一九〇〇年時，南方的都市人口占十三．五%，相較之下，東北部地區則為六〇%。

總而言之，建基於地主菁英階層的權力、農園式農業，以及低工資、低教育的勞力，美國南方的榨取式制度順利進入了二十世紀，直到二次世界大戰之後才開始動搖，並在民權運動摧毀其政治基礎後才真正瓦解。也只有到了一九五〇與六〇年代，這些制度完全走入歷史之後，南方才開始迅速與北方趨同。

美國南方的例子充分顯示了惡性循環韌性十足的另一面：如同在瓜地馬拉，南方的種植大戶菁英階層始終大權在握，他們架構經濟與政治制度，確保權力的延續。但不同於瓜地馬拉的是，內戰失敗後，奴隸制度廢除，徹底排除黑人參政的憲法規定逆轉，美國南方面對了重大挑戰。但辦法不是只有一種，只要種植大戶菁英階層控制著龐大的土地，仍然有良好的組織，就能架構出一套新的制度，以吉姆．克勞取代奴隸制度，達到相同的目標。事實證明，惡性循環之頑強，遠遠超過許多人的想像，包括林肯在內。以榨取式政治制度為基礎，製造出榨取式經濟制度，經濟制度又回過頭來支持榨取式政治制度，因為經濟的財富及權力收買了政治權力，惡性循環於焉形成。當四十畝土地及一頭驢子落空時，那就表示南方種植大戶菁英階層的經濟力量絲毫未變。既不令人驚訝而又十分不幸的則是，南方黑人的命運與南方的經濟發展同樣絲毫未變。

寡頭鐵律

一九七四年，衣索比亞發生軍事政變，推翻了歷史悠久的所羅門王朝，為首的是一群馬克思主義軍官組成的統籌委員會（Derg）。統籌委員會所推翻的政權，彷彿是凍結在某個遙遠的世紀，錯置了時代。王朝皇帝海爾塞拉西一世（Haile Selassie I）每天抵達孟尼里克二世皇帝在十九世紀所建的大皇宮廣場時，宮外擠滿顯要朝臣，躬身等候他的蒞臨，渴望得到他的青眼。皇帝在議政廳聽政，高踞寶座之上（塞拉西身材矮小，為了不使他的雙腳懸空，因此特別設置一名僕役，皇帝所到之處都帶著墊子跟在一旁，確保皇帝腳下必有安穩的墊子可踏。僕役所攜帶的腳墊多達五十二個，以應付各種不同狀況）。塞拉西的統領之下，是一套極端榨取式的制度，治理國家有如一己私產，順者昌，逆者亡。衣索比亞在所羅門王朝統治下，毫無經濟發展可言。

統籌委員會最初由全國各個軍事單位的一百零八位代表組成。海拉爾省（Harar）第三團的代表是一名陸軍少校，名叫孟吉斯圖．馬里安姆（Mengistu Haile Mariam）。一九七四年七月四日，統籌委員會的軍官們最初宣布他們效忠皇帝，但沒過多久就開始逮捕政府官員，測試反彈的強度。等到他們發覺塞拉西根本就得不到支持時，就把矛頭指向皇帝，並於九月十二日將之逮捕。接下來，處決開始了。舊政權的核心政治人物紛紛遭到殺害。到十二月，統籌委員會宣布衣索比亞為社會主義國家。一九七五年八月二十七日，塞拉西身亡，可能死於謀殺。一九七五年，統籌委員會開始將財產國有化，包括全部的都市與鄉村土地，以及絕大部分私有財產。隨著政權的威權行徑不斷升高，反對力量開始在全國出現。十九世紀末二十世紀初，歐洲殖民勢力大肆擴張期間，孟尼里克二世挾阿杜瓦戰役勝利的優勢統一了衣索比亞大部分地區，其中包括北部的厄利垂亞、提格里（Tigray）及東部的奧加登（Ogaden）。統籌委員會的暴政統治點燃了獨立運動，厄利垂亞與提格里趁索馬利軍事入侵講索馬利語的奧加登之際發動獨立。同一時間，統籌委員會內部發生派系分裂。孟吉斯圖少校以其殘酷及聰明脫穎而出，他在一九七七年中擊敗主要對手，實際上掌握整個政權，並於年底接獲大批蘇聯與古巴的武器及軍隊才免於瓦解。

一九七八年，統籌委員會籌備推翻海爾塞拉西政權四週年慶典。此時孟吉斯圖在統籌委員會中的領導地位已經無人可以挑戰。大皇宮自遜王罷黜之後就空著，他拿來當作自己統治全衣索比亞的官府。慶典當中，只見他端坐鍍金大椅，儼然舊朝諸皇，在那上面檢閱部隊。政務如今又重回大皇宮處理，坐在海爾塞拉西的寶座上，孟吉斯圖自比十九世紀中葉中興所羅門王朝的皇帝特沃德羅斯。當時的一位部長喬吉斯（Dawit Wolde Giorgis）在回憶錄中這樣寫著：

> 革命之初，舊朝遺風我們全都棄如敝屣，不開車，不穿西裝，領帶視同罪惡，任何讓人看起來體面或小資產階級的，任何跟奢華或精緻沾上邊的，全都被打成舊秩序。後來，到了一九七八年，

一切都變了。物質享受逐漸被接受，然後就開始要求。歐洲最佳設計師設計的服裝成了高級政府官員及軍事委員會大員的制服，我們擁有的全都是最好的，最好的房子，最好的車，最好的威士忌、香檳及食物。革命的理想全都打翻了。

孟吉斯圖成為獨裁者的變化，喬吉斯也有生動描述：

孟吉斯圖露出了原形：睚眥必報、殘忍、霸道……我們當中許多人以往跟他聊天都是手插口袋，一副哥兒們的樣子，如今卻發現，只要他一出現，我們就立正站好，畢恭畢敬。以前跟他說話，我們總是你呀你的，現在卻發現，自己不知道什麼時候已經改稱「您」了。他搬進了孟尼里克皇宮的辦公室，又寬大又豪華……開始使用皇帝的座車……我們原來要的是一場平等的革命，如今他倒自己當起皇帝來了。

從海爾塞拉西到孟吉斯圖，從獅子山英國殖民總督到史帝芬斯，這中間的轉移，道盡了惡性循環的模式，其極端與怪異實在值得奉上一個特別的稱號。如同我們在本書第四章提過的，德國社會學家米歇爾斯稱之為寡頭鐵律。米歇爾斯強調，寡頭統治以及所有的階層組織，其內在邏輯就是它們會複製自己，不僅在當權的群體內部會如此，甚至一個全新的群體接手之後亦然。米歇爾斯或許沒有想到，這恰好呼應了馬克思的一段評論：歷史是會重演的——首演是悲劇，重演則是鬧劇。

非洲許多後獨立時期的領袖，和他們取而代之的殖民地政權及皇帝如出一轍，不僅搬進同一座宮邸，運用同一個恩庇網絡，使用同樣的手法操縱市場與榨取資源，而且往往變本加厲。堅定反對殖民的史帝芬斯竟然也想掌控曼德族，跟英國一樣；他所依賴的一批酋長，也正是英國人賦予權力控制內陸的同一批人；處理經濟事務他也亦步亦趨，用同一個產銷協議會剝削農民，用相似的獨占事業壟斷鑽石；這確實是一場鬧劇。還有卡畢拉，同樣也是鬧劇，悲慘的鬧劇：他揮軍反對蒙博托的獨裁，誓言解放老百姓，終結導致國貧民困的貪汙腐化，推翻蒙博托在薩伊的高壓統治，但一旦掌權之後，卻同樣貪汙腐化，甚至帶來更嚴重的災難。更荒謬的是，他居然聽信蒙博托時代的新聞部長伊隆戈（Dominique Sakombi Inongo），在他的慫恿及協助下大搞個人崇拜，而蒙博托政權剝削大眾的模式，則是一個多世紀以前剛果自由國（Congo Free State）國王利奧波德創造的。還有，信仰馬克思主義的軍官孟吉斯圖，有朝一日也住進了皇宮，自比皇帝，還如同海爾塞拉西與之前的帝王一樣累積自己和親信的財富，這當然也是鬧劇。

這全都是鬧劇，但其悲慘更勝於原版的悲劇，而且不只是因為希望破滅而已。史帝芬斯與卡畢拉和非洲許多統治者如出一轍，都是以殺戮政敵為始，然後以屠殺無辜百姓告終。孟吉斯圖與統籌委員會的政策使得原本土地肥沃的衣索比亞一再發生饑饉。歷史在重演，但演出卻扭曲變形。一九七三年瓦婁省（Wollo）發生饑荒，海爾塞拉西視若無睹，最後導致群起反對他的政權。塞拉西視若無睹也就罷了，孟吉斯圖更把饑荒視為打擊政敵的政治工具。歷史不僅是鬧劇，是悲劇，對衣索比亞及大部分下撒哈拉非洲的老百姓來說更是尤其殘忍。

寡頭鐵律——惡性循環的特殊面向——就是新領袖承諾做激進的變革，但在推翻舊統治者後，不但承諾落空而且變本加厲。就某種程度來說，相較於惡性循環的其他形式，寡頭鐵律更令人難以理解。美國南方與瓜地馬拉榨取式制度的頑強持續，其邏輯非常清楚。同一個群體幾百年來不斷宰制經濟與政治，譬如內戰後美國南方的種植大戶，即使碰到了挑戰，他們的權力仍能不動如山，繼續維持並重新創造一套類似的榨取式制度，讓他們再度獲利。但我們該如何理解那些打著激進變革的旗幟取得權力，卻又再度使用相同制度的人呢？這個問題的答案再度顯示，惡性循環比初看起來要更加強韌。

但並非所有的激進變革都注定失敗。光榮革命就是激進變革，其結果堪稱兩千年來最重要的政治革命。法國大革命甚至更激進，儘管有無政府狀態、恐怖暴力以及拿破崙的竄升，但並未讓舊制度敗部復活。

在光榮革命與法國大革命之後，更為廣納性的制度之所以會出現，與三個因素大有關係。其一，新一代的商人都希望釋放創造性破壞的力量，並由此獲利。這些新人本身就是革命陣營的關鍵人物，自不希望看到另一套榨取式制度出現，使自己再度成為犧牲品。

其次，這兩個個案都是以廣大的聯盟為基礎。例如，光榮革命就不是小團體或特定利益所發動的政變，而是一次獲得商人、實業家、仕紳，以及各種政治團體支持的運動。大體上來說，法國大革命亦然。

第三個因素則和英國及法國政治制度的發展歷程有關。這兩個國家為自己打造的環境，都有利於更廣納的新政權得到發展。在這兩個國家，都有國會及分權的傳統，在英國可以追溯到大憲章，法國則可以推至顯貴會議。更重要的是，兩次革命發生時，專制政權或有利於專制政權發展的條件都已經弱化。唯其如此，其政治制度才不利於新統治者或小團體控制政府，濫用當時的經濟財富，建立既不受監督又能維持長久的政治力量。法國大革命後期，羅伯斯比與聖茹斯特所領導的小團體雖然大權在握，而且製造了災難性的結果，但畢竟只是暫時的，並未阻斷通往更廣納制度的道路。相對地，在有些社會中，極端榨取式的經濟及政治制度行之多年，統治者的權力不受節制，情況就大不相同了。在這類社會中，既沒有新一代的商人支持並資助反對力量，抗衡現行政權，爭取更廣納的制度，也沒有廣泛的聯盟足以構成彼此的牽制，更沒有政治制度足以遏止新統治者篡奪並濫用權力。

其結果不難想像，在獅子山、衣索比亞及剛果，惡性循環更加難以抵抗，往廣納性制度的移動更不容易展開。另一方面，對於那些手握大權掌控政府的人，這些地方也沒有傳統的制度可以加以節制。非洲某些地方存在這類制度，有的地方，譬如波札那，甚至在殖民時期都還存在。但在獅子山的整個歷史中，這類制度就不發達，就算有，也被間接統治扭曲了。在英國別的非洲殖民地，諸如肯亞及奈及利亞，情形也是如此。至於衣索比亞，在專制王朝的統治下，這類制度根本就付諸闕如。在剛果，原住民的制度則被比利時的殖民統治者及蒙博托的獨裁政策閹割殆盡。在這些社會，也不會有新一代的商人或企業家支持新政權，並要求保障財產權，終結舊的榨取式制度。事實上，只要是殖民時期的榨取式經濟制度，根本就不會有太多的企業或商業留下來。

國際社會普遍認為，後殖民時期的非洲獨立國家，透過政府的計畫及私部門的經營，將可以帶來經濟成長。但事實上根本沒有私部門——除了農村，但農民在新政府中卻又沒有代表，因此也就成為新政權的第一個獵物。最重要的或許是，在這些地方，只要有權在手，就會有巨大的利益。這些利益不但吸引肆無忌憚之輩，譬如想要獨攬大權的史帝芬斯，另一方面，一旦當權了，他們連最壞的事情都幹得出來。惡性循環因此無法打破。

負向回饋與惡性循環

富裕國家之所以富裕，大體上是因為它們在過去三百年裡的某個時間點，成功發展出廣納性制度。這些制度經由良性循環的過程而存續下來。即使開始時廣納性有限，有時候甚至極為脆弱，但卻產生了動力，創造出正向回饋的過程，逐漸擴大廣納性。英格蘭沒有在一六八八年的光榮革命之後變成民主政體。差得遠了，只有少數人擁有正式代表，但關鍵的是，它是多元的。政治多元化一旦站穩腳跟，自有一股趨勢推動制度愈變愈具廣納性，縱使過程顛簸曲折。

在這方面，英國是典型的良性循環。廣納性的政治制度對權力的行使及濫用形成節制，同時也有利於創造廣納性的經濟制度，然後又回過頭來增強廣納性政治制度的延續力。

在廣納性經濟制度下，由於財富不是集中在小群體的手裡，他們無法利用經濟力量不成比例地擴充政治權力。更重要的是，在廣納性經濟制度下，利用政治權力謀取到的利益相對有限，因此也削弱了每個群體或野心勃勃的個人企圖掌控政府的誘因。各種因素在關鍵時期匯聚，包括既有制度與關鍵時期帶來的機會及挑戰之間的相互作用，通常都是廣納性制度的肇因，如同英格蘭的例子所顯示。但是當廣納性制度到位了，便不再需要相同因素的匯聚才能保障制度的存續。良性循環雖然依舊受到偶然性的支配，但卻能夠使制度延續，甚至釋放活力，帶領社會走向更大的廣納。

良性循環使廣納性制度得以持續，惡性循環則產生巨大的力量使榨取式制度得以延續。我們將在第十四章看到，歷史並非定數，惡性循環也非不能打破。但惡性循環是具有韌性的。它會創造強大的負向回饋過程，以榨取式政治制度打造榨取式經濟制度，然後又回過頭來為榨取式政治制度的存續打下基礎。在瓜地馬拉，這種情形再清楚不過，同一批菁英階層的人，先是在殖民統治之下，然後在獨立之後，持續把持權力不放，長達四個世紀之久，榨取式制度充實了他們的荷包，他們的財富則為他們的統治支配打下了鞏固的基礎。

美國南方的農園經濟，惡性循環同樣一覽無遺，唯一不同的是，這裡也展現了惡性循環遭到重大挑戰時的韌性。美國內戰之後，南方的種植大戶失去了經濟與政治控制權，農園經濟的基礎——奴隸制度——遭到廢除，黑人獲得平等的政治與經濟權利。只不過內戰並未徹底摧毀種植大戶菁英階層的政治力量或其經濟基礎，到頭來，他們仍然能夠改頭換面重建其體系，憑藉其在地的政治力量達到同樣的目的：用之不竭的低價勞工供農園使用。

當然，這種形式的惡性循環——菁英階層控制榨取式制度並因此獲利，進而得以持續壯大——並非惡性循環的唯一形式。一種剛開始時令人想不透，但同樣惡性也同樣真實的負向回饋形式，形塑了許多國家的政治及經濟發展，例如大部分的下撒哈拉非洲，特別是獅子山及衣索比亞。社會學家米歇爾斯稱這種形式為寡頭鐵律，亦即一個掌控榨取式制度的政權被推翻，緊跟而來的新主子也利用同一套邪惡的榨取式制度。

這種類型的惡性循環，其邏輯在事後來看也很容易理解：榨取式政治制度對於權力的行使並沒有什麼限制，因此，推翻前獨裁者並承接國家政權的人，使用權力或濫用權力基本上也不會受到節制；至於榨取式經濟則意味著，只要大權在握、剝奪別人的資產、設立獨占事業，利益及財富就會滾滾而來。

當然，寡頭鐵律並非真正的定律，不是像物理學定律那樣。它無法指出某種必然的結果，譬如英格蘭的光榮革命或日本的明治維新告訴我們的。

在這許多轉向廣納制度的例子當中有一個關鍵因素，就是一個取得權力的廣泛結盟，能夠挺身反對專制統治，並以更廣納、更多元的制度取代專制統治。唯有廣泛結盟所發起的革命，才比較可能產生多元的政治制度。在獅子山及衣索比亞，寡頭鐵律之所以可能不只是因為既存的制度是高度榨取性的，同時也因為前者的獨立運動及後者統籌委員會的政變都不是由廣泛的結盟所發起，而是由想要奪取權力以便自己榨取利益的個人及團體發動的。

惡性循環還有另一個面向，更具有毀滅性，我們在第五章討論瑪雅城邦時曾討論過。榨取式制度製造了巨大的社會不公平，統治階層擁有巨額財富與不受限制的權力，因而會有許多人想奪取政府、掌控制度。所以榨取性制度不只為下一個更加榨取的政權鋪了路，同時也會引發不斷的內鬥及內戰，造成人民更大的痛苦，甚至摧毀這些社會所達到的些許中央集權。這往往也會導致法紀蕩然、政府失靈、政治混亂，把經濟繁榮的希望摧毀殆盡。這些我們將在下一章詳談。

13 當前的國家為什麼會失敗

辛巴威的樂透大獎

時間，二〇〇〇年一月，地點，辛巴威的哈拉雷（Harare）。主持人賈瓦瓦（Fallot Chawawa）正在主持樂透抽獎儀式。國營樂透彩券是由部分國營的辛巴威銀行（Zimbabwe Banking Corporation）主辦，一九九九年十二月的時候，只要在帳戶裡有辛巴威幣五千元以上存款的客戶都有機會中獎。賈瓦瓦抽出彩券，整個人呆住了。當時的情形按照辛巴威銀行的公開陳述：「抽獎儀式主持人費勒・賈瓦瓦幾乎不敢相信自己的眼睛，獎金辛巴威幣十萬元的彩券抽出來送到他手上時，他看到上面寫的居然是穆加比閣下（His Excellency RG Mugabe）。」

辛巴威總統穆加比（Robert Mugabe）自一九八〇年統治辛巴威以來頻施鐵腕，無所不用其極。總統中了樂透大獎，獎金辛巴威幣十萬元，大約是該國人均年所得的五倍。辛巴威銀行宣布，穆加比先生的名字是從數萬名合格客戶中抽出來的。多麼幸運的人呀！想也知道，他根本不需要這筆錢。事實上，穆加比最近才為獎勵自己和他的內閣閣員，大幅調薪二〇〇%。

樂透彩券只不過是為辛巴威的榨取式制度多添一筆紀錄而已。說它是貪腐，當然可以，但它終歸只是辛巴威制度已經生病的症狀之一而已。只要他想，甚至連樂透都會中，這事除了顯示穆加比在辛巴威予取予求之外，也讓全世界都見識到了這個國家的榨取式制度。

當前的國家為什麼會失敗，最常見的原因就是榨取式制度。穆加比統治下的辛巴威很生動地說明了這種經濟與社會結果。辛巴威的國家統計數字儘管並非十分可靠，但按照最佳的估計，二〇〇八年辛巴威的人均所得只及一九八〇年該國獨立時的一半而已。光是這一點，聽起來就已經相當聳動，但事實上卻還沒有抓到辛巴威生活水準惡化的全貌。整個政府其實已經土崩瓦解，任何基本的公共服務幾乎都付之闕如。二〇〇八至二〇〇九年，衛生系統嚴重惡化，導致全國爆發霍亂，到二〇一〇年一月十日，公布罹病個案多達九八七四一例，死亡人數四二九三，為過去十五年來非洲最嚴重的霍亂疫情。同時，大量失業也達到前所未有的程度。二〇〇九年初，聯合國人道事務協調署（UN Office for Coordination of Humanitarian Affairs）公告，該國失業率高達令人難以置信的九四%。

如同大部分的下撒哈拉非洲，辛巴威的許多經濟及政治制度，其根源都可以追溯到殖民時代。一八九〇年，羅德斯（Cecil Rhodes）的不列顛南非公司（British South Africa Company）派遣一支遠征軍進入恩德貝勒人（Ndebele）在馬特貝勒蘭（Matabeleland）建立的王國，同時也進入緊鄰的馬休納蘭（Mashonaland），並挾優勢的武器，很快地壓制了非洲住民，一九〇一年，南羅德西亞（Southern Rhodesia）——以羅德斯取名——殖民地在今天的辛巴威地區成立。如此一來，此一地區成為不列顛南非公司的私有特許地，按照羅德斯的預期，經由珍貴礦物的探採，將可大賺其錢，但事與願違，絲毫沒有進展，反倒是肥沃的農地吸引了白人移民。新墾殖者很快就兼併了土地，並於一九二三年脫離不列顛南非公司的管制，說服英國政府准許他們成立自治政府。接下來發生的一切就有如南非十年前的翻版。一九一三年的原住民土地法在南非製造出一個二元經濟。羅德西亞有樣學樣，也通過了一項非常相似的法案，一九二三年之後不久，一個白人專政的種族隔離國家成立。

一九五〇年代晚期及一九六〇年代初期，歐洲殖民帝國崩潰，約占人口五%的羅德西亞白人菁英階層，在史密斯（Ian Smith）的領導下於一九六五年宣布脫離英國獨立。羅德西亞的獨立不僅只有少數國家承認，遭到聯合國施加經濟及政治制裁，黑人老百姓則更組織游擊隊，發動游擊戰爭，基地均設在鄰邦莫三比克及尚比亞。因為國際壓力，與穆加比的辛巴威非洲民族聯盟（Zimbabwe African National Union，ZANU）及恩科摩（Joshua Nkomo）領導的辛巴威非洲人民聯盟（the Zimbabwe African People's Union，ZAPU）兩個主要團體發動的叛亂，結果經由談判終結了白人統治。一九八〇年，辛巴威國成立。

獨立後，穆加比迅速建立其個人統治，對於反對勢力，不是予以武力掃除就是加以兼併，其中最殘暴的暴力行動一九八〇年代初期發生於馬特貝勒蘭，辛巴威非洲人民聯盟的根據地，屠殺達兩萬人之多。到一九八七年，辛巴威非洲人民聯盟併入辛巴威民族聯盟，組成辛巴威民族聯盟愛國陣線

（ZANU-PF），恩科摩退出政治。穆加比得寸進尺，將他經由獨立談判所承接下來的憲法加以修改，從總理搖身一變而為總統，並取消獨立協定中明訂的白人投票權，最後，到了一九九〇年，乾脆廢除參議院，壟斷立法機關的人事，方便自己予取予求。一個以穆加比為首的一黨獨大國家於焉誕生。

獨立之初，穆加比接收了白人政權所建立的一套榨取式經濟制度，其中包括一大堆的價格及國際貿易管制、國營事業及強制性的農業產銷協議會。政府雇員迅速擴增，工作都派給愛國陣線的支持者。政府對經濟施以嚴密管制，大有利於愛國陣線的統治階層，因為如此一來，獨立的非洲本地商人階級無法出現，因此不至於有任何勢力有能力對現行政治的壟斷提出挑戰。這種情況十分類似我們在第二章所看到的一九六〇年代的迦納。當然，諷刺的是，這樣一來商人階級就只剩下白人了。這段時期內，主要的白人經濟力量，特別是高產能的農業輸出部門都未受到影響，但這也只維持到穆加比失勢為止。

經濟管制與市場介入的模式逐漸難以維持，終於爆發財務危機，一九九一年，在世界銀行及國際貨幣基金組織的支持下，一連串的制度變革開始上路。惡化的經濟表現終於導致嚴重的政治反對，民主改革運動（Movement for Democratic Change）的出現對愛國陣線的一黨專政形成重大威脅。一九九五年國會選舉，愛國陣線完全沒有敵手，囊括八一%的選票，一百二十席中贏得一百一十八席，其中五十五席是在沒有對手的情況下當選的。次年的總統選舉，違法舞弊更是明目張膽。穆加比贏得九三%的選票，只不過他的兩名對手穆佐雷瓦（Abel Muzorewa）及席托利（Ndabaningi Sithole），早已在投票前就退出選舉，並指控政府脅迫舞弊。

二〇〇〇年之後，貪腐依然，愛國陣線的掌控開始弱化，選舉僅獲得四九%的支持，當選六十三席。這一切都是民主改革運動競爭的結果，該黨囊括首都哈拉雷的全部席次。二〇〇二年總統大選，穆加比卯足了全力才獲得五六％的選票。兩次選舉愛國陣線之所以能夠過關，完全得力於暴力脅迫，外加選舉舞弊。

面對政治掌控的衰落，穆加比的回應是加強壓迫並採取政策收買。他對白人地主展開全面攻擊，從二〇〇〇年開始，鼓勵並支持一連串廣泛的土地占用與徵收，以戰爭退伍軍人協會為首，由一批號稱前獨立戰爭的戰士出面，大肆沒收土地，但大部分卻都成了愛國陣線菁英的囊中之物。穆加比與愛國陣線的大肆搜刮使財產權失去保障，導致農業輸出與產量崩盤。由於經濟崩潰，剩下來唯一能做的就是印鈔票收買支持，結果又導致一發不可收拾的惡性通貨膨脹。二〇〇九年一月，其他貨幣——譬如南非幣蘭特（rand）——開始合法流通，辛巴威貨幣在市場上絕跡，成為廢紙一張。

一九八〇年之後在辛巴威所發生的一切，在獨立後的下撒哈拉非洲其實司空見慣。一九八〇年，辛巴威承接的是一套高度榨取式的政治及經濟制度。第一個十五年，所有這些都原封未動。儘管有了選舉，政治制度卻一點都不廣納。經濟制度多少雖有改變，舉例來說，不再公然歧視黑人。但整體來說，制度還是榨取式的，唯一的差別是，榨取的不再是艾恩．史密斯及白人，換成穆加比及愛國陣線上場中飽私囊。長期下來，制度性的榨取變本加厲，辛巴威人的所得因而崩盤。辛巴威的政治與經濟失敗，可以說是寡頭鐵律的另一個明證——在這裡，艾恩．史密斯的榨取及壓迫政權由穆加比的榨取、貪腐及壓迫政權取代。二〇〇〇年穆加比假樂透中獎只不過是貪腐加上歷史所形成的冰山之一角。

當前的國家之所以失敗，是因為榨取式經濟制度無法產生誘因，激勵人民儲蓄、投資並創新。榨取式政治制度則支持這類經濟制度，並為這些因榨取而獲利的人鞏固權力。榨取式經濟及政治制度永遠都是國家失敗的根源，儘管因環境不同而有細節上的變化。在許多例子中，譬如我們會在阿根廷、哥倫比亞及埃及中看到的，這種失敗呈現的是缺乏足夠的經濟活動，因為政治人物樂於榨取資源，或者打壓任何足以威脅到他們及經濟菁英階層的獨立經濟活動。在某些極端的例子，譬如辛巴威及獅子山——接下來將會討論到——榨取式制度為徹底的國家失敗鋪了路，不僅摧毀了治安，甚至連最基本的經濟誘因也掃除殆盡。其結果則是經濟停滯——如安哥拉、喀麥隆、查德、剛果民主共和國、海地、賴比瑞亞、尼泊爾、獅子山、蘇丹及辛巴威等國最近的歷史——內戰、難民、饑饉與疫病連年，使這些國家今天比一九六〇年代更為窮困。

兒童十字軍？

一九九一年三月二十三日，桑柯（Foday Sankoh）帶領一群武裝人員從賴比瑞亞越界進入獅子山，攻擊南部邊界城鎮凱拉洪（Kailahun）。桑柯是獅子山前陸軍下士，一九七一年因參與反對史帝芬斯的流產政變被捕下獄，獲釋後跑到利比亞落腳，進入利比亞獨裁者格達費上校為推動非洲革命而成立的訓練營，在那兒認識了陰謀推翻賴比瑞亞政府的泰勒（Charles Taylor）。一九八九年耶誕夜，泰勒入侵賴比瑞亞，桑柯隨行，然後帶著泰勒的一群手下——大部分是賴比瑞亞人及布吉納人（布吉納法索人民）——入侵獅子山，自稱革命聯合陣線（Revolutionary United Front），並宣稱此次前來是要推翻腐敗獨裁的全民國會黨政府。

前一章已經提到，史帝芬斯及其領導的全民國會黨和辛巴威的穆加比及愛國陣線如出一轍，接收並強化了獅子山殖民統治的榨取式制度。一九八五年，史帝芬斯罹患癌症，由約瑟夫．馬摩接替，經濟開始崩潰。「牛栓在哪裡就吃到哪裡」，史帝芬斯常喜歡引用這句格言，看來不是說著玩的。史帝芬斯以前的吃，換了馬摩則變成狼吞虎嚥。道路崩壞，學校解散。一九八七年，新聞部長把發射臺給賣了，國家電視臺只好停止運作，一九八九年，自由城外的一座轉播無線電信號的無線電塔傾倒，首都的訊息傳播因此終止。首都自由城一家報紙一九九五年刊出一篇分析報導，句句屬實：

> 馬摩統治到了末期，停止給付公務員、教師，甚至大酋長薪水。中央政府垮臺，接著下來，邊界遭到侵犯，「叛徒」及自動武器從賴比瑞亞蜂擁而入。政府消失，臨時執政委員會、「叛徒」及「叛軍」全都一如預期地亂成一團，但它們都不是造成問題的原因，它們只是徵候。

馬摩統治下的國家應聲而倒，只不過是史帝芬斯治下極端榨取式制度惡性循環的結果，意味著一九九一年革命聯合陣線的入侵已經勢不可擋，獅子山完全無力抵抗。由於史帝芬斯擔心軍隊推翻自己，早已將軍方去勢，因此，只要有相當少數的武裝分子闖入，輕易就能夠在全國大部分地方製造混亂。他們甚至發表一份宣言「民主的小徑」，開宗明義引用黑人知識分子法農（Frantz Fanon）的話：「每一個世代都應該衝破混沌，找到自己的使命，完成它或背叛它。」接著，開始了「我們為何而戰」的部分：

我們不斷地戰鬥，因為我們厭倦了政府一手拉拔的貧窮，厭倦了獨裁政權與軍閥連年加之於我們的人性墮落，厭倦了永遠做待宰的羔羊。但我們將會節制，繼續耐心等待和平的來臨——到時候，我們將得勝。我們委身追求和平，盡一切必要，但我們絕不委身成為和平的羔羊。我們知道自己的追求是正當的，上帝／阿拉絕不會在我們奮力重建新獅子山時放棄我們。

雖然桑柯及革命聯合陣線的其他領袖早先都受過政治上的冤屈，而老百姓飽受全民國會黨榨取式制度的壓迫，一開始時或許也是激勵他們加入運動的動力，但情況急轉直下，完全失控。革命聯合陣線的「使命」讓整個國家陷入極大痛苦，在獅子山南部的吉歐馬（Geoma），一個青少年作證說：

他們把我們一些人集合起來……挑出我們的一些朋友，兩個人，將他們殺害。這些人的父親都是酋長，家裡有軍靴及地產。他們被槍斃，理由不過是他們窩藏軍人。酋長也遭到殺害，因為他們是政府的一部分。他們選出新的酋長，一直說他們是要來解放我們脫離全民國會黨的壓迫。總而言之，他們不是挑人來殺，只是槍斃人而已。

入侵的第一年，革命聯合陣線所有理智的認知都蕩然無存，任何人只要批評日益升高的暴行，桑柯一律殺無赦。為期不久，便再也沒有人願意加入革命聯合陣線。結果他們轉而強迫徵召，特別是兒童。事實上各方面都如此，軍隊也不例外。如果說獅子山內戰是一場為建立更美好社會而發動的十字軍聖戰，到頭來，也是一支兒童十字軍。衝突因殺戮及大規模的人權踐踏，包括集體強暴與斷手割耳截肢而大幅升高。每當革命聯合陣線接管地方時，也會從事經濟剝削，最明顯的就是在鑽石礦區，強徵民伕投身鑽石採礦，而且實際上，這種情形到處皆然。

暴行、屠殺與強徵民伕並不是革命聯合陣線的專利，政府照樣如此。正因為法紀蕩然，人民才難以分辨誰是軍人誰是叛徒。軍隊紀律完全瓦解。至二〇〇一年戰爭結束，死亡人數可能高達八萬，整個國家破壞殆盡，道路、房舍及建築全遭摧毀。今天如果前往東部一個主要鑽石生產區科伊度（Koidu），被燒毀與彈痕累累的房舍觸目皆是。

到一九九一年，獅子山的政府完全失靈。我們回想一下夏姆國王在布尚是怎麼崛起的：他建立榨取式制度鞏固權力，榨取整個社會的產出。但話又說回來，儘管是榨取式制度又加上中央集權，卻勝過卡賽河另一邊的利利人，既沒有治安也沒有中央權威或財產權的情況。最近十年來，這種治安蕩然的情形成了非洲許多國家的命運，其部分原因固然在於下撒哈拉非洲延遲了政治集權化的過程，但還有另一個原因，亦即榨取式制度的惡性循環使原有的政府集權遭到顛覆，因此走上了政府失靈的道路。

十年血腥內戰期間，從一九九一至二〇〇一年，獅子山成為失靈政府的典型，它開始成了另一個慘遭榨取式制度蹂躪的國家，既邪惡又缺乏效率。國家之所以失敗，不在於地理或文化因素，而在於榨取式制度的傳統，把權力及財富集中於少數控制政府的人手中，種下動亂、衝突與內戰的禍根。榨取式制度忽視最基本的公共建設，也形成政府逐漸失靈的直接因素，獅子山就是一個例子。

榨取式制度剝奪人民的財富，使人民一窮二白，阻礙了經濟發展，這種情形在非洲、亞洲及南美洲都司空見慣。泰勒一手掀起了獅子山內戰，同時也開啟了賴比瑞亞的血腥衝突，同樣也在那兒導致了政府失靈。榨取式制度崩潰導致內戰與政府失靈，在非洲俯拾皆是，諸如安哥拉、象牙海岸、剛果民主共和國、莫三比克、剛果共和國、索馬利亞、蘇丹及烏干達。榨取為衝突鋪路，一如千年前馬雅城邦高度榨取式制度的下場。衝突的結果則是政府失靈。所以，國家失敗的另一個原因就是政府失靈，而這又是榨取式經濟及政治制度數十年統治的結果。

誰才是政府？

辛巴威、索馬利亞及獅子山，都是非洲貧窮國家的典型，或許亞洲也不乏其例。難道拉丁美洲國家就沒有失靈的政府嗎？難道他們的總統就不至於厚顏無恥到詐中樂透嗎？

在哥倫比亞，安地斯山脈往北逐漸與一大塊濱臨加勒比海的海岸平原合一，哥倫比亞人稱這裡為「熱鄉」，有別於安地斯山的「寒鄉」。過去五十五年來，多數政治學者及國家都把哥倫比亞視為一個民主國家。對於這個國家，美國不僅樂於與之簽訂自由貿易協定，而且給予各方面的援助，特別是軍事援助。哥倫比亞曾經經歷過短暫的軍事統治，一九五八年之後，選舉定期舉行，儘管在一九七四年以前，該國兩個傳統政黨——保守黨與自由黨——曾經簽署協定，同意輪流執政及擔任總統。但不管怎麼說，此一協定——國民陣線（National Front）——畢竟經過哥國人民公投核准，其為民主似無疑義。

然而，哥倫比亞雖然擁有長久的民主選舉歷史，卻沒有廣納性的制度。相反的，其歷史充斥著妨礙公民自由、私刑處決、對平民施暴以及內戰的汙點，跟我們期待的民主政治結果大相逕庭。內戰在獅子山造成政府與社會的瓦解，國家陷入極大的混亂，在哥倫比亞雖然不同，但它仍然是一場內戰，而且造成了更重大的傷亡。一九五〇年代的軍事統治本身就是一場西班牙文名之為「暴力」的內戰產物，從此以後，層出不窮的叛亂團體，多數為共產革命分子，荼毒鄉村，從事綁架與謀殺。在哥倫比亞鄉村，如果想要免於這兩種災難，就必須「接種疫苗」，意思就是每個月向武裝暴徒繳付保護費，換取綁架及謀殺的免疫。

哥倫比亞的武裝團體並非全都是共產主義者。一九八一年，哥倫比亞主要的共黨游擊團體哥倫比亞革命武裝部隊（Revolutionary Armed Forces of Colombia），在熱鄉安提歐吉亞省（Antioquia）東北方一個名叫阿瑪菲（Amalfi）的小鎮綁架了一名酪農傑穌·卡斯塔諾（Jesus Castaño），要求支付七千五百美元贖金，在哥倫比亞農村算是一筆不小的錢。家人抵押農地籌足款項，但最後還是替被鍊子綁在樹上的父親收屍。卡斯塔諾的三個兒子，卡羅斯（Carlos）、費代爾（Fidel）及范森（Vicente）忍無可忍，成立了一個自衛組織洛坦格羅（Los Tanqueros）追殺革命武裝部隊成員報仇。三兄弟善於組織，不久，隨著自己的團體擴大，便開始與其他志同道合的類似準軍事團體合作。左派游擊隊肆虐，因而有敵對的右派自衛組織興起，哥倫比亞許多地區均飽受其害。自衛組織通常是地主用來防衛游擊隊的武力，但也涉入毒品運輸、勒索、綁架及謀殺。

一九九七年，卡斯塔諾兄弟領導的自衛組織成立了一個全國性的自衛組織，哥倫比亞聯合自衛隊（United Self-Defense Forces of Colombia）。聯合自衛隊勢力擴及全國各地，特別是熱鄉的柯爾多巴省（Córdoba）、蘇可里省（Sucre）、瑪格達列拉省（Magdalena）及希撒省（César）。到二〇〇一年，聯合自衛隊手下可供調派的武裝人員多達三萬，而且將組織打入了不同領域。柯爾多巴有一個自衛組織布洛克卡塔通波（Bloque Catatumbo），領導人是薩爾瓦多・曼庫索（Salvatore Mancuso）。隨著力量的成長，聯合自衛隊做了一個重要的決策，準備涉入政治。自衛組織與政治人物之間互有所需。聯合自衛隊的幾名領導人籌備了一次會議，在柯爾多巴省的聖塔菲德拉里多（Santa Fé de Ralito）與重要的政治人物會面，發表了一份聯合文件，一項協定，呼籲「國家重建」，參與簽署的人士包括聯合自衛隊的領導成員，諸如「喬治四十」（Jorge 40，真名Rodrigo Tovar Pupo）、帕茲（Adolfo Paz，Diego Fernando "Don Berna" Murillo的化名）及維西諾（Diego Vecino，真名Edwar Cobo Téllez），以及政治人物，諸如國家參議員孟提斯（William Montes）及艾斯皮里拉（Miguel de la Espriella）。到了這個階段，聯合自衛隊的勢力已經遍及哥倫比亞，對他們來說，拿下二〇〇二年的眾議院及參議院選舉乃是輕而易舉的事。舉例來說，在蘇可里省的聖奧諾夫里（San Onofre）自治市，選舉就是由自衛組織領袖卡德納（Cadena，「鍊條」）操盤。一個目擊者描述所見到的情況：

> 卡德納派遣的卡車四出，前往聖奧諾夫里附近的鄉鎮及農村地區載人。根據居民的說法……數

百名農民為了二〇〇二年的選舉被載到普蘭帕里佐鎮（Plan Parejo），讓他們認識參加國會選舉候選人的長相，包括選參議員的莫勒諾（Jairo Merlano）及選眾議員的里巴洛（Muriel Benito Rebollo）。

卡德納把市議會議員的名字都放進一個袋子，然後拿出兩個說，如果里巴洛沒選上，這兩個人以及其他隨便挑出來的人都得死。

威脅顯然奏效，兩個候選人在整個蘇可里都得到四萬票。無疑的，聖奧諾夫里市長也簽署了聖塔菲德拉里多協定。二〇〇二年的選舉中，大概有三分之一的眾議員及參議員是靠自衛組織的支持當選，自衛組織在哥倫比亞控制的地區有多廣，從地圖20就可以見出一個大概。曼庫索在一次訪問中自己也招認：

有自衛組織的省分選出來的國會議員占三五%，在這些省分，收稅的人是我們，伸張正義的是我們，我們有軍隊，控制地方上的土地，所有想要從政的人都必須來跟我們派在那裡的代表打招呼商量。

由此不難想像，在經濟體系和公共政策上，自衛組織對政治及社會的影響。聯合自衛隊的擴張並不是一件和平的事。這個團體不單是對抗哥倫比亞革命武裝部隊而已，他們也殺害無辜的平民百姓，恐嚇驅趕成千上萬的人流離失所。根據挪威難民理事會（Norwegian Refugee Council）的境內流離失所者

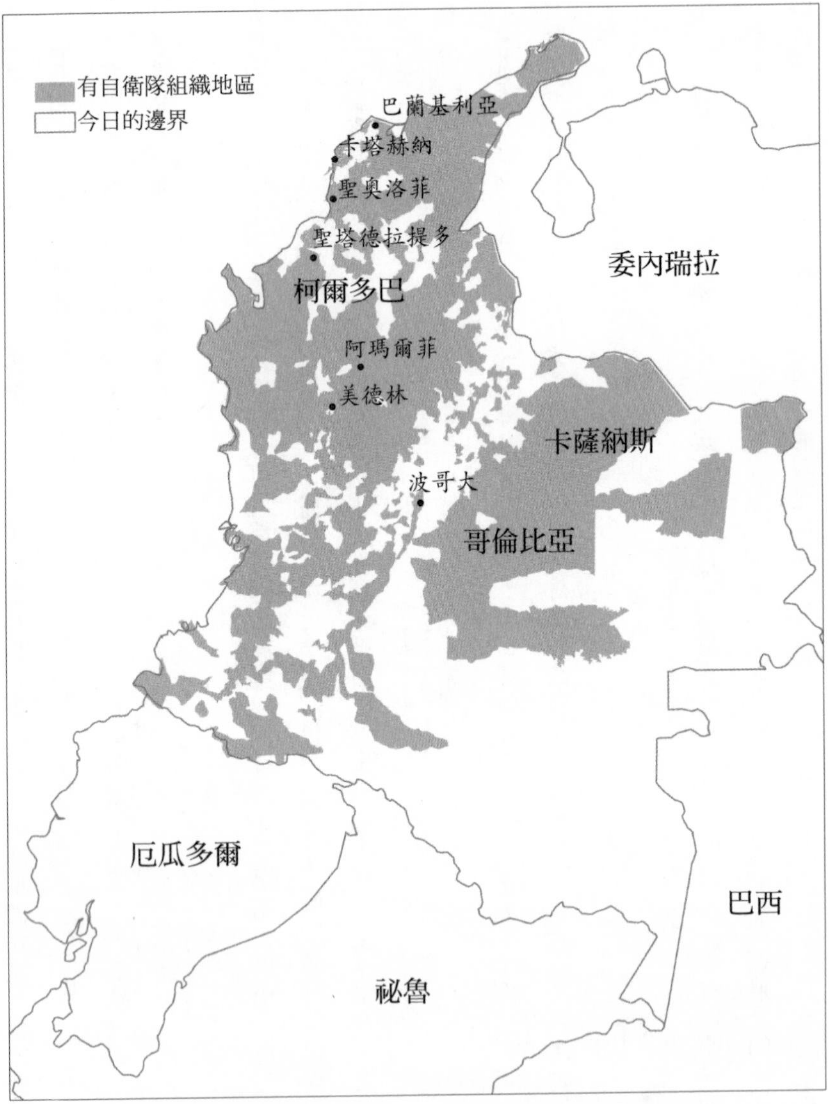

地圖20：自衛隊組織在哥倫比亞控制的地區（1997-2005）

監測中心（Internal Displacement Monitoring Centre）統計，二〇一〇年初，哥倫比亞人口中大約有一〇%，約四百五十萬人流離失所。此外，誠如曼庫索所言，自衛組織根本就接管了政府及其一切功能，唯一例外的是，所收的稅全進了他們自己的口袋。自衛組織領袖蘭諾斯（Martín Llanos，真名 Héctor Germán Buitrago）與陶拉米那（Tauramena）、阿瓜祖爾（Aguazul）、馬尼（Maní）、維拉盧耶瓦（Villanueva）、蒙特利（Monterrey）及沙巴納拉加（Sabanalarga）等市的市長都簽訂了特別協定，下列由「卡山納爾農民自衛組織」（Paramilitary Peasants of Casanare）所訂定的規則，市長皆必須遵守：

9．市政預算的五〇%由自衛組織管理。
10．市政當局所簽訂的每份合約一〇%要給付（於卡山納爾農民自衛組職）。
11．義務協助卡山納爾農民自衛組織所召開之所有集會。
12．每一項基礎建設計畫均應包括卡山納爾農民自衛組織。
13．加入卡山納爾農民自衛組織所組之新政黨。
14．完成他／她的治理計畫。

卡山納爾並不是一個貧窮省分，相反的，該省的人均所得高於哥倫比亞其他任何省分，因為該省擁有石油礦，自衛組織覬覦的也正是這項資源。事實上，一旦大權在握，他們馬上有系統地加強地產的搜刮，以曼庫索為例，累積城市與鄉村地產價值就高達二千五百萬美元。據估計，自衛組織在哥倫比亞搜刮的土地多達全國農村土地的十分之一。

以哥倫比亞來說，雖然還不算是一個行將崩潰的失靈政府，卻是一個政治集權不足、政令無法完全行於其領土的政府。儘管在大城市地區如波哥大（Bogotá）及巴蘭基亞（Barranquilla）仍能提供治安及公共服務，但在大部分鄉下地區，不僅少有公共服務之提供，而且法紀幾乎蕩然，而是由另類的勢力及個人——如曼庫索——當家做主，控制政治及資源。整個國家一分為二，部分地區擁有高水平的人力資源及創業能力，但在別的地方，制度卻是榨取式的，政府甚至連最起碼的權威都付諸闕如。

像這樣一種情況，竟然還能夠維持數十年乃至數百年，或許很難理解。但事實上，這種情況做為一種惡性循環，自有其本身的邏輯。動亂以及缺乏集權的政府體制，與運作社會不同功能面向的政治人物進入一種共生關係。在法治不彰的鄉下地區，政治人物大肆搜刮，而政府又放任自衛組織團體予取予求，如此一來，共生關係形成。

這種模式在二〇〇〇年代尤其顯著。二〇〇二年，烏力貝（Álvaro Uribe）當選總統。這位新總統有某些地方與卡斯塔諾兄弟類似，父親也遭到革命武裝部隊殺害，競選的主要政見之一就是反對前任政府與革命武裝部隊媾和。在二〇〇二年的選舉中，在自衛組織控制的地區，他的得票高出其他地區三％。到了二〇〇六年，他在這些地區的得票更高出了十一％。曼庫索及其同夥既然能夠在參眾兩院的選舉中操縱選票，在總統選舉中當然也做得到，更何況他們是在支持一個與他們有共同看法，對他們可能也比較寬大的總統。所以，二〇〇五年九月，曼庫索的副手、聯合自衛隊西努及聖喬治兵團（Sinú and San Jorge blocs）的前首腦安格利塔（Jairo Angarita）就宣布，他非常榮幸為「有史以來最好的總統競選連任」效力。

一旦連任成功，自衛組織的參議員及眾議員便在國會中全力配合烏力貝的要求，特別是在修憲方面，使他能夠在二〇〇六年再度競選連任——而這在他第一次任期中則是遭到否決的。為了投桃報李，烏力貝總統發布了一項寬大為懷的法令，准許自衛組織復員。所謂復員並不是遣散自衛組織，而是讓其在哥倫比亞大部分地區及自衛組織控制的地區制度化，使其得以繼續存在下去。

隨著時間的推移，哥倫比亞的經濟及政治制度在許多方面都已經愈趨廣納，但某些嚴重的榨取制度仍然存在。這個國家絕大部分地方，法治不彰及財產權沒有保障已經成了地方上的宿疾，之所以會如此，其癥結則在於許多地區國家政府根本管制不到，以及哥倫比亞缺乏中央集權的政府形式。但這種情形並不是不可避免的。它本身乃是惡性循環的結果：哥倫比亞的政治制度沒有為政治人物製造誘因，讓他們願意為國家提供公共服務及治安，也沒有足夠的約束力阻止他們與自衛組織及黑幫進行或明或暗的勾搭。

小畜欄

二〇〇一年，阿根廷陷入經濟危機。連續三年，所得下降，失業率上升，國家累積大量外債。此一情況肇因於梅南（Carlos Menem）政府為遏止一九八九年以後的惡性通貨膨脹以穩定經濟所採行的一項政策。這項政策有一度算是成功的。

一九九一年，梅南讓阿根廷披索綁住美元，法定一披索兌換一美元，匯率不變。事情到此為止。嗯，還差一點。為了讓百姓相信政府真的是會貫徹法律，於是說服老百姓到銀行開美元帳戶，美元可以在首都布宜諾斯艾利斯的商店流通，而且在全市的提款機都可以提領。這項政策或許有助於穩定經濟，但卻有一個大缺點，那就是使得阿根廷的出口變得非常昂貴，進口變得非常便宜。出口逐漸陷入停頓，進口則大量湧入。唯一的補救之道就是借債，但卻非長久之計。愈來愈多的人開始擔心披索還能維持多久，把更多的錢存入美元帳戶。不管怎麼說，萬一政府撕毀法律，披索貶值，他們還有美元帳戶可以保命，對吧？大家都擔心披索固然沒錯，但對美元未免也太樂觀了。

二〇〇一年十二月一日，政府凍結所有的銀行帳戶，最初以九十天為期。每週只能領少量的現金。剛開始時，二百五十披索還抵得二百五十美元；接下來，要三百披索了。但這也只准從披索帳戶提領，任何人都不准從美元帳戶提領美元，除非同意把美元換成披索。但沒有人願意這樣做。阿根廷人把這種情況稱為「El Corralito」，意思是「小畜欄」：存戶跟牛一樣被關進畜欄，哪裡都去不了。到了一月，貶值終於擋不住了，一披索不再是一美元，很快的，四披索才能換到一美元。這下子，那些把錢存進美元帳戶的人都相信自己當初是做對了。但事情並非如此，因為政府強迫把所有的美元帳戶都換成披索，但仍維持原來一兌一的匯率。換句話說，原來存了一千美元的人，一轉眼就發現自己只剩下二百五十美元。政府剝奪了老百姓四分之三的存款。

對經濟學家來說，阿根廷是個令人困惑的國家。為了要說明阿根廷有多難瞭解，諾貝爾獎得主，經濟學家顧志耐（Simon Kuznets）有次說了一句名言：國家有四種，已開發的、未開發的、日本，還有阿根廷。顧志耐之所以會這樣想，是因為一次世界大戰前後，阿根廷還是世界上最富有的國家之一。接下來，相對於西歐及北美的其他富有國家，阿根廷卻開始持續衰退，然後，到了一九七〇及一九八〇年代，竟變成無止境的衰退。阿根廷的經濟表現，表面上看雖然令人不解，但從廣納與榨取制度的角度來看，衰退的原因就愈來愈清楚了。

一九一四年以前，阿根廷的確經歷過約五十年的經濟成長，但卻是典型的榨取式成長。當時的阿根廷由一小批菁英階層統治，大幅投資於農業出口經濟，出產牛肉、獸皮及穀物，而又適逢這類產品的國際價格飛漲，經濟也就隨之擴張。這類榨取式制度的成長經驗既沒有創造性破壞也沒有創新，又缺乏持續性。一次世界大戰期間，政治動盪與武裝叛亂逐漸增加，阿根廷的菁英階層企圖擴大政治體系，結果卻導致動員失控，而在一九三〇年發生第一次軍事政變。從那時起直到一九八三年，阿根廷就擺盪於專制與民主以及各種榨取式制度之間，其間曾有大規模的軍事統治鎮壓，在一九七〇年代達到高峰，至少有九千人甚至更多遭到非法處決，下獄刑求者更多達十數萬人。

文人統治期間有選舉，雖然號稱民主政治，但政治體系的廣納性卻極為不足。一九四〇年代起，裴隆竄起，民主阿根廷落入了他所創的正義黨（Partido Justicialista）——人稱裴隆黨（Perónist Party）之手。裴隆黨選舉屢戰屢勝，完全得力於龐大的政治機器，透過買票、分贓、貪汙，包括以政府合約及職位交換政治支持。就某種意義來說，這算是一種民主，但絕不是多元化的民主。權力高度集中於裴隆黨，一黨獨大，監督制衡付諸闕如，可以為所欲為，至少在軍方自我克制不打算拉他下臺的時期是如此。如我們前面所見，裴隆的任何政策，最高法院如果膽敢挑戰，下場只會更糟。

一九四〇年代，裴隆以勞工運動起家。一九七〇及八〇年代，遭到軍方打壓時，他的政黨轉而從事賄選，經濟政策與制度的目的是要把利益輸送給支持者，而不是要創造一個公平的競爭平臺。一九九〇年代，梅南總統碰到競選連任的限制時，情形也如出一轍，大不了修憲拿掉限制就成了。從小畜欄事件就可以看出，儘管阿根廷有選舉及民選政府，政府照樣可以侵犯財產權，沒收自己老百姓的財物，卻連一點責任都不必負。對於阿根廷的總統及政治菁英，絲毫沒有監督力量，當然更沒有多元的制衡。

相較於利馬（Lima）、瓜地馬拉市，乃至墨西哥市，布宜諾斯艾利斯就是獨樹一格，為什麼？不僅令顧志耐不解，凡走訪過這個城市的人莫不如此。沒有原住民，沒有奴隸的後代，放眼所見多是輝煌的建築及屋宇，建於榨取制度下的成長歲月，一個「美好的時代」（Belle Epoch）。但在布宜諾斯艾利斯看到的也只是部分的阿根廷。舉例來說，梅南就不是布宜諾斯艾利斯人，出生於拉里歐哈省（La Rioja）的艾尼拉柯（Anillaco）——布宜諾斯艾利斯西北方山區——曾經三任該省省長。西班牙人征服美洲時，此一地區為印加帝國的邊區，有稠密的原住民定居（見圖1）。西班牙人來了以後，建立賜封制度，實施高度榨取式的制度，發展糧食生產，並飼養騾子供北方波托西的礦工使用。事實上，拉里歐哈比較像祕魯的波托西地區及玻利維亞，和布宜諾斯艾利斯反而沒那麼像。十九世紀時，拉里歐哈出過有名的大軍閥吉洛加（Facundo Quiroga），橫行霸道此一地區，並曾揮軍進攻布宜諾斯艾利斯。阿根廷政治制度的發展歷程，其實就是拉里歐哈這些內地省分與布宜諾斯艾利斯達成和解的過程。停戰協定協議，拉里歐哈的軍閥們放過布宜諾斯艾利斯，任其發展商業賺錢，條件則是布宜諾斯艾利斯的菁英階層放棄改造「內地」制度。就這樣，阿根廷一開始看起來是與祕魯、玻利維亞不同的世界，但是一旦離開布宜諾斯艾利斯那些優美的林蔭大道，其實一切並沒有太大的差別。阿根廷的制度發展之所以和其他榨取式拉丁美洲國家如此相似，原因就在於它的制度有很深的內地政治色彩與偏好。

選舉並沒有帶來廣納性的政治或經濟制度，是拉丁美洲共同的特色。在哥倫比亞，自衛組織就可以搞定三分之一的選舉。在委內瑞拉，如同在阿根廷，民選的查維茲（Hugo Chávez）政府打擊政敵，將他們解雇趕出公務體系，關掉自己不喜歡的媒體，沒收財產。但無論他怎麼做，查維茲只會更有權力，絕不會像華波爾爵士一七二〇年代在英國所受到的重重牽制，使他無法以黑面法案判罕特里奇有罪。罕特里奇若是落在今天的委內瑞拉或阿根廷，日子可就沒那麼好過了。

民主政治之出現於拉丁美洲，原則上確實是反菁英統治的，其理論與行動都是要重新分配菁英階層所享有的權利及機會，但其根基卻深植於榨取式制度，這可以從兩方面來理解：其一，數百年來榨取式制度造成的不平等始終存在，在剛冒出頭來的民主政治中，會使選民比較喜歡政策極端的政治人物。這當然不是說阿根廷人民天真，認為裴隆或新近的裴隆黨人諸如梅南或基西納夫婦（Kirchner）*都是無私且為人民謀福利的，或委內瑞拉人民都認為查維茲是他們的救世主。相反的，許多阿根廷人與委內瑞拉人都清楚，其他所有的政治人物及政黨，長久以來根本不曾為他們發聲，乃至為他們提供最基本的公共建設，諸如道路與教育，並保護他們免於被地方上的菁英階層剝削。因此，查維茲的政

* 譯注：阿根廷前總統基西納（Néstor Kirchner），其遺孀費南德茲（Cristina Elisabet Fernández de Kirchner）為現任阿根廷總統。

策儘管不免貪汙與浪費，今天還是有許多委內瑞拉人支持，同樣的，一九四〇年代與一九七〇年代，也還是有許多阿根廷人支持裴隆黨人的政策。其二，政治之所以吸引那些強人如裴隆與查維茲，或讓他們趨之若鶩，同樣是由於榨取式制度作祟，而不是真想要建立一個有效的政黨體系，為社會弄一些不一樣的東西出來。裴隆、查維茲及拉丁美洲其他數十名的強人，全都只是寡頭鐵律的另一個面向，而此一鐵律則深植於菁英階層所控制的政權。

新專制主義

二〇〇九年十一月，北韓政府實施了一項經濟學家所謂的貨幣改革。一般來說，往往都是因為嚴重的通貨膨脹才會有這類的改革。一九六〇年一月，法國就推行了一次貨幣改革，採用一種新法朗，一法朗相當於原本的一百法朗，但在改用新法朗的漸進過程中，舊法朗繼續流通，人們甚至仍然用之報價。最後，二〇〇二年一月法國採用歐元，舊法朗才停止做為法定貨幣。北韓的改革表面上也是如此。和一九六〇年的法國一樣，北韓政府也決定把貨幣的兩個零拿掉，一百元舊朝鮮圜等值於一元新朝鮮圜。每個人都可以拿舊幣來換新鈔，只不過要在一個星期之內完成，而不是像法國那樣經過四十二年。然後，真正的陷阱來了。政府宣布，每個人頂多只能兌換十萬朝鮮圜，雖然後來又放寬到五十萬。十萬朝鮮圜當時的黑市匯率約為四十美元。就這樣一掃，北韓政府就把北韓人民的私人財富掃掉了一大堆；到底掃掉了多少我們不知道，但總數可能比阿根廷政府二〇〇二年的那一次搜刮還多。

北韓的政府是共黨獨裁政府，反對私有財產及市場。但黑市很難管制，而且黑市都是用現金交易。當然，外幣交易是免不了的，尤其是中國貨幣，只不過多數交易還是用朝鮮圜。貨幣改革的目的其實是要懲罰利用這類市場的人，更重要的，是要弄清楚他們還不至於太有錢太有力量以至於威脅到政府的統治。讓老百姓窮一點才安全。黑市的問題只是其一而已。由於銀行很少，而且都是國營，北韓人民都是用朝鮮圜存錢。貨幣改革云云，政府其實是要用來搜刮人民的儲蓄。

儘管政府貶抑市場，北韓統治階層卻很懂得享受市場所生產的東西。前領導人金正日就擁有一棟七層樓的豪宅，設有酒吧、卡拉OK及一個迷你電影院，地下層是一座大型泳池，設有波浪製造機，讓金正日可以用裝有小馬達的衝浪板戲浪。二〇〇六年美國對北韓實施制裁，就知道其真正的要害何在。美國禁止六十項奢侈品出口到北韓，包括遊艇、水上摩托車、賽車、機車、DVD播放機及二十九吋以上的電視機。絲質圍巾、精品鋼筆、皮草或皮箱從此絕跡。這些東西正是金正日及他的共黨統治菁英的收集品。一名學者利用法國軒尼詩公司的出貨清單做出估計，經濟制裁之前，金正日每年光是干邑白蘭地的預算可能就高達八十萬美元。

如果想要瞭解二十世紀末世界上許多最貧窮地區，就非得瞭解二十世紀的新專制主義——共產主義——不可。馬克思的理想是一套可以在比較人道的條件下營造富裕繁榮與平等的體系。列寧及他的共產黨雖然以馬克思為藍本，但實行起來卻和理論大異其趣。一九一七年的布爾什維克革命相當血腥，一點人道也看不到。而平等也不在他的方案裡，列寧及他的親信所做的第一件事就是建立一個新的菁英階層，自己高居布爾什維克黨的頂層。為了要達到此一目的，他們清算與剷除的對象不僅是非共黨分子，還有威脅到他們權力的同志。但接下去才是真正的悲劇：先是內戰，然後是史達林的集體化及其永無休止的清算鬥爭，殺人如麻，死者可能多達四千萬人。俄國共黨殘暴、壓迫而血腥，但卻不是唯一，同樣的經濟後果與人間苦難所在多有，譬如一九七〇年代赤棉統治下的柬埔寨、中國及北韓，無一例外的，共產主義所帶來的都是邪惡的專制獨裁及人權侵犯。人民受苦與血腥屠殺之外，共黨政權全都建立了各形各色的榨取式制度。經濟制度，無論有市場與否，其目的就是要榨取人民的資源，又因為視財產權有如寇讎，結果往往製造了貧窮而非繁榮。在蘇聯，如我們在第五章所見，共黨制度剛開始時都能製造快速的成長，但接下來就跌跌撞撞，終至停滯。在毛澤東統治下的中國、赤棉統治下的柬埔寨以及北韓，結果則更具毀滅性，共黨經濟制度還帶來了經濟崩潰及饑饉。

回過頭來，共黨經濟制度又受到榨取式政治制度的支持，把所有的權力都集中到共產黨手中，完全沒有權力的制衡。所有這些榨取式的制度雖然在形式上有別，但對人民生活的影響，卻與辛巴威和獅子山的榨取式制度別無二致。

棉花王

棉花占烏茲別克出口四五％，是該國一九九一年蘇聯瓦解後獨立以來最重要的農作物。蘇聯共黨統治期間，烏茲別克所有的農地分別由二千零四十八個國營農場控制，一九九一年之後，國營農場廢止，土地獲得分配，但這並不表示農民就可以獨立運作。對於烏茲別克新政府第一任，也是有史以來唯一的總統卡里莫夫（Islam Karimov）來說，棉花的價值實在重大。於是，管制的規定出來了，由此來決定哪些農民可以種植棉花，以及他們可以賣多少價錢。儘管棉花在世界市場上的價格很高，但農民的所得卻少得可憐，其餘的全都被政府收走。因此，沒有人願意再種植棉花，於是政府乃採取強制，規定每個農民都必須分出自己三五％的土地種植棉花。如此一來，問題出現了。難題之一在於機具。烏茲別克獨立時，大約四〇％的收成是由聯合收割機收割。但一九九一年後，不管卡里莫夫總統的政權如何鼓勵，農民就是不願意再購買或維修這些機具。明白問題的嚴重，卡里莫夫想出一個對策，事實上是一個比聯合收割機更廉價的方案，那就是學童。

棉桃開始成熟，九月初就可以採收，大約就在同一時間，學校也開學了。卡里莫夫下令地方政府分派學校棉花採收配額。九月初一到，二百七十萬學童傾巢而出（二〇〇六年的數字），老師也不再是老師，成了勞工招募員。古爾南茲（Gulnaz）是兩個孩子的母親，她這樣說：

> 每個學年的開始，大約都是在九月初，學校的課都停了下來，學生都不上課，而是被派去採收棉花。事先都沒有徵得父母的同意。（整個採收季節）連週休都沒有，如果有孩子留在家裡，不管什麼理由，老師和管理員就會過來指責父母。每個孩子都分配一定的工作量，每天採收二十至六十公斤，依年齡而定。孩子如果沒有達到工作標準，第二天早上就會遭到痛打。

收成持續長達兩個月，農村孩子比較幸運，分派到住家附近的田裡，可以走路或搭公車前往工作。

住得遠的或從都市地區來的孩子就必須睡在棚子裡或倉庫中，與機器及動物共寢。工作時，沒有廁所也沒有廚房，孩子還必須自備午餐。

這種強制勞動的主要受益者則是以卡里莫夫總統——形同烏茲別克國王——為首的政治菁英階層。學童應該會拿到薪資，但只是應該而已。二〇〇六年棉花的國際價格約為每公斤一點四五美元，而學童每天二十至六十公斤的工作配額才得到三美分左右。如今，大約七五%的棉花都是由學童採收。到了春天，學校放假停課，則是強制耕耘、除草及移植。

所有這一切都事出有因，絕非偶然。烏茲別克就和其他蘇維埃社會主義共和國一樣，大家都以為蘇聯瓦解之後，國家獲得了獨立，從此也就展開了市場經濟及民主政治。殊不知，和其他的蘇維埃共和國一樣，根本不是這麼回事。卡里莫夫的政治生涯始於舊蘇聯時期的共產黨，一九八九年，柏林圍牆被推倒的那一年，適逢其會升到了烏茲別克第一書記的位子，趁勢把自己營造成一個民族主義者，並獲得安全部隊的支持，一九九一年十二月贏得烏茲別克有史以來第一次的總統選舉。掌權之後，便開始鎮壓獨立的反對勢力，政敵不是鋃鐺入獄就是流亡海外。在烏茲別克，既沒有自由的媒體，非政府組織也遭到封殺。強力的鎮壓於二〇〇五年達到高峰，當時在安集延（Andijon）就可能有七百五十人（或許更多）遭到警察及軍隊殺害。

一手指揮安全部隊，一手掌控媒體，透過公民投票，卡里莫夫先把總統任期延長五年，然後又在二〇〇〇年競選連任，任期七年，得票高達九一・二%。唯一的對手還宣布，他自己也是投給卡里莫夫。二〇〇七年，再度競選連任，得到八八%的選票，眾人皆視為舞弊的結果。烏茲別克的選舉和史達林在蘇聯全盛時期所用的那一套如出一轍。一九三七年，共產黨黨報《真理報》為傳達蘇維埃選舉的緊張與刺激，寫了一篇報導，《紐約時報》通訊記者丹尼（Harold Denny）將之翻譯後改寫，成為一篇著名的報導：

> 午夜鐘聲響起。十二月十二日，最高蘇維埃第一次公平直接普選的日子結束，結果即將宣布。
>
> 委員會仍然留在室內。寂靜無聲，燈光莊嚴，所有的人都全神貫注，緊張期盼，靜待主席一一做好計票前所有的必要程序——核對名單檢視有多少選民，又有多少人投票——結果確定是百分之百。百分之百！何等樣的國家，何等樣的選舉，何等樣的候選人，竟然得到百分之百的回應？
>
> 接下來，主戲登場。主席全神貫注檢視箱子上的彌封，然後再由委員會委員檢視。彌封完好，然後拆封，打開箱子。
>
> 四下一片靜穆。選舉監察員及主持人端坐，全神貫注，表情肅穆。
>
> 拆封袋的時間到了。委員會的三名委員準備好了剪刀。主席起立。報票員已經備妥抄本。第一個封袋拆口，成為全場目光的焦點。主席抽出兩張選票——白色的（登錄聯盟蘇維埃候選人一名）及藍色的（登錄民族蘇維埃候選人一名）——然後朗聲唱出：「史達林同志。」
>
> 傾刻間，靜穆融化，室內所有的人都一躍而起，為史達林主義憲法下第一次直接普選的第一張選票雀躍歡呼，為一張上面寫著憲法創始人名字的選票雀躍歡呼。

相較於這種氣氛，卡里莫夫競選連任時的懸疑場面一定也不遑多讓，史達林那一套他學得熟透，什麼時候該鎮壓，該政治控管，如何組織選舉，他顯然不輸給史達林的超現實主義。

在卡里莫夫統治下，烏茲別克成為一個政經制度極端榨取式的國家，人民貧窮，三分之一生活於窮困之中，年均所得約一千美元。但其他的開發指標卻不差，世界銀行的資料顯示，就學率為一〇〇%……當然，棉花採收季例外。識字率也很高，只不過，除了媒體全都遭到控制之外，政府也禁止書籍並檢查網際網路。儘管多數人採收棉花每日所得不過區區幾分錢，卡里莫夫的家人及一九八九年後經過漂白的前共黨高幹卻都成了烏茲別克的新菁英階層，全都富甲一方。

卡里莫夫的女兒古爾諾拉（Gulnora）一手掌控家族的經濟事業，有朝一日可望繼承父業成為總統。在這樣一個凡事神祕不透明的國家，沒有人知道卡里莫夫的家人到底控制了哪些事業，擁有多大的財富，但美國公司Interspan的經驗卻可以說明過去二十年來烏茲別克的經濟狀況。棉花並不是烏茲別克唯一的作物，某些地方也適合種茶葉，於是Interspan決定投資，並在二〇〇五年時拿下三〇%的在地市場，但問題就接著來了。古爾諾拉看好茶業的遠景，沒有多久，Interspan的員工遭到逮捕、毆打及凌虐。事業不可能再經營下去，二〇〇六年八月，公司撤出，卡里莫夫家族迅速擴張的茶葉事業接收其資產，市場占有率也於一夕之間從兩年前的二%暴升至六七%。

從許多方面看，烏茲別克都像是一個過去時代殘留下來的遺跡。在一個家族及皇親國戚的專制把持下，整個國家死氣沉沉，經濟基礎以強制勞工為基礎——事實上，還是強制童工。除此之外一無是處。充其量只是榨取式制度之下失靈社會的一塊拼圖，而且不幸的是，其他前蘇聯社會主義共和國——從亞美尼亞、亞塞拜然、吉爾吉斯、塔吉克到土庫曼——也都有著相同的命運，這也提醒我們，即便在二十一世紀，榨取式經濟及政治制度依然能夠發展出這樣肆無忌憚的兇惡壓榨形式。

不公平的遊戲

在埃及，一九九〇年代是個改革時期。一九五四年軍事政變推翻君主政體後，埃及一直是一個準社會主義社會，政府在經濟上扮演核心角色。許多經濟部門均隸屬國營事業。多年之後，社會主義色彩退去，市場開放，私部門開展。然而，市場並不開放，而是被政府以及少數與國家民主黨（National Democratic Party）掛鉤的商人所掌控。國家民主黨為總統沙達特一九七八年所創。到了穆巴拉克總統任內，商人涉入政黨漸深，政黨與商人的關係也日益密切。我們在前言中已經談過，穆巴拉克是在一九八一年沙達特遇刺後出任總統，直到二〇一一年二月才在抗議群眾及軍方聯手下被逐下臺。

大商人都位居政府要津，掌管業務多與自己的事業領域重疊。聯合利華（Unilever）非洲、中東暨土耳其區前總裁莫哈邁德（Rasheed Mohamed）出任外貿暨工業部長；埃及最大旅遊業者加拉納旅遊公司（Garana Travel Company）老闆兼總經理加拉納（Mohamed Zoheir Wahid Garana）成為觀光部長；埃及最大棉花出口商、尼羅棉花貿易公司（Nile Cotton Trade Company）創辦人阿巴查（Amin Ahmed Mohamed Osman Abaza）則成為農業部長。

在許多經濟領域，商人說服政府透過國家管制限制新進者跨入，包括媒體、鋼鐵、汽車工業、酒類及水泥，全都以高跨入障礙保護政商關係良好的商人及公司。大商人向統治者靠攏，諸如埃茲（Ahmed Ezz，鋼鐵業）、沙威里斯（Sawiris）家族（多媒體、飲料與電信業）、諾賽爾（Mohamed Nosseir，飲料與電信業），不但接受政府保護及政府合約，向銀行貸款甚至毋須附帶保證。埃茲既是埃茲鋼鐵（Ezz Steel）——埃及最大鋼鐵公司，生產埃及七〇%鋼鐵——董事長，也是國家民主黨高階黨員及人民大會預算暨計畫委員會主席，與總統穆巴拉克的兒子卡默爾・穆巴拉克（Gamal Mubarak）深交。

一九九〇年代的經濟改革是由國際金融機構及經濟學家推動，目的在於打開市場，降低政府在經濟上的角色。不論在什麼地方，這類改革的主要支柱都是國營事業民營化。墨西哥的民營化並未增加競爭，只是把國營的獨占事業轉變成為私營的獨占事業，結果徒然肥了政商關係良好的商人如施林（Carlos Slim）。同樣的事情也發生在埃及。與當政者關係良好的商人對埃及民營化的措施具有強大影響力，使其有利於富有的商人菁英階層，亦即當地人所說的「鯨魚」。民營化上路時，整個經濟全都落在三十二位鯨魚手中。

其中一位是札亞特（Ahmed Zayat），盧克索集團（Luxor Group）的首腦。一九九六年，政府決定將埃及啤酒專賣的阿爾阿拉姆啤酒廠（Al Ahram beverages）民營化。以薩德（Farid Saad）為首的財團埃及金融公司（Egyptian Finance Company）參與投標。薩德為地產開發商，並於一九九五年成立埃及第一家風險投資公司。財團還包括前觀光部長薩爾騰（Fouad Sulten）、諾賽爾，以及另一名紅頂商人拉加（Mohamed Ragab）。整個團隊的關係不錯，但還是有所不足，出價四億埃及鎊，卻以太低為由遭到退件。札亞特的關係好得多。他拿不出錢來買阿爾阿拉姆啤酒廠，於是設計了一套施林式的巧妙計畫。阿爾阿拉姆的股價第一次在倫敦股市出現浮動，盧克索集團就以每股六十八點五埃及鎊取得七四．九%的股份。三個月後，股份一分為二，盧克索便以每股五十二點五鎊全數脫手，淨利三六%，札亞特乃以此集資，事隔一個月，僅以二億三千一百萬鎊就買下了阿爾阿拉姆啤酒廠。當時的阿爾阿拉姆，光是年利潤就有四千一百三十萬埃及鎊，現金儲備九千三百萬埃及鎊。真是一筆好交易。一九九九年，剛剛民營化的阿爾阿拉姆又買下民營化的國營葡萄酒公司嘉納可利（Gianaclis），更把獨占事業從啤酒擴大到葡萄酒類。嘉納可利是個非常賺錢的公司，躲在進口酒類三〇〇〇%的關稅後面，銷售利潤率高達七〇%。二〇〇二年，這個獨占事業再度換手，這次是札亞特把阿爾阿拉姆賣給海尼根，售價十三億埃及鎊，五年之內獲利五六三%。

但諾賽爾並非總是輸的一方。一九九三年，他買下民營化的埃爾納斯爾（El Nasr）裝瓶公司。可口可樂在埃及的裝瓶及銷售，該公司擁有獨占權。諾賽爾與當時公共事業部門主管關係良好，使他沒經過什麼競爭就拿下了所有權，兩年後脫手，獲利超過當初的三倍。另一個例子是一九九〇年代末期國營電影事業的民營化。政治關係同樣成為關鍵，居然只開放兩個家族出價承購並經營，其中一個就是沙威里斯家族。

今天，埃及是個貧窮國家，雖然不像南邊的下撒哈拉非洲那樣貧窮，但國內仍有四〇%的人口生活於貧窮之中，每天的生活支出還不到兩美元。諷刺的是，如我們在前面所見，十九世紀在阿里（Muhmmad Ali）的統治下，在制度改革及經濟現代化方面，埃及的起步是相當成功的。但在埃及被大英帝國併吞前，阿里確實也曾製造了一波榨取式的經濟成長。英國殖民時期，另一套榨取式制度出現，並於一九五四年之後由軍方延續下來。整體來說，縱使經濟有所成長，教育也有投資，但絕大多數的人在經濟上毫無機會，而新的菁英階層卻靠著政商關係大賺其錢。

在這裡，榨取式經濟制度又受到榨取式政治制度支持。穆巴拉克企圖建立政治王朝，培養兒子卡默爾接班。計畫眼看成功，卻在二〇一一年碰到了所謂的「阿拉伯之春」，動盪示威四起，隨著他的榨取式政權崩潰告終。納瑟（Nasser）擔任總統時期，經濟制度上頗有些廣納性，政府也開放教育體系，確實提供了以前法魯克國王（King Farouk）統治時期沒有的機會。但這也正好說明，榨取式政治制度與廣納性經濟制度的結合是不穩定的。

穆巴拉克統治下，不可避免的結果出現了，經濟制度變得愈來愈榨取，充分反映了社會中政治權力的分配。就某種意義來說，阿拉伯之春就是對這種情形做出反抗，而且不獨埃及如此，突尼西亞亦然。突尼西亞的榨取式制度成長了三十年，但隨著總統班恩·阿里（Ben Ali）及其家族在經濟上的益趨貪婪也開始出現了倒退。

國家為什麼會失敗

國家在經濟上失敗是因為採行了榨取式制度。榨取式制度使國家深陷貧窮，同時也杜絕了通往經濟成長的道路。這種情形所在多有，非洲有辛巴威及獅子山，南美洲有哥倫比亞及阿根廷，亞洲有北韓及烏茲別克，中東則有埃及之類的國家。所有這些國家其實都有顯著的差異，有的位在熱帶，有的地處中緯度；有的過去是英國的殖民地，有的則是日本、西班牙及俄羅斯的殖民地。每個國家都有著非常不同的歷史、語言與文化，唯一的共通點就是榨取式制度。所有這一類的制度，基本上就是由一個菁英階層設計一套經濟制度，以廣大的社會群眾為芻狗，達到自肥且永久掌權的目的。但因每個國家各有不同的歷史及社會結構，因此，其菁英階層的性質及其榨取式制度的細節也就各異。但不管多麼的不同，這些榨取式制度之所以能夠持續存在，則是因為惡性循環作祟，至於這些制度之所以弄得民窮財盡，也是相同的道理。

舉例來說，在辛巴威，菁英階層是一九七〇年代帶頭打反殖民戰爭的穆加比及民族聯盟愛國陣線核心分子；在北韓，是金正日身邊一小撮人及共產黨；在烏茲別克，則是卡里莫夫、他的家人，以及他那批經過漂白的前蘇聯權貴。所有這些團體，性質明顯不同，加上掌控的政體與經濟各異，因此所採取的榨取式制度在形式上自然也就各不相同。舉例來說，北韓是共產革命的產物，因此採取的政治模式便是共產黨的一黨專政。一九八〇年代，儘管穆加比曾邀請北韓軍隊進入辛巴威幫他屠戮在馬特貝勒蘭的對手，北韓的榨取式政治制度卻不適合辛巴威，相反的，由於穆加比取得政權打的是反殖民鬥爭的旗號，因此他不得不給自己的統治披上選舉的外衣，但就算如此，沒隔多久，他還是炮製出受憲法加持的一黨獨大國家。

相對來看，哥倫比亞擁有歷史悠久的選舉，脫離西班牙獨立後，選舉在歷史上已經成為自由及保守兩黨分享權力的一套工具。菁英階層不僅性質不同，數量也不一樣。在烏茲別克，卡里莫夫綁架了蘇維埃政權的殘餘，讓他握有強有力的工具鎮壓並謀害非我族類的菁英階層。在哥倫比亞，則是因為國家的中央政府缺乏權威，很自然地導致菁英階層各立門戶，事實上，多到有時候他們非自相殘殺不可。但話又說回來，儘管菁英階層與政治制度形形色色，這些制度通常都會鞏固或複製孕育他們的菁英階層。只不過，就像在獅子山，有時候菁英階層的內鬨也會導致政府崩潰。

不同的歷史與結構意味著菁英階層的身分及榨取式政治制度的細節會有所差別，同樣的，菁英階層所建立的榨取式經濟制度在細節上也會各有特色。譬如北韓，榨取的工具一脈相承，是從共產黨的工具箱裡搬出來的，無非就是廢除私有財產、國家農場與國營工廠。

在埃及，整個情況則和一九五二年以後納瑟所建立的社會主義軍事統治如出一轍。冷戰期間，納瑟倒向蘇聯，沒收外國投資，譬如英國所有的蘇伊士運河，並將大部分的經濟活動都納入國有體系。但不管怎麼說，埃及一九五〇及一九六〇年的情形並不同於一九四〇年代的北韓。對北韓來說，因為他們可以沒收日本人留下來的資產，又有中國革命的經濟模式做為範本，因此，建立一個更為激進的共產主義模式經濟其實再簡單不過。

相對來說，埃及的革命充其量不過是一群軍官發起的政變。因此，一旦埃及在冷戰中改變立場倒向西方，對軍方來說，橫豎都是榨取，從中央司令部變成權貴資本主義，不過一時的權宜而已，相對來說也就容易多了。縱使如此，相較於北韓，埃及的經濟表現到底比較好，關鍵則在於埃及制度的榨取性比較低。首先是，埃及沒有北韓共黨那種窒息式的控制，光是政權與老百姓之間的和緩氣氛，北韓政權就做不到。其次，即使是權貴資本主義，在政權青睞的那些人當中畢竟還是激發了一些投資動機，這一點也是北韓完全沒有的。

所有這些細節雖然很重要而且有趣，但更關鍵的教訓還是在於更廣闊的全貌，亦即所有這些案例都告訴我們，榨取式政治制度創造了榨取式經濟制度，將財富及權力轉移到菁英階層手上。

國家不同，榨取的強度也明顯各異，而且對社會的繁榮有重大的影響。舉例來說，在阿根廷，憲法與民主選舉雖然運作不佳，無法促進政治多元化，但運作得卻比哥倫比亞要好。在阿根廷，至少政府還可以獨占武力。原因之一在於阿根廷的人均所得是哥倫比亞的兩倍。比起辛巴威與獅子山，這兩個國家的政治制度對菁英階層的約束都做得比較好，其結果就是，辛巴威及獅子山比阿根廷及哥倫比亞窮得多。

惡性循環還有另一層意思，縱使榨取式制度已經導致政府瓦解，一如獅子山與辛巴威的情形，但也不能一概而論。我們已經看到過，國家碰到緊要關頭時雖然可能會爆發內戰與革命，但卻不一定帶來制度的改變。二〇〇二年內戰結束以來，獅子山的發展就充分說明了這種可能性。

在二〇〇七年的一次選舉中，史帝芬斯以前領導的全民國會黨重新執政。贏得總統選舉的柯洛瑪（Ernest Bai Koroma）與過去的全民國會黨政府並沒有什麼關係，他任命的許多內閣亦然。但史帝芬斯的兩個兒子，包卡利（Bockarie）及詹戈（Jengo），卻還出任大使分別駐節美國及德國。從某個角度看，這情形比我們在哥倫比亞所看到的更不穩定。在哥倫比亞，長期以來，政府的權威在國內許多地方形同虛設，這是因為國內的政治菁英階層全都只顧本身的利益，所幸核心的政府制度仍然足夠強大，所以還能避免這種脫序轉變成為完全失控。在獅子山卻不同，一則因為經濟制度的性質更為榨取，再則由於高度榨取式的政治制度由來已久，整個社會不僅在經濟上吃足苦頭，而且還在完全失序與多少有些秩序之間搖擺不定。但不管怎麼說，長期的效應卻是一樣的：政府形同虛設，制度的性質則是榨取。

在所有這些個案中，榨取式的制度都由來已久，至少從十九世紀就已經存在，每個國家都陷在惡性循環之中。在哥倫比亞及阿根廷，始作俑者是西班牙的殖民統治。辛巴威及獅子山則可以追溯到英國十九世紀末葉建立的殖民政權。在獅子山，即使白人墾殖者缺席，政權仍然是建立在榨取式的政治權力結構上，而且還予以強化。這些結構本身其實是惡性循環的結果，而惡性循環又要歸咎於缺乏中央集權以及奴隸貿易所產生的惡果。在辛巴威，還創造出榨取式制度的新形式，因為不列顛南非公司在那裡製造了一個二元經濟。烏茲別克接收了蘇聯的榨取式制度，然後和埃及一樣，變成了權貴資本主義。蘇聯的榨取式制度其實在許多方面都是沙皇政權的延續，同樣是寡頭鐵律的模式。過去二百五十年中，在世界不同的地方，因為有這些不同形式的惡性循環作祟，世界的不平等才得以出現，也才得以持續。

要解決當今國家在經濟及政治上的失敗，就必須將國家的榨取式制度轉變成廣納性制度。惡性循環意味著這一切並不簡單，但也非不可能，寡頭鐵律也不是不可避免。制度中某些之前存在的廣納成分，為對抗現行政權而出現的廣泛聯盟，甚或歷史的偶然，都可以打破惡性循環。一如獅子山的內戰，一六八八年的光榮革命其實也是一場權力鬥爭，但鬥爭在性質上卻迥異於獅子山的內戰。可想而知，光榮革命之時，國會裡面某些想要趕走詹姆士二世的人，心裡想的是要讓自己成為新的專制統治者，一如英格蘭內戰之後的克倫威爾。但事實卻是，國會已經夠強大，而且組成了廣大的聯盟，包含不同的經濟利益及不同觀點，使得寡頭鐵律無法在一六八八年發生作用。而事實上運氣也幫了忙，在國會與詹姆士二世的對抗上站在國會這一邊。接下來的一章，我們將看看其他國家的例子，看他們是如何打破窠臼，甚至是在榨取式制度已經存在了很長一段歷史之後，讓制度往更好的方向轉變。

14 打破窠臼

三個非洲酋長

一八九五年九月六日，坦特倫古堡號（Tantallon Castle）郵輪停泊在英國南方的普利茅斯，三個非洲酋長，恩瓜托的卡馬（Khama of Ngwato）、恩瓜克策的巴桐（Bathoen of Ngwaketse）及奎那的賽伯（Sebele of Kwena），下船後搭乘八點十分的特快車直奔倫敦帕丁頓車站。三位酋長此行到英國是有任務的，目的是要保住他們自己的及另外五個邦不被羅德斯（Cecil Rhodes）奪走。恩瓜托、恩瓜克策及奎那地屬茨瓦納（Tswana），而茨瓦納共包括八個邦，構成當時的貝專納蘭（Bechuanaland），亦即一九六六年獨立後的波札那。

幾乎整個十九世紀，部落都在與歐洲人做生意。一八四〇年代，著名的蘇格蘭傳教士李文斯頓

（David Livingstone）走遍了貝專納蘭，並領奎那的國王席凱勒（Sechele）皈信了基督教。聖經第一次翻譯成非洲的語言，就是茨瓦納的塞茨瓦納語。一八五五年，英國宣布貝專納蘭為保護國。茨瓦納滿意這項安排，因為如此一來將可使他們免於其他歐洲人的入侵，特別是波爾人。一八五三年，波爾人為逃避英國人的殖民，數以萬計向內地展開大遷徙，茨瓦納人就跟他們發生過衝突。另一方面，英國人也有自己的算盤，希望控制此一地區以堵住波爾人進一步的擴張及德國人可能的擴張。後者當時併吞了西南非相當於今天納米比亞的地方。英國並不認為全面殖民化是值得去做的。高級專員雷伊（Rey）一八八五年就清楚地概述了英國政府的態度：「除了開條路通往內地以外，我們對北邊的馬勒普（Molope）——亦即貝專納蘭保護國——根本就沒有興趣；因此，我們目前會約束自己，以免保護國的部分受到入侵者或外國勢力的占領，無論管理或墾殖都盡可能少有作為。」

但對茨瓦納來說，事情到了一八八九年有了變化，羅德斯的不列顛南非公司開始從南非向北擴張，掠奪了大片土地，亦即後來成為南、北羅德西亞，今天的尚比亞及辛巴威。到一八九五年，也就是三位酋長訪問倫敦那一年，羅德斯盯上了羅德西亞西南方的領土，亦即貝專納蘭。酋長們都知道，如果土地落到了羅德斯的手裡，災難和剝削就在眼前。對他們來說，要以軍事力量擊敗羅德斯根本就是不可能的事，但決心跟他周旋到底。最後他們決定兩害相權取其輕：寧願讓英國統治也不要被羅德斯併吞。在倫敦傳道會（London Missionary Society）的協助下，他們千里迢迢來到倫敦，想要說服維多利亞女王及殖民大臣張伯倫（Joseph Chamberlain），擴大對貝專納蘭的控制，免遭羅德斯的進犯。

一八九五年九月十一日，與張伯倫首次會晤，塞伯率先發言，再來是巴桐，最後是卡馬。張伯倫表明，他會考慮動用英國的控制阻絕羅德斯。在此同時，三位酋長馬上開始進行一次全國的旅行演說，竭力爭取公眾支持他們的要求。他們走訪倫敦附近的溫莎（Windsor）及雷丁（Reading）並演說；他們去到南部的濱海城市南安普敦（Southampton），去到張伯倫的政治大本營，中部地區的萊瑟斯特及伯明罕；他們向北去到工業的約克夏、雪菲德、里茲、哈利法克斯及布萊福德；他們還往西去到布里斯托，然後往北到曼徹斯特及利物浦。

同一時間，遠在南非，羅德斯已經箭在弦上，不顧張伯倫的強烈反對，準備對波爾人的德蘭士瓦共和國展開武裝攻擊，亦即後來慘烈的詹姆森突襲（Jameson Raid）。事情發展至此，除了對酋長們的艱難處境益發同情外，張伯倫已經不做他想。十一月六日，他們再度在倫敦會晤張伯倫。酋長是透過通譯發言：

張伯倫：我要和酋長談土地的事，還有鐵路的事，以及酋長領土內要遵守的法律……現在讓我們看看地圖……我們只要建鐵路用的土地，其他都不會動。

卡馬：我要說的是，如果是張伯倫先生自己要土地，我沒話說。

張伯倫：請告訴他，建造鐵路的事我會自己來，會派一個人去看著，而且只拿需要的，如果拿的是有價值的，也會做出補償。

卡馬：我想要知道鐵路開到哪裡。

張伯倫：會經過他的領土，但會圍起來，我們不會拿土地。

卡馬：我相信你會像我自己一樣做這件事，並相信你會公平對待我。

張伯倫：我會看好你的利益的。

第二天，在殖民署，菲爾斐爾德（Edward Fairfield）把張伯倫的決定做了更詳細的說明：

三個酋長卡馬、塞伯及巴桐，每個人都會有一個從此置於女王保護下的國家。女王將指派一名官員駐守，酋長將統治自己的人民一如現在。

對於三個酋長的出奇制勝，羅德斯的反應可想而知。在一封發給屬下的電報中，他說：「被三個偽善的番仔打敗，我當然不會嚥下這口氣。」

事實上，三個酋長的成就相當有價值，他們擋住了羅德斯，隨之而來的是，他們擋住了英國的間接統治。十九世紀時，茨瓦納諸邦已經發展了一套核心的政治制度，包括政治上的中央集權及集體決策，光這兩樣，若以下撒哈拉非洲的標準來看，都是了不起的成就，甚至可以視為一種初始形態的政治多元化。一如大憲章之促成貴族參與政治決策，為英格蘭的君主加上了一些約束，茨瓦納的政治制度，尤其是「科佳勒」(kgotla)，也鼓勵政治參與及約束酋長。科佳勒的運作，南非人類學者沙佩拉（Isaac Schapera）描述如下：

所有有關部族的政策，最後都要提交到酋長的科佳勒（議場），在由成年男性組成的大會中討論。這類會議經常舉行……討論的事情……包括部落爭議、酋長與其親屬之間的紛爭、新稅捐的徵收、新公共事務的推行、酋長公布的新政令……酋長的希望遭到駁回時有所聞。由於任何人都能發言，這些會議可以讓他瞭解民情，有機會讓民眾陳述冤屈。如果情況需要，他和他的參謀可能還會有苦頭吃，因為大家都不怕把話講出來。

科佳勒之外，茨瓦納的酋長職位並非嚴格世襲，而是開放給任何有才能的人。詳細研究過茨瓦納另一個邦——拉隆（Rolong）——政治歷史的人類學者卡馬洛夫（John Comaroff）指出，關於茨瓦納酋長的繼承，表面上的確有清楚的規定，但實際上，這些規定旨在說明如何罷免不好的統治者，讓有才能的人成為酋長。他的研究顯示，贏得大位要看成就，要經得起考驗，有真材實料的競爭者才享有繼承的權利。茨瓦納有一句格言，頗有一點君主立憲的精神：「君因民之擁戴而王。」

倫敦回來之後，茨瓦納的酋長們繼續努力維持自己的獨立，保留自己的本土制度，不讓英國插手。他們同意讓博茨瓦納修建鐵路，但限制英國在經濟及政治方面的介入。他們之所以不反對鐵路的興建，當然不能跟奧匈帝國及俄羅斯帝國阻擋鐵路的理由相提並論。他們心裡明白，鐵路和英國的其他政策一樣，只要是置於殖民控制之下，就不會為貝專納蘭帶來發展。波札那獨立後擔任總統（一九八〇至一九九八年）的馬西雷（Quett Masire），他的早年經驗就是最好的說明。一九五〇年代，馬西雷還是個農民，非常有事業心，發展出新的高粱培育技術，並發現一個頗有可為的客戶，弗雷堡碾穀

（Vryburg Milling），一家跨越邊界設在南非境內的公司。他到貝專納蘭的樓貝茲（lobatse）火車站找站長，要求租兩節車廂，要把收成運送到弗雷堡去。站長拒絕了。於是他請一位白人朋友介入。站長勉強同意，但索取的費用卻是白人的四倍。馬西雷放棄了，並得到一個結論：「禁止非洲人擁有自己的土地或持有貿易執照，使黑人無法在貝專納蘭發展事業的，不只是法律而已，還有白人的實際作為。」

總的來說，酋長們乃至茨瓦納的人民，運氣算是好的。或許是他們豁出去了，總算阻止了羅德斯的掠奪，又因為英國幾乎不插手貝專納蘭的統治，在獅子山上演並造成惡性循環的間接統治也不曾在那裡出現。另外，在南非內地進行的殖民擴張他們也逃過了，因此才使這片土地沒有淪為白人礦主與農場的廉價勞工庫。對多數社會來說，殖民化過程的初期階段最是緊要關頭，對於經濟及政治的後續發展，這一時期內的事件具有深遠的影響。如同我們在第九章所討論的，下撒哈拉非洲的多數社會和南美及南亞一樣，在殖民化過程中也見證了榨取式制度的建立與強化。但茨瓦納卻逃過了兩大劫數，其一是高壓的間接統治，另一則是遭到羅德斯併吞的毒手。但不管怎麼說，這絕不是瞎貓碰到死老鼠純靠運氣得來，而是又一次現行制度交互作用的結果，茨瓦納人民的制度漂移，與殖民主義帶來的關鍵時期都影響著它。三個酋長的幸運是靠他們自己打造出來的。他們採取主動，造訪倫敦，而他們之所以做得到這一點，則是因為茨瓦納部族在政治上所成就的中央集權，相較於下撒哈拉非洲的部族領導人，使他們擁有不同於一般的權威，或許也是因為在他們的部族制度中早已深植了政治多元化的根苗，使他們在合法性上具有不同於一般的程度。

殖民時代末期，是另外一個使廣納性制度得以發展的關鍵時期，這對波札那的成功是更為核心的關鍵。一九六六年貝專納蘭以波札那之名獨立，酋長塞伯、巴桐及卡馬的幸運及成功已經是久遠以前的事了。在那一段時間，英國對貝專納蘭所做的投資極少。波札那獨立時，堪稱是世界最貧窮的國家之一，整個國家，路面經過鋪設的道路總共十二公里，大學畢業的國民總共二十二名，中學畢業的一百名。而最最嚴重的問題，則是它幾乎完全被白人統治的國家——南非、納米比亞及羅德西亞——包圍，所有這些政權對黑人治理的獨立非洲國家都充滿敵意。沒有幾個人看好這個國家。但四十五年過去，波札那卻是世界上成長最快速的國家之一。今天在下撒哈拉非洲，波札那是人均所得最高的國家，其成就媲美成功的東歐國家如愛沙尼亞及匈牙利，以及最成功的拉丁美洲國家如哥斯大黎加。

波札那打破了窠臼，它是如何做到的？答案是，獨立之後快速建立廣納性的經濟及政治制度。獨立以來，它始終維持民主，定期舉行公平競爭的選舉，從未經歷過內戰或軍人干政。政府建立強化財產權的經濟制度，確保總體經濟的穩定，鼓勵廣納性市場經濟的發展。當然，話又說回來，更具挑戰性的問題是，當絕大部分非洲國家反其道而行時，波札那卻能建立穩定的民主及多元的制度，選擇了廣納性的經濟制度，它是怎麼做到的？要回答這個問題，我們就必須先瞭解，在殖民統治結束時的緊要關頭，波札那的現行制度是如何發揮作用的。

在大部分的下撒哈拉非洲，譬如獅子山及辛巴威，獨立是一個機會，但卻失落了，因為隨之而來的是殖民時期榨取式制度的復辟。獨立的初期階段，波札那的情形卻大不相同，這又得歸功於茨瓦納傳統制度所建立的環境。在這方面，波札那有許多地方與光榮革命之前的英格蘭類似。英格蘭在都鐸王朝統治下快速達成政治上的中央集權，又有大憲章及國會的傳統，對壓制君權及確保某種程度的政治多元化有起碼的渴望。波札那也有相當的中央集權及相對多元的部族制度逃過了殖民主義的毒手。英格蘭有新近形成的廣泛聯盟，由大西洋貿易商、實業家及商業取向的仕紳名流組成，追求的是財產權的不容侵犯。波札那也有聯盟，茨瓦納的酋長們以及擁有主要經濟資產牛隻的菁英階層，他們都追求穩定的程序權利。土地雖屬公有，但在茨瓦納各邦，牛隻是私有財產，菁英階層也都贊成財產權的不容侵犯。所有這一切，當然也不能否認有歷史的偶然。在英格蘭，如果議會裡面那些一方之霸及新任的君主企圖利用光榮革命篡奪權力，事情的發展就有可能完全不同。同樣的，在波札那，如果不是幸好有卡馬或馬西雷這樣的領袖，決定透過選舉競爭取得權力，而不是像下撒哈拉非洲許多獨立後的領袖那樣破壞選舉制度，事情的演變可能也會大不相同。

在獨立之時，茨瓦納的制度就已經具有限制酋長權力及酋長對人民負責的傳統。當然，在非洲，這種制度傳統並非茨瓦納獨有，但特別的是，經過殖民時期，在非洲仍然能夠完好保留這些制度的就只有茨瓦納而已。英國的統治幾乎完全沒有進來。當時，英國對貝專納蘭的治理放在南非境內的梅富根（Mafeking），只有到一九六〇年代轉移到獨立的那段期間，才有建立首都嘉柏龍里（Gaborone）的計畫提出。建都及新架構並不是要打掉原住民的制度，反而是把它們當成基礎；嘉柏龍里的建設，就伴隨著新「科佳勒」的規畫。

獨立的進行也是循序漸進。推動獨立的首要力量是一九六〇年由馬西雷及卡馬所建立的波札那民主黨（Botswana Democratic party）。卡馬是卡馬三世（King Khama III）之孫，取名Seretse，意思是「黏合團結的黏土」，名字取得再恰當不過。卡馬繼承的是恩瓜托的酋長，而大部分茨瓦納的酋長及菁英階層都加入了波札那民主黨。波札那沒有產銷協議會（marketing board），因為英國對這塊殖民地根本沒有興趣。很快的，波札那民主黨在一九六七年成立了一個，名之為波札那肉品委員會（Botswana Meat Commission），但目的不是要剝削牧場及家畜養殖戶，而是在畜牧業的發展中扮演一個核心角色，建立口蹄疫的防線，促進外銷，對經濟發展及廣納性經濟制度的促進都有貢獻。

波札那早期的成長幾乎全都依賴肉品外銷，但當鑽石發現時，一切都不一樣了。在波札那，自然資源的管理也與其他的非洲國家顯著不同。殖民時期，茨瓦納的酋長都反對在貝專納蘭探勘礦產，因為他們都明白，歐洲人一旦找到珍貴的金屬或寶石，他們的自治也就玩完了。第一顆大鑽石在卡馬的故鄉恩瓜托發現。發現宣布之前，卡馬促使修改法令，使所有的地下礦物權都屬於國家而非部族。如此一來，確保鑽石的財富不至於在波札那製造巨大的不平等，同時利用鑽石的收入加速推動政府中央集權，建立國家的官僚體系及基礎建設，並投資教育事業。在獅子山及許多下撒哈拉非洲國家，鑽石點燃了不同派系間的衝突，成為內戰持續的燃料，為了控制鑽石，戰爭帶來屠殺，因而貼上了血鑽石的惡名。但在波札那，鑽石的收入卻造福了國民。

地下礦物權的改變並不是卡馬政府唯一的建國政策。最後，在獨立之前，立法會議一九六五年通過酋長法（Chieftaincy Act），一九七〇年又通過酋長法修正案，繼續推動政治中央集權的進程，取消酋長分地的權利，視情況的需要總統得罷黜酋長，以此強化政府及民選總統的權力。政治中央集權化的另一項作為則是努力促進國家統一，舉例來說，透過立法確定學校只教塞茨瓦納語及英語。今天，波札那看起來是一個同質性極高的國家，沒有族群及語言的分歧，完全不像其他許多非洲國家。此一結果正是語言統一之功，學校只教英語及一種國語塞茨瓦納語，以此減少不同族群及社會團體的衝突。人口普查問到族群問題的最後一次是一九四六年的那一次，結果充分顯示，波札那的族群其實相當異質。舉例來說，在恩瓜托，認同自己是恩瓜托人的就僅有二〇％；茨瓦納固然有其他部落，母語不是塞茨瓦納語的非茨瓦納族群也不在少數。這種潛在的異質得以調和，除獨立後政府的政策之外，還要歸功於茨瓦納族群的制度相當具有廣納性，舉例來說，很像英國的異質性，譬如威爾斯與英格蘭，因不列顛政府而獲得了調和。波札那政府也扮演了同樣角色。獨立之後，人口普查就再也沒有問過族群的問題，因為大家都是茨瓦納人。

獨立後的波札那成就了相當高的成長率，關鍵在於卡馬、馬西雷及波札那民主黨把波札那帶上了廣納性的經濟及政治制度。一九七〇年代鑽石開始生產，不僅沒有引發內戰，而且為政府提供了堅強的財政基礎，大量投資公共建設，想要推翻政府並控制國家的誘因相當少。廣納性的政治制度帶來政治的安定，成為廣納性經濟制度的後盾。如同第十一章所講的良性循環，廣納性經濟制度回過頭來又增強了廣納性政治制度的活力與持久性。

波札那打破了窠臼，因為掌握了關鍵時期——殖民結束後的獨立——並建立了廣納性制度。波札那民主黨與傳統的菁英階層，包括卡馬本人，並未試圖成立一個專制政權或建立榨取式制度，肥了自己而犧牲社會。這又是關鍵時期與現行制度之間互動的結果。如我們所見，幾乎不同於所有的下撒哈拉非洲國家，波札那已經擁有相當中央集權並包含多元特質的部族制度。此外，由於私有財產權確立，國家的菁英階層所擁有的已經極為豐厚。

同樣重要的是，歷史的不確定性也站在波札那這一邊。特別值得慶幸的是，卡馬及馬西雷都不是史帝芬斯及穆加比。前者以茨瓦納的部族制度為基礎努力而忠實地建立廣納性制度，使波札更為順利地邁向廣納性制度，而這一方面，絕大多數的下撒哈拉非洲，有的是連嘗試的機會都沒有，有的則是才起步就失敗了。

南方榨取制度的末日

一九五五年十二月一日。阿拉巴馬州蒙哥馬利市（Montgomery），拘票上登錄的犯罪時間是下午六時六分。公車司機布萊克（James Black）碰到麻煩，打電話報警，警官戴伊（Day）與邁可森（Mixon）去到現場。他們的報告是這樣寫的：

> 我們接到一通電話趕來，公車駕駛說，車上有個有色人種女性坐在白人區，不願意往後移，我們……也看到了她。公車駕駛給她開了一張拘票。羅莎・帕克斯（Rosa Parks）依蒙哥馬利市市規第六章十一條被控有罪。

羅莎・帕克斯所犯的罪行是坐在克利夫蘭大道（Cleveland Avenue）公共汽車上為白人保留的區域，一項根據阿拉巴馬州的吉姆・克勞法所定的罪。羅莎・帕克斯被處十美元罰鍰，外加訴訟費四美元。但羅莎並不是個簡單人物，她當時已經是全國有色人種進步協會（National Association for the Advancement of Colored People）蒙哥馬利分會祕書。為打破美國南方的制度，全國有色人種進步協會已經奮鬥多年。她的逮捕引發一場群眾運動——抵制蒙哥馬利公共汽車運動（Montgomery Bus Boycott），發起人為馬丁．路德．金恩（Martin Luther King Jr.）。十二月三日，金恩結合其他黑人領袖組織一項抵制運動，說服所有的黑人都拒搭蒙哥馬利市內的任何公車。抵制運動大獲成功，一直持續到一九五六年十二月二十日，最後以最高法院裁定阿拉巴馬及蒙哥馬利公車種族隔離違憲告終。

在美國南方的民權運動中，抵制蒙哥馬利公車運動是最關鍵的一役。一連串的事件及變化最後終於打破南方的窠臼，導致制度上的基本變革。如我們在第十二章所見，內戰之後，南方地主菁英階層成功復辟內戰前支配南方的榨取式經濟及政治制度。這些制度的細節雖然已經改變，譬如奴隸制度已經成為明日黃花，但對南方的經濟動機及繁榮的負面影響未減，南方的貧窮明顯甚於美國其他各地。

一九五〇年代起，南方的制度開始把這個區域推向較為快速的發展。美國南方榨取式制度的最後終結，形式上不同於波札那獨立前的殖民制度，啟動其沒落的關鍵時期在形式上也不相同，但卻有幾處共通的地方。從一九四〇年代開始，飽受歧視及榨取式制度衝擊的人，譬如羅莎．帕克斯，已經擁有更好的組織對抗這類壓迫。同時，美國最高法院及聯邦政府終於也動起來，開始有系統介入改革南方的榨取式制度。因此，促成南方改變的關鍵時期，其主要因素實際上有兩個，其一是南方的美國黑人獲得了動能，其二則是南方菁英階層無可動搖的支配權走上了末路。

南部的政治制度，無論內戰前後，都有一個理路清楚的邏輯，和南非的種族隔離統治並沒有太大差別，也就是要為農園儲備廉價勞工。但到一九五〇年代，此一邏輯愈來愈站不住腳。首先，由於大蕭條與二次世界大戰的緣故，黑人已經開始從南部大量外移，一九四〇及五〇年代中間，達到平均每年十萬人。同時，農業科技新發明出現，儘管採用的速度很慢，但已經降低了種植大戶對廉價勞工的依賴。大部分勞工都用於棉花收成，一九五〇年時，幾乎南部全部的棉花都還是使用手摘，但機械化摘棉已經開始降低這種工法的需求。到了一九六〇年，主要的州如阿拉巴馬、路易西安納及密西西比，幾乎已有半數產量機械化。在南部，黑人固然愈來愈難找，但對種植大戶來說，這些黑人不再不可或缺也是事實。因此，對菁英階層來說，為維持舊日榨取式經濟制度而奮戰的理由愈來愈少。但話又說回來，這並不表示他們就心甘情願接受制度改變。相反的，耗日費時的延長戰開打。南部的黑人與廣納性的聯邦制度組合起來，形成一個不同尋常的聯盟，產生強大力量，擺脫南部的制度，為南部的黑人爭取平等的政治權及公民權，最後終於移除了美國南部經濟成長的主要障礙。

最重要的改革動力則來自民權運動。如同在蒙哥馬利所為，挑戰身邊的榨取式制度，為爭取應得的權力而抗爭而動員，南部的黑人獲得了動能。此外，他們不是孤軍奮戰，因為美國南部並不是另一個國家，南部的菁英階層也無法像瓜地馬拉的菁英階層那樣為所欲為。既然是美利堅合眾國的一部分，南部就得服從美國憲法與聯邦法律。又因為民權運動能夠在南部以外的地方發聲，因此而喚起聯邦政府的注意，南部的改革運動最後終於得到美國行政、立法與最高法院的支持。

聯邦介入南部的制度改革，首見於一九四四年最高法院裁決初選僅限白人投票為違憲。如我們所見，一八九〇年代，黑人因受限人頭稅及識字測驗，政治公民權遭到剝奪。這些例行的測驗是對黑人的歧視，因為白人縱使貧窮不識字照樣能夠投票。一九六〇年代就有一個著名的例子，路易西安納州一個白人接受測驗，對一個有關州憲法的問題作答，答案是「FRDUM FOOF SPETGH」，居然還是被裁定為識字。最高法院一九四四年的裁決有如重炮轟擊，為黑人長期的政治抗爭打開一條出路，法院明白鬆綁白人對政黨控制的重要性。

此一裁決之後，接著來的是一九五四年的布朗控告教育局案（Brown v. Board of Education），最高法院裁決，州政府授權學校及其他公共場所種族隔離違憲。一九六二年，最高法院又敲掉了白人菁英階層政治支配的一根支柱：立法機關代表名額分配不公。立法機關代表名額分配不公——和英格蘭第一改革法案之前的「衰廢市鎮」（rotten boroughs）一樣——某些區域或地區的代表名額超出人口應分配數。這種情形指的就是南部農業地區，種植大戶菁英階層的大本營，相對於都市地區，分配的代表往往超額。一九六二年，最高法院針對貝克控告卡爾案（Baker v. Carr）做出裁決，將這種情形予以終結，因此才開始實施「一人一票」制。

但最高法院的裁決如果沒有落實，那就等於什麼都沒有。事實上，一八九〇年代聯邦就已經立法給予南部黑人選舉權，但卻沒有實施，關鍵在於地方執法的權力掌握在南部菁英階層及民主黨手中，聯邦政府樂得事情順其自便。但當黑人開始揭竿而起反對南部菁英階層時，此一支持吉姆．克勞的堡壘崩潰，民主黨也在其非南部成員的領導下轉而反對種族隔離。脫黨的南部民主黨成員乃另起爐灶，高舉州權民主黨（States' Rights Democratic Party）的大旗，角逐一九四八年的總統選舉。他們的候選人佘孟德（Strom Thurmond）拿下四州，在選舉人團中獲得三十九票。相較於統一的民主黨在全國政治中的力量，這徒然凸顯他們的不成氣候，也充分顯示，光憑南部菁英階層是掌握不了民主黨的。佘孟德的競選全力質疑聯邦政府干預南部制度的能力，他說：「女士們，先生們，想要強迫南部人民解除種族隔離，讓黑種人進我們的戲院，進我們的泳池，進我們的家，進我們的教堂，我老實告訴你們，根本沒有足夠的部隊可以做到。」

但他顯然錯了。最高法院的裁決明白表示，教育機構必須解除種族隔離，包括牛津（Oxford）的密西西比大學在內。一九六二年，經過長時間的爭訟之後，聯邦法院裁決，「密大」（Ole Miss）必須接受梅里迪斯（James Meredith），一名年輕的黑人空軍退伍軍人。對裁決執行的反對力量匯聚成所謂的公民會議（Citizens' Council），一九五四年會議首次召開於密西西比州印地安諾拉（Indianola），反對南部廢除種族隔離。九月十三日，州長巴奈特（Ross Barnett）在電視上公開反對法院的種族隔離解除令，並宣布說，州立大學寧願關門也不會解除種族隔離。最後，巴奈特與總統約翰甘迺迪及司法部長羅伯甘迺迪在華府談判，聯邦政府將強制實施此項裁決。日子決定了，美國司法警察陪同梅里迪斯前往牛津。預先獲知消息，白人至上主義者開始組織起來。九月三十日，梅里迪斯預定出現的前一天，美國司法警察進入大學校園，包圍行政大樓。為數大約二千五百人的群眾前來抗議，很快就爆發成暴亂，司法警察用瓦斯槍驅散暴亂群眾，但立刻遭到攻擊。到晚上十點時，軍隊進城維持秩序。不過短短時間，牛津城內已有兩萬軍隊及一萬一千名國民兵。總計有三百人遭到逮捕。梅里迪斯決定留在學校，由美國司法警察及三百名軍人保護其人身安全，最後念到畢業。

在南部的制度改革過程中，聯邦法律扮演關鍵角色。一九五七年民權法案（Civil Rights Act）通過的過程中，當時已經是參議員的佘孟德為阻止法案通過，或至少達到拖延的目的，曾不停地連續發言二十四小時又十八分鐘。發言當中，無論抓到什麼，從《獨立宣言》到各種電話簿，他都照唸不誤。但無濟於事。一九五七年的法案以一九六四年的民權法案達到最高點。新法宣告所有種族隔離州所訂的相關法律及政令皆為非法。一九六五年的投票權法案（Voting Rights Act）宣布，識字測驗、人頭稅及其他剝奪南部黑人公民權的辦法皆為非法，並將許多聯邦的監督制度引伸進入州的選舉。

所有這些事件影響所及，造成南部經濟及司法制度的重大變革。舉例來說，在密西西比，一九六○年投票時，黑人合格選民大約只有五％，到一九七○年時，此一數字已經增加到五○％。在阿拉巴馬及南卡羅萊納，也從一九六○年的一○％左右增加到一九七○年的五○％。這種情形改變了選舉的本質，包括地方性的及全國性的公職。更重要的是，占優勢的民主黨改變政策，對歧視黑人的榨取式制度從此不再支持。接下來，整個情勢開啟了一系列經濟制度的改變。一九六○年代制度變革前，紡織廠的工作幾乎全面排除黑人。一九六○年，南部紡織廠的員工，黑人僅占約五％。民權立法打破了這種歧視。到一九七○年，這一部分增加到十五％；一九九○年，則為二五％。經濟上對黑人的歧視開始減少，黑人的教育機會大為改善，南部的勞工市場變得比較具有競爭性。隨著廣納性制度的快速增加，南部的經濟獲得改善。一九四○年，南部州的人均所得僅為全美的一半。這種情形在一九四○及五○年代開始改變，到一九九○年，差距基本上已經消失。

和波札那一樣，在美國南部，廣納性政治及經濟制度的發展是關鍵。這種情形得力於兩種現象，其一，對於南部的榨取式制度加諸他們的痛苦，黑人的不滿增加；其二，民主黨在南部的一黨獨大走向沒落。同樣的，這又是現行制度在為改變鋪路。在這裡，很重要的關鍵是，南部的制度存在於廣納性的聯邦制度之內，唯其如此，南部的黑人最後才能動員聯邦政府及制度支持他們的運動。整個過程之所以得以進行，還得力於另一個現象：黑人大量遷出南部及棉花生產的機械化造成重大的經濟變化，也使南部菁英階層更沒有願意繼續奮力抵抗。

中國的重生

一九四九年，毛澤東領導的共產黨終於推翻蔣介石的國民黨政權，十月一日，中華人民共和國宣布成立。一九四九年之後產生的政治及經濟制度都是高度榨取式的。政治上，中國共產黨一黨專政，從此以後，中國不容許其他任何政治組織存在。毛澤東則完全掌握共產黨及政府，直到一九七六年去世。在威權統治之下，榨取式的政治制度就是高度榨取式的經濟制度。毛澤東一上臺，立即將土地國有化，一舉廢除所有形式的財產權。地主，以及其他有可能威脅到他的政權的人，他一律處死。市場經濟實質上已經完全不存在。農村地區人民逐漸納入公共農場。貨幣及工資由「工分」取代。工分可以用來交易貨品。一九五六年，為強化政治及經濟控制，實施路條制，未經上級許可不得在國內旅行。所有的工業同樣國有化，毛澤東野心勃勃，模仿蘇聯模式，提出所謂的「五年計畫」，企圖快速推動經濟發展。

有了榨取式制度，毛澤東乃打算從他一手控制的廣大國度榨取一切資源。和獅子山政府的產銷協議會如出一轍，中國共產黨壟斷一切產物的銷售，諸如稻米及其他穀類，並對農民課以重稅。一九五八年後，隨著第二個五年計畫的推出，工業化的野心變成惡名昭彰的「大躍進」。毛澤東大言不慚地說，以小規模的土法煉鋼為根本，鋼鐵的產量將在一年內倍增，並宣稱中國可以在十五年內趕上英國的鋼鐵產量。唯一的問題是，根本找不到可行的辦法達到此一理想。為了達成計畫的目標，即使一小片鐵塊都不放過，人民必須燒熔自己的鍋盆，甚至農具如鋤頭及犁頭。原本應該照顧田畝的人，如今卻毀了自己的犁去煉鋼，如此一來，連餵飽他們自己及這個國家的能力也一併毀了。其結果是中國農村饑荒成災。相較於同一時期的乾旱影響，儘管有學者為毛澤東的政策辯護，但毫無疑問的，這段期間多達二千至四千萬人的死亡，大躍進難辭其咎。到底死了多少人，我們無從得知，因為毛澤東統治下的中國根本不留紀錄，唯恐留下暴政的惡名。至於人均所得，下跌大約四分之一。

大躍進的結果之一，是曾經發動「反右」運動，大肆屠殺「反革命」的革命名將兼中共元老鄧小平改變了想法。一九六一年在中國南方廣州的一次會議上，他主張「不管黑貓白貓，會抓老鼠的就是好貓」。政策不管是不是共產主義的，中國需要的政策是鼓勵生產以養活老百姓。

但沒過多久，鄧小平新提出來的實用主義就吃到苦頭了。一九六六年五月十六日，毛澤東宣稱，「資產階級」的利益正在威脅革命，破壞中國共產社會，復辟資本主義。為此，他宣布了無產階級文化大革命，一般稱為文革，以「十六條」做為張本。開宗明義說：

> 資產階級雖然已經被推翻，但是，他們企圖用剝削階級的舊思想，舊文化，舊風俗，舊習慣，

來腐蝕群眾，征服人心，力求達到他們復辟的目的。無產階級恰恰相反，必須迎頭痛擊資產階級在意識形態領域裡的一切挑戰，用無產階級自己的新思想，新文化，新風俗，新習慣，來改變整個社會的精神面貌。在當前，我們的目的是鬥垮走資本主義道路的當權派，批判資產階級的反動學術「權威」，批判資產階級和一切剝削階級的意識形態，改革教育，改革文藝，改革一切不適應社會主義經濟基礎的上層建築，以利於鞏固和發展社會主義制度。

很快的，一如大躍進，文革開始大肆破壞經濟及人民的生活，紅衛兵在全國組成，清算鬥爭政敵，無數人遭到殺害、囚禁及下放。有人憂慮暴力過了頭，毛澤東反駁道：「希特勒這個人更殘忍，愈殘忍愈好，你不覺得嗎？殺人愈多愈是革命。」

鄧小平發現自己被貼上第二號資本主義同路人的標籤，一九六七年下獄，一九六九年下放江西，在一家農村拖拉機工廠落戶。一九七四年獲得平反，毛澤東接受總理周恩來的建議，任命鄧小平為副總理。一九七五年，鄧小平受命擬定三份黨文件，若經採納，將成為黨的新路線。文件呼籲恢復高等教育活力，工業及農業獎勵重回物質鼓勵，以及消除黨內的「左派」。同一時期，毛澤東的健康惡化，權力逐漸向鄧小平亟欲拔除的極左派集中。包括毛的妻子江青及其三名親密戰友，亦即大力支持文革的四人幫，企圖繼續走共黨專政的老路線。一九七六年四月五日，民眾自發地在天安門廣場集會悼念周恩來，轉變成為一場反政府示威。四人幫指控鄧小平幕後指使，鄧再度遭到罷黜，所有職位均被剝奪。周恩來死後，毛澤東任命華國鋒代理總理，鄧小平續遭冷落。華國鋒利用此一權力真空累積個人實力。

同年九月，關鍵時期出現：毛澤東去世。毛領導中國共產黨，大躍進及文化大革命都是由他一手主導，毛一旦撒手，真正的權力真空才出現，因未來路線走向，內部出現不同觀點與不同信念的鬥爭。四人幫要繼續文革的政策，以此為鞏固共黨執政的唯一途徑。華國鋒雖想放棄文革，但由於自己也是靠文革才能夠在黨內竄起，因此又不能自外於文革太遠。於是他致力回到一種兩面光的毛澤東觀點，一九七七年在中共黨報《人民日報》上提出「兩個凡是」，強調「凡是毛主席做出的決策，都必須維護，凡是毛主席的指示，都不能違反」。

鄧小平自己就是因共產革命而掌權的一分子，當然不希望罷黜共黨政權，而是代之以廣納性的市場經濟。他與他的支持者認為，即使達成重大經濟成長，應也不至於危及政權的控制，也就是說，由於中國老百姓極度渴望改善生活水準，而且在毛澤東統治及文革期間，所有反對共產黨的勢力都已經被掃蕩一空，在這種榨取式政治制度下，成長將不致變成威脅。為了做到這一點，要揚棄的不僅是文化大革命，還包括毛主席留下來的大部分制度。他們明白，唯有走向廣納性經濟制度，經濟才有可能成長，因此，經濟改革並強化誘因與市場力量的角色就成了當務之急。另一方面，也要擴大私有財產的範圍，降低共產黨在社會及政府中的角色，揚棄階級鬥爭的觀念。同時要向外資及國際貿易打開門戶，融入國際經濟體系。但限制還是有的，建立真正廣納性的經濟制度，徹底放鬆黨對經濟的控制，時候尚未到。

這時候，華國鋒的權力以及他願意跟四人幫對抗，成了中國的轉捩點。毛澤東死後不到一個月，華對四人幫發動攻勢，全數予以逮捕，並於一九七七年三月再度請鄧小平復出。事情的進展，乃至接下去發生的重大變化，並非是必然趨勢，而是華國鋒自己在政治上技不如人，敗給了鄧小平。鄧鼓勵公開批判文化大革命，並把和他一樣在同一時期吃過苦頭的人請出來，占據黨內各階層的重要職位。華則因為沒和文化革命劃清界線，使自己落居下風。加上他在權力中心畢竟是個新人，缺乏關係網絡，不像鄧小平早已經營多年。透過一連串的講話，鄧開始批評華的政策。一九七八年九月，鄧公開批評「兩個凡是」指出，與其凡事聽毛的，「實事求是」才正確。

同時，鄧開始運用輿論對華國鋒施壓，其中最有力的則屬一九七八年的北京民主牆，讓老百姓大吐苦水。一九七八年七月，胡耀邦提出經濟改革原則，其中包括：應賦予公司更大的主動權及決策權決定自身的出產；價格應隨供需浮動，而非由政府決定；政府對經濟的管制應該降低。所有這些建議都相當激進，但鄧已經大權在握。一九七八年十一月及十二月，第十一屆黨中央委員會第三次全體會議做出了突破性的決定。不顧華的反對，決議此後黨的核心目標不再是階級鬥爭而是經濟現代化。全會宣布了一些實驗性的做法，包括在某些省分實施「包產到戶責任制」，打算把集體農業趕回老家，將經濟刺激引進農村。次年，中央委員會確認「實事求是」為黨的核心，同時宣告文化大革命為中國人民的災難。這段時期內，鄧小平放手任命自己人進入黨政軍高層。對於華國鋒在中委會裡面的支持者，他不急著處理，而是採取平行到位。一九八〇年，華國鋒被迫辭去總理，趙紫陽取而代之。一九八二年，華國鋒從中委會除名。但鄧小平還有動作。一九八二年第十二次中國共產黨全國代表大會，然後是一九八五年九月全國人民代表大會，鄧小平終於完成黨政高幹的全面洗牌，引進更為年輕、更有心改革的人。拿一九八〇年與一九八五年做個比較，政治局裡，二十六個走掉了二十一個，中央書記處書記，十一個換掉八個，十八個副總理換了十一個。

至此，鄧小平及改革派的政治改革大功告成，採取一系列動作，進一步改革經濟制度。他們從農業著手。胡耀邦構想的包產到戶，為農村經濟提供激勵，一九八三年已經全面採行。一九八五年，廢除政府收購穀糧，由一套比較自願的合約體系取代，政府對農產價格的控制大幅放寬。在城市經濟方面，國營企業獲得更大的自主權，選定十四個「開放城市」，全力吸引外國投資。

首先起飛的是農村經濟，經濟刺激的引進導致產量大幅提升。儘管農業人口相對較少，一九八四年穀類生產還是比一九七八年高出三分之一。農村人口開始轉移到新的農村工業，亦即所謂的城鄉企業。一九七九年之後，新公司容許成立，並得以與國營事業競爭，這類企業便開始在國營體系之外成長。逐漸的，經濟激勵也開始引進工業部門，特別是國營事業的運作，儘管當時還看不見民營化的跡象，那是一九九〇年代中期以後的事了。

中國的重生隨之而來的是重大的轉移，從一套最高度的榨取式經濟制度轉向比較廣納性的制度。市場對農業及工業的激勵，繼之以外來的投資與技術，使中國走上了經濟快速成長的道路。但總的來說，這都還是榨取式制度下的成長，儘管其壓迫性已遠低於文化大革命，經濟制度也已經局部廣納。然而，我們絕不能因此低估了中國經濟制度改變的激烈。如同波札那及美國南部，關鍵的改變出現在關鍵時期——以中國來說，亦即毛澤東去世之後。此外，其間也有歷史的偶然，高度的歷史偶然，四人幫權力鬥爭失敗並非命中注定，如果他們沒有倒臺，中國就不可能經歷過去三十年來持續的經濟成長。倒是大躍進及文化革命所造成的災難與痛苦製造了足夠的改變要求，才使鄧小平及其支持者得以贏得政治上的鬥爭。

一如英格蘭光榮革命、法國大革命及日本明治維新，波札那、中國與美國南部都很生動地說明歷史並非命定。儘管惡性循環難破，榨取式制度還是能夠被廣納性制度取代。但事情絕不會自動發生，也絕非輕而易舉。各種因素的匯合，特別是關鍵時期加上推動改革的力量與有利的現行制度所形成的廣泛聯盟，在一個國家邁向更廣納性制度的過程中實屬不可或缺。另外，運氣也是關鍵，因為歷史往往都是以偶然的方式揭開序幕。

15 理解富裕與貧困

歷史的源頭

走遍整個世界，生活水準的差異極為巨大。在美國，縱使是最貧窮的人，不僅有收入，還可以接受醫療照顧、教育及公共服務，經濟及社會機會更是遠遠大過生活在下撒哈拉非洲、南亞洲及中美洲的廣大人群。南韓與北韓、兩個諾加雷斯、以及美國與墨西哥之間的對比在在提醒我們，這些都只是晚近的現象。五百年前，墨西哥——阿茲特克國的故鄉——無疑比起北邊的國度富裕，美國要到十九世紀才趕上墨西哥。兩個諾加雷斯之間的差距甚至是更為晚近的事。南韓與北韓在經濟、社會與文化上的截然不同，則是二次世界大戰後以三十八度線分割開來才形成的。同樣的，今天我們放眼所見的經濟差異，絕大部分也都是過去兩百年來才出現。

所有這些都是必然的嗎？過去兩百年來，西歐、美國、日本的富裕遠遠超過下撒哈拉非洲、拉丁美洲及中國，難道是由歷史、地理、文化或種族預先決定的？工業革命十八世紀從英國開始，然後擴展到西歐，又開枝散葉至北美及澳洲，這難道也是命定的？假設有一個世界，光榮革命及工業革命都發生在祕魯，然後祕魯人殖民歐洲並奴役白人，這有可能嗎，或只是歷史科幻小說的虛構？

要回答這些問題——甚至只是推論——都需要有一套理論來說明為什麼有些國家會繁榮富裕，有些則是失敗而貧窮。這套理論既要能夠清楚說明打造或妨礙繁榮富裕的因素，也要能夠指出其歷史的源頭。本書就是在提出這樣一套理論。任何複雜的社會現象，譬如世界上數以百計的政治體系之所以各有不同的經濟及政治軌道，若要追究起來，原因當然很多，因此，對於不同時空出現的類似結果，凡是將之歸於單一因素、過於簡單且一概而論的理論，多數社會科學家都不會加以採納，而是會尋求個別的解釋。但我們卻反其道而行，對新石器革命以來世界上經濟及政治發展的主要輪廓提出了一個簡單的理論。我們做這樣的選擇，當然不是天真到以為這樣一個理論可以說明一切，而是相信它能使我們專注於比較，雖然不免因此犧牲掉許多有趣的細節。但成功的理論不一定忠實地複製細節，而是為許多過程提供有用且可靠的解釋，同時釐清是什麼樣的力量在運作。

為了要達到這樣的目標，我們的理論在兩個層面上著手。其一，釐清榨取性與廣納性經濟及政治制度之間的區別。其二，說明廣納性制度為什麼會在某些地方出現，其他地方則否。理論的第一個層面談的是制度的歷史面，第二個層面是歷史如何塑造國家的制度。

廣納性經濟及政治制度與繁榮富裕的關係是我們的理論核心。廣納性經濟制度強化財產權，打造公平的遊戲場域，鼓勵新科技與新技術的投資，助長經濟成長，不像榨取式經濟制度則是少數人榨取多數人資源的體系，既無法保障財產權，也不為經濟活動提供誘因。廣納性經濟制度與廣納性政治制度互為支持。在政治權力分配上，廣納性政治制度傾向多元，且能達到某種程度的政治集權，並以此建立法治，為財產權及廣納性市場經濟奠定基礎。同樣的，榨取式經濟制度與榨取式政治制度也是互為支援。在權力分配上，榨取式政治制度將權力集中於少數人手中，這些人因此有動機為謀取私利維持並發展榨取式經濟制度，並運用所得的資源鞏固自己的政治權力。

縱使傾向如此，並不表示榨取式的經濟與政治制度就一定和經濟繁榮無關。相反的，人同此心，菁英階層也鼓勵盡可能地成長，以便榨取更多。政治上，榨取式制度至少達成了低度的中央集權，因此，有能力達成某種程度的成長。但問題是，榨取式制度下的成長無法持久，其關鍵有二：其一，持久的經濟成長需要創新，創新又與破壞性創造不可分。而所謂破壞性創造，不僅經濟上以新代舊，政治上也顛覆既有的權力關係。菁英階層抓著榨取式制度不放，最害怕創造性破壞，抗拒唯恐不及，因此，任何由榨取式制度培育出來的成長終究會是短命的。其二，宰制榨取式制度的人無不是犧牲社會上的多數人以圖利自己，因此，在榨取式制度下，政治權力成為垂涎的目標，團體與個人爭相奪取。其結果是，在榨取式制度下永遠都有強大力量把社會推向政治動盪。

榨取式經濟制度與政治制度合作無間，其結果就是惡性循環，榨取式制度一旦站穩了，就會沒完沒了。而同樣的，廣納性經濟制度與政治制度互動則產生良性循環。但話又說回來，無論惡性循環或良性循環都不是絕對的。事實上，有些國家歷史上雖然是以榨取式制度為主，但因為能夠打破窠臼並朝廣納性制度轉型，所以今天得以活在廣納性制度之下。我們是從歷史的角度來解釋這種轉型，但並非為歷史所決定。重大的經濟改變有賴於重大的制度改變，重大的制度改變則是現行制度與關鍵時期互動的結果。關鍵時期是指一個社會中崩解既有政治與經濟平衡的大事件，如十四世紀在歐洲許多地區導致將近半數人口死亡的黑死病；又如大西洋貿易路線的打開，為許多西歐國家製造了巨大的獲利機會；或如工業革命，為全世界的經濟結構提供既快速又具破壞性的改變。

社會的現行制度之所以各異，取決於過去的改變。每個社會的制度改變各不相同，原因又是什麼呢？答案是制度漂移。一如生物種群的基因會因為在演化或基因的漂移過程中隨機突變而逐漸漂離，兩個本來相同的社會也會在制度上分道揚鑣，但同樣也是緩慢的。利益與權力的衝突，以及間接的制度衝突，在任何社會都是常態。這種衝突經常會帶來難以預料的結果，甚至儘管它所發生的遊戲場域並不公平。衝突結果導致制度漂移，但這不一定是個累積的過程。換句話說，某一個點出現的小差異不一定會隨著時間而變大。相反的，一如第六章討論羅馬統治下的不列顛，小的差異發生，但又消失，然後又再出現。但不管怎麼說，當關鍵時期來臨，這些因制度漂移出現的小差異就有可能舉足輕重，引導本來完全相似的社會分道揚鑣。

如我們在第七及第八章所見，儘管英格蘭、法國與西班牙之間存在著許多相似的地方，但大西洋貿易此一關鍵時期獨對英格蘭形成最大的轉型衝擊，卻只是因為一些小小的差異——其實就只是十五及十六世紀的發展：在海外貿易這一塊上，英格蘭王室根本無法掌控，但在法國及西班牙，這一塊絕大部分是由王室獨占。如此一來，在法國及西班牙，大西洋貿易及殖民地擴張產生的巨大利益全都進了君主及其同黨的口袋，但英格蘭，在此一關鍵時期製造的經濟機會中得利的卻是強烈對抗君主的群體。制度漂移導致的雖然只是小小的差異，但與關鍵時期交互影響的結果卻造成了制度的分道揚鑣，而分道揚鑣的結果又製造出當下更重大的制度差異，等著被下一個關鍵時期牽引。

這當中，歷史是關鍵，因為整個來說就是一個歷史過程，經由制度的漂移產生了差異，差異又在關鍵時期出現時扮演了重大的角色。關鍵時期則是歷史的轉捩點。惡性及良性循環則告訴我們，必須研究歷史才能瞭解制度差異的本質，因為所有這些差異都是歷史所建構的。但我們的理論並不主張歷史決定論，或任何其他的決定論。正因為如此，對於我們在本章一開頭提出的問題，我們所給的答案是否定的，也就是說，祕魯之所以遠比西歐及美國貧困絕非歷史的必然。

首先，相較於地理及文化的假說，祕魯絕不是因為地理及文化才注定了貧困。依我們的理論，祕魯今天之所以遠比西歐及美國貧困，完全是制度所致，而要瞭解此中的原因，則需要瞭解祕魯制度發展的歷史過程。如我們在第二章所見，五百年前的印加帝國，也就是今天祕魯所占之地，無論其富庶、科技發展或權力的集中，都遠遠勝過當時占有北美之地的那些小政治體。轉捩點則在於此一地區被殖民的方式與北美的殖民形成了強烈對比，而此一結果並非歷史的決定，而是在關鍵時期來臨時，好幾次關鍵性制度發展所產生的偶然性結果。整個過程中，至少有三個因素可能改變其軌道，使長期的發展得到十分不同的結果。

第一，十五世紀時美洲內部的制度差異決定了這些地區被殖民的方式。北美所循的制度軌道大不同於祕魯，基本上，殖民前的北美洲只有零星的定居社會，而且所吸引前來的移墾者，這批人當時成功地起來抵抗如維吉尼亞公司及英國王室製造出來的菁英實體。相對之下，西班牙的征服者來到祕魯時，碰到的是一個中央集權的榨取式國家，他們大可取而代之，並接收其眾多的人民，將之投入礦場與農園從事勞作。歐洲人抵達時，美洲內部的情況也不是由地理所決定。如我們在第五章所見，在布尚人國王夏姆領導下所出現的中央集權國家，乃是重大制度創新乃至政治革命的結果，同樣的，位於祕魯境內的印加帝國及此一地區內的廣大人民也都是重大制度創新的結果。在北美洲，諸如密西西比流域甚至美國東北地區這些地方，這種情形也很有可能發生。如果情形真是這樣，歐洲人在安地斯山面對的就有可能是空曠的大地，而在北美洲碰到的則是中央集權國家，這樣一來，祕魯與美國的角色可能就會對調了。在祕魯，歐洲人定居下來，占多數的移墾者和菁英階層發生衝突，很有可能就此產生了廣納性的制度，而北美則走上相反的命運，隨之而來的經濟發展之路也就大異其趣了。

其次，一如艦隊司令培里的船艦抵達江戶灣時日本之所為，印加帝國也有可能起而抗拒歐洲殖民主義。儘管和日本德川幕府相較，印加帝國的壓榨性更嚴重，在祕魯想要搞出一場類似明治維新的政治革命當然不太可能，但若說印加帝國之完全屈服於歐洲人的統治乃是歷史的必然卻也未必。假若他們對於此一威脅的回應是起而抗爭，甚至是在制度上進行現代化，那麼，整個新世界的歷史進程，乃至整個世界的歷史，或許都會因之而大不相同。

其三，也是最根本的，歐洲人之所以成為世界的殖民者，絕不是歷史或地理或文化所決定。中國人甚至印加人也都有可能殖民全世界。當然，如果是從十五世紀的角度來看這個世界，這種情形根本就不可能發生，因為當時的西歐已經挺進美洲，而中國卻轉而向內退縮。但話又說回來，十五世紀的西歐本身就是制度漂移的不確定過程加上關鍵時期的產品，這中間沒有任何事情是必然的。西歐強權之所以能夠冒出頭來征服世界，有賴於幾個歷史性的轉捩點，其中包括：封建制度所採取的獨特路徑，一路下來取代了奴隸制度，弱化了君權；進入第一個千禧年之後的數百年間，獨立的以及在經濟上有自治能力的城市在歐洲興起；對於海外貿易，歐洲君主不像中國明朝的帝王，既不視之為威脅，因此也不曾加以打壓；以及黑死病的肆虐動搖了封建秩序。所有這些如果都不曾發生而是另有發展，今天我們生活的世界就有可能大為不同，一個生活於祕魯的人或許比歐洲或美國的人活得更為富足。

由於小差異與偶然性扮演了很關鍵的角色，因此很自然的，不管什麼理論，預測能力都是有限的。廣納性制度的重大突破居然會發生在英格蘭，十五世紀甚至十六世紀固然沒有人預料得到，遑論羅馬帝國崩潰後的那幾百年之間。這一切全都有賴大西洋貿易的打開，製造了獨特的制度漂移過程及關鍵時期才得以成為可能。一九七〇年代文化大革命進行期間，沒有幾個人敢說中國不久就會走上經濟制度的巨變以及隨之而來的快速成長。同樣的，未來的五百年情況會出現什麼變化，也不可能有人預測得準。然而這不是我們理論的缺點。到目前為止，我們所做的歷史陳述都在清楚指出，任何以歷史決定論為基礎的論述——地理、文化的或甚至其他歷史因素的——都是不恰當的。小差異及偶然性不僅是我們理論的一部分，也是歷史形成的一部分。

相較於其他社會，哪一種社會將會走向繁榮，儘管很難做出精確的預測，但整本書一路下來，世界各國的繁榮或貧窮，我們的理論已經清楚說明了其間的差異。接下去的數十年，那一型的社會比較有可能達成經濟成長，我們將在本章剩下來的篇幅中提出一些準則。

首先，惡性循環及良性循環都有其持續性與遲滯性。毫無疑問的，未來五十年甚至百年之內，美國與西歐以其廣納性經濟及政治制度為基礎，都將比下撒哈拉非洲、中東、中美洲或東南亞更為富裕，而且是相當程度地更富裕。但不管怎麼說，下一個世紀，這中間一定會有重大的制度變革，某些國家將打破窠臼，從貧窮轉型成富裕。

政治上幾乎沒有發展出中央集權的國家，諸如索馬利亞及阿富汗，或那些政府腐敗無能的國家，如過去數十年來的海地——早在二〇一〇年大地震摧毀全國基礎建設之前——在榨取式制度之下，當然不太可能達成經濟成長，也不可能做出重大改變走向廣納性制度。相反的，那些已經達到某種程度中央集權的國家——雖然可能是榨取式制度統治——卻十分可能在未來數十年中獲得成長。在下撒哈拉非洲，包括有長期中央集權經歷的國家如蒲隆地、衣索比亞、盧安達，以及中央集權制度已經上路的坦尚尼亞，或至少在獨立之後已經為中央集權做好準備的國家。在拉丁美洲，則包括巴西、智利及墨西哥，不僅政治上已經達成中央集權，而且在政治多元化方面也已經跨出了重大的步伐。至於哥倫比亞，按照我們的理論，則不太可能。

我們的理論也認為，榨取式政治制度下的成長，譬如中國，無法帶來持續的成長，有可能會後繼無力。在這些案例之外，還有許多不確定的地方。例如，古巴有可能會轉向廣納性制度，經歷一次重大的經濟轉型，但也有可能躊躇不前，仍然死守著榨取式的政治及經濟制度。亞洲的北韓及緬甸的情形也一樣。因此，就算我們的理論為制度的改變、改變之後的結果以及這種改變的本質——小差異及偶然性——提供了思考的工具，想要做成更為精確的預測仍然有其困難。

要從富裕與貧困之根源這樣廣泛的解釋當中擬訂政策建議，有必要更加留心謹慎。關鍵時期的影響，其關鍵在於現行制度，因為社會如何回應一個政策的介入，完全要看當時在位的制度。當然，我們的理論談的是國家如何追求繁榮富裕——將國家的制度從榨取式的轉型成為廣納式的。但從一開始我們就說過，要做到此一轉型並非輕而易舉。首先，光是惡性循環就足以說明制度之改變絕非看起來那麼容易。尤其特別的是，榨取式制度會戴上不同的假面自我複製，譬如第十二章所談的寡頭鐵律就是。因此，穆巴拉克總統的榨取式政權雖然在二〇一一年二月遭到人民推翻，卻不能保證埃及從此就可以走向比較廣納性的制度。相反的，榨取式制度仍然可能複製自己，完全不把民主運動的活力與期望放在眼裡。其次，由於歷史的道路是偶然的，現行的制度差異與關鍵時期的交互作用，到底會導致更廣納還是更榨取的制度，其實很難預料。不過能使政策建議朝廣納式制度改變，這是很重要的事情。無論如何，我們的理論對於政策分析還是十分有用，至少擬訂政策時可以使我們認清哪些建議是不好的，是根據錯誤的假設，或是對制度改變的理解不夠充分所致。這一方面，一如在大部分的事情上，不犯錯誤的重要性絕不下於解決問題，甚至還更切合實際。關於這種情形，最清楚明白的就是基於中國過去幾十年的成功成長經驗，而鼓吹「威權式成長」（authoritarian growth）的政策建議。我們要指出的是，這種政策建議其實是一種誤導，中國的成長，就其到目前為止的表現來看，只是榨取式成長的另一種形式，不可能演變成持續的經濟成長。

威權式成長難以抗拒的吸引力

城市的繁榮在中國是遲早的事，戴國芳很早就看清了這一點。一九九〇年代，新的高速公路、商業中心、住宅區及摩天大樓在中國有如雨後春筍四處興起，戴國芳看好未來十年的快速成長，心裡盤算著，他的公司江蘇鐵本鋼鐵大可利用低生產成本，特別是相較於國營鋼鐵廠的缺乏效率，一舉拿下廣大的市場。他籌劃了一間真正的大鋼廠，爭取到常州黨書記的支持，並於二〇〇三年動工。然而到了二〇〇四年三月，北京中共當局命令他停工，並以莫須有的理由將他逮捕，總以為可以從他的口供當中給他冠上一個罪名。接下來的五年，戴國芳先後遭到囚禁與軟禁，到了二〇〇九年才以一樁小罪定讞。但他真正的罪名其實是他妄圖和國營事業競爭，而且沒有得到共產黨更高層的批准。這案子倒是給其他人上了一課。

對於戴國芳這一類的企業家，共產黨這樣的反應一點都不令人意外。陳雲，鄧小平的親密戰友之一，早期市場改革的總策畫人，就曾經總結過大部分黨內同志的觀點，把經濟比喻成「籠中鳥」：中國的經濟是鳥，黨的控制則是籠子，籠子必須加大，好讓鳥兒更健康、更有活力，但千萬得鎖住不能放，免得鳥飛了。江澤民一九八九年出任中共總書記後不久，更進一步總結說，黨對企業家不放心，說他們無非是群「只顧自家的商販，偷搶拐騙，賄賂，逃稅，什麼都幹得出來」。整個一九九〇年代，縱使外國投資蜂擁進入中國，國營企業也獲准擴大營業，私人企業還是受到懷疑，許多企業家財產遭到沒收，甚至鋃鐺入獄。江澤民對企業家所持的觀點，雖然已經大幅淡化，但在中國仍然相當普遍。

用中國經濟學者的話來說：「大國營公司可以大肆擴充，但私人公司若也這樣搞，尤其是要和國營公司競爭時，麻煩就四面八方來了。」

今天在中國，儘管有不少民營公司獲利，許多的經濟要素還是掌控在黨的手裡。根據新聞記者馬利德（Richard McGregor）報導，中國每家最大國營公司頭頭的桌上都有一支紅色電話，一旦響起來，就是黨打來命令公司該做什麼，該在哪裡投資，或指示公司的目標。所有這些大公司仍然在黨的控制之下，當黨決定要更換公司主管時，無論免職或升遷，全都不需要理由。

當然，過去三十年中國大步邁向廣納性經濟制度，成就了令人刮目相看的成長率，並不能因為這些事情是就予以抹煞。大多數的企業家多少還是安全的，因為，無論是地方幹部或北京的共黨菁英階層，他們都下過功夫，搞好了關係。大部分國營企業也開始營利，並投入國際市場的競爭。相形於毛澤東統治下的中國，這可是驚天動地的巨變。如我們在前一章所見，中國之所以開始成長，是因為鄧小平改革了最榨取式的經濟制度，走向廣納性經濟制度。儘管速度緩慢，隨著中國的經濟制度益趨廣納，成長不斷持續。另一方面，中國之成長也受益於大量廉價勞工以及外國的市場、資金與技術。

相較於三十年前，中國今天的經濟制度縱使廣納得多，中國的成長經驗卻是榨取式政治制度下的產品。在中國，最近所強調的雖然都是創新與科技，但其基礎是建立在現行制度上的快速投資，而非創造性破壞。關於這一點，有一個重要的面向，那就是財產權在中國還不是完全可靠。就和戴國芳一樣，企業家的財產遭到沒收的事情時有所聞。勞動力移動的管制極為嚴格，最基本的財產權——按個人希望出賣自己的勞力——仍然極不完備。經濟體系的廣納度仍然極為不足，無論男女，沒有得到地方上黨的幹部，更重要的是北京的支持，沒有人敢冒險從事商業活動。商業與黨之間的關係是合則兩利。商人如果有黨的支持，所得到的合約條件都比較有利，可以驅趕一般老百姓，奪取他們的土地，違反法律及規則也可以免責。誰要是擋到這種商人的路，都會被踩到腳底下，甚至坐牢或喪命。

共產黨勢力的無孔不入以及榨取式的制度，不免讓人把中國今天的成長與一九五〇及六〇年間蘇聯的成長聯想到一塊，兩者之間的相似度實在太高，只不過其間也有顯著的差異。蘇聯之所以能夠在榨取式經濟及政治制度下達到成長，關鍵在於運用一個高度集權的指揮架構強迫分配資源，特別是把資源分配到軍火工業及重工業。這種成長之所以可能，部分原因在於太多地方有成長的空間。當創造性破壞還沒有必要時，榨取式制度下的成長就比較容易。中國的經濟制度確實比蘇聯的來得廣納，問題是中國的政治制度仍然是榨取式的。在中國，共產黨是全能的，控制著整個國家的官僚體系、軍隊、媒體及絕大部分的經濟。中國人民沒有什麼政治自由，也很難參與政治過程。

許多人始終相信，成長可以為中國帶來民主及更大的政治多元性。有人真的以為，一九八九年的天安門示威會帶來更大的開放甚至共黨政權的崩潰。但結果卻是坦克開進來鎮壓示威，而不是和平革命收場，史書上稱為天安門廣場屠殺。天安門事件後，中國的政治制度在許多方面益趨於榨取，改革派——如當時支持天安門學生的總書記趙紫陽——遭到罷黜，黨愈加熱中於箝制民間的自由派人士與壓制自由。趙紫陽遭到軟禁，一關就是十五年，名聞聲望逐漸消蝕，支持政治改革的人士甚至也不再視他為象徵。

時至今日，黨對媒體的控制——包括網際網路——達到空前的地步。之所以如此，則要拜自我審查之賜：媒體都知道，趙紫陽或劉曉波都碰不得。劉曉波強烈批評政府，要求更大的民主，甚至在獲得諾貝爾和平獎之後遭到逮捕，迄今身繫囹圄。自我審查的背後有一個歐威爾式的機關，監聽談話與通訊，關閉網站與報紙，甚至選擇性地封鎖網際網路上的特定新聞。二〇〇九年，黨總書記胡錦濤的兒子遭到指控貪汙的消息爆發時，所有這一切就公然上演。黨機關立刻動起來，不僅制止中國的媒體報導這個案子，還設法封鎖《紐約時報》及《金融時報》網站有關這則消息的報導。

由於經濟制度受到黨的掌控，創造性破壞也就大幅減少，非等到重大的政治改革發生，這種情形不會有所變化。和蘇聯一樣，在榨取式政治制度下，中國的成長經驗之所以大有可為，關鍵在於太多的地方還有成長的空間，需要迎頭趕上。相對於美國及西歐，中國的人均所得仍然瞠乎其後就是一例。當然，中國的成長比蘇聯多樣，並非只依賴軍火及重工業，中國的企業家也表現出相當的靈活性。但不管怎麼說，除非榨取式政治制度向廣納性制度讓步，這種成長終將後繼乏力。只要政治制度維持榨取式，成長就有其本身的限制，所有這類個案無一例外。

關於中國未來的成長，以及更重要的，威權式成長的有利性及可行性，中國經驗還引出了幾個有趣的問題。相對於「華盛頓共識」(Washington consensus)，這種成長變成了另類模式，而且還非常受歡迎。華盛頓共識強調市場及貿易自由化的重要，並主張許多低度開發地區唯有制度改革才能達成經濟成長。而威權式成長的部分訴求則是在跟華盛頓共識唱反調，這對掌握榨取式制度的統治者而言，或許更有吸引力，因為這樣一來他們可以為所欲為，維持甚至強化他們所掌握的權力，並合理化他們的榨取。

如我們的理論所揭示的，這種榨取式制度下的成長模式是可能的，對許多國家而言，甚至是最有可能實現的劇本，特別是一些中央集權已經做到相當程度的國家，從高棉及越南到蒲隆地、衣索比亞及盧安達。但很明顯的是，一如所有榨取式制度下的成長，這種成長是無法長久的。

以中國為例，成長的過程是立基於追趕效應（catch-up）、輸入外國技術，以及輸出低端產品，這種成長可能會維持一陣子，但也可能無以為繼，特別是中國達到中等收入國家的生活水平時。對中國共產黨以及愈來愈有權力的經濟菁英而言，未來數十年他們或許還有可能繼續大權在握。但如果是這樣的話，按照歷史及我們的理論，具有創造性破壞及真正創新精神的成長就無法出現，中國令人刮目相看的成長就將逐漸萎縮。然而，這種結果絕非注定的，如果中國在其榨取式制度下的成長達到極限之前轉變成為廣納性的政治制度，還是可以避免的。但話又說回來，想要中國自動或毫無痛苦地轉變成廣納性的政治制度，實在有點緣木求魚，這一點我們接下去就會談到。

中國共產黨內部已經有聲音，承認未來前途多艱，已經在散播政治改革的理念，用我們的話來說，就是轉變成更廣納的政治制度是必要的。總理溫家寶最近就提出警告，經濟成長將遇到瓶頸，除非政治改革立刻上路。我們認為溫家寶的看法是先見之明，儘管有人懷疑他的誠心。但西方卻有人不認同溫家寶的說法。他們以為，在持續經濟成長上，在廣納性的經濟及政治制度之外，中國走出了一條另類的道路，亦即威權式的。但他們錯了。我們已經明白，中國之所以成功，其根源在於跳脫死硬的共產黨經濟制度，為生產及貿易的增加提供了誘因。從這個角度看，相對於那些已經擺脫榨取式制度走向廣納性的國家，中國的經驗基本上並沒有什麼差別，縱使以中國來說是發生在榨取式的政治制度之下。因此，中國之達到經濟成長，絕不是拜其榨取式政治制度之賜，相反：過去數十年來成功的成長經驗全是因為擺脫了榨取式的經濟制度，走向更為廣納性的經濟制度所致，但因為高度威權性榨取式制度的存在，此一趨勢變得更困難而非更容易。

另一種支持威權式成長的理論雖然承認其本質並非可取，但卻宣稱威權統治只是過渡而已。此一觀點可以追溯到一項政治社會學的經典理論，亦即李普塞（Seymour Martin Lipset）提出的現代化理論。現代化理論主張，所有的社會在成長過程中都會走向更現代、更開發與更文明，特別是會朝向民主發展。認同此一理論的人又說，廣納性制度就和民主一樣，是成長過程的副產品，會隨著成長而出現。此外，儘管民主政治和廣納性政治制度不是同一個東西，定期選舉及開放的競爭還是會促進廣納性政治制度的發展。其他的現代化理論也宣稱，高教育水平的勞動力很自然地會導致民主及較優質的制度。另外還有後現代式的現代化理論，《紐約時報》專欄作家弗里曼（Thomas Friedman）甚至有這樣的說法：一個國家一旦有了夠多的麥當勞，民主政治和制度就會應運而生。所有這些都描繪出一幅樂觀的美景。過去六十年中，多數國家，甚至許多榨取式制度的政權，都見證了勞動力的教育程度提升，因此，勞工所得及教育水平持續升高，如此一來，所有其他的好事情，諸如民主、人權、公民自由及穩固的財產權也都會隨之而來。

無論在學術圈內外，現代化理論廣受支持。舉例來說，最近美國對中國的態度就深受這項理論的影響。對於中國的民主，老布希談到美國的態度時就曾經扼要地說：「與中國自由貿易，時間對我們有利。」意思和現代化理論如出一轍，亦即中國既與西方展開了自由貿易，它就會成長，而成長又會為中國帶來民主及優質的制度。然而，一九八〇年代以來，美中貿易儘管快速增加，對中國的民主卻少有貢獻，未來十年當中，就算兩國會有更緊密的關係，同樣也難產生作用。

在以美國為首的入侵之後，對於伊拉克社會與民主的前景，許多人同樣因為相信現代化理論而持樂觀的態度。儘管在海珊的統治下，伊拉克的經濟表現惡劣，但以二〇〇二年來說，卻也不致窮到下撒哈拉非洲的程度，而且人民的教育水平也比較高，因此大家都相信，伊拉克乃是一塊有利民主與公民自由乃至政治多元化發展的沃土。

但面對失敗國家榨取式制度的主要問題，現代化理論既不正確也沒有幫助。現代化理論最強有力的論據之一就是，富裕國家都是那些擁有民主政治、尊重民權與人權、有著運作良好的市場及廣納性經濟制度的國家。然而把這種推論拿來支持現代化理論，根本就忽略了廣納性經濟及政治制度對經濟成長的重要影響。誠如我們在整本書中的論述，有著廣納性制度的社會，是經過逾三百年的成長，今天才會變得相對富裕。由此可以讓我們清楚知道其間畢竟還是有差別的：過去建立廣納性經濟及政治制度的國家，雖然花了好幾個世紀才成就可長可久的經濟成長，而威權式統治只花了六十年或一百年就達成更為快速的成長，但卻不像李普塞的現代化理論所宣稱的，因此變得更為民主。其實這並不令人意外。榨取式制度下的成長之所以可能，關鍵在於成長本身與這種制度並不是不相容的，相反的，掌控榨取式制度的人不但不會把成長看成威脅，反而會將之看成是有利於統治的助力，中國共產黨一九八〇年以來的所作所為就是如此。同樣不令人意外的是，因自然資源的價值增加而帶來的成長，諸如加彭、俄羅斯、沙烏地阿拉伯及委內瑞拉，往往也不會使這些威權統治發生根本的轉型，走向廣納性制度。

歷史紀錄對現代化理論更為無情。不少相當富裕的國家都成了獨裁政權及榨取式制度的幫兇。二十世紀前半葉，德國及日本都是最富裕最工業化的國家，人民的教育水平也非常高，但這一切卻無法阻止國家社會黨（納粹）在德國的興起，也擋不住日本軍國統治透過戰爭擴張領土的野心，使兩國政治及經濟制度都一百八十度大轉彎地走向了榨取式制度。十九世紀時，得全世界資源價格飛漲之力，阿根廷也是世界上最富有的國家之一，其富裕甚至可以和英國媲美，人民的教育水平也是拉丁美洲最高的，但相對於拉丁美洲大部分地方，其民主與政治多元卻不見得成功，如我們在十一章所見，政變接二連三，甚至民選元首也成了貪婪的獨裁者。即使到最近，由於在廣納性經濟制度上少有進展，如我們在第十三章所見，二十一世紀的阿根廷政府仍然剝削老百姓的財富，還可以全身而退。

所有這些例子在在說明了幾個重要的觀點。首先，威權統治（中國榨取式政治制度）下的成長雖然可以持續一段時間，但少了廣納性經濟制度及創造性破壞支撐，勢將無法轉型成為持久的成長。其次，不同於現代化理論的主張，我們不認為威權式成長會帶來民主與廣納性的政治制度。中國、俄羅斯以及其他一些威權政權儘管目前正經歷某些成長，但除非他們能夠將政治制度轉型，變得更為廣納，其菁英階層有意願或內部有力量促使這樣的改變，否則其成就終是有限的。其三，就長久而言，威權式成長既非人民所願也不可行，因此國際社會不應予以鼓勵，使其不致成為拉丁美洲、亞洲及下撒哈拉非洲的模範，許多國家之所以會選擇這條道路，其實只是因為它符合經濟及政治菁英階層的利益。

繁榮富裕不是設計出來的

不同於我們在本書提出的理論，對於如何「解決」貧窮問題，無知假說早有現成的建議：我們雖然無知，英明睿智的領袖與決策者卻可以帶領我們走出來，只要提供正確的建議，讓政治人物相信好的經濟理論，便可以在世界上「設計」繁榮。在第二章討論此一假說時，我們曾以一九七〇年代初期迦納總理布西亞為例特別強調，減少市場失靈並鼓勵經濟成長的政策最常碰到的阻礙並非無知的政客，而是社會的政治與經濟制度加諸於他們的誘因與限制。然而，無知假說迄今仍然主宰西方決策圈的高層，他們幾乎完全不管別的東西，只在乎如何設計繁榮。

設計之說通常有兩種模式。其一，是國際組織如國際貨幣基金組織經常提倡的，他們認為貧窮是經濟政策及制度的產物，因此由這類國際組織提出一套改善措施，誘使貧窮國家接受（華盛頓共識就有一套做法）。這類改善措施主要著眼於高度敏感事務，諸如總體經濟的穩定，以及看似吸引人的總體經濟目標，諸如政府部門規模的瘦身、靈活的匯率及資本帳自由化。同時也著眼於更傾向個體經濟的目標，諸如民營化、公共服務效能的改進，此外或許也會提出建議，諸如加強反貪腐措施以改善政府運作。雖然就本身來看這些改革都是合理的，但華盛頓、倫敦、巴黎及其他地方的國際組織卻還是一味埋在錯誤的觀點中，無法認清政治制度的角色以及它們加諸於決策的限制。國際機構威脅利誘貧窮國家接受較好的政策及制度企圖設計經濟成長，之所以無法成功，並非貧窮國家領袖的無知，而是因為沒有從脈絡中去解釋為何壞政策與壞制度在此生成。因此再好的政策既沒被採用也沒有落實，要不然就是徒具虛名。

舉例來說，全世界不知有多少國家表面上採納了這類改革，尤其是拉丁美洲國家，但整個一九八〇至一九九〇年代卻全都停滯不前。事實上，在所有被迫接受這類改革的國家中，政治照樣一成不變。因此，縱使改革已經上路，原來的用意卻遭到扭曲，要不然就是政治人物使了別的手段弱化改革的衝擊。國際機構為了達成總體經濟穩定所建議的一項關鍵「措施」——中央銀行獨立——就可以充分說明這種情形。這項建議不是徒具理論虛名就是根本沒有落實，要不就是被其他政策工具給破壞殆盡。這種情形完全可以理解。世界上有太多的政治人物花錢都超過賦稅收入，然後又強迫中央銀行印鈔票補足這個落差，結果則是通貨膨脹製造了不穩定及不確定。理論上，就和德國的聯邦銀行一樣，獨立的中央銀行是要抗拒政治壓力以限制通貨膨脹的。辛巴威總統穆加比決定聽從國際的建議，一九九五年宣布辛巴威中央銀行獨立。在此之前，辛巴威的通貨膨脹大約盤旋於二〇%左右，但到二〇〇二年，卻成了一四〇%，二〇〇三年，六〇〇%，二〇〇七年，六六〇〇〇%，到了二〇〇八年，衝到了百分之二億三千萬！在一個連總統都會中彩券的國家，法律通過中央銀行獨立只是廢紙一張當然不稀奇。辛巴威的中央銀行總裁或許知道，獅子山和他坐同樣位子的人，因為不同意史帝芬斯的做法，結果從中央銀行頂層「摔落」的下場，因此，無論央行是否獨立，為了保住自己的健康與生命，最好聽從總統的命令，國家經濟的健康已不在考量之中。當然，並不是所有國家中央銀行的命運都和辛巴威一樣。在阿根廷及哥倫比亞，中央銀行也於一九九〇年代獨立，而且也確實扮演好了壓低通貨膨脹的角色。不過既然這兩個國家的政治沒有發生變化，政治菁英階層就用別的方法買選票，維護自己的利益，並大大獎賞自己及他們的追隨者。由於無法印鈔票，他們便另闢蹊徑。兩個國家都一樣，中央銀行獨立的同時，政府的開銷也大幅擴張，資金絕大部分來自借貸。

另外一種設計富裕繁榮的途徑今天尤其流行。這一派的人承認，要把一個國家從貧窮拉拔到繁榮絕非一夕之功，甚至花個幾十年也不見得奏效。所以他們宣稱，許多「微型市場失靈」（micro-market failures）可以經由優質的建議獲得矯正，如果決策者善用機會的話，還是可以獲致繁榮——當然又是在經濟學家及其他人協助及指導下達成的。這一派的人宣稱，在貧窮國家，微型市場失靈無所不在，譬如存在於教育體系、衛生保健服務以及市場組成的方式。沒錯，情形確實如此。但問題是，這些微型市場失靈只是冰山的一角，只是榨取制度下社會運作深層問題的症狀而已。貧窮國家的總體經濟政策不良絕非巧合，同樣的，他們的教育體系失調也絕非巧合。這一類的市場失靈絕不能單獨歸咎於無知。應該要執行良善建議的決策者及官僚，本身或許就是問題之所在，而負責的人沒有優先解決貧窮的制度性原因，即使企圖改正這些效能不彰的事情，最後可能正好導致完全相反的結果。

非政府組織的曼迪爾（Seva Mandir）介入印度拉加斯坦（Rajasthan）邦衛生保健系統的改善，正好可以用來說明這些問題。在印度，衛生保健服務之缺乏效率與失靈可以說根深柢固。政府所提供的衛生保健既容易取得又廉價，至少在理論上是如此，醫護人員通常也都是領有證照的專業人士。但實際上，政府的衛生保健設施甚至連最貧窮的印度人都不使用，人們寧願選擇既昂貴許多甚至有缺陷的非正規民間醫療。然而，這並不是某種非理性作祟，而是因為人民根本無法從政府得到任何醫療照顧，其癥結則在於政府的衛生保健設施形同虛設。老百姓如果到政府的衛生機構去，那裡不僅沒有護士，甚至可能不得其門而入，因為衛生設施大部分時間都是關閉的。

二〇〇六年，曼迪爾及一群經濟學者設計了一套誘因方案，鼓勵拉加斯坦邦烏代浦爾（Udaipur）地區的護士重返工作崗位。想法很簡單：曼迪爾採用打卡鐘，護士來上班要打日期和時間，每天打卡三次，以確保準時上班、人在現場、準時下班。如果計畫落實，保健服務的質與量都增加了，由此就可以證明關鍵問題很容易解決的理論是成立的。

到頭來，此一介入出現了非常不同的結果。計畫剛實施不久，護士的出勤明顯增加。但那只是曇花一現。大約一年多一點時間，地區的衛生機關故意破壞曼迪爾引進的誘因方案。出勤情況回到平常的水平，「休息日」——護士可以不要上班的日子——明顯增加，但這是地方衛生機關批准的。此外，「機器問題」——打卡鐘故障——也明顯增加，但曼迪爾卻無法加以更換，因為地方衛生機關不肯合作。

強迫護士每天打卡三次並不算是什麼創新的點子。事實上，這是所有業界，甚至印度的業界，都在採用的措施，現在只不過是要用到衛生機關做為一種解決問題的辦法。乍看之下，對這樣一種簡單的誘因方案的無知，應該不至於導致其無疾而終。但計畫進行期間所發生的事卻完全證實了這一點。衛生機關的陰謀破壞要負最大責任，在這個地方性的曠職問題上，他們與護士狼狽為奸，既不願意看到誘因方案強迫護士返回工作崗位，也不希望她們因不出勤而領不到薪水。

這個故事充分說明，有意義的改革之所以變得窒礙難行，問題完全出在制度。在這個個案當中，破壞曼迪爾及發展經濟學家的誘因方案，不是貪腐的政客或有力的商人而是地方的衛生機關及護士，由此可見，微型市場失靈輕而易舉就可以解決或許只是空想而已。這也就是說，制度結構如果可以製造市場失靈，同樣也就可以在微觀層次扼殺改革的介入。想要製造繁榮卻不去面對問題的癥結——亦即榨取式制度以及保護其存在的政治狀況——一切都只是徒然。

外援的失靈

二〇〇一年九月十一日，蓋達組織（Al Qaeda）對美國發動攻擊之後，以美國為首的聯軍揮兵阿富汗，迅速推翻庇護蓋達組織成員的專制政權塔利班（Taliban）。二〇〇一年十二月，與美軍合作的阿富汗聖戰士前領導人及阿富汗猶太人的主要成員，包括卡爾扎伊（Hamid Karzai），擬定了一項建立民主政權的計畫。第一步是成立大會議（Loya Jirga），選舉卡爾扎伊領導臨時政府。對阿富汗來說，事情極為樂觀。絕大多數阿富汗人民都渴望把塔利班拋諸腦後。國際社會認為，當時阿富汗最需要的就是大批外援的注入。聯合國及幾個非政府組織的代表很快就來到首都喀布爾。

接下來的演變實在不令人驚訝，特別是過去五十年來外援失靈及政府失靈的殷鑑歷歷在目。但不管驚訝與否，老調依舊重彈。數十個援助團隊及隨行人員搭乘自己的私人飛機抵達，各種非政府組織蜂擁而至，展開各自的計畫，政府與國際團體代表之間的高層會談開始進行。數以十億計的美元湧入阿富汗，但用在基礎建設、學校或其他公共服務上的卻微乎其微，廣納性制度的推展或治安的恢復尤其受到忽略。儘管大部分的基礎建設仍然殘破不堪，第一筆錢居然是用來委託一家航空公司，來回載送聯合國及其他國際官員。第二件要務則是司機及通譯。於是他們又僱用了極少數能夠說英語的公務人員及阿富汗學校僅存的教師，開車陪著他們四處跑，收入是當時阿富汗薪資的好幾倍。隨著少數專業公務人員改換跑道去服務外國援助團體，援助也流失了，根本沒有用在阿富汗的基礎建設上，因此，原來以為可以改頭換面的阿富汗政府卻開始從根爛起。

阿富汗中部山谷偏遠地區的村民從收音機上聽說，一項數百萬美元的新計畫將為他們建設新家。隔了好長一段時間，總算盼到了幾根木條，由大名鼎鼎的前軍閥伊斯梅爾．可汗（Ismail Khan）所壟斷的運輸業及阿富汗政府官員送了進來，但又太過巨大，根本無法在當地使用，村民只好把它們用在唯一能用的地方：當柴火燒了。所以說，承諾村民的數百萬美元跑到哪裡去了呢？二〇%拿去用在聯合國日內瓦總部，餘下來的轉包給一個非政府組織，又用掉二〇%在布魯塞爾該組織的總部上，如此這般，另外三個單位又各拿到大約二〇%，把剩下來的分了。至於進入阿富汗的一點點錢，則是拿去向西邊的伊朗買木料，其中大部分又用來支付飛漲的運費，進了伊斯梅爾．可汗的運輸公司。而這些國外進口的木條居然還能送到村民手上，那也算是一項奇蹟了。

阿富汗中部山谷的情形並非孤立事件，許多研究估計，真正用到目標上的援助只有一〇%，頂多二〇%。指控聯合國及地方官員撈錢的調查多達數十項，但絕大部分外國援助的浪費還不是舞弊所造成，而是因為無能或甚至更糟：這對援助組織而言不過就是一筆生意。

相較於其他地方，阿富汗的援助經驗還算是成功的。過去五十年來，以「發展」援助名義付給世界上許多政府的金錢多達數十兆美元，和阿富汗的情形一樣，大部分都因為經常開支及貪汙而浪費掉了。更嚴重的是，很多錢進了獨裁者的口袋，譬如蒙博托就是靠著西方金主的援助，一方面收買支持者鞏固自己的政權，一方面自己吃得飽飽的。下撒哈拉非洲其他地方的情形也大致如此。倒是危難時期的人道急難援助，如最近的海地及巴基斯坦，其成效較為顯著，儘管在發放方面還是有同樣的瑕疵。

儘管紀錄不佳，但在對抗世界的貧窮上，以「發展」為名的援助還是西方政府、國際組織如聯合國以及各種非政府組織最常用的政策。當然，外國援助的失靈經驗也就一再重複上演。為解決下撒哈拉非洲、加勒比海、中美洲及南亞的貧窮，西方國家應該提供大量「發展援助」，根本上來說，這是因為誤解了貧窮發生的原因才會產生的想法。像阿富汗這類國家，其所以貧窮是因為榨取式制度，根本的癥結在於沒有財產權，缺乏治安或健全的司法體系，以及政治及經濟生活完全為全國性的（更常見地方性的）菁英階層所宰制。制度問題同樣導致外援的無效，因為援助遭到盜用，根本無法送到該去的地方。最糟的情形則是成了為虎作倀，徒然養壯了造成問題癥結的政權。可長可久的經濟成長既然有賴於廣納性制度，援助榨取式制度的政權當然不能解決問題。不可否認，人道援助之外，把錢拿到沒有學校的地方去蓋學校，拿到請不起教師的地方去付教師的薪資，的確有很大的用處。援助團體湧入喀布爾，但在改善阿富汗老百姓的生活方面，大部分團體卻什麼都沒做，比較值得注意的是，在建學校方面算是相當成功，對塔利班統治時期甚至之前完全失學的女孩子來說尤其如此。

有一個解決方式最近變得比較受歡迎，部分原因是這種方式承認制度與繁榮富裕甚至援助之間確實有著某些關係，因此應是「有條件的」。按照此一觀點，若要繼續對外援助，接受援助的政府就必須符合一定的條件，譬如市場自由化或政治民主化。小布希政府以千禧年挑戰帳戶（Millennium

Challenge Accounts）為起點，朝這種有條件的外援邁出了一大步，未來的援助都將以經濟及政治幾個發展面向的改善程度為依據。但有條件援助的效果顯然並不比無條件援助來得高明。未能符合條件的國家所接受的援助還是一樣。理由很簡單：無論在發展或人道方面，它們都需要更大的援助。結果完全可以預料，有條件援助對國家制度照樣發生不了作用。不管怎麼說，如果因為要多得一點外援，獅子山的史帝芬斯或剛果的蒙博托就廢掉自己的榨取式制度，那才真教人驚奇。在下撒哈拉非洲，即使外援在許多政府的預算中占相當大分量，但千禧年挑戰帳戶成立後，援助的條件增加，一個獨裁者以折損自己權力為代價所得到的額外援助不僅不多，拿自己的國家統治權或生命冒險也不值得。

但這並不代表人道援助以外的對外援助就應該停止。結束對外援助既不切合實際也可能造成更多的人受苦。之所以不切合實際，是因為許多西方國家人民對於世界上的經濟及人道災難都會感到罪惡及不安，對外援助可以使他們覺得，在問題的處理上自己到底做了一些事情。縱使所做的事情未必非常有效，他們卻有心繼續下去，同樣的道理，對外援助也是如此。國際組織及非政府組織的龐大與複雜也會不停要求並動員資源以確保現狀的維持。此外，對那些有迫切需要的國家切斷援助未免太過無情。沒錯，大多數都浪費掉了。但每給出一美元的援助，若有十分錢到了世界上最窮苦的人手中，十分錢也好過他們之前有的，可以解一時之急，勝過一無所有。

這裡有兩個重要的啟示。其一，要應付如今世界上諸多的失敗國家，外援並非十分有效的方法。根本還差得遠。要打破貧窮的循環，只有靠廣納性經濟及政治制度才有可能。外援在這方面通常幫不上什麼忙，而且目前用的方法也不對。重要的是要理解世界上不平等與貧窮的根源所在，才不至於對錯誤的承諾抱持任何希望。既然根源在於制度，在接受國既定制度的架構內，外援其實不太能做什麼以刺激持續成長。其二，既然廣納性經濟及政治制度才是關鍵所在，利用現有外援，至少是其中一部分，去促進這方面的發展，應該是有用的。如我們所見，由於有條件的外援要求現任統治者讓步，因此並不能解決問題。因此，反過來施為，用外援把權力圈之外的團體及領袖帶進決策過程，讓廣大人民得到權力，或許還比較有結果。

賦權

一九七八年五月十二日，巴西聖保羅州聖伯納多市（São Bernardo），史卡尼亞（Scânia）卡車工廠看似平常的一天。但工人卻不平靜。一九六四年軍方推翻古拉特（João Goulart）總統的民主政府以來，巴西就禁止罷工。但剛傳來的消息說，政府公布的通貨膨脹數據顯示，生活開銷的增加遭到低估。早上七點的班開始上工時，工人放下了工具。八點，廠內員工兼工會組織人梅內澤斯（Gilson Menezes）召集工會。聖伯納多金屬加工工會（São Bernardo Metalworkers）的理事長是個激進分子，年方三十三，名叫魯拉．達．席爾瓦（Luiz Inacio lula da Silva），人稱魯拉（Lula）。中午時分，魯拉人在工廠，公司要求他說服工人回去工作，他拒絕了。

史卡尼亞的罷工是第一波，接下來，罷工浪潮橫掃巴西。表面上，罷工訴求的是薪水，但魯拉後來強調：

我認為我們不能把經濟和政治分開……爭的是薪水，但在爭薪水的過程中，工人階級贏得了一場政治勝利。

巴西勞工運動的再起只不過是廣大社會群眾對十五年軍事統治反彈的一部分。和魯拉注定在民主再生之後成為巴西總統一樣，左派知識分子卡多索（Fernando Henrique Cardoso）在一九七三年強調，當眾多反對軍事統治的社會團體集結起來時，就是巴西創造民主的時候。他說，巴西最需要的就是「公民社會……職業團體、工會、教會、學生組織及輿論界，亦即社會運動的活化」，換句話說，一個以再創民主並改變巴西社會為目標的廣泛聯盟。

史卡尼亞為此一聯盟的形成打了頭陣。到一九七八下半年，魯拉開始有了成立新政黨勞工黨（Worker's Party）的想法，但他堅持，這個黨並不應只屬於工會，而應該是所有受薪階級及全體窮人的。由此出發，工會領袖組織一個政治平臺的企圖動了起來，開始把紛紛冒出頭的社會運動結合起來。一九七九年八月十八日，一次為組織勞工黨的研討會在聖保羅舉行，集合了前反對陣營的政治人物、工會領袖、學生、知識分子，以及一百個一九七〇年代在全巴西成立的社會運動的代表。一九七九年十月，代表所有這些團體的勞工黨正式在聖伯納多的聖球德塔迪歐（São Juda Tadeo）飯店成立。

儘管軍方老大不情願，政治的開放很快就讓勞工黨有了斬獲。一九八二年的地方選舉中，該黨首度推出候選人，贏得兩席市長選舉。整個一九八〇年代，民主風氣逐漸在巴西復甦，勞工黨拿下的地方政府愈來愈多。到一九八八年，該黨控制的大城市已經多達三十六個，包括大都會如聖保羅及阿里格雷港（Porto Alegre）。一九八九年，軍事政變以來首次總統選舉，第一輪競選，魯拉獲得十六％的選票，在與柯洛爾（Fernando Collor）進行的決選中，得票四四％。

拿下許多地方政府後，事情在一九九〇年代加速變化，勞工黨與許多地方性的社會運動開始進入一種共生關係。在阿里格雷港，一九八八年之後第一次執政的勞工黨推行所謂「參與式預算」（participatory budgeting），容許一般市民參與都市優先支出的擬定，打造了一個可靠而負責的地方政府體系，大幅改善公共服務及城市生活品質，足堪為世界典範。該黨在地方上的政績反映到全國的層次，獲得了更大的政治動力與成功。儘管魯拉在一九九四及一九九八年的總統選舉中敗給了卡多索，卻在二〇〇二年當選為巴西總統。從此以後，勞工黨執政至今。

各種社會運動與勞工組織團體集結，在巴西形成了一個廣泛聯盟，對巴西的經濟產生了重大影響，一九九〇年起，經濟快速成長，到二〇〇六年，貧窮人口從四五％降至三〇％。軍方統治期間快速升高的不平等開始急速下降，勞工黨執政後尤其顯著，教育大幅擴充，人民受教育的平均年數，從一九九五年的六年增加到二〇〇六年的八年。巴西如今已經名列「金磚四國」（BRIC，巴西、俄國、印度、中國），成為拉丁美洲第一個在國際外交圈舉足輕重的國家。

一九七〇年代以來，巴西的興起既不是國際機構的經濟學家指導巴西決策者如何設計較佳政策或避免市場失靈所致，也不是因為外援的注入而達成，更不是現代化的結果，而是各種人民團體勇敢地建立了廣納性制度的成果。所有這一切最後又導致了更廣納性的制度。巴西的轉化，一如十七世紀的英格蘭，是以創造廣納性的政治制度為開端。但社會要如何才能建立廣納性的政治制度？

如我們所知，改革運動屈服於寡頭鐵律，以更有害的政權取代榨取式制度的事例，歷史上所在多有。一六八八年的英格蘭，一七八九年的法國，一八六八年明治維新時期的日本，都是政治革命啟動了打造廣納性政治制度的過程。但這種政治革命通常都會製造大的破壞及困局，結果是否成功，不確定性極高。布爾什維克革命口口聲聲推翻沙皇俄羅斯的剝削經濟體系，代之以更公正、更有效率的制度，為千千萬萬俄羅斯人帶來自由與繁榮。結果呢？完全相反。布爾什維克推翻了政府，取而代之的卻是更壓迫更榨取的制度。中國、古巴及越南如出一轍。許多非共黨國家的徹底改革同樣也愈改愈糟。納瑟信誓旦旦要在埃及建立一個現代的平等社會，但如我們在第十三章所見，結果卻只帶來穆巴拉克的貪腐政權。在許多人的眼裡，穆加比是一個自由鬥士，驅逐了史密斯高度榨取式的羅德西亞種族主義政權。但換成了辛巴威，其制度榨取依然，經濟表現甚至比獨立前更糟。

在北美、十九世紀英國及獨立後的波札那，政治革命成功地為廣納性制度及漸進的制度改革鋪路，同時也顯著強化了廣納性政治制度，其共通點是他們都為社會廣大的多元層面賦予了政治權力。廣納性政治制度的奠基石——政治多元化，需要社會普遍享有政治權力，從少數菁英階層包辦權力的榨取式制度走出一條路來，而這則需要一個賦權的過程。如同我們在第七章強調的，這也是光榮革命有別於菁英階層互鬥的地方。以光榮革命來說，政治多元化的根苗是在推翻詹姆士二世，以商人、實業家、士紳，甚至許多未和王室結盟的英格蘭貴族組成的廣泛聯盟為首的政治革命中。如我們所見，光榮革命的動力來自一個廣泛聯盟的動員及賦權，更重要的是，回過頭來，它又為更廣泛的社會部門帶來更進一步的賦權——儘管此一部門和整個社會相比非常渺小，英格蘭離真正的民主也還要再等兩百年。在北美洲殖民地，如我們在第一章所見，引導廣納性制度出現的因素也很相似。同樣的，有愈來愈廣泛的社會部門獲得賦權，一路從維吉尼亞、卡羅萊納、馬里蘭及麻薩諸塞，通往獨立宣言，直到廣納性的政治制度在美國得到鞏固。

法國大革命亦然，也是社會有更大部門獲得賦權的例子，它起而反對法國的舊制度，並為更多元的政治體系鋪路。但法國大革命的插曲，特別是羅伯斯比高壓殺戮的恐怖統治，也充分顯示出賦權的過程並非不會誤入歧途。然而，羅伯斯比及其雅各賓黨人最終還是遭到唾棄，法國革命最重要的遺產並非斷頭臺，而是革命在法國及歐洲其他地方所帶動的廣泛改革。

這些歷史上的賦權過程，和巴西一九七〇年代以來的情況，有許多可供對比的地方。在巴西，工會運動固然是勞工黨的根苗之一，但領導人物如魯拉，以及許多支持該黨的知識分子及反對派政治人物，打從一開始就在尋求廣泛聯盟的組成。隨著地方性的社會運動，這些動力開始向全國擴散，一旦該黨拿下了地方政府，不僅激勵了民間的參與者，同時也在整個國家的治理上掀起了一股革新的風潮。在巴西，不同於十七世紀的英格蘭及十八世紀之交的法國，沒有一夕之間點燃政治制度轉變過程的劇烈革命，但在聖伯納多工廠中開始的賦權過程照樣影響深遠，部分原因是它所造成的根本政治變革是全國性的，舉例來說，將軍事統治轉變成為民主政治。更重要的是，由於巴西的賦權是來自草根層面，因此也就確保民主轉型會朝著廣納性政治制度的方向發展，這是導致一個致力提供公共服務、教育及公平競賽場域的政府誕生的關鍵因素。如我們所見，民主並不保證政治多元化。拿巴西政治多元制度的發展來和委內瑞拉的經驗相比，脈絡就看得更清楚了。一九五八年之後，委內瑞拉也轉型為民主，但此一轉變未經草根層面的賦權，因此也就沒有創造多元的政治權力分配。相反的，貪汙、酬庸及衝突在委內瑞拉始終不輟，結果某種程度上，選民投票時甚至心甘情願支持查維茲這類專制者，究其原因，極可能是他們認為只有他能夠對抗委內瑞拉傳統的菁英階層。所以，委內瑞拉仍然在榨取式制度下受苦，而巴西則打破了窠臼。

到底可以做什麼去啟動，或者也許只要推動賦權的進行，因而使廣納性政治制度得以發展？當然，最誠實的答案就是根本沒有任何祕方。但很自然的，要使賦權過程比較容易上路，還是有某些顯而易見的因子，其中包括：某種程度的中央集權，唯其如此，社會運動挑戰現行制度時才不致立刻陷入無政府狀態；某些傳統的政治制度中已經具備了少量的政治多元化，譬如波札那傳統的政治制度，唯其如此，廣泛聯盟才能夠形成且持久；以及要有能夠協調民眾需求的民間社會機構（civil society institutions）出現，唯其如此，反對運動才不致輕易就被在位的菁英階層擊垮，也才不會變成另一群體控制現行榨取式制度的工具。但在這些要素中，有許多是歷史已經預定，要不然就是緩慢形成的。巴西的例子充分顯示，民間社會機構及相關的政黨組織的建立不是問題，但這個過程極為緩慢，而且在不同的情況下如何才會成功，其機制也不是很清楚。

另外還有一個或一組因子，可以在賦權過程中扮演轉化的角色，那就是媒體。對於有權力的人在經濟及政治上是否濫用權勢，如果欠缺廣泛的資訊，社會賦權往往難以協調及持續。在第十一章，我們就看到媒體扮演守門人角色，把美國國內企圖破壞廣納性制度的勢力告知公眾並協調他們的訴求。同樣的，在第十一章的討論中我們也看到，在導引社會廣泛部門的賦權成為更持久的政治改革上，特別是在英國民主化的過程中，媒體也扮演了關鍵角色。

在英格蘭的光榮革命、法國大革命以及英國十九世紀邁向民主的過程中，小冊子與書籍在告知與激勵上都扮演了重要的角色。同樣的，因資訊科技的進步，在伊朗人民反抗二〇〇九年艾哈邁迪內賈德（Ahmadinejad）的選舉舞弊及隨後的鎮壓中，扮演核心角色的則是新形式的媒體，如網路部落格、匿名聊天、臉書及推特，而在本書完成之際仍在進行的阿拉伯之春抗議中，這些也都扮演了同樣核心的角色。

威權統治通常都會特別注意自由媒體的重要性，而且不遺餘力地予以打壓。最有名的例子就是藤森在祕魯的統治。儘管最初是透過民主選舉而掌權，但沒多久藤森就建立了一個獨裁政權，一九九二年仍然在職期間就發動一次政變。此後，選舉雖然繼續，藤森卻建立一個貪腐政權，以壓迫與賄賂遂行統治，並極端依賴得力助手祕魯情報頭子蒙特西諾斯（Vladimiro Montesinos），政府收買效忠所花的每一筆錢都有翔實紀錄，許多賄賂的經過甚至都有錄影存證。之所以這樣做是有道理的。除了單純保留紀錄之外，這些證據也確保大家都成了共犯，藤森與蒙特西諾斯要是有罪，所有人都跑不掉。藤森政權垮臺之後，這些紀錄分別落入新聞記者及官方之手。媒體在獨裁者眼裡的價值因而曝光。紀錄顯示，最高法院法官的價錢是每月五千至一萬美元，同黨或他黨的政治人物價位相當。但到了報紙或電視臺，金額則動輒百萬。為了控制電視臺，藤森與蒙特西諾斯有一次付了九百萬美元，還有一次超過一千萬美元，付給一家主流報紙的也超過一千萬美元，至於其他報紙，每一則頭條價碼是三千至八千美元不等。他們認為，抓住媒體更勝於控制政治人物及法官。蒙特西諾斯的跟班貝羅將軍（General Bello）在一卷錄影帶中總結說：「如果不能控制電視，我們就什麼都做不了。」

中國目前的榨取式制度也極度依賴當局對媒體的控制，就我們所知，在這方面，其精密複雜的程度令人咋舌。中國一名評論家扼要地說：「要維持黨在改革中的領導地位，有三個原則必須把握：黨要控制軍隊；黨要控制黨員；黨要控制新聞。」

當然，自由媒體與新的資訊科技充其量只能處於邊緣，為追求更廣納制度的人提供訊息並協調其需求與行動。這些方面的支援若想要產生有意義的改變，唯有賴社會廣泛部門的動員並組織起來影響政治發生變化，而且在這樣行動時，絕不是基於派系理由，也不是要控制榨取式制度，而是要把榨取式制度轉型成為更廣納的制度。這樣的一個過程是否能夠上路，並為更進一步的賦權及可長可久的改革敞開門戶，如我們在許多不同例子中所見，有賴於經濟及政治制度的歷史進展，許多雖然微小卻重要的差異，以及歷史非常偶然的行徑。

致謝

本書是經過十五年合作研究所得的成果，其間，實務上及心智上都累積了極多人情，其中虧欠最多的就屬我們長期的合作者Simon Johnson，許多有助於我們理解比較經濟發展的關鍵性學術論文，他都是共同執筆人。

其他共同執筆人，與我們一同研究相關的計畫，在我們的觀點形成過程中扮演了極重要的角色，這方面我們特別要感謝Philippe Aghion、Jean-Marie Baland、María Angélica Bautista、Davide Cantoni、Isaías Chaves、Jonathan Conning、Melissa Dell、Georgy Egorov、Leopoldo Fergusson、Camilo García-Jimeno、Tarek Hassan、Sebastián Mazzuca、Jeffrey Nugent、Neil Parsons、Steve Pincus、Pablo Querubín、Rafael Santos、Konstantin Sonin、Davide Ticchi,、Ragnar Torvik、Juan Fernando Vargas、Thierry Verdier、Andrea Vindigni、Alex Wolitzky、Pierre Yared、Fabrizio Zilibotti。

還有一些人也扮演非常重要的角色，過去多年來不斷給我們鼓勵、質疑及批評。我們特別要感謝Lee Alston、Abhijit Banerjee、Robert Bates、Timothy Besley、John Coatsworth、Jared Diamond、Richard Easterlin、Stanley Engerman、Peter Evans、Jeff Frieden、Peter Gourevitch、Stephan Haber、Mark Harrison、Elhanan Helpman、Peter Lindert、Karl Ove Moene、Dani Rodrik、Barry Weingast。

在塑造我們的觀點及鼓勵我們研究上，有兩個人，Joel Mokyr及Ken Sokoloff扮演了特別重要的角色，對於我們在心智上所得的厚賜，藉此機會表達誠摯的感謝。遺憾的是，Ken Sokoloff在本書完稿前過世，僅此致以無限哀思。

二〇一〇年二月我們就本書初稿在哈佛計量社會科學研究所（Institute for Quantitative Social Science Harvard）召開討論會，除了感激出席的學者，我們也要特別感謝討論會的共同籌備人Jim Alt和Ken Shepsle以及討論人Robert Allen、Abhijit Banerjee、Robert Bates、Stanley Engerman、Claudia Goldin,、Elhanan Helpman、Joel Mokyr、Ian Morris、Sevket Pamuk、Steve Pincus、Peter Temin、Melissa Dell、Jesús Fernández-Villaverde、Sándor László、Suresh Naidu、Roger Owen、Dan Trefler、Michael Walton、Noam Yuchtman，感謝他們在討論會中及平時所賜的高見。

我們同樣感謝Charles Mann、Leandro Prados de la Escosura及David Webster給我們的專業建言。

研究及寫作本書期間，我們兩個都是加拿大高等研究所（Canadian Institute for Advanced Research）制度、組織及成長組的研究員，曾經多次在所內會議中提出與本書相關的研究，受到所方及所內學者支持，受益良多。

在各種不同的研討會及會議上，針對本書內容的發展，也曾經有數百人給予我們指教，在一些報告及討論的場合，我們獲得了一些建議、想法及洞見，但未能一一致謝，僅此致歉。

我們也十分感激María Angélica Bautista、Melissa Dell及Leander Heldring，感謝他們對本書寫作計畫的大力協助。

最後，我們同樣要深切感激的是，我們非常幸運擁有一個富有見解且全力支持的好編輯John Mahaney。他的觀點及意見對本書大有助益，因為有了他的支持與熱心，使得整個寫作計畫可能最累人的最後一年半變得愉快。

Africa's Slave Trades," *Quarterly Journal of Economics* 123, no. 1, 139–76.

地圖16：出自以下多張地圖South Africa, A. J. Christopher（2001）, *The Atlas of Changing South Africa*（London: Routledge）, figure 1.19, p. 31; for Zimbabwe, Robin Palmer（1977）, *Land and Racial Domination in Rhodesia*（Berkeley: University of California Press）, map 5, p. 245.

地圖17：取材自Alexander Grab（2003）, *Napoleon and the Transformation of Europe*（London: Palgrave Macmillan）, map 1, p. 17; map 2, p. 91.

地圖18：資料來源the 1840 U.S. Census, downloadable at the National Historical Geographic Information System: http://www.nhgis.org/.

地圖19：資料來源1880 U.S. Census, downloadable at the National Historical Geographic Information System: http://www.nhgis.org/.

地圖20：Daron Acemoglu, James A. Robinson, and Rafael J. Santos（2010）, "The Monopoly of Violence: Evidence from Colombia," at http://scholar.harvard.edu/jrobinson/files/jr_formationofstate.pdf.

Earliest Times to Independence（New York: Longman）, map 8.4, p. 228.

地圖7：資料數據來自the Defense Meteorological Satellite Program's Operational Linescan System（DMSP-OLS）, which reports images of the Earth at night captured from 20:00 to 21:30 local time from an altitude of 830 km（http://www.ngdc.noaa.gov/dmsp/sensors/ols.html）.

地圖8：繪製資料根據Jerome Blum（1998）, *The End of the Old Order in Rural Europe*（Princeton: Princeton University Press）.

地圖9：取材自以下多張地圖Colin Martin and Geoffrey Parker（1988）, *The Spanish Armada*（London: Hamilton）, pp. i–ii, 243.

地圖10：取材自Simon Martin and Nikolai Gribe（2000）, *Chronicle of the Maya Kings and Queens: Deciphering the Dynasties of the Ancient Maya*（London: Thames and Hudson）, p. 21.

地圖11：取材自Mark A. Kishlansky, Patrick Geary, and Patricia O' Brien（1991）, *Civilization in the West*（New York: HarperCollins Publishers）, p. 151.

地圖12：索馬利亞宗族取材自Ioan M. Lewis（2002）, *A Modern History of Somalia*（Oxford: James Currey）, map of "Somali ethnic and clan-family distribution 2002"；阿克蘇姆宗族地圖取材自Kevin Shillington（1995）, *History of Africa*, 2nd edition（New York: St. Martin' s Press）, map 5.4, p. 69.

地圖13：J. R. Walton（1998）, "Changing Patterns of Trade and Interaction Since 1500," in R. A. Butlin and R. A. Dodgshon, eds., *An Historical Geography of Europe*（Oxford: Oxford University Press）, figure 15.2, p. 326.

地圖14：取材自Anthony Reid（1988）, *Southeast Asia in the Age of Commerce, 1450–1680: Volume 1, The Land Below the Winds*（New Haven: Yale University Press）, map 2, p. 9.

地圖15：資料來源Nathan Nunn（2008）, "The Long Term Effects of

有關中國共產黨的控制，見McGregor（2010）, p.

地圖出處

地圖1：印加帝國、印加道路網取材自John V. Murra（1984）, "Andean Societies before 1532," in Leslie Bethell, ed., *The Cambridge History of Latin America*, vol. 1（New York: Cambridge University Press）. 採礦米塔管轄區的地圖則取自Melissa Dell（2010）, "The Persistent Effects of Peru's Mining Mita," *Econometrica* 78:6, 1863–1903.

地圖2：資料數據來自Miriam Bruhn and Francisco Gallego（2010）, "The Good, the Bad, and the Ugly: Do They Matter for Economic Development?" forthcoming in the *Review of Economics and Statistics.*

地圖3：資料數據來自World Development Indicators（2008）, the World Bank.

地圖4：野豬地圖取材自W. L. R. Oliver; I. L. Brisbin, Jr.; and S. Takahashi（1993）, "The Eurasian Wild Pig（Sus scrofa）," in W. L. R. Oliver, ed., *Pigs, Peccaries, and Hippos: Status Survey and Action Plan*（Gland, Switzerland: IUCN）, pp. 112–21. 原牛地圖取材自Cis van Vuure（2005）, *Retracing the Aurochs*（Sofi a: Pensoft Publishers）, p. 41.

地圖5：取材自Daniel Zohary and Maria Hopf（2001）, *The Domestication of Plants in the Old World*, 3rd edition（New York: Oxford University Press）, wheat map 4, p. 56; barley map 5, p. 55. 稻米分布地圖取材自Te-Tzu Chang（1976）, "The Origin, Evolution, Cultivation, Dissemination, and Diversifi cation of Asian and African Rices," *Euphytica* 25,

地圖6：庫巴王國來源Jan Vansina（1978）, *The Children of Woot*（Madison: University of Wisconsin Press）, map 2, p. 8. 剛果王國來源Jan Vansina（1995）, "Equatorial Africa Before the Nineteenth Century," in Philip Curtin, Steven Feierman, Leonard Thompson, and Jan Vansina, *African History: From*

票的民權立法，見Wright（1999）。

毛澤東死後中國政治轉型的本質及政治策略，見Harding（1987）以及MacFarquhar and Schoenhals（2008）。鄧小平關於貓的談話取自Harding, p. 58。文化大革命的發起點取自Schoenhals（1996）, p. 33；毛澤東評論希特勒取自MacFarquhar and Schoenhals, p. 102；華國鋒的「兩個凡是」取自Harding, p. 56。

第15章：理解富裕與貧困

戴國芳的故事見McGregor（2010）, pp. 219-26。紅色電話也是取材自McGregor, chap. 1。有關黨的媒體控制，見Pan（2008）, chap. 9及McGregor（2010）, pp. 64-69 and 235-62。黨對企業主的態度取自McGregor（2010）, pp.200-201 and 203。溫家寶談中國政治改革www.guardian.co.uk/wworld/2010/aug/29/wen-jiabao-china-refom。

現代化假說詳見Lipset（1959）。不利於現代化假說的證據，見Acemoglu, Johnson, Robinson and Yared（2008, 2009）。布希的談話取自news.bbc.co.uk/2/hi/business/75224.stm。

二○○一年十二月後阿富汗境內的非政府組織活動及外援取材自Ghani and Lockhart（2008）。另見Reinikka and Svensson（2004），以及Easterly（2006）論外援的問題。

有關辛巴威總體經濟改革及通貨膨脹問題，見Acemoglu, Johnson, Robinson and Querubin（2008）。曼迪爾的討論取自Banerjee, Duflo and Glennerster（2008）。

巴西勞工黨的組成，見Keck（1992）；有關史卡尼亞的罷工，見該書第四章。卡多索的談話，見Keck, pp. 44-45；魯拉的談話，見Keck, p. 65。

有關藤森及蒙特西諾斯之企圖控制媒體，見McMillan and Zoido（2004），內地在阿根廷發展的角色，見Sawers（1996）。

Hassig and Oh（2009）對北韓生活有極有價值的記述，第二章描述領導階層的奢華生活，第三及第四章談多數老百姓面對的經濟現實。英國廣播公司報導的貨幣改革，見news.bbc.co.uk./2/hi/8500017.stm。

有關娛樂宮及白蘭地的消耗，見Post（2004）, chap. 12。

有關烏茲別克的童工及其採收棉花，主要依據Kandiyoti（2008），見www.soas.ac.uk/cccac/events/cotton-sector-in-cetrl-asia-2005/file49842.pdf。古爾南茲的談話見Kandiyoti（2008）, p. 20。安集延起事，見International Crisis Group（2005）。史達林的蘇維埃聯邦選舉取材自Denny（1937）。

有關埃及「裙帶資本主義」的分析主要依據Sfakianakis（2004）。

第14章：打破窠臼

我們對波札那的處理主要依據Acemoglu, Johnson, and Robinson（2003）；Robinson and Parsons（2006）；及Leith（2005）。Schapera（1970）以及Parsons, Henderson, and Tlou（1995）為基本的著作。高級專員雷伊的談話，見 Acemoglu, Johnson, and Robinson（2003）, p. 96。三名酋長訪問英倫主要依據Parsons（1998）；所有相關談話均取自這本書：Chamberlain, pp. 206-7；Fairfield, p. 209；Rhodes, p. 223。沙佩拉的談話引自Schapera（1940）, p. 72。馬西雷的談話引自Masire（2006）, p. 43。有關茨瓦納的族群成分，見Schapera（1952）。

我們處理美國南方的改變，主要依據Acemoglu and Robinson（2008b）。美國南方的人口移動，見Wright（1999）；機械化採棉，見Heinicke（1994）。FRDUM FOOT SPETGH引自Mickey（2008）, p. 50。佘孟德一九四八年的演講取自www.slate.com/id/2075151/，也可以聽錄音。有關密西西比州的梅里迪斯及牛津，見Doyle（2001）。有關黑人在南方投

Alston and Ferrie（1990）討論了南方政治人物對抗聯邦的立法，他們認為此舉有礙南方的經濟。Woodward（1955）最早概述吉姆·克勞法的產生。

Halliday and Molyneux（1981）概述了衣索比亞革命。有關皇帝的支持，見Kapuscinski（1989）, pp.49 and 48。

第 13 章：當前的國家為什麼會失敗

英國廣播公司報導穆加比中彩卷，包括辛巴威銀行的談話，見news.bbc.co.uk/2/hi/Africa/621895.stm。

我們處理白人在羅德西亞的統治，是依據Palmer（1977）及Alexander（2006）。比較晚近的辛巴威政治，Meredith（2007）有精采的概述。

有關獅子山的內戰，我們的主要參考包括Richards（1996）、Truth and Reconciliation（2004）及Keen（2005）。一九九五年自由城的報紙分析引自Keen（2005）, p. 34。革命聯合陣線的「民主的小徑」，見www.sierra-leone.org/AFRC-RUF/footpaths.html。

吉歐馬青少年的談話引自Keen（2005）, p. 42。

有關哥倫比亞的自衛隊組織，主要依據Acemoglu, Robinson, and Santos（2010），以及Chaves and Robinson（2010），但這些又主要依據哥倫比亞學者著作，特別是Romero（2003）、Romero（2007）裡的論文及Lopez（2010）。關於哥倫比亞當代衝突的本質，Leon（2009）的論述既清楚又平衡。同樣基礎性的還有周刊*Semana*的網站www.verdadabierta.com/。所有的引述均取自Acemoglu, Robinson, and Santos（2010）。蘭諾斯與卡杉納爾市長的合約有西班牙文版本，見www.verdadabierta.com/victimarios/los-jefes/714-perfil-hector-german-buitrago-alias-martin-llanos。

小畜欄的起源與結果詳見《經濟學人》系列文章：www.economist.com/Search/apachesolr_search/corralito。

一九五二年的玻利維亞。

英國國會文件係為House of Commons（1904）, p.15。獅子山獨立後的初期政治史，詳見Cartwright（1970）。史蒂芬斯停建鐵路的理由雖有不同的說法，但最可信的就是他要孤立曼德蘭。這方面是根據Abraham and Sesay（1993）, p. 120；Richards（1996）, pp. 42-43；以及Davies（2007）, pp. 684-85。論史帝芬斯之作品首推Reno（1995, 2003）。有關產銷協議會的資料取材自Davies（2007）。班古拉墜樓而死，見Reno（1995）, pp. 137-41。Jackson（2004）, p. 63及Keen（2005）, p. 17，討論了國家安全局及特別安全局。

在非洲，產銷協議會毀掉了獨立後的農業生產，最早的分析見於Bates（1918），在迦納，與酋長的政治關係可以決定土地的財產權，見Goldstein and Udry（2009）。

一九九三年政治人物與西班牙征服者之間的關係，見Dosal（1995）, chap. 1及Casaus Arzu（2007）。有關貿易領事館的政策根據Woodward（1966）。巴里奧斯總統的談話引自McCreery（1994）, p. 178-88。有關烏維科的統治，我們根據Grieb（1979）。

有關美國南方低度發展的討論，以Acemoglu and Robinson（2008b）為主。有關內戰前奴隸經濟的發展，見Wright（1978）；有關工業的缺乏，見Bateman and Weiss（1981）。Fogel and Engerman（1974）持相左的觀點。Wright（1986）及Ransom and Sutch（2001）對一八六五年之後南方經濟改變的程度有所概述。眾議員朱利安的談話引自Wiener（1978）, p. 6。同書也包括內戰後南方地主菁英階層持續狀況的分析。Naidu（2009）檢視了一八九〇年代南方實施人頭稅及識字測驗的影響。杜博斯的談話，見Du Bois（1903）, p. 88。阿拉巴馬州憲二五六條，見www.legislature.atate.al.us/CodeOfficeAlabama/Constitution/1901/CA-245806.htm。

法引自 Thompson（1975），pp. 65-66。其他引述見 Thompson 論法規的部分，pp. 258-69，值得詳讀。

有關英格蘭民主化的討論根據的是 Acemoglu and Robinson（2000a, 2001, and 2006a）。格雷伯爵的演講引自 Evans（1996），p. 223。史帝芬斯有關民主的說明引自 Briggs（1959），p. 34。湯普森的談話引自 Thompson（1975），p.269。

人民憲章全文見 Cole and Filson（1951）及 web.bham.ac.uk/1848/document/Peoplech.htm。

柏克的談話引自 Burke（1790/1969），p. 152。

有關過去兩百年民主的共生進化及公共政策見 Lindert（2004, 2009）。

美國政治權利的演進，見 Keyssar（2009）。范德比爾特的話引自 Josephson（1934），p. 15。羅斯福的談話，見 www.theodore-roosevelt.com/sotu 1.html。

威爾森的談話見 Wilson（1913），p. 286。

羅斯福總統的爐邊談話：miller-center.org/Scripps/archive/speeches/detail/3309。

阿根廷及美國最高法院法官任期，見 Iaryczower, Spiller, and Tommasi（2002）。Helmke（2004）討論阿根廷買通法院的歷史並引述了法官費特的話。

第 12 章：惡性循環

本章主要的論據是我們對制度之持續所做的理論及實務研究，特別是 Acemoglu, Johnson, and Robinson（2005b），以及 Acemoglu and Robinson（2008a）。Heath（1972）、Kelly and Klein（1980）把寡頭鐵律用在

p.66。芬萊引述自Bundt（1979），p.242。

西方富裕國家的開發是世界其他地方低度開發的鏡中之像，此一概念最初由Wallersein（1974-2001）提出，但他所強調的道理有別於我們。

第10章：富裕的擴散

本章的主要基礎為之前與Simon Johnson及Davide Cantoni的研究：Acemoglu, Johnson, Robinson（2002）與Acemoglu, Cantoni, Johnson, and Robison（2010, 2011）。

有關澳洲早期的制度發展，是根據Hirst（1983, 1988, 2003）及Neal（1991）。軍法官柯林斯收到的書狀原件見（感謝Macquarie University Law School in Australia）www.law.edu.au/scnsw/html/Cable%20v%20inclair,%201788.htm。

麥卡瑟對溫瓦茲支持者所列的特徵引自Melbourne（1963）, pp.131-32。

有關羅特希爾德家族的源頭，根據Ferguson（1998）；羅特希爾德對其子所說的話是根據Ferguson, p. 76。

有關法國大革命對歐洲制度的影響，我們所參考的包括Acemoglu, Cantoni, Johnson, and Robison（2010, 2011）以及其中的參考資料。法國大革命的標準概述，見Doyle（2002）。有關封建規費的資料取材自Lenger（2004）, p. 96。行會對歐洲發展的影響見Ogilivie（2011）。

大久保利通的生涯，見Iwata（1964）。坂本龍馬的八點計畫改寫自Jansen（2000）, p. 310。

第11章：良性循環

有關黑面法案的敘述取材自Thompson（1975）。南恩六月二十七日的說

第 9 章：倒退發展

有關荷蘭東印度公司對安汶及班達的占領，以及該公司對東南亞發展的負面影響，取材自 Ganna（1978），特別是 Reid（1993）, chap. 5。Reid 有關 Tome Pires 的論述引自 p. 127；馬昆達那峨的荷蘭因素見 p. 299；馬昆達那峨的國王見 p. 299-300。有關荷蘭東印度公司對香料價格影響的資料取材自 O' Rourke 及 Williamson（2002）。

有關非洲社會的奴隸及奴隸貿易的影響，Lovejoy 有極為可靠的論述（2002）。Lovejoy, p. 47, Table 31 也對奴隸貿易的範圍有所說明。Nunn（2008）對奴隸貿易對非洲經濟制度及成長的影響首次提出量的估計。武器及火藥輸入的資料取材自 Inikori（1977）。Francis Moore 的敘述引自 Lovejoy（2002）, p. 89-90。Law（1977）是一份有關奧約國擴張的研究。奴隸貿易對非洲人口的影響取 Manning（1990）。有關「合法生意」時期的分析，我們的討論主要是根據 Lovejoy（2000）, chap. 8、Law（1995）中的文章以及 Austin（2005）的重要著作。有關非洲奴隸的非洲人部分取材自 Lovejoy（2002）, p. 192, Table 9.2。

有關賴比瑞亞勞工的資料取材自 Clower、Dalton、Harwitz and Walter（1966）。

二元經濟的概念由 Lewis（1954）提出，Fergson（2010）設計了一套數學模型。Palmer and Parson（1977）所編論文集首先提出二元經濟是殖民主義產物的說法。我們對南非的敘述取材自 Bundy（1979）及 Feinstein（2005）。

莫拉維亞教會傳教士引自 Bundy（1979）, p. 46，海明引述自 Bundy, p. 72；東格里克蘭土地所有權的擴大見 p. 89；桑吉卡的發展見 p. 94；布萊斯說的話見 p. 97；歐洲觀察家一八八四年在芬格埔所做的談話見 p. 100-101。奧布引述自 Feinstein（2005）, p. 63；原住民事務書記所說的話見 p. 45；維沃爾德見 p. 159。非洲金礦工人實質薪資的資料見 Wilson（1972）

有關鄂圖曼帝國反對印刷的內容參考自 Savage-Smith（2003）, pp. 656-659。識字率的比較歷史出自 Easterlin（1981）。

我們對西班牙政治制度的討論根據的是 Thompson（1994a, 1994b）。在這段期間西班牙經濟衰退的證據請參考 Nogal and Prados de la Escosura（2007）。

我們對奧匈帝國經濟發展之障礙的討論源自 Blum（1943）、Freudenberger（1967）和 Gross（1973）。特蕾莎女皇的引言出自 Freudenberger, p. 495。哈提希伯爵和法蘭西斯一世的其他所有引言來自 Blum。法蘭西斯對提洛爾省代表的回答引自 Jaszi（1929）, pp.80-81。馮艮茨答覆歐文的話引自 Jaszi（1929 ）, p. 80。奧地利羅特希爾德氏的經驗出自 Corti（1928）, chap. 2。

我們對俄羅斯的分析根據 Gerschenkron（1970）。克魯泡特金的引言出自 Kropotkin（2009）, p60。尼古拉與米哈伊的談話引述自 Saunders（1992）, p. 117。坎克林有關鐵路的引言出自 Owen（1991）, pp. 15-16。

尼古拉對製造商的演說轉述自 Pintner（1967）, p. 100。

薩克瑞夫斯基的引言出自 Pintner（1967）, p. 235。

有關鄭和的討論參考自 Dreyer（2007）。現代中國初期的經濟史出自 Myers and Wang（2002）。唐甄的引言出自 Myers and Wang, p. 564-565。

參考 Zewde（2002）以綜觀相關的衣索比亞歷史。衣索比亞榨取式制度的歷史根源資料，以及我們在此的所有引言都出自 Pankhurst（1961）。

我們對索馬利亞制度和歷史的敘述出自 Lewis（1961, 2002）。烏加斯的希爾出自 Lewis（1961）, p. 177；我們對宗族惡鬥的描述出自 Lewis（1961）, chap. 8，書中還包括許多別的例子。有關塔加利王國和書寫文字參考自 Ewald（1998）。

medieval/magframe.asp。

Elton（1953）是亨利八世在位期間的政府體制發展極有影響力的研究，而Neale（1971）以這些研究解釋國會的演進。

有關農民起義的研究，請參考Hilton（2003）。希爾的引言出自Hill（1961）25頁。有關查理一世的「個人統治」，我們引用自Sharp（1992 ）。我們對不同群體和地區如何支持或反對國會的證據引述自Brunton and Pennington（1954）、Hill（1961）和Stone（2001）。Pincus（2009）是光榮革命與政治與經濟制度具體改變相關討論的基礎研究，例如廢除爐灶稅和英格蘭銀行的創立。也請參考Pincus and Robinson（2010）。Pettigrew（2007, 2009）討論對獨占權的攻擊，包括皇家非洲公司，而我們的請願資料來自他的論文。Knights（2010）強調請願在政治上的重要性。我們有關霍爾氏銀行的資料來自Temin and Voth（2008）。

有關考伯斯韋特和貨物稅官僚體系的資料來自Brewer（1988）。

我們對工業革命經濟史的概述參考Mantoux（1961）、Daunton（1995）、Allen（2009a），和Mokyr（1990, 2009），他們提供了我們所討論的知名發明家和發明的細節。波德溫家族的故事出自Bogart and Richardson（2009, 2011），他們強調光榮革命、重劃土地權和興建道路與運河之間的關聯。有關印花棉布法案和曼徹斯特法案的立法引言來自O'Brien, Griffiths, and Hunt（1991）。工業新人輩出等內容出自Daunton（1995）, chap. 7和Crouzet（1985）。

我們對主要制度改變先發生在英格蘭的討論是根據Acemoglu, Johnson, and Robinson（2005a）和Brenner（1976）。有關獨立商人和他們的政治偏好的數字資料出自Zahedieh（2010）。

第8章：別在我們的領土

自Finlay（1999）和Bang（2008）。對羅馬衰亡的討論則參考Ward-Perkins（2006）和Goldsworthy（2009）。有關羅馬帝國末期的制度變遷參考自Jones（1964）。格拉古與哈德良的故事出自Finley（1999 ）。

最早發表的沉船證據是Hopkins（1980）。有關這個主題的概論與格陵蘭冰蕊計畫請參考De Callatay（2005）和Jongman（2007）。

文都蘭達的記述可在網路上找到，網址為vindolanda.csad.ox.ac.uk/。我們採用的引言來自TVII Pub. no.: 343。

導致羅馬不列顛沒落因素的討論來自Cleary（1989）, chap. 4；Faulkner（2000）, chap, 7；Dark（1994）, chap 2。

有關阿克蘇姆的討論，參考Munro-Hay（1991）。歐洲封建制度及其起源出自Bloch（1961）的權威研究；衣索比亞的封建制度參考自Crummey（2000）。Phillipson（1998）做了阿克蘇姆崩潰與羅馬帝國崩潰的比較。

第7章：轉折點

威廉．李發明機器和覲見伊莉莎白一世的故事，可從以下網頁取得：calverton.homestead.com/willlee.html。

用戴克里先的最高價格令得出實質薪資的資料出自Allen（2009b）。

我們對工業革命原因的論述深受North and Thomas（1973）、North and Weingast（1989）、Brenner（1993）、Pincus（2009）和Pincus and Robinson（2010）的影響。這些學者反過來受到早期馬克思主義者對英國制度改變及資本主義興起的詮釋啟發；參考Dobb（1963）和Hill（1961, 1980）。有關亨利八世建立國家的計畫改變了英國社會結構，也請參考Tawney（1941）。

大憲章的內容可從線上阿瓦隆計畫取得，網頁為avalon.law.yale.edu/

第5章：「我已見過未來，它行得通」

有關斯蒂芬斯出使俄羅斯和他對巴魯克說的話，請參考Steffens（1931），chap. 18, pp. 790-802。針對一九三〇年代餓死的人數，我們採用Davies and Wheatcroft（2004）的數字。關於一九三七年人口普查的數字，參考Wheatcroft and Davies（1994a, 1994b）。Berliner（1976）研究了蘇聯經濟中創新的性質。我們有關史達林主義如何運作、尤其是計畫經濟的討論是根據Gregory and Harrison（2005）。有關美國經濟學教科書的作者持續錯誤估計蘇聯的經濟成長，請參考Levy and Peart（2009）。

我們對利利人和布尚人的處理和詮釋，主要根據Douglas（1962, 1963）和Vansina（1978）的研究。

有關長夏的概念，請參考Fagan（2003）。納圖夫人的介紹和我們提到的考古遺址可以在Mithen（2006）和Barker（2006）中找到。有關阿布胡瑞拉影響深遠的研究請參考Moore, Hillman, and Legge（2000），其中記述了定居生活和制度創新在農耕前出現。參考Smith（1998）以獲得定居生活在農耕前出現的概觀，和從Bar-Yosef and Belfer-Cohen（1992）以瞭解納圖夫人的情況。我們對新石器革命的研究方法是受到Sahlins（1972）的啟發，研究中也有伊爾約隆特人的軼聞。

我們有關馬雅歷史的討論參考Martin and Grube（2000）和Webster（2002）。科潘人口史的重建來自Webster, Freter, and Gonlin（2000）。有日期文件的數量來自Sidrys and Berger（1979）。

第6章：漸行漸遠

威尼斯例子的相關討論參考自Puga and Trefler（2010），以及Lane（1973），chap. 8 and 9。

有關羅馬的材料包含在所有標準歷史中。我們對羅馬經濟制度的詮釋來的關係。經濟學家近來開始發表這方面的文獻，例如Acemoglu（2005）和Besley and Persson（2011）。最後，Johnson（1982）、Haggard（1990）、Wade（1990）和Amsden（1992）強調東亞國家特定的政治經濟如何讓它們在經濟上如此成功。Finley（1965）發表的原創論述，主張奴隸制要為古典世界缺乏科技動能負責。

Acemoglu（2008）強調榨取式制度下的成長可能發生、但也很可能後繼無力的概念。

第4章：小差異和關鍵時期

Benedictow（2004）提供對黑死病最具權威的記述，雖然他對瘟疫殺死人數的評估仍有爭議。薄伽丘和西魯斯貝里的引言出自Horrox（1994）。Hatcher（2008）提供對黑死病的預期和抵達英格蘭的生動紀錄。勞工法的內容可從線上的阿瓦隆計畫取得，網址為avalon.law.yale.edu/medieval/statlab.asp。

黑死病對東歐與西歐分歧的影響最根本的研究是North and Thomas（1973），以及特別是Brenner（1976），後者對初期的政治權力分配如何影響瘟疫結果的分析，大大影響了我們的想法。有關東歐的第二次農奴制請參考DuPlessis（1997）。Conning（2010）和Acemoglu and Wolitzky（2011）發展出Brenner論題的形式。瓦特的引言出自Robinson（1964），pp. 223-224。

在Acemoglu, Johnson, and Robinson（2005a），我們先提出的論點是，大西洋貿易與初始制度差異的交互影響導致英格蘭在制度上的分歧，終至帶來工業革命。寡頭鐵律的概念來自Michels（1962）。關鍵時期的概念最先發展的是Lipset and Rokkan（1967）。

有關制度在鄂圖曼帝國長期發展中扮演的角色，請參考Owen（1981）、Owen and Pamuk（1999）和Pamuk（2006）的重要研究。

黃平元和他哥哥重逢的描述出自James A. Foley訪問黃平元，收錄於Foley（2003 ）, pp. 197-203。

榨取式制度的概念源自Acemoglu, Johnson, and Robinson（2001）。廣納式制度這個詞由Tim Besley建議我們使用。經濟輸家和政治輸家間的差別出自Acemoglu and Robinson（2000b）。巴貝多的資料來自Dunn（1969）。我們論述的蘇聯經濟資料來源是Nove（1992）和Davies（1998）。Allen（2003）提供另一個替代來源，也是解釋蘇聯經濟的有力資料。

在社會科學文獻中，有許多與我們的理論和觀點有關的研究。參考Acemoglu, Johnson, and Robinson（2005b）中概論這方面的文獻和我們的貢獻。比較發展的制度觀點建基在幾項重要研究，特別值得注意的是North的研究；參考North and Thomas（1973）、North（1982）、North and Weingast（1989），和North, Wallis, and Weingast（2009）。Olson（1984）也針對經濟發展的政治經濟面提供很有影響力的解釋。Mokyr（1990）是在世界歷史上建立經濟輸家與比較科技變遷關聯性的基礎書籍。經濟輸家的概念在社會科學散播很廣，用於解釋何以有效的制度和政策結果未出現。我們建基於Robinson（1998）和Acemoglu and Robinson（2000b, 2006b）的解釋不同，我們強調廣納性制度興起最重要的障礙是菁英害怕他們將喪失政治權力。Jones（2003）提供豐富的比較歷史，強調類似的主題，而Engerman and Sokoloff（1997）針對美洲的重要研究，也強調這些概念。Bates（1981, 1983, 1989）發展出一套有關非洲低度發展的原創政治經濟解釋，對我們的研究有很大影響。Dalton（1965）和Killick（1978）的先驅研究強調政治在非洲發展扮演的角色，尤其是害怕喪失政治權力如何影響經濟政策。政治輸家的概念曾隱晦地出現在過去的政治經濟理論研究，例如Besley and Coate（1998）和Bourguignon and Verdier（2000）。政治集權和政府體制在發展中的角色向來最被追隨韋伯的歷史社會學家所強調。最顯著的研究是Mann（1986, 1993）、Migdal（1988）和Evans（1995）。在非洲，Herbst（2000）和Bates（2001）的研究強調國家與發展有關文化的觀點散見於許多學術文獻，但從未集合呈現在一本著作中。Weber（2002）主張新教徒改革可以解釋何以歐洲發生工業革命。Landes（1999）提出北歐人發展出一套獨特的文化態度，導致他們勤奮工作、儲蓄和創新。Harrison and Huntington, eds（2000）是討論文化在比較經濟發展之重要性的重要論述。英國文化和英國制度的優越性廣被接受，且被用來解釋美國的例外主義（Fisher, 1989）和更廣泛的比較發展模式（La Porta, Lopez-de-Silanes, and Shleifer, 2008）。Banfield（1958）和Putnam, Leonardi and Nanetti（1994）的研究是影響力極大的文化解釋，主張他們稱之為「社會資本」的文化面向如何導致義大利南部變窮。Guiso, Sapienza, and Zingales（2006）研究經濟學家如何使用文化的概念。Tabellini（2010）探究西歐人彼此互相信任的程度，與人均年所得之間的關聯性。Nunn and Wantchekon（2010）證明非洲缺乏信任和社會資本，與奴隸貿易密集程度之間的關聯。

Hilton（1985）和Thornton（1983）提出剛果的相關歷史。有關非洲科技在歷史上的落後，參考自Goody（1971）、Law（1980）和Austen and Headrick（1983）等文章。

魯賓斯所提有關經濟學的定義出自Robbins（1935）, p. 16。

勒納的引言出自Lerner（1972）, p. 259。以無知解釋比較發展的概念隱含在大多數經濟發展和政策改革的經濟分析中，例如Williamson（1990）；Perkins, Radelet, and Lindauer（2006）；和Aghion and Howitt（2009）。這個觀點近來的有力版本之一由Banerjee and Duflo（2001）所提出。

Acemoglu, Johnson, and Robinson（2001, 2002）提出一套制度、地理和文化扮演相關角色的統計分析，顯示制度在解釋今日的人均所得差異上凌駕其他兩種解釋。

第3章：富裕與貧窮的形成

楊格的引言出自Sheridan（1973）p. 8。有許多好書描述詹姆士鎮的早期歷史，例如Price（2003）和Kupperman（2007）。我們的論述受到Morgan（1975）和Galenson（1996）的許多影響。托德基爾（Anas Todkill）的引言出自Todkill（1885）, p. 38。史密斯的引言出自Price（2003）, p. 77（「你得知道…」）、p. 93（「即使你們的國王…」），和p. 96（「當你們再派人來…」）。馬里蘭憲章、卡羅萊納基本憲法和其他殖民地憲法，已由耶魯大學的阿瓦隆計畫（Avalon Project）放上網際網路，請見avalon.law.yale.edu/17th_century。

Bakewell（2009）, chap. 14討論墨西哥獨立與憲法。有關後獨立期政治不穩定與總統參考自Stevens（1991）和Knight（2011）。Coatsworth（1978）是討論墨西哥獨立後經濟衰退證據的先驅論文。Haber（2010）比較墨西哥與美國銀行部門的發展。Sokoloff（1988）和Sokoloff and Khan（1990）提供在美國申請專利發明家的社會背景。愛迪生傳記請參考Israel（2000）。Haber, Maurer, and Razo（2003）提出的迪亞斯政權政治經濟情況的解釋，與我們的討論很契合。Haber, Klein, Maurer, and Middlebrook（2008）擴大探討墨西哥的政治經濟到二十世紀。有關北美洲與拉丁美洲邊疆土地分配的差異，請參考Nugent and Robinson（2010）和Garcia-Jimeno and Robinson（2011）。Hu-DeHart（1984）, chap. 6討論雅基人被驅逐。有關施林的財富和他如何致富，參考自Relea（2007）和Martinez（2002）。

我們對美洲比較經濟發展的詮釋，建基在我們先前與Simon Johnson的研究，尤其是Acemoglu, Johnson, and Robinson（2001, 2002），並且也受到Coatsworth（1978, 2008）和Engerman and Sokoloff（1997）很大的影響。

第2章：無效的理論

戴蒙對世界不平等的觀點呈現在他的著作《槍炮、病菌與鋼鐵》（*Guns, Germs and Steel*, 1997）。Sachs（2006）建構了他自己的地理決定論版本。

資料來源

序言

艾爾巴拉岱的觀點可以在twitter.com/#!/ElBaradei上找到。

夏米與哈梅德的話出自二〇一一年二月六日雅虎（Yahoo!）新聞的報導，連結為 news.yahoo.com/s/yblog_exclusive/20110206/ts_yblog_exclusive/egyptian-voices-from-tahrir-square

哈利勒在部落格張貼的十二項立即要求請參考alethonews.wordpress.com/2011/02/27/egypt-reviewing-the-demands/

邁特瓦利的話出自半島電視台（Al Jazeera）二〇一一年二月一日的報導，參考 english.aljazeera.net/ news/middleeast/2011/02/2011212597913527.html。

第1章：很靠近卻很不一樣

有關西班牙人探勘拉普拉塔河的深入討論可參考Rock（1992）, chap. 1。瓜拉尼人的發現與殖民化請見Ganson（2003）。德薩哈岡的引言出自de Sahagún（1975）, pp. 47–49。Gibson（1963）對瞭解西班牙人征服墨西哥和建立的制度不可或缺。拉斯卡薩斯的引言分別來自de las Casas（1992）, pp. 39, 117–18, and 107。

有關皮薩羅的評論，請見Hemming（1983），第一到六章包括卡哈馬卡的相會，和往南前進與攻陷印加首都庫斯科。有關托雷多的內容參考自Hemming（1983）, chap. 20。Bakewell（1984）提供波托西地區米塔制運作的概況，而Dell（2010）提供米塔長期影響的統計證據。

Woodward, C. Vann (1955). *The Strange Career of Jim Crow.* New York: Oxford University Press.

Woodward, Ralph L. (1966). *Class Privilege and Economic Development: The Consulado de Comercio of Guatemala, 1793–1871.* Chapel Hill: University of North Carolina Press.

Wright, Gavin (1978). *The Political Economy of the Cotton South: Households, Markets, and Wealth in the Nineteenth Century.* New York: Norton.

——— (1986). *Old South, New South: Revolutions in the Southern Economy Since the Civil War.* New York: Basic Books.

——— (1999). "The Civil Rights Movement as Economic History." *Journal of Economic History* 59: 267–89.

Zahedieh, Nuala (2010). *The Capital and the Colonies: London and the Atlantic Economy, 1660–1700.* New York: Cambridge University Press.

Zewde, Bahru (2002). *History of Modern Ethiopia, 1855–1991.* Athens: Ohio University Press.

Zohary, Daniel, and Maria Hopf (2001). *Domestication of Plants in the Old World: The Origin and Spread of Cultivated Plants in West Asia, Europe, and the Nile Valley.* Third Edition. New York: Oxford University Press.

University Press.

Wallerstein, Immanuel (1974–2011). *The Modern World System*. 4 Vol. New York: Academic Press.

Ward-Perkins, Bryan (2006). *The Fall of Rome and the End of Civilization*. New York: Oxford University Press.

Weber, Max (2002). *The Protestant Ethic and the Spirit of Capitalism*. New York: Penguin.

Webster, David L. (2002). *The Fall of the Ancient Maya*. New York: Thames and Hudson.

Webster, David L., Ann Corinne Freter, and Nancy Gonlin (2000). *Copan: The Rise and Fall of an Ancient Maya Kingdom*. Fort Worth, Tex.: Harcourt College Publishers.

Wheatcroft, Stephen G., and Robert W. Davies (1994a). "The Crooked Mirror of Soviet Economic Statistics." In Robert W. Davies, Mark Harrison, and Stephen G. Wheatcroft, eds. *The Economic Transformation of the Soviet Union, 1913–1945*. New York: Cambridge University Press.

——— (1994b). "Population." In Robert W. Davies, Mark Harrison, and Stephen G. Wheatcroft, eds. *The Economic Transformation of the Soviet Union, 1913–1945*. New York: Cambridge University Press.

Wiener, Jonathan M. (1978). *Social Origins of the New South: Alabama, 1860–1885*. Baton Rouge: Louisiana State University Press.

Williamson, John (1990). *Latin American Adjustment: How Much Has Happened?* Washington, D.C.: Institute of International Economics.

Wilson, Francis (1972). *Labour in the South African Gold Mines, 1911–1969*. New York: Cambridge University Press.

Wilson, Woodrow (1913). *The New Freedom: A Call for the Emancipation of the Generous Energies of a People*. New York: Doubleday.

677– 716.

Tarbell, Ida M. (1904). *The History of the Standard Oil Company*. New York: McClure, Phillips.

Tawney, R. H. (1941). "The Rise of the Gentry." *Economic History Review* 11: 1–38.

Temin, Peter, and Hans-Joachim Voth (2008). "Private Borrowing During the Financial Revolution: Hoare's Bank and Its Customers, 1702–24." *Economic History Review* 61: 541–64.

Thompson, E. P. (1975). *Whigs and Hunters: The Origin of the Black Act*. New York: Pantheon Books.

Thompson, I.A.A. (1994a). "Castile: Polity, Fiscality and Fiscal Crisis." In Philip T. Hoffman and Kathryn Norberg, eds. *Fiscal Crisis, Liberty, and Representative Government 1450–1789*. Palo Alto, Calif.: Stanford University Press.

——— **(1994b).** "Castile: Absolutism, Constitutionalism and Liberty." In Philip T. Hoffman and Kathryn Norberg, eds. *Fiscal Crisis, Liberty, and Representative Government 1450–1789*. Palo Alto, Calif.: Stanford University Press.

Thornton, John (1983). *The Kingdom of Kongo: Civil War and Transition, 1641–1718*. Madison: University of Wisconsin Press.

Todkill, Anas (1885). *My Lady Pocahontas: A True Relation of Virginia. Writ by Anas Todkill, Puritan and Pilgrim*. Boston: Houghton, Mifflin and Company.

Truth and Reconciliation Commission (2004). *Final Report of the Truth and Reconciliation Commission of Sierra Leone*. Freetown.

Vansina, Jan (1978). *The Children of Woot: A History of the Kuba People*. Madison: University of Wisconsin Press.

Wade, Robert H. (1990). *Governing the Market: Economic Theory and the Role of Government in East Asian Industrialization*. Princeton, N.J.: Princeton

Armonk, N.Y.: M.E. Sharpe.

Sfakianakis, John (2004). "The Whales of the Nile: Networks, Businessmen and Bureaucrats During the Era of Privatization in Egypt." In Steven Heydemann, ed. *Networks of Privilege in the Middle East.* New York: Palgrave Macmillan.

Sharp, Kevin (1992). *The Personal Rule of Charles I.* New Haven, Conn.: Yale University Press.

Sheridan, Richard B. (1973). *Sugar and Slaves: An Economic History of the British West Indies 1623–1775.* Baltimore, Md.: Johns Hopkins University Press.

Sidrys, Raymond, and Rainer Berger (1979). "Lowland Maya Radiocarbon Dates and the Classic Maya Collapse." Nature 277: 269–77.

Smith, Bruce D. (1998). *Emergence of Agriculture.* New York: Scientific American Library.

Sokoloff, Kenneth L. (1988). "Inventive Activity in Early Industrial America: Evidence from Patent Records, 1790–1846." *Journal of Economic History* 48: 813–30.

Sokoloff, Kenneth L., and B. Zorina Khan (1990). "The Democratization of Invention During Early Industrialization: Evidence from the United States, 1790–1846." *Journal of Economic History* 50: 363–78.

Steffens, Lincoln (1931). *The Autobiography of Lincoln Steffens.* New York: Harcourt, Brace and Company.

Stevens, Donald F. (1991). *Origins of Instability in Early Republican Mexico.* Durham, N.C.: Duke University Press.

Stone, Lawrence (2001). *The Causes of the English Revolution, 1529–1642.* New York: Routledge.

Tabellini, Guido (2010). "Culture and Institutions: Economic Development in the Regions of Europe." *Journal of the European Economic Association* 8,

Robinson, James A., and Q. Neil Parsons (2006). "State Formation and Governance in Botswana." *Journal of African Economies* 15, AERC Supplement (2006): 100– 140.

Rock, David (1992). *Argentina 1516–1982: From Spanish Colonization to the Falklands War.* Berkeley: University of California Press.

Romero, Mauricio (2003). *Paramilitares y autodefensas, 1982–2003.* Bogotá: Editorial Planeta Colombiana.

———, ed. (2007). *Para Política: La Ruta de la Expansión Paramilitar y los Acuerdos Políticos.* Bogotá: Corporación Nuevo Arco Iris: Intermedio.

Sachs, Jeffery B. (2006). *The End of Poverty: Economic Possibilities for Our Time.* New York: Penguin.

Sahlins, Marshall (1972). *Stone Age Economics.* Chicago: Aldine.

Saunders, David (1992). *Russia in the Age of Reaction and Reform, 1801–1881.* New York: Longman.

Savage-Smith, Emily (2003). "Islam." In Roy Porter, ed. *The Cambridge History of Science. Volume 4: Eighteenth-Century Science.* New York: Cambridge University Press.

Sawers, Larry (1996). *The Other Argentina: The Interior and National Development.* Boulder: Westview Press.

Schapera, Isaac (1940). "The Political Organization of the Ngwato of Bechuanaland Protectorate." In E. E. Evans-Pritchard and Meyer Fortes, eds. *African Political Systems.* Oxford, U.K.: Oxford University Press.

——— (1952). *The Ethnic Composition of the Tswana Tribes.* London: London School of Economics and Political Science.

——— (1970). *Tribal Innovators: Tswana Chiefs and Social Change 1795–1940.* London: The Athlone Press.

Schoenhals, Michael, ed. (1996). *China's Cultural Revolution, 1966–1969.*

Department of Economics, University of Toronto.

Putnam, Robert H., Robert Leonardi, and Raffaella Y. Nanetti (1994). *Making Democracy Work: Civic Traditions in Modern Italy*. Princeton, N.J.: Princeton University Press.

Ransom, Roger L., and Richard Sutch (2001). *One Kind of Freedom: The Economic Consequences of Emancipation*. 2nd ed. New York: Cambridge University Press.

Reid, Anthony (1993). *Southeast Asia in the Age of Commerce, 1450–1680. Volume 2: Expansion and Crisis.* New Haven, Conn.: Yale University Press.

Reinikka, Ritva, and Jacob Svensson (2004). "Local Capture: Evidence from a Central Government Transfer Program in Uganda." *Quarterly Journal of Economics*, 119: 679–705.

Relea, Francesco (2007). "Carlos Slim, Liderazgo sin Competencia." In Jorge Zepeda Patterson, ed. *Los amos de México: los juegos de poder a los que sólo unos pocos son invitados.* Mexico City: Planeta Mexicana.

Reno, William (1995). *Corruption and State Politics in Sierra Leone*. New York: Cambridge University Press.

——— (2003). "Political Networks in a Failing State: The Roots and Future of Violent Conflict in Sierra Leone," *IPG* 2: 44–66.

Richards, Paul (1996). *Fighting for the Rainforest: War, Youth and Resources in Sierra Leone.* Oxford, U.K.: James Currey.

Robbins, Lionel (1935). *An Essay on the Nature and Significance of Economic Science.* 2nd ed. London: Macmillan.

Robinson, Eric (1964). "Matthew Boulton and the Art of Parliamentary Lobbying." *The Historical Journal* 7: 209–29.

Robinson, James A. (1998). "Theories of Bad Policy." *Journal of Policy Reform* 1, 1–46.

Chicago: University of Chicago Press.

Parsons, Q. Neil, Willie Henderson, and Thomas Tlou (1995). *Seretse Khama, 1921–1980.* Bloemfontein, South Africa: Macmillan.

Perkins, Dwight H., Steven Radelet, and David L. Lindauer (2006). Development Economics. 6th ed. New York: W. W. Norton and Co.

Pettigrew, William (2007). "Free to Enslave: Politics and the Escalation of Britain's Transatlantic Slave Trade, 1688–1714." *William and Mary Quarterly*, 3rd ser., LXIV: 3–37.

——— **(2009).** "Some Underappreciated Connections Between Constitutional Change and National Economic Growth in England, 1660–1720." Unpublished paper. Department of History, University of Kent, Canterbury.

Phillipson, David W. (1998). *Ancient Ethiopia: Aksum, Its Antecedents and Successors.* London: British Museum Press.

Pincus, Steven C. A. (2009). *1688: The First Modern Revolution.* New Haven, Conn.: Yale University Press.

Pincus, Steven C. A., and James A. Robinson (2010). "What Really Happened During the Glorious Revolution?" Unpublished. scholar.harvard.edu/jrobinson.

Pintner, Walter M. (1967). *Russian Economic Policy Under Nicholas I.* Ithaca, N.Y.: Cornell University Press.

Post, Jerrold M. (2004). *Leaders and Their Followers in a Dangerous World: The Psychology of Political Behavior.* Ithaca, N.Y.: Cornell University Press.

Price, David A. (2003). *Love and Hate in Jamestown: John Smith, Pocahontas, and the Heart of a New Nation.* New York: Knopf.

Puga, Diego, and Daniel Trefler (2010). "International Trade and Domestic Institutions: The Medieval Response to Globalization." Unpublished.

Components of the Industrial Revolution: Parliament and the English Cotton Textile Industry, 1660–1774." *Economic History Review*, New Series 44: 395–423.

Ogilvie, Sheilagh (2011). *Institutions and European Trade: Merchant Guilds 1000–1500.* New York: Cambridge University Press.

Olson, Mancur C. (1984). *The Rise and Decline of Nations: Economic Growth, Stagflation, and Social Rigidities.* New Haven, Conn.: Yale University Press.

O'Rourke, Kevin H., and Jeffrey G. Williamson (2002). "After Columbus: Explaining the Global Trade Boom 1500–1800." *Journal of Economic History* 62: 417–56.

Owen, E. Roger (1981). *The Middle East in the World Economy, 1800–1914.* London: Methuen and Co.

Owen, E. Roger, and Sevket Pamuk (1999). *A History of Middle East Economies in the Twentieth Century.* Cambridge, Mass.: Harvard University Press.

Owen, Thomas C. (1991). *The Corporation Under Russian Law, 1800–1917.* New York: Cambridge University Press.

Palmer, Robin H. (1977). *Land and Racial Domination in Rhodesia.* Berkeley: University of California Press.

Palmer, Robin H., and Q. Neil Parsons, eds. (1977). *The Roots of Rural Poverty in Central and Southern Africa.* London: Heinemann Educational.

Pamuk, Sevket (2006). "Estimating Economic Growth in the Middle East Since 1820." *Journal of Economic History* 66: 809–28.

Pan, Philip P. (2008). *Out Of Mao's Shadow: The Struggle for the Soul of a New China.* New York: Simon & Schuster.

Pankhurst, Richard (1961). *An Introduction to the Economic History of Ethiopia, from Early Times to 1800.* London: Lalibela House.

Parsons, Q. Neil (1998). *King Khama, Emperor Joe and the Great White Queen.*

University Press.

Neale, J. E. (1971). *Elizabeth I and Her Parliaments, 1559 –1581.* London: Cape.

Nogal, C. Álvarez, and Leandro Pradosdela Escosura (2007). "The Decline of Spain (1500–1850): Conjectural Estimates." *European Review of Economic History* 11: 319–66.

North, Douglass C. (1982). *Structure and Change in Economic History.* New York: W. W. Norton and Co.

North, Douglass C., and Robert P. Thomas (1973). *The Rise of the Western World: A New Economic History.* New York: Cambridge University Press.

North, Douglass C., John J. Wallis, and Barry R. Weingast (1989). *Violence and Social Orders: A Conceptual Framework for Interpreting Recorded Human History.* Princeton, N.J.: Princeton University Press.

North, Douglass C., and Barry R. Weingast (1989). "Constitutions and Commitment: Evolution of Institutions Governing Public Choice in 17th Century England." *Journal of Economic History* 49: 803–32.

Nove, Alec (1992). *An Economic History of the USSR 1917–1991.* 3rd ed. New York: Penguin Books.

Nugent, Jeffrey B., and James A. Robinson (2010). "Are Endowments Fate? On the Political Economy of Comparative Institutional Development." *Revista de Historia Económica* (Journal of Iberian and Latin American Economic History) 28: 45–82.

Nunn, Nathan (2008). "The Long-Term Effects of Africa's Slave Trades." *Quarterly Journal of Economics* 123: 139–76.

Nunn, Nathan,and Leonard Wantchekon (2011). "The Slave Trade and the Origins of Mistrust in Africa," forthcoming in the *American Economic Review.*

O'Brien, Patrick K., Trevor Griffiths, and Philip Hunt (1991). "Political

book manuscript.

Migdal, Joel S. (1988). *Strong Societies and Weak States: State-Society Relations and State Capabilities in the Third World.* Princeton, N.J.: Princeton University Press.

Mithen, Stephen (2006). *After the Ice: A Global Human History 20,000–5000 BC.* Cambridge, Mass.: Harvard University Press.

Mokyr, Joel (1990). *The Lever of Riches: Technological Creativity and Economic Progress.* New York: Oxford University Press.

——— (2009). *The Enlightened Economy.* New York: Penguin.

Moore, Andrew M. T., G. C. Hillman, and A. J. Legge (2000). *Village on the Euphrates: From Foraging to Farming at Abu Hureyra.* New York: Oxford University Press.

Morgan, Edmund S. (1975). *American Slavery, American Freedom: The Ordeal of Colonial Virginia.* New York: W. W. Norton and Co.

Munro-Hay, Stuart C. (1991). *Aksum: An African Civilisation of Late Antiquity.* Edinburgh: Edinburgh University Press.

Myers, Ramon H., and Yeh-Chien Wang (2002). "Economic Developments, 1644–1800." In Willard J. Peterson, ed. *The Cambridge History of China. Volume 9, Part 1: The Ch'ing Empire to 1800.* New York: Cambridge University Press.

Naidu, Suresh (2009). "Suffrage, Schooling, and Sorting in the Post-Bellum South." Unpublished. Department of Economics, Columbia University. Available at tuvalu.santafe.edu/~snaidu/papers/suffrage_sept_16_2010_combined.pdf.

Narayan, Deepa, ed. (2002). *Empowerment and Poverty Reduction: A Sourcebook.* Washington, D.C.: The World Bank.

Neal, David (1991). *The Rule of Law in a Penal Colony.* New York: Cambridge

Manning, Patrick (1990). *Slavery and African Life: Occidental, Oriental, and African Slave Trades.* New York: Cambridge University Press.

Mantoux, Paul (1961). *The Industrial Revolution in the Eighteenth Century.* Rev. ed. New York: Harper and Row.

Martin, Simon, and Nikolai Grube (2000). *Chronicle of the Maya Kings and Queens: Deciphering the Dynasties of the Ancient Maya.* New York: Thames and Hudson.

Martinez, José (2002). *Carlos Slim: Retrato Inédito.* Mexico City: Editorial Oceano.

Masire, Quett K. J. (2006). *Very Brave or Very Foolish? Memoirs of an African Democrat.* Gaborone, Botswana: Macmillan.

McCreery, David J. (1994). *Rural Guatemala, 1760–1940.* Palo Alto, Calif.: Stanford University Press.

McGregor, Richard (2010). *The Party: The Secret World of China's Communist Rulers.* New York: Harper.

McMillan, John, and Pablo Zoido (2004). "How to Subvert Democracy: Montesinos in Peru." *Journal of Economic Perspectives* 18: 69–92.

Melbourne, Alexander C. V. (1963). *Early Constitutional Development in Australia: New South Wales 1788–1856; Queensland 1859–1922.* With notes to 1963 by the editor. Edited and introduced by R. B. Joyce. 2nd ed. St. Lucia: University of Queensland Press.

Meredith, Martin (2007). *Mugabe: Power, Plunder, and the Struggle for Zimbabwe's Future.* New York: Public Affairs Press.

Michels, Robert (1962). *Political Parties: A Sociological Study of the Oligarchical Tendencies of Modern Democracy.* New York: Free Press.

Mickey, Robert W. (2008). *Paths out of Dixie: The Democratization of Authoritarian Enclaves in America's Deep South, 1944–1972.* Unpublished

Press.

——— **(2002).** *A Modern History of the Somali.* 4th ed. Oxford, U.K.: James Currey.

Lewis, W. Arthur (1954). "Economic Development with Unlimited Supplies of Labour." *Manchester School of Economic and Social Studies* 22: 139–91.

Lindert, Peter H. (2004). *Growing Public. Volume 1: Social Spending and Economic Growth Since the Eighteenth Century.* New York: Cambridge University Press.

——— **(2009).** *Growing Public. Volume 2: Further Evidence: Social Spending and Economic Growth Since the Eighteenth Century.* New York: Cambridge University Press.

Lipset, Seymour Martin (1959). "Some Social Requisites of Democracy: Economic Development and Political Legitimacy." *American Political Science Review* 53: 69–105.

Lipset, Seymour Martin, and Stein Rokkan, eds. (1967). *Party System and Voter Alignments.* New York: Free Press.

López, Claudia, ed. (2010). *Y Refundaron la Patria . . . de cómo mafiosos y políticos reconfiguraron el Estado Colombiano.* Bogotá: Corporación Nuevo Arco Iris: Intermedio.

Lovejoy, Paul E. (2000). *Transformations in Slavery: A History of Slavery in Africa.* 2nd ed. New York: Cambridge University Press.

MacFarquhar, Roderick, and Michael Schoenhals (2008). *Mao's Last Revolution.* Cambridge, Mass.: Harvard University Press.

Mann, Michael (1986). *The Sources of Social Power. Volume 1: A History of Power from the Beginning to A.D. 1760.* New York: Cambridge University Press.

——— **(1993).** *The Sources of Social Power. Volume 2: The Rise of Classes and Nation-states, 1760–1914.* New York: Cambridge University Press.

Belknap Press of Harvard University Press.

Landes, David S. (1999). *The Wealth and Poverty of Nations: Why Some Are So Rich and Some So Poor*. New York: W. W. Norton and Co.

Lane, Frederick C. (1973). *Venice: A Maritime Republic*. Baltimore, Md.: Johns Hopkins University Press.

La Porta, Rafael, Florencio Lopez-de-Silanes, and Andrei Shleifer (2008). "The Economic Consequences of Legal Origins." *Journal of Economic Literature* 46: 285–332.

Law, Robin C. (1977). *The Oyo Empire, c.1600–c.1836: West African Imperialism in the Era of the Atlantic Slave Trade*. Oxford, UK: The Clarendon Press.

——— (1980). "Wheeled Transportation in Pre-Colonial West Africa." *Africa* 50: 249–62.

———, ed. (1995). *From Slave Trade to "Legitimate" Commerce: The Commercial Transition in Nineteenth-century West Africa*. New York: Cambridge University Press.

Leith, Clark J. (2005). *Why Botswana Prospered*. Montreal: McGill University Press.

Lenger, Friedrich (2004). "Economy and Society." In Jonathan Sperber, ed. *The Shorter Oxford History of Germany: Germany 1800–1870*. New York: Oxford University Press.

León, Juanita (2009). *Country of Bullets: Chronicles of War*. Albuquerque: University of New Mexico Press.

Lerner, Abba P. (1972). "The Economics and Politics of Consumer Sovereignty." *American Economic Review* 62: 258–66.

Levy, David M., and Sandra J. Peart (2009). "Soviet Growth and American Textbooks." Unpublished.

Lewis, I. M. (1961). *A Pastoral Democracy*. Oxford, U.K.: Oxford University

Jongman, Willem M. (2007). "Gibbon Was Right: The Decline and Fall of the Roman Economy." In O. Hekster et al., eds. *Crises and the Roman Empire.* Leiden, the Netherlands: BRILL.

Josephson, Matthew (1934). *The Robber Barons.* Orlando, Fla.: Harcourt.

Kandiyoti, Deniz (2008). "Invisible to the World? The Dynamics of Forced Child Labour in the Cotton Sector of Uzbekistan." Unpublished. School of Oriental and Africa Studies.

Kapuściński, Ryszard (1983). *The Emperor: Downfall of an Autocrat.* San Diego: Harcourt Brace Jovanovich.

Keck, Margaret E. (1992). *The Workers' Party and Democratization in Brazil.* New Haven, Conn.: Yale University Press.

Keen, David (2005). *Conflict and Collusion in Sierra Leone.* New York: Palgrave Macmillan.

Kelley, Jonathan, and Herbert S. Klein (1980). *Revolution and the Rebirth of Inequality: A Theory of Inequality and Inherited Privilege Applied to the Bolivian National Revolution.* Berkeley: University of California Press.

Keyssar, Alexander (2009). *The Right to Vote: The Contested History of Democracy in the United States.* Revised Edition. New York: Basic Books.

Killick, Tony (1978). *Development Economics in Action.* London: Heinemann.

Knight, Alan (2011). *Mexico: The Nineteenth and Twentieth Centuries.* New York: Cambridge University Press.

Knights, Mark (2010). "Participation and Representation Before Democracy: Petitions and Addresses in Premodern Britain." In Ian Shapiro, Susan C. Stokes, Elisabeth Jean Wood, and Alexander S. Kirshner, eds. *Political Representation.* New York: Cambridge University Press.

Kropotkin, Peter (2009). *Memoirs of a Revolutionary.* New York: Cosimo.

Kupperman, Karen O. (2007). *The Jamestown Project.* Cambridge, Mass.:

in Sierra Leone, Lagos and the Gold Coast."

Hu-DeHart, Evelyn (1984). *Yaqui Resistance and Survival: The Struggle for Land and Autonomy, 1821–1910.* Madison: University of Wisconsin Press.

Iaryczower, Matías, Pablo Spiller, and Mariano Tommasi (2002). "Judicial Independence in Unstable Environments: Argentina 1935–1998." *American Journal of Political Science* 46: 699–716.

Inikori, Joseph (1977). "The Import of Firearms into West Africa, 1751–1807." *Journal of African History* 18: 339–68.

International Crisis Group (2005). "Uzbekistan: The Andijon Uprising," Asia Briefing No. 38, www.crisisgroup.org/en/regions/asia/central-asia/uzbekistan/B038-uzbekistan-the-andijon-uprising.aspx.

Israel, Paul (2000). *Edison: A Life of Invention.* Hoboken, N.J.: John Wiley and Sons.

Iwata, Masakazu (1964). *Okubo Toshimichi: The Bismarck of Japan.* Berkeley: University of California Press.

Jackson, Michael (2004). *In Sierra Leone.* Durham, N.C.: Duke University Press.

Jansen, Marius B. (2000). *The Making of Modern Japan.* Cambridge, Mass.: Harvard University Press.

Jászi, Oscar (1929). *The Dissolution of the Habsburg Monarchy.* Chicago: University of Chicago Press.

Johnson, Chalmers A. (1982). *MITI and the Japanese Miracle: The Growth of Industrial Policy, 1925–1975.* Palo Alto, Calif.: Stanford University Press.

Jones, A.M.H. (1964). *The Later Roman Empire.* Volume 2. Oxford, U.K.: Basil Blackwell.

Jones, Eric L. (2003). *The European Miracle: Environments, Economies and Geopolitics in the History of Europe and Asia.* 3rd ed. New York: Cambridge University Press.

Structure and Process in Latin America. Albuquerque: University of New Mexico Press.

Heinicke, Craig (1994). "African-American Migration and Mechanized Cotton Harvesting, 1950–1960." *Explorations in Economic History* 31: 501–20.

Helmke, Gretchen (2004). *Courts Under Constraints: Judges, Generals, and Presidents in Argentina*. New York: Cambridge University Press.

Hemming, John (1983). *The Conquest of the Incas*. New York: Penguin Books.

Herbst, Jeffrey I. (2000). *States and Power in Africa*. Princeton, N.J.: Princeton University Press.

Hill, Christopher (1961). *The Century of Revolution, 1603–1714*. New York: W. W. Norton and Co.

——— (1980). "A Bourgeois Revolution?" In Lawrence Stone, ed. *The British Revolutions: 1641, 1688, 1776*. Princeton, N.J.: Princeton University Press.

Hilton, Anne (1985). *The Kingdom of Kongo*. New York: Oxford University Press.

Hilton, Rodney (2003). *Bond Men Made Free: Medieval Peasant Movements and the English Rising of 1381*. 2nd ed. New York: Routledge.

Hirst, John B. (1983). *Convict Society and Its Enemies: A History of Early New South Wales*. Boston: Allen and Unwin.

——— (1988). *The Strange Birth of Colonial Democracy: New South Wales, 1848–1884*. Boston: Allen and Unwin.

——— (2003). *Australia's Democracy: A Short History*. London: Allen and Unwin.

Hopkins, Anthony G. (1973). *An Economic History of West Africa*. New York: Addison Wesley Longman.

Hopkins, Keith (1980). "Taxes and Trade in the Roman Empire, 200 BC–400 AD." *Journal of Roman Studies* LXX: 101–25.

Horrox, Rosemary, ed. (1994). *The Black Death*. New York: St. Martin's Press.

House of Commons (1904). "Papers Relating to the Construction of Railways

Haber, Stephen H. (2010). "Politics, Banking, and Economic Development: Evidence from New World Economies." In Jared Diamond and James A. Robinson, eds. *Natural Experiments of History*. Cambridge, Mass.: Belknap Press of Harvard University Press.

Haber, Stephen H., Herbert S. Klein, Noel Maurer, and Kevin J. Middlebrook (2008). *Mexico Since 1980*. New York: Cambridge University Press.

Haber, Stephen H., Noel Maurer, and Armando Razo (2003). *The Politics of Property Rights: Political Instability, Credible Commitments, and Economic Growth in Mexico, 1876–1929*. New York: Cambridge University Press.

Haggard, Stephan (1990). *Pathways from the Periphery: The Politics of Growth in the Newly Industrializing Countries*. Ithaca, N.Y.: Cornell University Press.

Halliday, Fred, and Maxine Molyneux (1981). *The Ethiopian Revolution*. London: Verso.

Hanna, Willard (1978). *Indonesian Banda: Colonialism and Its Aftermath in the Nutmeg Islands*. Philadelphia: Institute for the Study of Human Issues.

Harding, Harry (1987). *China's Second Revolution: Reform After Mao*. Washington, D.C.: Brookings Institution Press.

Harrison, Lawrence E., and Samuel P. Huntington, eds. (2000). *Culture Matters: How Values Shape Human Progress*. New York: Basic Books.

Hassig, Ralph C., and Kongdan Oh (2009). *The Hidden People of North Korea: Everyday Life in the Hermit Kingdom*. Lanham, Md.: Rowman and Littlefield Publishers.

Hatcher, John (2008). *The Black Death: A Personal History*. Philadelphia: Da Capo Press.

Heath, Dwight (1972). "New Patrons for Old: Changing Patron-Client Relations in the Bolivian Yungas." In Arnold Strickton and Sidney Greenfield, eds.

Ganson, Barbara (2003). *The Guaraní Under Spanish Rule in the Río de la Plata.* Palo Alto, Calif.: Stanford University Press.

García-Jimeno, Camilo, and James A. Robinson (2011). "The Myth of the Frontier." In Dora L. Costa and Naomi R. Lamoreaux, eds. *Understanding Long-Run Economic Growth.* Chicago: University of Chicago Press.

Gerschenkron, Alexander (1970). *Europe in the Russian Mirror.* New York: Cambridge University Press.

Ghani, Ashraf, and Clare Lockhart (2008). *Fixing Failed States: A Framework for Rebuilding a Fractured World.* New York: Oxford University Press.

Gibson, Charles (1963). *The Aztecs Under Spanish Rule.* New York: Cambridge University Press.

Goldstein, Marcus, and Christopher Udry (2008). "The Profits of Power: Land Rights and Agricultural Investment in Ghana." *Journal of Political Economy* 116: 981–1022.

Goldsworthy, Adrian K. (2009). *How Rome Fell: Death of a Superpower.* New Haven, Conn.: Yale University Press.

Goody, Jack (1971). *Technology, Tradition and the State in Africa.* New York: Cambridge University Press.

Gregory, Paul R., and Mark Harrison (2005). "Allocation Under Dictatorship: Research in Stalin's Archives." *Journal of Economic Literature* 43: 721–61.

Grieb, Kenneth J. (1979). *Guatemalan Caudillo: The Regime of Jorge Ubico, 1931–1944.* Athens: Ohio University Press.

Gross, Nachum T. (1973). "The Habsburg Monarchy, 1750–1914." In Carlo M. Cipolla, ed. *The Fontana Economic History of Europe.* Glasgow, U.K.: William Collins Sons and Co.

Guiso, Luigi, Paola Sapienza, and Luigi Zingales (2006). "Does Culture Affect Economic Outcomes?" *Journal of Economic Perspectives* 20: 23–48.

Fagan, Brian (2003). *The Long Summer: How Climate Changed Civilization.* New York: Basic Books.

Faulkner, Neil (2000). *The Decline and Fall of Roman Britain.* Stroud, U.K.: Tempus Publishers.

Feinstein, Charles H. (2005). *An Economic History of South Africa: Conquest, Discrimination and Development.* New York: Cambridge University Press.

Ferguson, Niall (1998). *The House of Rothschild: Vol. 1: Money's Prophets, 1798–1848.* New York: Viking.

Fergusson, Leopoldo (2010). "The Political Economy of Rural Property Rights and the Persistance of the Dual Economy." Unpublished. http://economia.uniandes.edu.co.

Finley, Moses (1965). "Technical Innovation and Economic Progress in the Ancient World." *Economic History Review* 18: 29–4.

——— **(1999).** *The Ancient Economy.* Berkeley: University of California Press.

Fischer, David H. (1989). *Albion's Seed: Four British Folkways in America.* New York: Oxford University Press.

Fogel, Robert W., and Stanley L. Engerman (1974). *Time on the Cross: The Economics of American Negro Slavery.* Boston: Little, Brown.

Foley, James A. (2003). *Korea's Divided Families: Fifty Years of Separation.* New York: Routledge.

Freudenberger, Herman (1967). "The State as an Obstacle to Economic Growth in the Hapsburg Monarchy." *Journal of Economic History* 27: 493–509.

Galenson, David W. (1996). "The Settlement and Growth of the Colonies: Population, Labor and Economic Development." In Stanley L. Engerman and Robert E. Gallman, eds. *The Cambridge Economic History of the United States, Volume I: The Colonial Era.* New York: Cambridge University Press.

Dynasty, 1405–1433. New York: Pearson Longman.

Du Bois, W.E.B. (1903). *The Souls of Black Folk*. New York: A.C. McClurg & Company.

Dunn, Richard S. (1969). "The Barbados Census of 1680: Profile of the Richest Colony in English America." *William and Mary Quarterly* 26: 3–30.

DuPlessis, Robert S. (1997). *Transitions to Capitalism in Early Modern Europe*. New York: Cambridge University Press.

Easterly, William (2006). *The White Man's Burden: Why the West's Efforts to Aid the Rest Have Done So Much Ill and So Little Good*. New York: Oxford University Press.

Elton, Geoffrey R. (1953). *The Tudor Revolution in Government*. New York: Cambridge University Press.

Engerman, Stanley L. (2007). *Slavery, Emancipation & Freedom: Comparative Perspectives*. Baton Rouge: University of Lousiana Press.

Engerman, Stanley L., and Kenneth L. Sokoloff (1997). "Factor Endowments, Institutions, and Differential Paths of Growth Among New World Economies." In Stephen H. Haber, ed. *How Latin America Fell Behind*. Stanford, Calif.: Stanford University Press.

——— (2005). "The Evolution of Suffrage Institutions in the New World." *Journal of Economic History* 65: 891–921.

Evans, Eric J. (1996). *The Forging of the Modern State: Early Industrial Britain, 1783–1870*. 2nd ed. New York: Longman.

Evans, Peter B. (1995). *Embedded Autonomy: States and Industrial Transformation*. Princeton, N.J.: Princeton University Press.

Ewald, Janet (1988). "Speaking, Writing and Authority: Explorations in and from the Kingdom of Taqali." *Comparative Studies in History and Society* 30: 199–224.

Trenton, N.J.: Red Sea Press.

De Callataÿ, François (2005). "The Graeco-Roman Economy in the Super Longrun: Lead, Copper, and Shipwrecks." *Journal of Roman Archaeology* 18: 361–72.

de las Casas, Bartolomé (1992). *A Short Account of the Destruction of the Indies.* New York: Penguin Books.

Dell, Melissa (2010). "The Persistent Effects of Peru's Mining Mita." *Econometrica* 78: 1863–903.

Denny, Harold (1937). "Stalin Wins Poll by a Vote of 1005." *New York Times,* December 14, 1937, p. 11.

de Sahagún, Bernardino (1975). *Florentine Codex: General History of the Things of New Spain. Book 12: The Conquest of Mexico.* Santa Fe, N.M.: School of American Research.

Diamond, Jared (1997). *Guns, Germs and Steel.* New York: W.W. Norton and Co.

Dobb, Maurice (1963). *Studies in the Development of Capitalism.* Rev. ed. New York: International Publishers.

Dosal, Paul J. (1995). *Power in Transition: The Rise of Guatemala's Industrial Oligarchy, 1871–1994.* Westport, Conn.: Praeger.

Douglas, Mary (1962). "Lele Economy Compared to the Bushong." In Paul Bohannan and George Dalton, eds. *Markets in Africa.* Evanston, Ill.: Northwestern University Press.

——— (1963). *The Lele of the Kasai.* London: Oxford University Press.

Doyle, William (2001). *An American Insurrection: The Battle of Oxford Mississippi.* New York: Doubleday.

——— (2002). *The Oxford History of the French Revolution.* 2nd ed. New York: Oxford University Press.

Dreyer, Edward L. (2007). *Zheng He: China and the Oceans in the Early Ming*

America." *Journal of Latin American Studies* 40: 545–69.

Cole, G.D.H., and A. W. Filson, eds. (1951). *British Working Class Movements: Select Documents 1789–1875*. London: Macmillan.

Conning, Jonathan (2010). "On the Causes of Slavery or Serfdom and the Roads to Agrarian Capitalism: Domar's Hypothesis Revisited." Unpublished, Department of Economics, Hunter College, CUNY.

Corti, Egon Caeser (1928). *The Reign of the House of Rothschild.* New York: Cosmopolitan Book Corporation.

Crouzet, François (1985). *The First Industrialists: The Problem of Origins*. New York: Cambridge University Press.

Crummey, Donald E. (2000). *Land and Society in the Christian Kingdom of Ethiopia: From the Thirteenth to the Twentieth Century*. Urbana: University of Illinois Press.

Dalton, George H. (1965). "History, Politics and Economic Development in Liberia." *Journal of Economic History* 25: 569–91.

Dark, K. R. (1994). *Civitas to Kingdom: British Political Continuity 300–800*. Leicester, U.K.: Leicester University Press.

Daunton, Martin J. (1995). *Progress and Poverty: An Economic and Social History of Britain, 1700–1850*. Oxford, U.K.: Oxford University Press.

Davies, Robert W. (1998). *Soviet Economic Development from Lenin to Khrushchev*. New York: Cambridge University Press.

Davies, Robert W., and Stephen G. Wheatcroft (2004). *The Years of Hunger: Soviet Agriculture, 1931–33*. New York: Palgrave Macmillan.

Davies, Victor A. B. (2007). "Sierra Leone's Economic Growth Performance, 1961– 2000." In Benno J. Ndulu et al., eds. *The Political Economy of Growth in Africa, 1960–2000*. Vol. 2. New York: Cambridge University Press.

Dawit Wolde Giorgis (1989). *Red Teas: War, Famine and Revolution in Ethiopia.*

China's Yangzi Delta: Property Relations, Microeconomics, and Patterns of Development." *Journal of Asian Studies* 61: 609–62.

Brewer, John (1988). *The Sinews of Power: War, Money and the English State, 1688–1773*. Cambridge, Mass.: Harvard University Press.

Briggs, Asa (1959). *Chartist Studies*. London: Macmillan.

Brunton, D., and D. H. Pennignton (1954). *Members of the Long Parliament*. London: George Allen and Unwin.

Bundy, Colin (1979). *The Rise and Fall of the South African Peasantry*. Berkeley: University of California Press.

Burke, Edmund (1790/1969). *Reflections of the Revolution in France*. Baltimore, Md.: Penguin Books.

Cartwright, John R. (1970). *Politics in Sierra Leone 1947–67*. Toronto: University of Toronto Press.

Casaús Arzú, Marta (2007). *Guatemala: Linaje y Racismo*. 3rd ed., rev. y ampliada. Guatemala City: F&G Editores.

Chaves, Isaías, and James A. Robinson (2010). "Political Consequences of Civil Wars." Unpublished.

Cleary, A. S. Esmonde (1989). *The Ending of Roman Britain*. London: B.T. Batsford Ltd.

Clower, Robert W., George H. Dalton, Mitchell Harwitz, and Alan Walters (1966). *Growth Without Development; an Economic Survey of Liberia*. Evanston: Northwestern University Press.

Coatsworth, John H. (1974). "Railroads, Landholding and Agrarian Protest in the Early Porfiriato." *Hispanic American Historical Review* 54: 48–71.

——— (1978). "Obstacles to Economic Growth in Nineteenth-Century Mexico." *American Historical Review* 83: 80–100.

——— (2008). "Inequality, Institutions and Economic Growth in Latin

Benedictow, Ole J. (2004). *The Black Death, 1346–1353: The Complete History.* Rochester, N.Y.: Boydell Press.

Berliner, Joseph S. (1976). *The Innovation Decision in Soviet Industry.* Cambridge, Mass.: Harvard University Press.

Besley, Timothy, and Stephen Coate (1998). "Sources of Inefficiency in a Representative Democracy: A Dynamic Analysis." *American Economic Review* 88: 139–56.

Besley, Timothy, and Torsten Persson (2011). *Pillars of Prosperity: The Political Economics of Development Clusters.* Princeton, N.J.: Princeton University Press.

Bloch, Marc L. B. (1961). *Feudal Society.* 2 vols. Chiacgo: University of Chicago Press.

Blum, Jerome(1943). "Transportation and Industry in Austria, 1815–1848." *The Journal of Modern History* 15: 24–38.

Bogart, Dan, and Gary Richardson (2009). "Making Property Productive: Reorganizing Rights to Real and Equitable Estates in Britain, 1660 to 1830." *European Review of Economic History* 13: 3–30.

——— (2011). "Did the Glorious Revolution Contribute to the Transport Revolution? Evidence from Investment in Roads and Rivers." *Economic History Review.* Forthcoming.

Bourguignon, François, and Thierry Verdier (1990). "Oligarchy, Democracy, Inequality and Growth." *Journal of Development Economics* 62: 285–313.

Brenner, Robert (1976). "Agrarian Class Structure and Economic Development in Preindustrial Europe." *Past and Present* 70: 30–75.

——— (1993). *Merchants and Revolution.* Princeton, N.J.: Princeton University Press.

Brenner, Robert, and Christopher Isett (2002). "England's Divergence from

1545–1650. Albuquerque: University of New Mexico Press.

——— **(2009).** *A History of Latin America to 1825*. Hoboken, N.J.: Wiley Blackwell.

Banerjee, Abhijit V., and Esther Duflo (2011). Poor Economics: A Radical Rethinking of the Way to Fight Global Poverty. New York: Public Affairs.

Banerjee, Abhijit V., Esther Duflo, and Rachel Glennerster (2008). "Putting a Band-Aid on a Corpse: Incentives for Nurses in the Indian Public Health Care System." *Journal of the European Economic Association* 7: 487–500.

Banfield, Edward C. (1958). *The Moral Basis of a Backward Society*. Glencoe, N.Y.: Free Press.

Bang, Peter (2008). *The Roman Bazaar*. New York: Cambridge University Press.

Barker, Graeme (2006). *The Agricultural Revolution in Prehistory: Why Did Foragers Become Farmers?* New York: Oxford University Press.

Bar-Yosef, Ofer, and Avner Belfer-Cohen (1992). "From Foraging to Farming in the Mediterranean Levant." In A. B. Gebauer and T. D. Price, eds. *Transitions to Agriculture in Prehistory*. Madison, Wisc.: Prehistory Press.

Bateman, Fred, and Thomas Weiss (1981). *A Deplorable Scarcity: The Failure of Industrialization in the Slave Economy*. Chapel Hill: University of North Carolina Press.

Bates, Robert H. (1981). *Markets and States in Tropical Africa*. Berkeley: University of California Press.

——— **(1983).** *Essays in the Political Economy of Rural Africa*. New York: Cambridge University Press.

——— **(1989).** *Beyond the Miracle of the Market*. New York: Cambridge University Press.

——— **(2001).** *Prosperity and Violence: The Political Economy of Development*. New York: W.W. Norton.

Southern Economic Journal 75: 282–99.

Acemoglu, Daron, James A. Robinson, and Rafael Santos (2010). "The Monopoly of Violence: Evidence from Colombia." Unpublished.

Acemoglu, Daron, and Alex Wolitzky (2010). "The Economics of Labor Coercion." *Econometric*, 79: 555–600.

Aghion, Philippe, and Peter Howitt (2009). *The Economics of Growth.* Cambridge, Mass.: MIT Press.

Alexander, Jocelyn (2006). *The Unsettled Land: State-making and the Politics of Land in Zimbabwe, 1893–2003.* Oxford, U.K.: James Currey.

Allen, Robert C. (2003). *Farm to Factory: A Reinterpretation of the Soviet Industrial Revolution.* Princeton, N.J.: Princeton University Press.

——— (2009a). *The British Industrial Revolution in Global Perspective.* New York: Cambridge University Press.

——— (2009b). "How Prosperous Were the Romans? Evidence from Diocletian's Price Edict (301 AD)." In Alan Bowman and Andrew Wilson, eds. *Quantifying the Roman Economy: Methods and Problems.* Oxford, U.K.: Oxford University Press.

Alston, Lee J., and Joseph P. Ferrie (1999). *Southern Paternalism and the Rise of the American Welfare State: Economics, Politics, and Institutions in the South.* New York: Cambridge University Press.

Amsden, Alice H. (1992). *Asia's Next Giant*, New York: Oxford Universty Press.

Austen, Ralph A., and Daniel Headrick (1983). "The Role of Technology in the African Past." *African Studies Review* 26: 163–84.

Austin, Gareth (2005). *Labour, Land and Capital in Ghana: From Slavery to Free Labour in Asante, 1807–1956.* Rochester, N.Y.: University of Rochester Press.

Bakewell, Peter J. (1984). *Miners of the Red Mountain: Indian Labor in Potosí,*

Princeton University Press.

——— **(2005a).** "Rise of Europe: Atlantic Trade, Institutional Change and Economic Growth." *American Economic Review* 95: 546–79.

——— **(2005b).** "Institutions as the Fundamental Cause of Long-Run Growth." In Philippe Aghion and Steven Durlauf, eds. *Handbook of Economic Growth*. Amsterdam: North-Holland.

Acemoglu, Daron, Simon Johnson, James A. Robinson, and Pablo Querubín (2008). "When Does Policy Reform Work? The Case of Central Bank Independence." *Brookings Papers in Economic Activity*, 351–418.

Acemoglu, Daron, Simon Johnson, James A. Robinson, and Pierre Yared (2008). "Income and Democracy." *American Economic Review* 98: 808–42.

——— **(2009).** "Reevaluating the Modernization Hypothesis." *Journal of Monetary Economics* 56: 1043–58 .

Acemoglu, Daron, and James A. Robinson (2000a). "Why Did the West Extend the Franchise? Growth, Inequality and Democracy in Historical Perspective." *Quarterly Journal of Economics* 115: 1167–99.

——— **(2000b).** "Political Losers as Barriers to Economic Development." *American Economic Review* 90: 126–30.

——— **(2001).** "A Theory of Political Transitions." *American Economic Review* 91: 938–63.

——— **(2006a).** *Economic Origins of Dictatorship and Democracy*. New York: Cambridge University Press.

——— **(2006b).** "Economic Backwardness in Political Perspective." *American Political Science Review* 100: 115–31.

——— **(2008a).** "Persistence of Power, Elites and Institutions." *American Economic Review* 98: 267–93.

——— **(2008b).** "The Persistence and Change of Institutions in the Americas."

引用書目

Abraham, Arthur, and Habib Sesay (1993). "Regional Politics and Social Service Provision Since Independence." In C. Magbaily Fyle, ed. *The State and the Provision of Social Services in Sierra Leone Since Independence, 1961–1991.* Oxford, U.K.: Codesaria.

Acemoglu, Daron (2005). "Politics and Economics in Weak and Strong States." *Journal of Monetary Economics* 52: 1199–226.

——— (2008). "Oligarchic Versus Democratic Societies." *Journal of European Economic Association* 6: 1–44.

Acemoglu, Daron, Davide Cantoni, Simon Johnson, and James A. Robinson (2010). "From Ancien Régime to Capitalism: The Spread of the French Revolution as a Natural Experiment." In Jared Diamond and James A. Robinson, eds. *Natural Experiments in History.* Cambridge, Mass.: Harvard University Press.

——— (2011). "Consequences of Radical Reform: The French Revolution." *American Economic Review*, forthcoming.

Acemoglu, Daron, Simon Johnson, and James A. Robinson (2001). "The Colonial Origins of Comparative Development: An Empirical Investigation." *American Economic Review* 91: 1369–1401.

——— (2002). "Reversal of Fortune: Geography and Institutions in the Making of the Modern World Income Distribution." *Quarterly Journal of Economics* 118: 1231–94.

——— (2003). "An African Success Story: Botswana." In Dani Rodrik, ed. *In Search of Prosperity: Analytic Narratives on Economic Growth.* Princeton, N.J.:

藍書系
知識共同體 O6

國家為什麼會失敗：權力、富裕與貧困的根源

Why Nations Fail: The Origins of Power, Prosperity, and Poverty

作者	戴倫・艾塞默魯（Daron Acemoglu）、詹姆斯・羅賓森（James A. Robinson）
譯者	吳國卿、鄧伯宸
執行長	陳蕙慧
副總編輯	洪仕翰
責任編輯	莊瑞琳、吳崢鴻、洪仕翰
封面設計	黃思維
排版	宸遠彩藝
出版	衛城出版／左岸文化事業有限公司
發行	遠足文化事業股份有限公司（讀書共和國出版集團）
地址	231 新北市新店區民權路 108-3 號 8 樓
電話	02-22181417
傳真	02-22180727
客服專線	0800-221029
法律顧問	華洋法律事務所 蘇文生律師
製版	瑞豐電腦製版印刷股份有限公司
初版一刷	2013 年 2 月
初版二十九刷	2023 年 9 月
定價	560 元

國家為什麼會失敗：權力、富裕與貧困的根源 / 戴倫.艾塞默魯(Daron Acemoglu), 詹姆斯.羅賓森(James A. Robinson)作；吳國卿, 鄧伯宸譯. – 初版. – 新北市：衛城出版：左岸文化, 2013. 02

面；公分. –（藍書系；6）

譯自：Why nations fail : the origins of power, prosperity and poverty

ISBN 978-986-88793-4-8（平裝）

1. 政治經濟 2.經濟史 3.貧窮 4.開發中國家

550.1657 101027784

WHY NATIONS FAIL: The Origins of Power, Prosperity, and Poverty
by Daron Acemoglu and James A. Robinson

ACRO POLIS
衛城出版

Email acropolis@bookrep.com.tw
Blog www.acropolis.pixnet.net/blog
Facebook www.facebook.com/acropolispublish

填寫本書線上回函

● 親愛的讀者你好，非常感謝你購買衛城出版品。
我們非常需要你的意見，請於回函中告訴我們你對此書的意見，
我們會針對你的意見加強改進。

若不方便郵寄回函，歡迎傳真回函給我們。傳真電話 —— 02-2218-1142

或上網搜尋「衛城出版FACEBOOK」
http://www.facebook.com/acropolispublish

● 讀者資料

你的性別是 □ 男性 □ 女性 □ 其他

你的職業是 ______________________ 你的最高學歷是 ______________________

年齡 □ 20 歲以下 □ 21-30 歲 □ 31-40 歲 □ 41-50 歲 □ 51-60 歲 □ 61 歲以上

若你願意留下 e-mail，我們將優先寄送 ______________________ 衛城出版相關活動訊息與優惠活動

● 購書資料

● 請問你是從哪裡得知本書出版訊息？（可複選）
□ 實體書店 □ 網路書店 □ 報紙 □ 電視 □ 網路 □ 廣播 □ 雜誌 □ 朋友介紹
□ 參加講座活動 □ 其他 ________

● 是在哪裡購買的呢？（單選）
□ 實體連鎖書店 □ 網路書店 □ 獨立書店 □ 傳統書店 □ 團購 □ 其他 ________

● 讓你燃起購買慾的主要原因是？（可複選）
□ 對此類主題感興趣
□ 覺得書籍設計好美，看起來好有質感！
□ 議題好熱，好像很多人都在看，我也想知道裡面在寫什麼
□ 其他 ________
□ 參加講座後，覺得好像不賴
□ 價格優惠吸引我
□ 其實我沒有買書啦！這是送（借）的

● 如果你覺得這本書還不錯，那它的優點是？（可複選）
□ 內容主題具參考價值 □ 文筆流暢 □ 書籍整體設計優美 □ 價格實在 □ 其他 ________

● 如果你覺得這本書讓你好失望，請務必告訴我們它的缺點（可複選）
□ 內容與想像中不符 □ 文筆不流暢 □ 印刷品質差 □ 版面設計影響閱讀 □ 價格偏高 □ 其他 ________

● 大都經由哪些管道得到書籍出版訊息？（可複選）
□ 實體書店 □ 網路書店 □ 報紙 □ 電視 □ 網路 □ 廣播 □ 親友介紹 □ 圖書館 □ 其他 ______

● 習慣購書的地方是？（可複選）
□ 實體連鎖書店 □ 網路書店 □ 獨立書店 □ 傳統書店 □ 學校團購 □ 其他 ________

● 如果你發現書中錯字或是內文有任何需要改進之處，請不吝給我們指教，我們將於再版時更正錯誤

請沿虛線剪下

廣告回信
臺灣北區郵政管理局登記證
第 1 4 4 3 7 號

請直接投郵•郵資由本公司支付

23141
新北市新店區民權路108-3號6樓

衛城出版 收

● 請沿虛線對折裝訂後寄回，謝謝！

ACRO POLIS 衛城出版

藍 書系

知識共同體

ACRO
POLIS
衛城
出版

ACRO
POLIS
衛城
出版